국가의 신화

국립중앙도서관 출판시도서목록(CIP)

국가의 신화 / 에른스트 캇시러 지음 ; 최명관 옮김.
-- 개정판. -- 서울 : 창, 2013   p. ;   cm

원표제: Myth of the State
원저자명: Ernst Cassirer
독일어 원작을 한국어로 번역
ISBN 978-89-7453-205-5 93160 : ₩15000

독일 철학[獨逸哲學]
165.74-KDC5
193-DDC21 CIP2013003221

국가의 신화(개정판)

2013년 4월 15일·개정판 1쇄 인쇄
2013년 4월 20일·개정판 1쇄 발행

지은이·에른스트 캇시러(E.Cassirer)
옮긴이·최명관
펴낸이·이규인
펴낸곳·도서출판 **창**
등록번호·제15-454호
등록일자·2004년 3월 25일

주소·서울특별시 마포구 합정동 388-28번지 합정빌딩 3층
전화·322-2686, 2687 / 팩시밀리·326-3218
홈페이지·http://www.changbook.co.kr
e-mail·changbook1@hanmail.net

ISBN 978-89-7453-205-5   93160

정가 15,000원

* 잘못 만들어진 책은 <도서출판 **창** >에서 바꾸어 드립니다.

* 이 책의 저작권은 <도서출판 창>에 있습니다.
  저작권법에 의해 보호를 받는 저작물이므로
  무단 전재와 복제를 금합니다.

국가의 신화

에른스트 캇시러 지음 / 최명관 옮김

차 례

- 옮긴이의 말 / 7
- 서 문 / 9

제1부 신화란 무엇인가? ································· 19
제1장 신화적 사고의 구조 ································· 20
제2장 신화와 언어 ·· 37
제3장 신화와 정동 심리학 ································ 46
제4장 인간의 사회 생활에 있어서의 신화의 기능 ········ 63

제2부 정치학설사에서의 신화 반대의 투쟁 ········· 81
제5장 초기 그리스 철학의 "로고스"와 "뮈토스" ········ 82
제6장 플라톤의 《국가》 ·································· 93
제7장 중세의 국가 이론의 종교적 및 형이상학적 배경 ········ 116
제8장 중세 철학에서의 법치 국가 이론 ··············· 142
제9장 중세 철학에서의 자연과 은혜 ··················· 154
제10장 마키아벨리의 새 정치학 ························· 167
제11장 마키아벨리즘의 승리와 그 결과 ··············· 185
제12장 새국가 이론의 의미 ······························ 199
제13장 스토아주의의 재생과 "자연법적" 국가 이론 ········ 230
제14장 계몽주의 철학과 그 낭만주의 비판자들 ······ 247

제3부 20세기의 신화 ··· 261
제15장 준비 : 칼라일 ··· 262
제16장 영웅 숭배에서 인종 숭배로 ····································· 310
제17장 헤 겔 ·· 341
제18장 현대의 정치적 신화의 수법 ····································· 378
결 론 ··· 404

◆ 색인(이름찾기) ··· 407
◆ 색인(내용찾기) ··· 412

옮긴이의 말

 이 책은 에른스트 캇시러(Ernst Cassirer)의 The Myth of the State(Yale Univ. Press, 1946)를 완역한 것이다. 이 책을 처음으로 번역하여 출간한 것은 1959년이었는데, 그 당시의 관례를 따라 한자가 많았기 때문에 1959년에 개정판을 낸 바 있다. 그럼에도 불구하고 부분적으로 오역과 오식이 눈에 띄고 부족한 점이 있는 것 같아서, 이번 기회에 전체적으로 다시 다듬어서 수정판을 내게 되었다. 그래도 잘못된 점이 있다면, 뜻있는 독자들의 시정(是正)을 바란다.
 ≪국가의 신화≫라는 책 제목은 상당히 생소한 인상을 주는 듯하여, 옮긴이가 이 책을 처음 번역하여 내었을 때는 ≪現代 政治哲學의 史的 展開≫란 부제를 달았다. 그러나 이 부제가 원저의 의도나 진의를 정확하게 드러내었던 것 같지 않아서 이번에는 빼기로 했다. ≪국가의 신화≫는 2차 세계 대전이 일어나게 된 사상적 배경, 즉 나치즘, 파시즘 등 인간의 존엄성을 파괴하는 엉뚱한 즉 신화적인 사상이 어떻게 발생해서 횡포를 부리게 되었는지를 파헤쳐 그 사상의 본질을 밝히려 한 것이다. 이 과제를 수행함에 있어 지은이 캇시러는 서양 철학 내지 사상의 역사에서 그러한 사상의 씨앗이 되었던 것들을 가려내어 비판하기도 하고, 또 그러한 사상에 이바지했다고 흔히 믿어지고 비난을 받았지만 사실을 그렇지 않았던 것들을 정확하게 가려내기도 한다.
 이 책의 내용에 관하여 옮긴이로서 더 이상의 긴 말을 하지 않으련다. 이 책이 출간된 유래에 관해서는, 캇시러를 미국에 초청하고 예일 대학에서 강의하게끔 하는 데 큰 역할을 맡았던 것으로 짐작되는 헨델에 의해 씌어진 이 책의 서문에 자세히 나와 있다. 또 옮긴이가 1985년에 편저로 낸 ≪캇시러의 哲學≫에 ≪국가의 신화≫를 요약해서 그 보충 설명을 한 바 있다. 관심 있는 독자들에게 참고가 되리라 생각한다.

번거로움을 피하기 위하여 범례 즉 일러두기를 따로 적지 않고, 여기에 두 가지만 적어 독자의 주의를 환기하려 한다.

1. 본문 중 '몇 년 전'이라 되어 있을 때 그 계수(計數)의 기준은 원저의 초판이 출판된 1946년 전이다.
2. 고어의 인명 및 책명 등 고유 명사는 될수록 언어의 본래의 발음을 따라 표기하였다.

1988년 4월 21일
상도동 연구실에서
최명관

서 문

이 책은 에른스트 캇시러 교수의 최후의 저서이다. 이것은 1945년 4월 13일에 그가 갑자기 또 아직 이른 나이에 세상을 떠나기 바로 며칠전에 탈고되고 정서되었다. 여기서 저자나 그의 철학을 새삼스레 소개할 필요는 없을 것이다. 캇시러 교수의 이름과 업적은 이미 널리 알려져 있다. 그가 미국에서 살았던 4년 동안에 미국 철학계에서 그가 차지하게 된 위치는, 현재 그의 저작의 번역이 널리 요구되는 것으로 미루어 잘 알 수 있다. 다행히 이 번역서들은 속속 간행되고 있다.[1] 그러므로 그의 사람됨 자체와 또 학계에서 그가 이룩한 광범한 공적에 관해서는 다른 곳에서도 알 기회가 충분히 있을 줄 안다.

그러나 아무 소개의 말이 필요없기는 하지만, 이 마지막 저서에 대해서는 한두 마디 서언이 없을 수 없다. 로크의 《인간 오성론》(*An Essay concerning Human Understanding*)을 아는 사람은 누구나, 그 책이 어떻게 씌어지게 되었는가, 또 그의 벗들이 이전에 그와 함께 담론하는 가운데 서로 나누었던 사상을 세상에 알릴 것을 간청하게 된 여러 토론이 무엇이었던가에 대해 저자가 말하고 있는 대목에 이르러 느낀 생생한 개인적 흥미를 회상할 것이다. 우리의 이 책에 있어서도 이와 꼭같은 이야기를 할 수 있는 곡절이 있다.

캇시러는 1941년 봄에 스웨덴의 예테보리에서 이 나라에 왔다. 그대 그는 뛰어난 철학자로서, 그 생애의 절정에 있었다. 그는 그때 이미 인식

---

[1] 이 책 pp. 15~16의 부기를 참조.

문제에 관한 권위 있는 연구를 간행한 바 있었는데, 그것은 서양 사상의 거의 전체에 걸친 대작이었다.2) 여기에 "거의"란 말을 첨가한 것은, 제4권 즉 "세겔의 사후부처 현재까지" ―여기에 현재라 함은 1932년을 말함― 를 다루는 부분이 아직 원고인 채로 있었고, 그가 미국으로 떠나올 때에 그냥 두고 왔었기 때문이다.3) 우리가 처음 그를 예일 대학의 초빙 교수로 맞았을 때, 우리는 이 발표되지 않은 원고에 대해 전혀 몰랐으며, 또 그 밖에 우리를 위하여 마련되어 있는 다른 많은 좋은 것도 도무지 알지 못했다. 이미 출판된 것만도 불후의 공적인 듯싶었다. 우리는 그를 칸트 철학의 대해석가로 알았다. 르네상스 시대4)와 18세기5)에 관한 그의 연구는 그의 사학적(史學的) 천재를 의심할 여지없이 증명하고도 남음이 있었다. 그리고 우리가 그에 관해 알고 있었던 것 가운데 많은 것들이 과거의 여러 시기의 철학, 과학 및 문화를 취급하고 있었으므로, 우리는 그를 무엇보다도 극히 뛰어만 역사가로서 흠앙하는 경향이 있었다. 여기에는 또 한 가지 다른 이유가 있다. 우리는 이와 같은 종류의 학문을, 오늘날의 철학에서 매우 강력하게 요구되는 것으로서 찾고 있었으며, 또 그리하여 캇시러 교수가 우리들 가운데서 한 동료로서 일하게 되었을 때, 그가 가르치고 담론하는 가운데 곧 분명히 드러난 심성과 학식의 다른 여러 높은 성향보다도 이것에 대해서 더 많은 주의를 했었다.

캇시러 교수는 어떤 주제를 다룰 때나 이전의 철학자들이 생각한 것을 잘 이해하고 회고할 뿐더러, 또한 그 주제에 관계있는 것은 어떤 것이든지 이를 인간 경험의 모든 측면―즉 예술, 문학, 종교, 과학, 역사―에서 한데 모아 하나의 독창적이고 포괄적인 견해를 세웠다, 그가 고구(考究)

---

2) *Das Erkenntnisproblem* (Berlin, B. Cassirer, 1906, 1907, 1920), 전3권.
3) 인식 문제에 관한 이 저서는 Yale Univ. Press에서 영역 출판되었다.
4) 예컨대, *Individuum und Kosmos in der Philosophie der Renaissance* (Teubner, Leipzig, Berlin, 1927).
5) *Die Philosophie der Aufklärung* (Tübingen, J.C.B. Mohr, 1932) 및 *Goethe und die Geschichtliche Welt* (Berlin, B. Cassirer, 1932).

한 이 모든 것에서 그는 서로 다른 인간의 지식과 문화의 형식들이 서로 관련이 있음을 언제나 증시(證示)하였다. 그러므로 그는 역사적 상상과 학식만이 아니라 또한 철학적 종합의 천재도 소유하고 있었던 것이다. 이와 같은 것들은 예일 대학과 콜럼비아 대학에서 그가 베푼 저 희귀한 강의와 세미나에서 그의 동료와 감식력 있는 많은 학생들이 흐뭇한 마음으로 즐겼던 것들이다.

물론 이미 출판된 것으로서 우리가 참 철학자에게서 기대하는 독창적이고 체계적인 사상을 보여주는 증거가 몇 가지 있다. 두 학자가 캇시러 교수의 ≪실체 개념과 기능 개념 및 아인슈타인의 상대성 원리≫ (*Substance and Function and Einstein's Theory of Relativity*)의 영역본6)을 처음으로 내기 시작했다. 같은 해에 독일에서는 "상징 형식"을 다루는 세 권으로 된 저서7)의 첫 권이 나왔다. 이것은 그 자신의 사색의 편력이었다. 상징 형식의 철학은, 어떤 의미에서, 건설적 사상가로서의 캇시러 교수의 대망(大望)의 실현이었다. 그것은 인간 경험의 세계가 인간의 특징인 상징화의 활동의 갖가지 양식을 통해서 분절되고 표현되는 여러 방식을 세밀히 연구한 것이었다. 이 견해는 우리의 자연 세계를 구성하는 몇 가지 감성적 직관과 논리적 범주의 형식에 대한 칸트의 통찰을 확대한 것이었다. 다른 여러 형식도 이제 인간이 실제로 경험하고 인식하는 세계를 구성하는 데 있어서 비슷한 기능을 가지고 있는 것으로 논해진 것이다. 언어, 신화, 예술, 종교, 역사, 과학, 이 모든 문화적 표현의 형식도 마찬가지로 인간이 자기 자신과 자기의 모든 주위 환경에 대해서 가지는 인식 속에 들어가는 것이다. 여기에 캇시러 교수 자신의 인간 철학과 실존 철학이 있다.

---

6) William Curtis Swabey and and Marie Collins Swabey (Chicago : Open Court Publishing Co., 1923).

7) D*ie Philosophie der symbolischen Formen* (Berlin, B. Cassirer, 1923~1929). *Naturalistische und Humanistische Begründung der Kulturphilosophie* (Göteborg, Flanders Boktryckerei Aktiebolag, 1939)도 참조.

그러나 이 상징 형식의 철학은, 캇시러 교수가 미국에 왔을 때는 거의 알려져 있지 않았다. 독일어로 된 세 권의 책은 이 나라 철학도들이 도저히 접근할 수 없는 것이었다. 또 한편으로 그의 학설의 논증에는 여러 가지 문화 형식에 관한 막대한 양의 자료가 자세히 검토되어 있었으며, 또 이와 같은 것들에 대한 경험을 가진 학자는 많지 않았으며, 혹은 그 논의를 잘 이해할 만큼 넓은 지식을 가진 학자는 드물었다. 그리하여 그의 이른바 "철학적 인간학"의 짧고 간단한 저술이, 그의 철학을 알고자 하는 벗들과 학도들의 날로 커지는 서클의 흥미를 만족시키기 위해서 더욱 필요하게 되었다. 그도 그의 학생들과 또 새로이 관계하게 된 많은 사람들을 좋아하였고, 또 이 모든 사람에게 자기가 더 잘 이해되기를 원했다. 그래서 그는 매우 겸손하게, 또 거의 아무 말도 없이 영어로 짧은 에세이 하나를 쓰기 시작하였는데, 그것이 바로 ≪인간이란 무엇인가?≫ (*An Essay on Man*)[8]이다.

그러나 이 에세이를 쓸 때, 이 철학자는 또한 자기의 벗과 학생들의 직접적인 서클 너머를 보고 있었다. 그는 시대의 보편적 요구를 감지하였던 것이다. 전시(戰時)였던 그 당시, "인간이란 무엇인가?"라는 물음은 아무도 회피할 수 없는 날카로운 힘을 가지고 있었다. 로크나 칸트나 혹은 캇시러 교수가 그토록 사랑한 18세기의 훌륭한 정신을 가진 많은 철인들 가운데 그 누가 손을 댄 것보다도 더 많은 것이 기도되지 않으면 안 된다는 것은 자명한 일로 보였다. 인간의 오성 혹은 이성이란 현상 이외의 다른 여러 측면이 고려되어야 했던 것이다. 이 새 ≪인간이란 무엇인가?≫에서 캇시러 교수는 소크라테스에 의하여 언표된 바 아직도 다함이 없는 지혜의 지상 명령, 너 자신을 알라를 상기하였다. 이 책의 논의는 역사적으로 자기 인식에 대한 탐구의 경로를 밝혔으며, 또 우리로 하여금 오늘날의 인간의 형편에 대한 보다 나은 이해로 나아가게 하였다. 그리하여 이 ≪인간이란 무엇인가?≫는 그의 벗들의 요구뿐 아니

---

[8] Yale Univ. Press, 1944.

라 더 넓은 일반적 목적에 이바지하였다. 그것은 이들에게 그의 상징 형식의 철학의 정수를 전하는 한편 또한 인간 자신에 관한 오늘날의 예지에도 공헌하였다.

 그러나 이것만이, 우리가 살고 있는 암담하고 혼란한 시대에 대한 캇시러 교수의 관심의 전부인 것은 아니었다. 대부분의 사람들이, 우리가 세계 역사의 위기를 지나가고 있다는 사실에 관해서 쉽게 이야기하였다. 대중의 마음속에 역사 철학에 관한, 혹은 우리들 자신의 문명의 본성에 관한 사상의 혼란된 물결을 기대하는 것은 자연스러운 일이었다. 이와 같은 상황에서 온갖 유사 철학이 대중 대두하였는바, 이것들은 이것들을 발설한 사람들의 어떤 이데올로기 혹은 정치적 관심에 의하여 고취되어 있었다. 이때를 당하여 캇시러 교수의 친구들은 그를, 가장 현명한 판단을 가지고 말할 수 있는 사람으로서 바라보았다. 이는 그가 역사와 철학이라는 두 넓은 시야를 가지고 우리 시대의 정세를 해석할 수 있었기 때문이다. 그의 친구들 가운데 그와 아주 가까운 몇몇 친구가 그에게 이렇게 청했다. "지나간 역사, 과학 및 문화에 관하여 저술하는 대신, **오늘날 일어나고 있는 것의 의미를 우리에게 말해 주시지 않으렵니까?** 당신은 그렇게도 많은 지식과 지혜를 가지고 계십니다. 이것은 당신과 함께 일하고 있는 우리가 잘 알고 있는 사실입니다. 다른 사람들에게도 이 혜택을 베풀어 주셔야합니다." 그래서 그는 1943년~1944년의 겨울에 "국가의 신화"란 주제에 관한 책의 초안을 쓰기 시작했다. ≪포천≫(*Fortune*)지는 1944년 6월에, 캇시러가 그때까지 쓴 것을 요약하여 실었다. 그 후 1944~1945년에 읽어진 현재의 이 책은, 본디 그의 가장 친근한 벗들의 요청에 대한 응답으로 시작된 일의 완성이다.

 캇시러 교수는 나에게 ≪인간이란 무엇인가?≫와 이 책의 비판자 겸 편집인이 되어 줄 것을 청했다. 나의 책임은 지금 더욱 중한바, 이는 이 저작이 그의 사후에 나오게 되었기 때문이다. 나의 이 우정의 봉사에 관하여 여기서 설명함에 있어 내가 명백히 해두고 싶은 것은, 이 책이 그가 쓴 그대로 인쇄되었다는 점이다. 이것은 그가 누구의 도움도 받지 않고 영어를 명료하게, 매끄럽게, 또 이 언어의 의미에 대한 훌륭한 감각을 가지고 쓸 수 있었다는 것이 그의 놀라운 능력들 가운데 하나임으로써만 가능한 일이었다.

≪인간이란 무엇인가?≫의 경우에는 저자가 그 책의 최초의 초고가 되는 대로 비판해 달라고 나에게 돌리곤 했었다. 그는 언제나 그의 언어의 사용법뿐 아니라 그의 철학적 논의에 대해서도 비평해 주기를 원했다. 그는 어떤 정정이나 개선의 시사도 이를 고맙게 수락했다. 그는 우아한 예절을 가지고 모든 소견과 질의를 일일이 재어 보고 또 취사 선택하곤 했다. 그는 만일 우정 있는 비평자가 그의 논지를 그가 제시한 대로 이해하지 못할 때엔 그 자신에게 잘못이 있다고 하는 것을 원칙으로 삼았다. 이것은 그를 데이비드 흄과 연결시키는 것인바, 흄도 그의 독자들의 정신에 대해서 이와 동일한 경의를 품고 있었다. 사실상 시사의 대부분은 생략과 간결만을 위한 것이었다. 가령 그의 여러 인용문 가운데 충분하고 긴 것을 제한하는 것이 필요했는데, 이는 그가 언제나 그 인용문의 저자로 하여금 충분히 말하게 하고자 했기 때문이다. 이것은 책의 부피를 지나치게 크게 할 뿐만 아니라, 또한 그 자신이 그 속에서 하고 싶은 말을 줄이게 하는 것이었다. 이와 같은 고려 이외엔 비평하고 고칠 것이 별로 없었다. 그는 얼마 안 되는 이 비평과 변경도 선의에 찬 감사로 받아들였다.

이 책도 ≪인간이란 무엇인가?≫와 같은 형식으로 출판이 준비되어 왔다. 다만 한 가지 다른 점은 저자 자신이 제3부를 여기 실린 그대로 보지 못한 것뿐이다. 제1부와 제2부에서 고칠 필요가 있다고 생각된 것들은 모두 그가 다시 음미하였고, 또 우리 두 사람이 그 대부분을 논의할 기회를 가졌다. 바라기는, 제3부 곧 마지막 부를 편찬함에 있어, 그 자신의 최종적 검토가 없었으므로, 그에게 문제될지도 모를 그 어떤 것도 내가 변경하지 않았었으면 한다. 나는 이 점에 있어 우리들의 너무나 짧았던 사귐의 세월 동안에 우리가 가졌던 완전한 이해에 나의 신뢰를 두고 있다.

원문의 준비를 끝마치기 전에 나는 1945년 7월 영국 주재 미 육군에 복무하여 육군 대학에서 철학을 가르치도록 임명되었다. 헤겔에 관한 제17장은 내가 출발할 때 아주 만족할 만한 형태로 되어 있지 못했다. 나는 나의 동료, 예일 대학의 브랜드 블랜샤드 교수의 친절한 봉사에 사의를 표한다. 그가 이 책이 인쇄에 회부되기 전에 원고를 교열하고 최종 수정을 해주었다.

고마운 감사의 말을 또한, 전에 뉴 헤이븐에 있었던 적이 있는 프리드리히 렌즈 박사가 수행한 충실하고 정확한 업적에 대해서도 드려야 하겠다. 그는 모든 인용문과 참고 문헌을 고증하였고, 또 편찬자가 주의하고 결정해야 할 어법에 관한 많은 질의를 제기했다. 이 봉사의 덕택으로 이 책은 세부에 이르기까지 에른스트 캇시러 교수의 이름으로 내어놓기에 합당한 학문적 성격을 가지게 되었다고 자부할 수 있게 되었다.

만일 내가 이 기회에, 캇시러 교수의 친구들과 가족을 대표하여, 예일 대학 출판부 편집인 유진 데이비슨씨가 보여준 너그러운 개인적 관심에 대하여 말하지 않는다면, 이는 나의 큰 실수가 될 것이다. 이 저작에 대한 그의 관계는 한갓 사무적인 데 그치는 것이 아니라 훌륭한 공감적 이해심에서 우러나온 것이었다. 저자도 이 말을 해 주기를 원할 것이다. 이는 이와 같은 관심이 그가 미국에서의 경험에서 항상 고마와한 것들 가운데 하나였기 때문이다.

1946년 4월 13일
코네티커트 주 뉴 헤이븐에서 찰스 헨델

부 기

에른스트 캇시러가 ≪인간이란 무엇인가?≫를 저술한 후에 다음의 책들이 번역되어 출판되었다.

Rousseau , Kant, Goethe, trans. James Gutman, Paul O.Kristeller, John H. Randall, Jr. (Princeton Univ. Press, 1945).

Language and Myth, trans. Susanne K. Langer (Harper Brothers, 1946).

The problem of Knowledge, Philosophy, Science and History since Hegel, trans. William H. Woglom, Charles W. Hendel (Yale Univ. Press, 1950).

The Philosophy of Enlightenment, trans. Fritz C. A. Koelln, James P. Pettegrove (Princeton Univ. Press, 1951).

The Philosophy of Symbolic Forms, 제1권, Language, trans. Ralph Manheim, Charles W. Hendel의 서문 및 해설이 있음(Yale Univ. Press, 1953).

The Platonic Renaissance in England, trans. James P. Pettegrove (Nelson, 1953).

The Question of Jean Jacques Rousseau, trans. Peter Gay, 역자의 해설 및 주(註)가 있다(Columbia Univ. Press, 1954).

The Philosophy of Symbolic Forms, 제2권, Mythical Thought, trans. Ralph Manheim, Charles W. Hendel의 해설이 있음(Yale Univ. Press, 1955).

Philosophy of Symbolic Forms의 제 3권, The Phenomenology of

Knowledge는 Ralph Manheim의 번역으로 Yale Univ. Press에서 인쇄 중이다.

  Determinism and Indeterminism in Modern Physics는 Theodore Benfey가 번역했는데, Henry Magenau가 서문을 썼으며 Yale Univ. Press에서 출판 중비중이다.

  The Life and Teaching of Kant의 번역은 고려중이다.

  그를 기념하는 The Philosophy of Ernst Cassirer는 Paul Arthur Schilpp 편(編)으로 Library of Living Philosophy에서 출판되었음(The Library of Living Philosophy, Evanston : ⅠⅡ, 1949). 이 책에는 Robert Walter Brettall과 Paul Arthur Schilpp가 공역한 Spirit and Life의 번역이 있다.

1955년 4월 2일
찰스 헨델

제1부
신화란 무엇인가?

제1장 신화적 사고의 구조 • 20

제2장 신화와 언어 • 37

제3장 신화와 정동 심리학 • 46

제4장 인간의 사회 생활에 있어서의 신화의 기능 • 63

제1장 신화적 사고의 구조

지난 30년 동안, 즉 제1차 세계 대전과 제2차 세계 대전 사이의 시기에 우리는 정치 생활과 사회생활의 중대 위기를 겪었을 뿐 아니라 또한 아주 새로운 여러 이론적 문제에 부딪쳤다. 우리는 여러 형태의 정치사상에 있어서의 급격한 변화를 경험하였다. 새로운 물음들이 제기되고 새로운 해답들이 나왔다. 18세기와 19세기의 정치 사상가들이 알지 못했던 문제들이 갑자기 전면에 나타났다. 현대 정치사상의 이 발전에 있어서 가장 중요하고 또 가장 두려운 양상은 아마도 한 새로운 세력, 즉 신화적 사고의 세력의 출현일 것이다. 우리의 현 정치 제도들 가운데 몇 가지에 있어서 신화적 사고가 이성적 사고에 대해서 우세함은 자못 명백하다. 단기간의 격렬한 투쟁이 있은 후 신화적 사고는 명백하고도 결정적인 승리를 거둔 것같이 보였다. 어떻게 이 승리는 가능하였던가? 그토록 갑자기 우리의 정치적 지평선에 나타난 그리고 어떤 의미에서 우리의 지적 및 사회적 생활의 성격에 관한 우리의 이전의 모든 관념을 송두리째 뒤집어엎은 듯이 보이는 이 새로운 현상을 우리는 어떻게 설명할 수 있을까?

우리가 우리의 문화생활의 현상을 바라볼 때, 우리는 대뜸 두 개의 서로 다른 분야 사이에 깊은 틈이 있음을 느끼게 된다. 정치적 행동에서 인간은 한갓 이론적 활동에서 인정된 규칙들과는 아주 다른 규칙들을 따르는 것처럼 보인다. 아무도 정치적 문제를 해결하는 데 권장되고 또 실제로 사용되고 있는 방법으로 자연 과학의 문제나 기술의 문제를 해결하려 하지는 않을 것이다. 이 후자의 경우에는 우리는 이성적 방법이 아닌 어떤 다른 방법을 사용하려 하지 않는다. 여기서는 이성적 사고가 자기의 입장을 고수하여 그 영역을 끊임없이 확장하고 있는 듯하다. 자연에 대한 과학적 지식과 기술적 정복은 날마다 새롭고 전례 없는 승리를 쟁취하고 있다. 그러나 인간의 실제 생활과 사회 생활에서는 이성적 사고의 패배가 완전하고 돌이킬 수 없는 지경에 이른 것 같다. 이 영역에서 현대인은 그가 그의 지적 생활의 발전에서 배운 모든 것을 망각한 듯싶다. 그는 인간 문화의 최초의 미개한 단계로 되돌아가라는 권고를 받고 있는 듯하다. 여기서는 이성적 사고와 과학적 사고가 그 와해를 공공연히 고백한다. 그것들은 가장 무서운 적에게 항복하고 만다.

얼핏 보아 우리의 온갖 사고를 혼란하게 하며 또 우리의 온갖 논리적 기준을 무시하는 듯한 이 현상을 설명하려면 아주 기초적인 일로부터 시작하지 않으면 안 된다. 먼저 예비적인 문제를 해결하지 않고서는 아무도 현대의 정치적 신화의 기원, 성격 및 그 영향을 이해하기를 바랄 수 없다. 신화가 어떻게 **작용하고 활동하고 있는가**를 설명하기 전에 신화가 **무엇인가**를 알지 않으면 안 된다. 우리가 그 일반적 성격의 분명한 통찰에 이를 때에야 비로소 그 여러 영향들이 설명될 수 있다.

신화는 무엇을 의미하는가? 인간의 문화생활에 있어서의 그 기능은 무엇인가? 이 물음을 제기하자마자 우리는 서로 충돌하는 견해들 간의 큰 싸움에 뛰어든다. 이 경우에 우리를 가장 어리둥절하게 하는 점은 우리의 경험적 자료의 결핍이 아니라 도리어 그 풍부함이다. 이 문제는 지금까지 모든 각도에서 고찰되어 왔다. 신화적 사고의 역사적 발전과 그 심리학적 근거가 다 같이 주의 깊게 연구되어 왔다. 철학자들, 민족학자들, 고고학자들, 심리학자들, 사회학자들이 각기 이 연구에 참여하였다. 오늘날 우리는 모든 사실을 소유하고 있는 듯이 보인다. 세계의 전 지역에 걸친, 그리고 가장 원초적인 형태로부터 가장 발달되고 까다로운 개념에까지 이르는 비교 신화학(比較神話學)을 우리는 가지고 있다. **자료**에 관한 한 그 연쇄는 완결되어 있어서, 필수적인 매듭으로서 빠진 것은 하나도 없다. 그러나 신화의 이론에 관해서는 아직 논쟁이 심히 분분하다. 학파마다 각기 다른 해답을 내리고 있으며 또 이 해답들 중 어떤 것들은 서로 날카롭게 대립하고 있다. 신화에 관한 철학적 이론은 바로 이 점에서 시작하지 않으면 안 된다.

많은 인류학자들은 신화란 결국 하나의 매우 단순한 현상이요, 거기에 대하여 복잡한 심리학적 혹은 철학적 설명을 할 필요가 도무지 없는 것이라고 주장하였다. 신화는 그야말로 단순하다. 왜냐하면 그것은 인류의 단순성의 성소(聖所)일 뿐이기 때문이다. 그것은 성찰이나 사고의 소산도 아니며, 또한 그것을 인간의 상상력의 산물이라 설명하는 것도 충분치 못하다. 상상력만으로는 그 모든 엉뚱함과 그 기괴한 요소들을 설명할 수 없다. 그 부조리들과 모순들을 생기게 하는 것은 오히려 인간의 원시적 암우(暗愚)이다. 이 "원시적 암우"가 없다면 신화는 있을 수 없다.

얼핏 보면 이러한 답이 매우 그럴 듯해 보일지 모른다. 그러나 우리는 인간 역사에 있어서의 신화적 사고의 발달을 연구하기 시작하자마자 대뜸 하나의 중요한 난점에 부딪친다. 역사적으로 볼 때 신화적 요소들에 의하여 지배되고 또 침투되지 않은 위대한 문화란 하나도 없다. 바빌로니아, 이집트, 중국, 인도, 그리스 등의 위대한 문화가 모두 인간의 "원시적 암우"에 대한 무수한 가면과 가장 이외의 아무것도 아니며, 근본적으로 아무런 적극적 가치와 의의가 없는 것이라고 말할 수 있을 것인가?

인간의 문명을 연구하는 역사가들은 결코 이 견해를 받아들일 수 없었다. 그들은 보다 나은 그리고 보다 적절한 설명을 찾지 않으면 안 되었다. 그러나 그들의 답은 대부분의 경우 그들의 학문적 관심이 분산되어 있는 그만큼 서로 달랐다. 하나의 직유로써 그들의 태도를 가장 잘 설명할 수 있지 않을까 한다. 괴테의 ≪파우스트≫(Faust)에 보면 파우스트가 마녀의 부엌에서 젊음을 다시 얻게 해줄 마녀의 술을 기다리고 있는 장면이 있다. 황홀한 술잔 앞에 서서 그는 갑자기 놀라운 환상을 본다. 이 세상에서 볼 수 없는 아름다움을 지닌 여자의 그림자가 술잔 속에 나타난다. 그는 아찔하여 넋을 잃는다. 그러나 메피스토는 그의 곁에 서서 열에 뜬 그를 조롱한다. 메피스토는 더 잘 알고 있는 것이다. 그는 파우스트가 본 것이 정말로 있는 부인의 형상이 아니라 파우스트 자신의 마음이 만들어 낸 것에 지나지 않는다는 것을 알고 있다.

19세기에 신화의 신비를 설명함에 있어 서로 우열을 다툰 여러 학설들을 연구할 때 이 장면을 기억하는 것이 좋을 것이다. 낭만주의적 철학자들과 시인들은 신화의 마술의 잔을 마신 최초의 사람들이었다. 그들은 상쾌함을 맛보고 소생함을 느꼈다. 그래서 그들은 모든 것을 새롭고 변형된 모습으로 보게 있다. 그들은 범속한 세계, 즉 속된 민중(profanum vulgus)의 세계에 되돌아갈 수가 없었다. 참된 낭만주의자에게는 신화와 현실 사이에 획연(劃然)한 차이가 있을 수 없었다. 또 이에 못지 않게 시(詩)와 진실 사이에 그 어떤 격리도 없었다. 시와 진실, 신화와 실재는 상호 침투하는 것이요, 또 서로 일치한다. "시는 절대적으로 그리고 진정으로 실재적인 것이다. 이것이 나의 철학의 핵심이다. 시적일수록 더욱 진실하다"[1]라고 노발리스는 말했다.

이 낭만주의 철학의 귀결들은 셸링에 의하여 그의 ≪선험적 관념론의 체계≫(System of Transcendental Idealism)와 그리고 후에는 그의 ≪신화

---

[1] Novalis, Fr. 31, in "Schriften", ed. Jacob Minor (Jena : E. Diederichs, 1907), III, 11.

와 계시의 철학에 관한 강의≫(*Lectures on the Philosophy of Mythology and Revelation*)에서 서술되었다. 이 여러 강의에 표현된 견해와 계몽주의 철학자들의 판단 사이에 보이는 대조보다 더 날카로운 대조는 있을 수 없다. 여기서 우리가 발견하는 것은 예전의 모든 가치의 완전한 변화다. 가장 낮은 지위에 있었던 신화가 이제는 갑자기 가장 높은 존엄성을 갖게 되었다. 셸링의 체계는 "동일성의 체계"였다. 그러한 체계에 있어서는 "주관적" 세계와 "객관적" 세계 사이에 아무런 명확한 구별도 지어질 수가 없었다. 우주는 정신적 우주요, 이 정신적 우주는 연속적이고 단절 없는 유기적 전체를 이루고 있다. 그릇된 사고의 경향, 즉 한갓 추상이 "관념적인 것"과 "현실적인 것"을 나누었다. 이것들은 서로 반대되는 것이 아니라 오히려 서로 일치한다. 이 전제에서 출발하여 셸링은 그의 강의에서 신화의 역할에 관한 전혀 새로운 사상을 전개하였다. 그것은 철학, 역사, 신화 및 시의 종합이었던바, 그전에는 그와 같은 것이 한 번도 없었다.

  그 후의 세대의 사람들은 신화의 성격에 대해서 훨씬 온건한 견해를 가졌었다. 그들은 형이상학에 흥미를 갖지 않았다. 그들은 경험적 측면에서 문제에 접근하여 경험적 방법으로 해결하려 하였다. 그러나 옛 매력은 결코 완전히 사라지지는 않았다. 학자마다 여전히 신화에서 자기에게 가장 친숙한 대상들을 발견하였다. 근저에 있어 다른 여러 학파들은 신화의 마경(魔鏡) 속에서 자기 자신들의 얼굴만을 보았다. 언어학자는 그 속에서 낱말들과 명칭들의 세계를 발견하였고, 철학자는 "원시적 철학"을 발견하였으며, 정신병학자는 심히 복잡하고 재미있는 신경증적 현상을 발견하였다.

  과학자의 견지에서 볼 때 이 문제를 처리하는 두 가지 방법이 있었다. 신화의 세계는 논리적 세계, 즉 과학의 세계와 동일한 원리를 따라 설명될 수도 있었다. 혹은 정반대의 측면이 강조될 수도 있었다. 이 두 세계 사이의 그 어떤 유사성을 찾는 대신, 이 두 세계를 동일한 표준으로 헤아릴 수 없다는 것, 즉 그것들의 극단적이고 화합될 수 없는 차이가 주장될 수도 있었다. 서로 다른 여러 학파간의 이 싸움을 한갓 논리적 기준으로 판결하는 일은 거의 불가능하였다. 칸트는 그의 ≪순수 이성 비판≫의 중요한 한 장에서 과학적 해석에 있어서의 근본적 대립을 문제삼고 있다. 그에 의하면 두 그룹의 학자 및 과학자들이 있다. 한 그룹은 "동질성"의 원리를 따르고 다른 한 그룹은 "이질성"의 원리를 따른다. 전자는 전혀 다른 현상들을 하나의 공분모에 환원시키려 하고, 후자는 이 가상적 통일 혹은 유사성을 인정하려 하지 않는다. 공통되는 점들을 강조하는 대신 언제나 여러 가지 차이를 찾아내려 한다. 칸트 철학 자체의 원리에 의하면 이 두 가지 태도는 서로 배치되는 것이 아니다. 이 태도들은 그 어떤 근본적인 **존재론적** 차이, 즉 "사물 자체"의 성질과 본질에 있어서의 차이를 나타내고 있지 않다. 그것들은 오히려 인간 이성의 이중의 관심을 나타내고 있다. 인간의 인식은 이 두 가지 길을 다 추궁하고 또 두 가지 관심을 다 만족시킴으로써만 그 목적에 도달할 수 있다. 그것은 두 개의 서로 다른 "규제적 원리", 즉 유사성과 차별성, 동질성과 이질성의 원리에 따라 활동하지 않으면 안 된다. 인간 이성의 기능을 위해서는 두 가지 준칙이 똑같이 불가결하다. 동일성을 가정하는 논리적 유(類)의 원리는 다른 또 하나의 원리, 즉 사물의 다양성과 잡다성을 요구하며, 또 오성(悟性)이 한 가지에 더 주의하고 다른 것에 덜 주의하는 일이 없도록 명령하는 종(種)의 원리에 의하여 균형을 얻는다. 칸트는 다음과 같이 말하고 있다.

> 이 구별은 자연을 연구하는 학자들 간의 서로 다른 사고방식에서 드러난다. 그들 가운데 어떤 이는 … 이질성을 싫어하여 항상 유의 통일에 몰두한다. 한편 다른 사람들은 … 항상 자연을 아주 많은 다양성으로 나누려고 애쓰므로, 우리는 자연 현상을 일반적 원리에 따라 정리할 수 있는 거의 모든 희망을 잃어버리기 쉽다.[2]

칸트가 여기서 자연 현상의 연구에 관해 말하고 있는 것은 문화 현상에 관해서도 타당하다. 신화적 사고에 대하여 19세기와 20세기 학자들이 가한 갖가지 해석을 더듬어 볼 때 우리는 이 두 가지 태도의 뚜렷한 예를 찾아볼 수 있다. 신화적 사고와 과학적 사고 사이에 획연한 차이가 있다는 것을 부인하려 한 권위 있는 학자들이 언제나 있었다. 물론 원시적 심성은, 알려진 사실들의 한갓 축적이나 경험적 증거의 양에서 보면 과학적 심성에 훨씬 뒤진다. 그러나 이 사실들의 해석에 있어서는 우리 자신의 사고 및 추리의 방식과 완전히 일치하고 있다. 이 견해는, 예컨대 다른 어떤 것보다도 19세기 후반에 발달하기 시작한 경험적 인류학이라는 새로운 과학의 한 대표적 저작에서 주장되고 있다.

제임스 프레이저 경의 ≪황금 가지≫는 온갖 인류학적 연구의 보고(寶庫)가 되었다. 그 열다섯 권의 책에는 세계 각처에서 그리고 가장 이질적인 출처에서 모은 놀라운 자료가 실려 있다. 그러나 프레이저는 신화적 사고의 현상들을 수집하고 그것들을 일반적인 제목 아래 배열하는 것으로 만족하지 않았다. 그는 그것들을 이해하려 하였다. 그리고 그는 신화가 인간의 사고의 고립된 영역으로 간주되는 한, 그 현상들을 이해하는 일은 불가능하다는 것을 확신하였다. 우리는 온전히 이 고립에 종지부를 찍지 않으면 안 된다. 인간의 사고에 극단적인 이질성이란 있을 수 없다. 처음에서 끝까지, 즉 최초의 미숙한 단계에서 최고의 성취의 단계에 이르기까지 그것은 언제나 동일하다. 그것은 동질적이고 불변하는 것이다. 프레이저는 이 주요 원리를 자기 책의 처음 두 권에서 신화의 분석에 적응하였다. 그의 이론에 의하면 마법의 의식을 행하는 사람은 원리상 실험실에서 물리학 혹은 화학 실험을 행하는 과학자와 다르지 않다. 요술쟁이, 즉 원시 민족의 의사와 현대 과학자는 같은 원리에 따라

---

2) I. Kant, *Critique of Pure Reason*, English trans. F. Max Müller (London : Macmillan & cO., 1881), II, 561 이하.

생각하고 행동하고 있는 것이다. 프레이저는 다음과 같이 말하고 있다.

> 공감적 마법이 그 순수하고 섞인 것 없는 형태로 나타나는 곳에서는 어디서나, 그것은 자연 속에서 만일 그 어떤 정신적 혹은 인격적 존재의 개입이 없다면 한 사건 다음에 다른 사건이 필연적으로 뒤따른다는 것을 가정한다. 그리하여 그 근본적 개념은 현대 과학의 그것과 동일하다. 그 전 체계의 밑바닥에 흐르고 있는 것은 자연의 질서와 제일성(齊一性)에 대한 맹목적이기는 하나 생생하고 확고한 신념이다. 마술사는 같은 원인이 언제나 같은 결과를 야기한다는 것, 적절한 주문을 수반하는 특정한 의식(儀式)을 행하면 바라는 결과를 반드시 얻게 되리라는 것을 의심치 않는다. … 그리하여 세계에 대한 마술적 개념과 과학적 개념 사이의 유사성은 밀접하다. 그 어디에서나 사건의 계기는 완전히 규칙적이고 확실하여 변함없는 법칙들에 의하여 결정되며, 또 이 법칙들의 작용은 정확하게 예견되고 계산되어 변덕, 우연, 사고의 요소는 자연의 과정에서 제거된다. … 마법의 숙명적 결함은 법칙에 의하여 결정되는 사건의 계열에 대한 그 일반적 가정에 있지 않고, 이 계열을 다스리는 특수한 법칙들의 성질에 대한 그 모든 오해에 있다. … 마법의 의식들은 모두가 두 가지 근본적인 큰 사고 법칙들, 즉 유사성에 의한 관념 연상과 공간 및 시간에 있어서의 접근에 의한 관념 연상 중 한 가지의 그릇된 적용이다. … 연상의 원리는 그 자체로서는 훌륭한 것이며 인간 정신의 활동에 있어서는 절대적으로 필요한 것이다. 그것들은 바르게 적용되면 과학을 낳고, 바르지 않게 적용되면 과학의 서매(庶妹)인 마법을 낳는다.3)

오직 프레이저만이 이런 견해를 가지고 있었던 것은 아니다. 그는 19세기의 과학적 인류학의 여러 시원으로 거슬러 올라가서 찾아볼 수 있는 하나의 전통을 따르고 있었던 것이다. 1871년에 타일러 경은 ≪원시 문화≫를 출판한 바 있었다. 그러나 비록 그가 원시 문화를 논하기는 하였

---

3) Sir J.G. Frazer, *The Golden Bough : A Study in Magic and Religion*, 제1부 : *The Magic Art and the Evolution of Kings*, 제3판 (New York : Macmillan Co., 1935), Ⅰ, 220.

으나, 이른바 "원시적 심성"이란 관념을 인정하지는 않았다. 타일러에 의하면 미개인의 심성과 문화인의 심성 사이에는 근본적 차이가 없다. 언뜻 보아 미개인의 사상들이 기괴하게 보일지 모른다. 그러나 그것들은 결코 혼돈되어 있거나 모순되어 있지 않다. 어떤 의미에서 미개인의 논리는 흠이 없는 것이다. 세계에 대한 미개인의 해석과 우리 자신의 생각의 큰 차이를 이루는 것은 사고의 **형식**들 즉 궁리와 추리의 규칙들이 아니라, **소재** 즉 그 규칙들이 적용되는 사실들이다. 일단 우리가 이 사실들의 성격을 이해하기만 하면 우리는 우리 자신을 미개인의 자리에 옮겨 놓을 수 있다. 즉 미개인의 생각과 같은 생각을 하고 또 그의 여러 가지 감정에 젖어들 수 있게 된다.

타일러에 의하면 미개한 종족들을 체계적으로 연구하는 데 있어서 선결 문제는 종교에 대한 기본적 정의를 내리는 것이다. 우리는 이 정의 속에 최고의 신, 사후의 심판에 대한 신앙, 우상 숭배 혹은 희생을 드리는 일 등을 포함시킬 수 없다. 민족학(民族學)의 자료를 면밀히 연구해 보면, 이 모든 특성들은 꼭 있어야 할 필요 조건이 아니라는 것을 확신하게 된다. 그것들은 다만 종교적 생활의 한 특수한 면을 나타낼 뿐이고, 보편적인 모습을 드러내는 것은 아니다.

> 그러한 좁은 정의에는 종교를 그 여러 특수한 발달과 동일시하고 그 밑바닥에 흐르고 있는 보다 깊은 동기와는 동일시하지 않는 잘못이 있다. 대뜸 이 본질적인 원천에 파고들어 단순히 영적 존재에 대한 신앙을 종교에 대한 최소한의 정의라고 하는 것이 가장 옳은 일인 듯싶다.

타일러의 저서의 목적은 물활론(物活論, animism)의 이름 아래, 유물론적 철학에 반대하는 유심론적 철학의 본질 자체를 구현하고 있는 영적 존재들에 관한 심원한 이론을 탐구하려는 것이었다.[4]

---

[4] Sir E.B. Tylor, *Primitive Culture* (London, 1871 ; 1st Am. ed. New York :

우리는 여기서 타일러의 유명한 물활론을 상론할 필요는 없다. 우리의 관심을 끄는 것은 타일러의 저서의 결과들이라기보다는 오히려 그 방법이다. 타일러는 《순수 이성 비판》에서 "동질성의 원리"라 명명된 방법론적 원리를 그 극단에까지 밀고 나갔다. 그의 저서에서 원시적 심성과 문화인의 심성 사이의 차이는 거의 말살되고 있다. 원시인은 진정한 철학자와 다름없이 행동하고 또 사고한다. 그는 자기의 감관 경험의 자료를 결합하여 조리있고 체계적인 질서를 가진 것으로 만들려 하고 있다. 만일 우리가 타일러의 설명을 받아들인다고 하면, 가장 미숙한 형태의 물활론과 가장 진보하고 까다로운 철학 혹은 신학 체계 사이에는 정도의 차이밖에 없다고 말하지 않으면 안 된다. 이것들은 공통의 출발점을 가지고 있고 또 동일한 중심을 돌고 있다. 인간에게 있어서—미개인에게나 철학자에게나—변함없는 기적과 변함없는 공포가 되는 것은 언제나 죽음의 현상이었다. 물활론과 형이상학은 둘다 죽음의 사실과 타협해 보려는, 즉 그것을 합리적이고 이해할 수 있는 방식으로 해석해 보려는 서로 다른 기도(企圖)일 따름이다. 해석의 방법들은 여러 가지로 서로 크게 다르다. 그러나 그 목적은 언제나 동일하다.

첫째로, 살아 있는 신체와 죽은 신체 사이의 차이를 이루고 있는 것은 무엇인가? 무엇이 깨어 있는 것, 잠, 몽환, 질병, 죽음을 생기게 하는가? 둘째로, 꿈과 환상 속에 나타나는 저 인간의 모습들은 무엇인가? 이 두 종류의 현상을 보고서 아마도 고대의 미개한 철학자들은, 사람들마다 두 가지 즉 생명과 혼령을 가지고 있다는 명백한 추리를 함으로써 그들의 제1보를 내디딘 것으로 짐작된다. 이 두 가지 즉 생명과 혼령은 분명히 신체와 밀접히 연결되어 있으며, 생명은 신체로 하여금 느끼고 생각하고 행동하게 하는 것으로서, 그리고 혼령은 그것의 영상 혹은 제2자아로서 연결되어 있다. 또 이 두 가지는 모두 신체로부터 분리될 수 있고 생명은 그 신체를 떠나 신체로 하여금 무감각하게 혹은 죽게 내버려둘 수 있으며, 혼령은 신체로부터 떨어진 곳에서 사람들

Henry Holt & Co., 1874), 11장, pp. 417~502.

에게 나타나는 것으로 생각되고 있다. 제2보 즉 둘째 단계 역시 문화인들이 그것을 파괴하는 것이 얼마나 힘드는가를 볼 때, 미개인들이 그것을 내딛기는 쉬운 것으로 보인다. 그것은 그저 생명과 혼령을 결합시키는 것이다. 이 두 가지가 모두 신체에 속한다고 할진대, 왜 또한 이것들이 서로서로에 속하며 또 동일한 한 심령의 현현이 아니겠는가? 그렇다고 하면 이것들이 하나로 통일되어 있다고 생각해 보라. 그 결과는 망령—영혼, 유령—영혼이라 할 수 있는 저 유명한 개념이 되는 것이다. … 전 세계에 퍼져 있는 이러한 견해들은 제멋대로 된 것이거나 혹은 인습적인 소산이 아니며, 또 멀리 있는 족속들 간에 그것들이 한결같음을 보고 어떤 종류의 연락이 있었던 것으로 증거하려는 것도 결코 옳다 할 수 없다. 그것들은 무척 조리있고 합리적인 원시 철학에 의하여 해석된 바 인간의 감관의 명료한 증거에 대하여 가장 강력하게 응답하는 이설(理說)들이다.5)

우리는 "원시적 심성"에 관한 레비-브륄의 유명한 논술에서 이와 정반대 되는 것을 발견한다. 레비-브륄에 의하면, 그 이전의 학설들이 제기한 과제들은 불가능한 것이고 도대체가 모순된 것이다. 원시적 심성과 우리 자신의 그것 사이에서 어떤 공통된 척도를 찾는 것은 헛된 일이다. 이 두 가지는 동일한 유에 속하는 것이 아니라 서로 극단으로 반대되는 것이다. 문화인에게는 의문의 여지가 없고 어길 수 없어 보이는 규칙들이 원시적 사고에 있어서는 전혀 알려져 있지 않고 또 항상 방해를 받고 있다. 미개인의 정신에서는, 프레이저와 타일러의 학설에서 그에게 귀속시켜진 그 모든 추리 과정이 불가능하다. 그것은 논리적인 정신이 아니라 "선논리적"(prelogical) 혹은 신비적 정신이다. 우리의 논리의 가장 기본적인 원리도 이 신비적 정신에서는 공공연히 무시된다. 미개인은 그 자신의 세계, 즉 우리의 경험이 알 수 없고 우리의 사고 형식이 미치지 못하는 세계에서 살고 있다.6)

---

5) 같은 책, I, 428 이하.

6) L. Lévi-Bruhl, *Les fonctions mentales dans les sociétés inférieures* (Paris : F. Alcan,

우리는 이 논쟁을 어떻게 해결할 것인가? 만일 칸트가 옳았다고 하면 이 결정에 있어서 우리를 인도할 엄밀하게 객관적인 기준은 없다고 말하지 않으면 안 된다. 왜냐하면 이 문제는 존재론적 혹은 사실상의 문제가 아니라 하나의 방법론적 문제이기 때문이다. "동질성"의 원리나 "이질성"의 원리는 모두 과학적 사고의 갖가지 경향과 인간 이성의 여러 관심을 기술하는 것일 따름이다. 칸트는 다음과 같이 말하고 있다.

> 순전히 규제적인 원리들이 구성적인 것으로 생각될 때에는 그것들은 객관적인 원리들과 마찬가지로 모순될 수 있다. 그러나 그것들이 오직 **준칙**이라고만 생각되면 아무 모순도 없으며, 다만 이성의 서로 다른 관심이 각기 다른 사고 양식을 생기게 하는 것이다. 현실에 있어서 이성은 오직 한 가지 관심만을 가지고 있으며, 그 준칙들이 서로 충돌하는 것은 그 관심이 만족을 얻게 되는 방법들의 차이 및 상호 제한에서만 생기는 것이다. 이렇게 해서 어떤 철학자는 (특수화의 원리를 따라) 다양성에의 관심에 의해 더 많은 영향을 받고, 다른 철학자는 (집합의 원리를 따라) **통일**에 대한 관심에 의하여 더 많은 영향을 받는다. 이 양자는 각기 대상에 대한 자기의 통찰에서 자기의 판단을 이끌어냈다고 믿으며, 또 그러면서도 두 원리중 어느 하나에 얼마간 집착함으로써 그 판단의 기초로 삼는다. 그런데 이 두 원리는 그 어느 것이나 객관적 근거 위에 서 있는 것이 아니고 다만 이성의 관심에만 의거하는 것이며, 따라서 원리라기보다는 오히려 준칙이라 일컬어져야 마땅한 것이다. … 그것은 이성의 이중 관심 이외의 아무 것도 아닌바, 그 하나는 이것을 또 다른 하나는 저것을 소중히 여기고 있는 것이다. … 그러나 자연에 있어서의 다양성과 통일성이라고 하는 이 두 준칙간의 차이는 쉽게 조종될 수 있다. 하기야 이 두 준칙을 객관적 인식으로 생각하는 한 여러 가지 논쟁을 일으킬 뿐만 아니라, 또한 대립하는 관심을 절충시켜서 이성에 만족을 주는 어떤 수단이 발견될 때까지는 진리의 진보를 가로막는 여러 가지 장애를 만들어 내긴 하지만, 하여튼 이것들은 조정될 수 있다.[7]

1910), Introduction. English trans., *How Natives Think* (London and New York : George Allen & Unwin, 1926)을 참조.

사실상 한편에서는 프레이저와 타일러가 대표하고 다른 한편에서는 레비-브륄이 대표하는, 겉으로는 서로 반대되는 듯한 두 가지 사상 경향을 결합하지 않고서 신화적 사고의 성격을 분명히 통찰할 수는 없다. 타일러의 저작에서 미개인은 형이상학 혹은 신학의 체계를 만들어 내는 "원시적 철학자"로 기술되었다. 물활론은 미개인에게서 문화인에 이르는 모든 종교 철학의 토대라고 선언되었다. "비록 그것은 얼핏 보기에는 최소한의 종교에 대한 빈약한 정의밖에 내어놓는 것이 없는 듯하나, 실질적으로는 충분한 것임을 알게 될 것이다. 왜냐하면 뿌리가 있는 곳에는 그 어디나 가지들이 나오게 마련이기 때문이다. …" 물활론은 실로 "그 신앙은 이론이요 그 예배는 실천인 하나의 세계적 철학"이다.8) 그것은 "고대의 미개한 철학자들"과 형이상학적 사상의 세련되고 까다로운 개념에 공통되는 것이다.

이 기술에서는 신화적 사고가 그 주요한 여러 특징 가운데 하나를 잃어버렸음이 명백하다. 그것은 철저하게 지성화되어 있다. 만일 우리가 그 전제를 받아들인다면 그 모든 결론 또한 받아들이지 않으면 안 된다. 왜냐하면 이 결론들은 맨 처음의 소여로부터 완전히 자연스럽고 불가피하게 따라 나오는 것이기 때문이다. 이 신화관으로 말미암아 신화는 잘 알려져 있는 삼단논법의 규칙에 따르는 일련의 삼단논법이 되어 버린다. 이 학설이 전적으로 간과하고 있는 것은 신화 속에 있는 "비이성적" 요소, 즉 그 속에서 신화가 생기고 또 그것으로 더불어 신화가 생사를 같이 하는 정동적(情動的) 배경이다.

한편 레비-브륄의 학설이 반대의 방향에서 실패하고 있음을 보는 것은 어렵지 않은 일이다. 만일 이 학설이 옳다면 신화적 사고의 분석은 전혀

---

7) Kant, *Kritik der reinen Vernunft*, "Werke", ed. E. Cassirer, III, 455. F. Max Müller trans. (앞의 각주2를 보라), II, 571 이하.

8) Tylor, 앞의 책, pp. 426 이하.

불가능할 것이다. 그와 같은 분석 역시 신화를 이해하려는 시도가 아니고 무엇이겠는가? 다시 말하면 신화를 이미 알려져 있는 몇몇 다른 심리학적 사실 혹은 논리적 원리에 환원하는 것이 아니고 무엇이겠는가? 만일 이 사실들 혹은 원리들이 없다면, 만일 우리 자신의 정신과 선논리적 혹은 신비적 정신 사이에 아무런 접촉점도 없다면, 우리는 신화적 세계에 나아가 그것을 해명할 방도를 찾으려는 희망을 아예 포기하지 않으면 안 된다. 이 신화 세계는 영원히 우리에게 봉함된 책이 되고 말 것이다. 그러나 레비-브륄 자신의 학설도 이 책을 읽으려는, 다시 말하여 신화의 상형 문자를 해독하려는 노력이 아니었던가? 물론 우리의 논리적 사고 형식과 신화적 사고 형식이 하나 하나 모두 일치하기를 기대할 수는 없다. 그러나 만일 양자 사이에 연락이 전혀 없다면, 만일 이 두 가지가 전혀 다른 평면 위를 움직이고 있다면, 신화를 이해하려는 모든 시도는 실패로 돌아가고 말 것이다.

레비-브륄의 저작들[9]에서 전개된 원시적 심성의 기술은 한 가지 본질적인 점에서 불충분하고 또 합당치 않다는 것을 확신하게 하는 다른 이유들이 있다. 레비-브륄은 신화와 언어 사이에 밀접한 관계가 있음을 인정하고 또 그 점을 강조한다. 그의 저술의 특별한 부분은 언어학적 문제, 즉 미개 민족들의 언어를 다루고 있다. 이 언어들 속에서 그는 그가 원시적 심성에 속하는 것으로 본 모든 특징들을 발견한다. 그것들 역시 우리 자신의 사고방식에 정반대되는 요소로 가득 차 있다. 그러나 이 판단은 우리의 언어학적 경험과 일치하지 않는다. 이 분야에 있어서 가장 우수한 전문가들, 미개 민족의 언어를 연구하는 데 생애를 바친 사람들은 이에 반대되는 결론에 도달하였다. 현대 언어학에서는 원시적 언어라는 말 자체와 또 그 개념 자체가 매우 의심스러운 것이 되었다. 세계의 언어들에 관한 책을 쓴 메이예(A. Meillet)는, 알려져 있는 특유어(特有語)들 가운데 원시적 언어가 어떤 것이었으리라는 것을 조금이라도 우리에

---

9) *La mentalité primitive* (Paris, 1922)와 *L'âme primitive* (Paris, 1928) 참조.

게 알려 주는 것은 하나도 없다고 말하였다. 언어는 그 음성 조직에 있어서나 그 어형적 조직에 있어서 언제나 명확하고 완전한 논리적 구조를 우리에게 보여준다. 우리는 도대체 "선논리적" 언어가 있었다는 데 대한 증거를 가지고 있지 않다. 오직 이러한 언어만이 레비-브륄에 의하면 선논리적 정신 상태와 합치하는 것이었다. 물론 우리는 "논리"란 말을 너무 좁은 의미로 이해해서는 안 된다. 우리는 아메리카의 원주민들의 언어에서 아리스토텔레스의 사고의 범주, 우리의 분사 조직(分詞組織)의 요소들, 그리스어와 라틴어의 구문법의 규칙들을 기대할 수는 없다. 이런 것들을 기대하는 일은 실패할 수밖에 없다. 그러나 그렇다고 해서 이 언어들이 그 어떤 의미에서든 "비논리적"(illogical)인 것이라든가 혹은 우리의 언어보다 훨씬 덜 논리적이라는 것이 증명되는 것은 아니다. 그것들이 우리에게 본질적이고 필요한 것으로 생각되는 몇 가지 구별을 표현할 수 없기는 하나, 다른 한편 그것들은 우리가 우리들 자신의 언어에서 찾아볼 수 없는, 그렇다고 중요한 것이 아니라고는 결코 말할 수 없는 여러 가지 구별을 놀라우리만큼 다양하고 미묘하게 갖추고 있는 경우도 적지 많다. 2년 전에 별세한 위대한 언어학자요 인류학자인 프란츠 보아스는 마지막으로 출판된 논문들 가운데 하나인 "언어와 문화"(Language and Culture)에서 재치 있게 논평하기를, 만일 우리의 언어가 인디언의 특유어 콰키우들처럼 우리로 하여금 우리가 하는 보고가 자신의 경험에 의거한 것인지, 혹은 추리에 의한 것인지, 혹은 풍문에 의한 것인지, 또 혹은 꿈꾼 것인지를 말하게끔 강요한다면, 우리는 신문을 훨씬 더 만족스럽게 읽을 것이라고 하였다.[10]

"원시적" 언어에 대해서 타당한 것은 또한 원시적 사고에 대해서도 타당하다. 그 구조는 우리에게 이상스럽고 역설적으로 보일지 모른다. 그러나 거기에는 일정한 논리적 구조가 없지 않다. 개화되지 못한 인간이

---

10) R. Jakobson, "Franz Boas' Approach to Language", *International Journal of American Linguistics*, 제10권, No. 4 (1944. 10) 참조.

라 할지라도 자기가 살고 있는 세계를 이해하려는 끊임없는 노력 없이는 결코 살아갈 수 없다. 그리고 이 목적을 위하여 그는 몇 가지 사고의 일반적 형식, 혹은 범주를 만들어 내고 또 사용하지 않으면 안 된다. 확실히 우리는 단순한 사변적 방법으로 그의 결론에 도달하는 "미개한 철학자"라고 하는 타일러의 기술을 받아들일 수는 없다. 미개인은 결코 논증적 사상가가 아니며 또 변증가도 아니다. 그럼에도 불구하고 우리는 미개인에게서 잘 발달되지 않고 또 희미한 상태의 것이기는 하나 분석과 종합, 식별과 결합의 능력을 찾아볼 수 있다. 이 능력은 플라톤에 의하건대 변증법을 이루고 또 변증법을 특징짓는 것과 동일한 능력이다. 아주 원시적인 형태의 몇몇 종교 사상과 신화 사상—가령 토템 숭배 사회의 종교—을 연구할 때 우리는 원시적 심성이 고도로 식별하고 구분하려는, 즉 자기 주위의 요소들을 정돈하고 분류하려는 욕망과 필요를 얼마나 느끼고 있는가를 보고 놀라움을 금치 못한다. 분류에 대한 이 끊임없는 충동에서 빠져 나오는 것은 거의 없다. 인간 사회만이 여러 가지 서로 다른 직업, 서로 다른 관습, 서로 다른 사회적 의무를 가진 갖가지 계급, 부족, 씨족으로 구분되어 있는 것은 아니다. 동일한 구분이 자연의 도처에 나타나 있는 것이다. 물리적 세계는 이 점에서 사회적 세계의 정확한 복사요 짝이다. 식물, 동물, 유기적 존재, 무기적 성질을 지니고 있는 사물들, 실체와 속성은 한가지로 이 분류의 영향을 입고 있다. 나침반의 네 점, 즉 북, 동, 남, 서, 서로 다른 여러 빛깔, 천체들—이 모든 것은 특별한 한 유(類)에 속해 있다. 모든 남자와 여자가 캥거루나 뱀의 부류 중 어느 하나에 속하는 것으로 되어 있는 몇몇 오스트레일리아 종족에 있어서는 구름은 첫째 부류에, 태양은 둘째 부류에 속하는 것으로 되어 있다고 한다. 이 모든 것은 우리에게 완전히 자의적이고 환상적인 것으로 보일지 모른다. 그러나 우리는 모든 구분이 각기 구분의 기초 (fundamentum divisionis)를 전제로 한다는 것을 잊어서는 안 된다. 이 주요한 원리는 사물 자체의 성질에 의하여 우리에게 주어진 것이 아니다. 그것은 우리의 여러 이론적 및 실제적 관심에 의거한다. 분명히 이 여러 관심은 세계에 대한 이 최초의 원초적 구분과 우리 자신의 과학적 분류에 있어서 동일한 것이 아니다. 그러나 이것은 문제가 되지 않는다. 여기서 문제가 되는 것은 분류의 내용이 아니고 그 형식이다. 그리고 이 형식은 전적으로 논리적인 것이다. 여기서 우리가 발견하는 것은 결코 질서의 결여가 아니다. 그것은 오히려 일종의 영양과다, 즉 "분류 본능"의 우세와 풍요이다.11) 감관 경험의 세계를 분석하고 체계화하려는 이 최초의 여러 시도의 결과들은 우리 자신의 그것과는 크게 다르다. 그러나 그 과정들 자체는 매우 흡사하다. 이것들 역시 현실과 타협하려는, 질서 잡힌 우주 안에서 살려는, 그리고 사물들과 사고들이 아직 일정한 모습과 구조를 갖추지 못한 혼돈된 상태를 극복해 보려는 인간성의 동일한 욕망을 나타내고 있다.

---

11) 이 "원시적" 분류 방법의 구체적인 예는 나의 논문, *Die Begriffsform im mythischen Denken*, "Studien der Bibliothek Warburg"(Leipzig, 1922), I 에 있다. W. Durkheim et M. Mauss, "De quelques formes primitives de classification", *Année sociologique*, VI(Paris, 1901~1902)도 참조.

제2장 신화와 언어

타일러의 ≪원시 문화≫는 생물학적 원리들에 기초를 둔 하나의 고고학설을 제창한 것이었다. 그는 다윈의 원리들을 문화의 세계에 적용한 최초의 사람들 가운데 하나였다. **자연은 비약하지 않는다**(Natura non facit saltus)라는 격률에는 예외가 없다. 그것은 유기적 세계에서와 마찬가지로 인간 문명의 세계에도 들어맞는다. 문명인과 미개인은 같은 종(種), 즉 호모 사피엔스(homo sapiens, 인류)의 종에 속한다. 이 종의 근본적 특징들은 모든 변종들에 있어서도 같다. 만일 진화론이 옳다면 인간 문명의 보다 낮은 단계와 보다 높은 단계 사이에 어떤 틈새도 인정할 수 없다. 한 단계로부터 다음 단계로의 이행은 아주 천천히 그리고 거의 알아볼 수 없을 정도로 이루어지며, 연속의 단절은 전혀 없다.

인간문명의 과정에 관한 또 하나의 생각이, 다윈의 ≪종의 기원≫(*The Origin of Species*)이 나오기 3년 전, 즉 1856년에 간행된 한 논문에서 전개되었다. "비교 신화학"(Comparative Mythology)[1]에서 막스 뮐러는 신화를 하나의 고립된 현상으로 생각하는 한, 그것의 참된 이해에 도달하기가 불가능하다는 원리에서 출발하였다. 하지만 그 어떤 자연 현상, 그 어떤 생물학적 원리도 우리의 연구에 지침이 될 수 없다. 자연 현상과

---

1) *Oxford Essays* (London : W. Parker & Son, 1856), pp. 1~87에 처음 발표되고, *Selected Essays on Language, Mythology and Religion* (London : Longans, Green & Co., 1881), pp. 299~451에 재수록됨.

문화 현상 사이에는 정말로 유사한 점은 하나도 없다. 인간 문화는 특정한 방법들과 원리들에 따라 연구되어야 한다. 그리고 이 연구를 위해서는, 인간이 그 안에서 살고 움직이고 또 그 존재를 가지는 요소인 인간의 언어보다 더 좋은 지침을 우리는 어디서 찾을 수 있을 것인가? 어학자로서 또 언어학자로서 뮐러는 신화 연구의 유일한 과학적 방법은 언어학적 방법임을 확신하고 있었다. 그러나 이 목적은, 언어학 자체가 스스로의 길을 찾을 때까지 그리고 문법과 어원학(語源學)이 확고한 과학적 기초 위에 세워질 때까지는 달성될 수 없었다. 이 위대한 진보의 성취는 19세기 전반에 가서야 이루어졌다. 언어와 신화 사이에는 밀접한 관계뿐 아니라 진정한 연대성까지도 있다. 만일 우리가 이 연대성의 성질을 이해한다면 우리는 신화적 세계에의 열쇠를 찾게 된다.

 산스크리트어 및 그 문학의 발견은 우리의 역사의식의 발전과 모든 문화과학의 진화에 있어서 하나의 결정적인 건이었다. 그 중요성과 영향에 있어서 그것은 코페르니쿠스의 체계가 자연 과학의 분야에 끼친 저 위대한 지적 혁명에 비길 만한 것이다. 코페르니쿠스의 가설은 우주 질서에 관한 생각을 뒤집어 놓았다. 지구는 이제 더 이상 우주의 중심에 있지 않다. 그것은 "여러 별들 가운데 한 별"이 되었다. 물리적 세계의 지구 중심적 세계관은 폐기되었다. 이와 같은 의미에서, 산스크리트 문학을 알게 됨으로써 고전적 고대 세계를 인류 문화의 참되고 유일한 중심으로 보던 생각은 종말을 고하였다. 이때 이후로 그리스―로마 세계는 인류 문화의 세계에 있어서 하나의 분야, 하나의 조그마한 부분으로만 여겨질 수 있었다. 역사 철학은 하나의 새롭고 보다 넓은 기초 위에 세워지지 않으면 안 되었다. 헤겔은 그리스어와 산스크리트어의 공통 기원의 발견을 하나의 신세계의 발견이라 불렀다. 19세기의 비교 문법 학자들은 그들의 일을 이와 동일한 각도에서 보았다. 그들은 자기들이 인류 문명의 역사를 이해하는 문을 열 수 있는 유일의 마법어를 발견하였다고 확신하였다. 막스 뮐러는 비교 언어학이, 지금까지 어둠속에 가려져 있었던 인류의 신화적 및 신화 창작적인 시대를 과학적 연구의 환한 빛 속에 그리고 문헌학적 역사의 테두리 안에 들어오게 했다고 선언하였다. 그것은 우리가 전에는 흐린 구름들밖에는 보지 못했던 곳에서 이제는 또렷한 형상과 윤곽들을 보게 하는 그런 힘을 가진 망원경을 우리 손에 쥐어 주었다. 아니, 그것은 오히려 동시대적 자료라고 할 만한 것을 우리에게 주었는데, 이 자료는 산스크리트어가 아직 산스크리트어가 아니었고, 그리스어가 아직 그리스어가 아니었던 시대, 즉 이 두 가지 언어가 라틴어, 독일어 및 이 밖의 다른 아리안어의 방언들과 더불어 아직 분화되지 않은 언어로서 존재하던 시대의 사상, 언어, 종교 및 문명의 상태를 우리에게 드러내 주었다. 신화의 안개는 차츰 걷히고 우리로 하여금 사상과 언어의 여명의 부동하는 구름들 뒤에 신화학이 그토록 오랫동안 가리어 숨기고 있던 저 참된 본성을 발견할 수 있게 해줄 것이다.2)

한편, 언어와 신화를 연결시키는 것은 오래된 수수께끼를 명석하고 명확하게 풀어 줄 것을 약속했으나, 또한 하나의 큰 난점을 내포하고 있었다. 언어와 신화는 분명히 하나의 공통된 근원을 가지고 있으나, 그 구조에 있어서는 결코 똑같지 않다. 언어는 언제나 엄밀하게 논리적인 성격을 우리에게 보여주고, 신화는 모든 논리적 규칙을 무시하는 듯이 보인다. 신화는 조리가 서지 않고 제멋대로이며 비합리적이다. 어떻게 우리는 양립할 수 없는 이 두 요소를 결합시킬 수 있는가?

이 물음에 답하기 위하여 막스 뮐러와 비교 신화학파에 속하는 다른 저자들은 매우 교묘한 도식을 하나 생각해 내었다. 신화는 언어의 일면에 지나지 않지만, 그것은 그 적극적인 면이 아니라 오히려 소극적인 면이라고 그들은 선언하였다. 신화는 언어의 여러 장점으로부터가 아니라 그 여러 결함으로부터 생긴다. 확실히 언어는 논리적이고 합리적이지만, 또한 그것은 착각들과 오류들의 원천이다. 언어의 가장 위대한 성취는 결

---

2) F. Max Müller, "Comparative Mythology", *Oxford Essays*, pp. 11, 33, 86. *Selected Essays*, Ⅰ, 315, 358, 449 이하.

함의 한 원천이다. 언어는 **일반적** 명칭들로 성립된다. 그러나 일반성이란 언제나 애매성을 의미한다. 낱말들의 다의성(多義性)과 동의성(同義性)은 언어의 우연한 특성이 아니고 언어의 본성에서 따라 나온다. 대부분의 대상들이 하나 이상의 속성을 가지고 있으며 또 국면이 달라짐에 따라 어느 한 속성이 이름을 붙이는 데 더 적합한 듯이 보였기 때문에, 대부분의 대상들은 인간 언어의 초기에는 하나 이상의 명칭을 필연적으로 갖게 되었다. 옛날의 언어일수록 동의어가 풍부하다. 한편 이 동의어들은 자꾸 쓰이게 됨에 따라서 자연히 많은 동음이의어(同音異義語)를 생기게 한다. 만일 우리가 태양을 서로 다른 성질들을 표현하는 50개의 명칭으로 부를 수 있다면, 이 명칭들 가운데 어떤 것들은 우연히 같은 성질들을 지닌 다른 대상들에 대해서도 적용될 수 있을 것이다. 이 다른 대상들은 이때 같은 이름으로 불리게 된다. 즉 그것들은 동음이의어가 된다. 이것이야말로 언어의 약점이요 동시에 신화의 역사적 기원이다. 막스 뮐러는, 우리는 어떻게 신들과 영웅들, 고르곤들과 키마이라들, 그리고 사람의 눈이 한 번도 본 적이 없으며 또 건전한 인간 정신이라면 상상조차 할 수 없었던 것들에 관한 이상한 이야기들을 생겨나게 한 저 인간 정신의 발전 단계를 설명할 수 있는가라고 묻는다. 이 물음에 대한 답이 나오지 않는 한, 모든 시대를 통하여 또 모든 나라에서 인간의 지능이 규칙적으로 또 꾸준히 진보한다고 하는 우리의 신념은 그릇된 이론으로서 포기되지 않으면 안 된다. 하지만 비교 언어학이 발견된 후 우리는 이 회의론을 피하고 이 장애물을 제거할 수 있게 되었다. 우리는 인류 문명의 가장 위대한 사실들 중의 하나인 언어 자체의 진보가 불가피하게 다른 하나의 현상, 즉 신화의 현상으로 나아가게 했음을 본다. 같은 대상에 대하여 두 개의 **명칭**이 존재하는 곳에서는 아주 자연스럽게 그리고 불가피하게 그 두 명칭으로부터 두 **인물**이 솟아나 올 수 있었으며, 또 같은 이야기들이 그 어느 편에 대해서나 꾸며질 수 있었기 때문에 그들은 형제 자매로서 혹은 부모와 자식으로서 표상되곤 하였다.[3)]

만일 우리가 이 학설을 받아들인다면 난점은 제거된다. 우리는 인간 언어의 합리적 활동이 어떻게 신화의 비합리적인 것들과 불가해한 것들로 나아갔는가를 잘 설명할 수 있다. 인간의 정신은 언제나 합리적으로 활동한다. 원시인의 정신도 건전하고 정상적인 정신이었다. 그러나 그것은 발달하지 못하고 미숙한 정신이었다. 만일 이 미숙한 정신이 끊임없이 낱말들의 오류와 애매성이라는 큰 유혹을 받았다고 하면, 그것이 결국 그 유혹에 굴복했다고 해도 조금도 놀랄 것이 없다. 이것이야말로 신화적 사고의 참된 원천이다. 언어는 지혜의 학교일뿐만 아니라 또한 어리석음의 학교이기도하다. 신화는 이 후자의 측면을 우리에게 드러낸다. 그것은 언어가 인간의 사고의 세계에 던진 어두운 그림자일 따름이다.

그리하여 신화는 그 기원에 있어서나 그 본질에 있어서 병적인 것으로 여겨지고 있다. 그것은 언어의 분야에서 시작하여 위험한 전염에 의하여 인간 문명 전체에 퍼지는 병이다. 비록 그것이 광적인 것이기는 하나 그 속에도 방법이 있다. 다른 신화들에서와 같이 그리스의 신화에도, 예컨대 인종을 멸망시킨 대홍수의 이야기가 있다. 데우칼리온과 그의 아내 퓌라만은 제우스가 그리스 땅에 보낸 홍수에서 살아남았다. 이 부부는 파르낫소스 산에 상륙하여 거기서 뒤로 "그들의 모친의 뼈"를 던지라는 신탁(神託)을 들었다. 데우칼리온은 그 신탁을 올바르게 해석하여 땅에서 돌들을 주워 등 뒤로 던졌다. 이 돌들로부터 남녀의 새로운 족속이 생겨났다. 인종의 창조에 대한 이 신화적 설명보다 더 어리석은 것이 어디 있겠는가라고 막스 뮐러는 묻는다. 하지만 비교 어원학이 우리에게 준 열쇠를 가지고 볼 때, 그것은 쉽게 이해할 수 있게 된다. 이 이야기 전체는 결국 하나의 단순한 말재롱, 즉 동음이의의 두 낱말, 사람(λαός)과 돌(λᾶας)의 혼동임이 드러나게 된다.4) 이 견해에 의하면 이것이야말로 신화의 비밀 전체이다.

---

3) 같은 글, *Oxford Essays*, pp. 44. 이하. *Selected Essays*, Ⅰ, 378 참조.
4) 같은 글, *Oxford Essays*, p. 8. *Selected Essays*, Ⅰ, 310.

이 학설을 분석해 보면 그것이 합리주의와 낭만주의의 이상한 혼합임을 알 수 있다. 낭만주의적 요소가 명백하며 또 우세해 보인다. 막스 뮐러는 어떤 의미에서 노발리스나 슐라이어마허의 제자로서 말하고 있다. 그는 종교의 기원을 물활론이나 자연의 위대한 힘들에 대한 숭배에서 찾을 수 있다는 설을 거부한다. 물론 자연적 혹은 물리적 종교—불, 태양, 달, 밝은 하늘에 대한 숭배—가 없지 않다. 그러나 이 물리적 종교는 단 하나의 측면이요, 하나의 파생적 현상이다. 그것은 전체를 보여주는 것이 아니며 최초의 그리고 주요한 원천으로 인도해 주는 것도 아니다. 종교의 참 기원은 사상과 감정의 보다 깊은 층에서 찾아져야만 한다. 처음에 인간들을 매혹한 것은 그들의 주위에 있는 사물들이 아니었다. 원시적 심성도 하나의 전체로서의 자연의 장관에 더 큰 감명을 받았다. 자연은 기지의 것이 아니라 미지의 것이요, 유한이 아닌 무한이었다. 가장 이른 시대로부터 종교적 사상과 언어에 자극을 준 것은 바로 이 감정이었다. 직접적인 **무한자의 지각**은 태초부터 모든 유한한 인식의 구성 요소 및 불가결의 보족(補足)을 이루고 있었다. 후기의 신화적·종교적 및 철학적 표현들의 맹아는 일찍이 우리의 감관에 대한 무한자의 압력 속에 이미 들어 있었으며, 이 압력이 우리의 종교적 신앙들의 최초의 원천이요 참 기원이다.5) 막스 뮐러는 다음과 같이 물었다. 왜 우리는 생명이 약동하고 색채를 마음껏 즐길 줄 안 고대인들이 우리의 현대적 사고의 흐리멍덩한 윤곽 대신에 인간의 힘, 아니 인간 이상의 힘을 지닌, 즉 태양의 빛은 사랑의 눈빛보다 더 밝고 폭풍의 노호는 사람의 고함 소리보다 더 큰 그런 인간 이상의 힘을 지닌 저 여러 가지 모양의 살아 있는 자연의 형상들을 만들어 냈다고 해서 놀라야 하는가?6) 이 말은 매우 낭

---

5) F. Max Müller, *Natural Religion*, The Gifford Lectures, 1888(London and New York : Longmans, Green & Co., 1889), Lect. 5, "My Own Definition of Religion", pp. 103~140 ; *Physical Religion*, The Gifford Lectures, 1890(Longmans : Green & Co., 1891), Lect. 6, "Physical Religion : The Natural and the Supernatural" pp. 119 이하 참조.

만적으로 들릴지 모른다. 그러나 우리는 막스 뮐러의 멋있고 낭만적인 문체에 속아 넘어가서는 안 된다. 그의 학설은, 전체로 볼 때 아직도 엄정하게 합리주의적이고 주지주의적이다.

근본적으로 그의 신화관은 18세기 계몽주의 사상가들의 신화관과 크게 다르지 않다.7) 확실히 그는 이제 다시는 신화와 종교 속에서 한갓 제멋대로의 조작, 즉 교활한 성직자의 속임수만을 보지 않는다. 그는 신화가 결국 하나의 큰 착각―의식적이 아니라 무의식적인 착오, 인간 정신의 본성으로 말미암은 그리고 무엇보다도 인간 언어의 성질로 말미암아 생기게 된 착오―일 따름이라는 데 동의한다. 신화는 어디까지나 병적인 것이다. 그러나 이제 우리는 인간 정신 자체의 타고난 결함이라는 가설에 의지하지 않고서 신화의 병리를 이해할 수 있는 자리에 있다. 만일 언어가 신화의 원천으로 인정된다면 그때에는 신화적 사고의 여러 불합리함과 모순들이 보편적이고 객관적인, 따라서 전적으로 이성적인 능력으로 환원된다.

이 이론은 "종합 철학"을 처음으로 세워 보려 한 철학자에 의하여 몇 가지 비판적 조건을 붙여 받아들여짐으로써 아주 유력하게 되었다. 종합 철학이란 인간 정신의 활동들을 엄격하게 경험적인 원리와 일반적인 진화론에 따라 조리 있고 포괄적으로 고찰하려는 철학이다. 허버트 스펜서는 종교의 최초의 그리고 주요한 원천을 조상 숭배에서 찾았다. 최초의 제사는 자연력의 제사가 아니라 죽은 이를 제사지내는 것이었다고 그는 선언하였다.8) 하지만 조상 숭배에서 인격신들에 대한 숭배로의 이행을

---

6) Müller, "Comparative Mythology", *Oxford Essays*, p. 37. *Selected Essays*. Ⅰ, 365.

7) 위대한 합리주의자들 가운데 한 사람의 저술에서 뮐러의 이론의 기본 원리를 볼 수 있다는 것은 주목할 만한 사실이다. Boileau는 그의 풍자 시집 *Sur l'équivoque*에서 낱말들의 애매성이 신화의 진정한 원천이라는 이론을 제창한 바 있다.

8) H. Spencer, *The Principles of Sociology* (1876), (New York : D.Appleton & Co., 1901), 20장, Ⅰ, 285 이하 참조.

이해하려면 하나의 새로운 가설을 도입하지 않으면 안 된다. 스펜서에 의하면, 이 이행을 가능하게 하고 심지어 필연적인 것이게끔 한 것은 언어의 힘이요, 또 그 계속적 영향이었다. 인간의 언어는 그 본성 자체가 비유적이다. 그것은 직유와 유비로 가득 차 있다. 원시적 심성은 이 비유들을 한갓 비유적인 의미에서 이해할 수 없다. 그것은 이것들을 실재물로 보며, 이 원리에 따라 생각하고 행동한다. 조상 숭배의 최초의 초보적 형태들로부터 즉 인간에 대한 숭배로부터 식물 및 동물에 대한 숭배, 그리고 나중에는 자연의 위대한 힘들에 대한 숭배로 나아가게 한 것은 이와 같이 비유적 명칭들을 글자 그대로 해석했기 때문이다. 원시 사회에서는 새로 태어난 아기를 식물, 동물, 별 혹은 이 밖의 자연물을 따라 명명하는 것이 흔하고 널리 퍼진 습관이다. 사내 아이들은 "호랑이" 혹은 "사자", "갈까마귀" 혹은 "늑대"라 불리고 계집 아이들은 "달" 혹은 "별"이라 불리었다. 그 기원에 있어서 이 명칭들은 모두 인간들에게 속한다고 여겨진 몇 가지 개인적 성질들을 표현하는 수식 형용사일 따름이었다. 모든 용어를 글자 그대로 이해하는 원시적 심성의 경향으로서는, 이 보족적 명칭들과 비유적 칭호들을 잘못 해석하는 일이 불가피하였다. 이것이 자연 숭배의 참된 기원이다. "새벽"이란 말이 일단 어떤 사람의 이름으로 쓰이게 되면, 그런 이름을 가진 사람으로서 유명하게 된 어떤 사람에 관계된 전설들이 무 비판적인 미개인의 정신 속에서 정말 새벽과 동일한 것이 되었으며, 또 그 사람의 모험담은 새벽의 현상이 가장 그럴듯하게 생각하게 하는 방식으로 해석되곤 하였다. 뿐만 아니라, 이웃 종족이나 혹은 동일한 종족이라 하더라도 다른 시대에 살고 있는 사람 가운데 같은 이름을 가진 사람이 있는 지역에서는 새벽의 엉뚱한 족보와 모순된 모험담들이 생기곤 하였다.9)

여기서도 신화의 현상, 다신교의 모든 신(神) 전체가 한갓 질병으로서 설명되고 있다. 인격이라고 생각된 특출한 대상에 대한 숭배는 언어적

---

9) 같은 책, 22~24 장, I, 329~394.

오류에서 생긴다. 이러한 학설이 면할 수 없는 중대한 반대들은 명백하다. 신화는 인류 문명의 가장 오래되고 가장 큰 세력들 가운데 하나이다. 그것은 인간의 다른 모든 활동과 밀접하게 결부되어 있다. 그것은 언어, 시, 예술 및 초기의 역사적 사상과 뗄 수 없는 것이다. 과학도 그 논리적 시대에 이르기 전까지는 신화적 시대를 통과하지 않으면 안 되었다. 화학에 앞서 연금술이 있었고, 천문학에 앞서 점성술이 있었다. 막스 뮐러, 허버트 스펜서의 학설이 옳다고 하면 우리는 인류 문명의 역사가 결국 낱말들과 용어들의 단순한 오해와 그것들의 그릇된 해석으로 말미암은 것이었다고 결론짓지 않으면 안 될 것이다. 그러나 인간 문화를 하나의 단순한 착각의 소산, 다시 말하면 낱말들을 가지고 요술을 부리는 것 및 이름들을 가지고 어린애처럼 장난하는 것의 소산으로 생각하는 것은 그다지 만족스러운 그리고 수긍할 수 있는 가설이 아니다.

제3장 신화와 정동 심리학

 지금까지 고찰한 신화 이론은 그 많고 중요한 차이에도 불구하고 하나의 공통점을 갖고 있다. 타일러와 프레이저 그리고 뮐러와 스펜서의 해석들은 신화가 무엇보다도 "관념들", 표상들, 그리고 이론적 신념들과 판단들의 집합체라고 하는 전제에서 출발하고 있다. 이 신념들은 우리의 감관 경험에 분명히 모순되기 때문에 그리고 또 신화적 표상에 대응하는 자연계의 대상이 하나도 없기 때문에 신화는 한갓 환상이라는 귀결이 나온다. 사람들은 왜 그러한 환상에 그토록 집요하게 또 억지로 매달리는가 하는 문제가 필연적으로 생긴다. 왜 사람들은 사물들의 현실에 곧장 나아가 그것을 직시하려 하지 않는가? 왜 그들은 착각과 망상과 꿈의 세계에서 살려 하는가?
 이 물음에 답하는 새로운 한 길이 근대의 인류학과 심리학에서 이루어진 진보에서 제시되었다. 우리는 이 두 측면을 나란히 연구하지 않으면 안 된다. 이 두 측면은 피차 다른 한편을 설명해 주고 또 서로 보충해 주기 때문이다. 인류학적 연구는 신화를 충분히 이해하려면 하나의 다른 관점에서 연구를 시작하지 않으면 안 된다는 결론에 도달하게 했다. 신화적 상념들의 배후에 그리고 그 밑에 지금까지 간과된 혹은 중요성이 충분히 인식되지 못했던 보다 깊은 하나의 층이 발견되었다. 그리스 문학과 종교의 연구가들은 언제나 다소간에 그리스어 $\mu \tilde{u}\theta o \varsigma$(말, 이야기, 신화)의 어원에 영향을 받고 있었다. 그들은 신화에서 하나의 이야기, 혹은 이야기들의 체계, 즉 신들의 행적 혹은 영웅적 조상들의 모험들에 관한 이야기들을 보았다. 이것은 학자들이 문학의 원전들의 연구와 해석에 주로 관심을 두고 있었던 동안은, 그리고 그들의 관심이 고도로 발달한 문명의 단계들, 즉 바빌로니아와 인도, 이집트와 그리스의 종교에 집중되고 있었던 동안은 충분한 것으로 보였다. 이윽고 이 범위를 확대하는 것이 필요하게 되었다. 발달된 신화, 신들의 행적에 관한 이야기 및 신들의 족보를 전혀 찾아볼 수 없는 원시 종족들이 많다. 그럼에도 불구하고 그들은 신화적 동기에 의해 깊이 침투되고 또 전적으로 결정되고 있는 한 생활 양식의 잘 알려진 특징들을 모두 보여주고 있다. 그러나 이 동기들은 어떤 사상이나 관념보다는 행동에 더 잘 나타나 있다. 행동의 인자(因子)가 분명히 이론적 인자를 압도하고 있다. 신화를 이해하기 위해서는 의식(儀式)들의 연구에서 시작해야 한다는 원칙이 오늘날 민족학자들과 인류 학자들 사이에서 일반적으로 인정되고 있는 듯싶다. 이 새로운 방법에 비추어 볼 때 미개인은 더 이상 "원시적 철학자"로 보이지 않는다. 종교 의식이나 예배를 행할 때 인간은 그저 사변이나 혹은 명상에 빠져 있는 것이 아니다. 그는 자연 현상을 차분히 분석하는 일에 열중해 있지도 않다. 그는 여러 가지 정동(情動)의 생활을 하는 것이지 사상의 생활을 하고 있는 것이 아니다. 의식은 신화보다 인간의 종교 생활에서 보다 깊고 훨씬 더 영속적인 요소라고 하는 것이 분명하게 되었다. 프랑스의 학자 두떼는 다음과 같이 말한다. "신조(信條)들은 변하나, 의식은 우리에게 지질학적 연대를 가르쳐 주는 저 멸절한 연체 동물들의 화석처럼 존속한다."[1]

여러 고등 종교에 대한 분석이 이 견해를 더욱 확고하게 해주었다. 로버트슨-스미스는, ≪셈족의 종교≫(The Religion of the Semites)[2]라는 그의

---

1) E. Doutté, *Magie et religion dans l'Afrique du Nord* (Alger, Typographie Adolphe Jourdan, 1909), p. 602.

2) W. Robertson-Smith, *Lectures on the Religion of the Semites* (Edinburgh : A.

권위있는 저서에서, 종교적 **표상**들을 연구하는 올바른 길은 종교적 **행동**의 연구에서 시작하는 것이라는 방법론적 원리를 사용하여 아주 풍성한 성과를 거두었다. 이 유리한 입장에서 볼 때 그리스의 종교도 하나의 새롭고 보다 밝은 빛 속에 나타났다. 제인 엘렌 해리슨은 그의 《그리스 종교 연구 서설》에서 다음과 같이 적고 있다.

> 그리스의 종교는 통속적인 안내서에서나 또 좀더 야심적인 논문에서도 주로 신화에 속하는 문제로, 그것도 문학을 통해서 본 신화에 속하는 문제로 되어 있다. 그리스의 의식(儀式)을 검토하는 진지한 기도는 한 번도 없었다. 하지만 의식의 사실들은, 더욱 쉽게 명확히 확인될 수 있고 더욱 영속적이고 또 적어도 다른 것에 못지 않게 중대한 의의를 지니고 있다. 한 민족이 그 신들과의 관계에 있어서 무엇을 **행하느냐** 하는 것은 언제나 그 민족이 무엇을 **생각하느냐** 하는 것에 대한 하나의 실마리, 아마 가장 확실한 실마리가 아닐 수 없다. 그리스의 종교를 과학적으로 이해하려는 그 어떤 기도에 대해서도 맨 처음의 준비 작업은 그 의식을 정밀하게 검토하는 것이다.[3]

그러나 이 원리의 적용은 큰 장애들에 부딪쳤다. 원시 종교의 의식들의 정동적 성격(情動的 性格)은 명백하다. 하지만 19세기의 심리학이 전통적 상태에 머물러 있는 한, 이 정동적 성격을 과학적으로 분석하고 기술하는 것은 매우 어려운 일이었다. 옛날부터 철학자들과 심리학자들은 정동에 관한 일반적인 이론을 제시하려고 노력해 왔다. 그러나 이 모든 노력은 가능한 유일한 탐구 방법이 순전히 주지주의적인 것으로 보였던 사실에 의하여 방해를 받았고 또 크게 헛된 것이 되고 말았다. 감정들은 "관념들"로써 정의되어야 한다고 일반적으로 생각되었다. 이것이야말로 정동들의 사실을 합리적으로 설명하는 유일한 방법인 듯싶었다. 스토아

---

and C. Black, 1889).

3) J. E. Harrison, *Prolegomena to the Study of Greek Religion* (Cambridge Univ. Press, 1903), p. vii.

주의 윤리학은 정념(情念)들이 병리적 사실이라는 원리에 기초를 두고 있었다. 그것들은 일종의 정신병으로 기술되었다. 17세기의 합리주의적 심리학은 그렇게까지 극단으로 나아가지는 않았다. 정념들은 더 이상 "비정상적인 것"(abnormal)으로 여겨지지 않았다. 그것들은 신체와 영혼간의 교통의 자연스럽고 필연적인 결과라고 선언되었다. 데카르트와 스피노자의 이론에 의하면 인간의 감정들은 모호하고 불충분한 관념들에 그 기원을 가지고 있다. 영국 경험론자들의 심리학도 이 일반적인 주지주의적 견해를 바꾸지 않았다. 왜냐하면 여기서도, 논리적 관념으로서는 아니고 감각 인상의 모사(模寫)로서 이해된 "관념들"이 아직도 심리학적 관심의 중심을 이루고 있었기 때문이다. 독일에서는 헤르바르트와 그의 학파가 정동을 지각, 표상 및 관념 사이의 어떤 관계들로 환원시키는 기계론적 정동 이론을 내놓았다.

그리하여 이 문제는, 리보가 낡은 **주지주의적** 주장에 대립시켜 **생리학적** 주장으로서 기술한 하나의 새 이론을 전개했을 때까지 그대로 남아 있었다. 정동의 심리학에 관한 그의 저서의 서문에서 리보는 감정의 상태들에 관한 심리학은 심리학적 연구의 다른 분야와 비교할 때, 아직 혼돈되어 있고 또 뒤떨어져 있다고 선언하였다. 언제나 정동 아닌 다른 것들, 예컨대 지각, 기억, 심상과 같은 것들이 우선적으로 연구되었다. 리보에 의하면, 정동적 상태들과 지적 상태들을 유사한 것으로 보거나 전자가 후자에 의거하는 것으로까지 다루어 양자를 비슷한 것으로 보는 지배적 편견은 오류에 빠지게 할 따름이다. 감정의 상태들은 이차적이고 파생적이기만 한 것이 아니요, 또 인식적 상태들의 한갓 성질들, 양식들, 혹은 기능들이 아니다. 반대로 그것들은 원초적이요, 자율적이어서 지성에 환원될 수 없는 것들이요, 또 지성의 밖에 지성 없이도 존재할 수 있는 것이다. 이 이론은 일반적인 생물학적 고찰에 기초를 두고 있었다. 리보는 모든 감정 상태들을 생물학적 조건에 연결시키려 했으며, 또 생장하는 생명의 직접적이고 즉시적인 표현으로 보려 하였다.

이 입장에서 볼 때 감정들과 정동들은 더 이상 피상적인 나타남, 단순한 표출이 아니다. 그것들은 개인의 심층에 스며들어 있다. 그것들은 여러 가지 요구나 본능들 속에, 다시 말하면 운동들 속에 그 근원을 가지고 있다. …정동 상태들을 명료하고 일정한 관념들로 환원하고 싶어하는 것, 혹은 이 과정에 의하여 우리가 고정시킬 수 있다고 상상하는 것은 그것들을 완전히 오해하는 것이요, 미리부터 실패하게 한다.4)

제임스와 덴마크의 심리학자 랑게도 같은 견해를 가지고 있었다.5) 이 두 사람은 각각 독립된 고찰에서 같은 결과에 도달하였다. 이들은 정동에 있어서 생리적 인자가 가장 중요하다고 주장하였다. 정동의 참된 성격을 이해하고 그 생물학적 기능과 가치를 인식하려면 신체적 징후의 기술에서 시작해야 한다고 그들은 선언하였다. 근육의 신경 자극의 변화들과 혈관 운동 신경의 변화들이 이 징후이다. 랑게에 의하면, 혈액 순환의 극히 적은 변화도 뇌와 척수의 기능을 크게 변경시키기 때문에 후자(신경 자극의 변화들과 혈관 운동 신경의 변화들)가 더 중요하다. 신체를 떠난 정동이란 있을 수 없다. 그런 것은 한갓 추상일 따름이다. 기관과 운동 신경이 나타내는 것들은 부수적인 것이 아니다. 이것들의 탐구야말로 정동 연구의 중요 부분이다. 공포와 같은 정동을 분석할 때 우리는 무엇을 발견하는가? 무엇보다도 우리는 혈액 순환에 있어서의 변화들을 발견한다. 혈관은 수축하고 가슴은 격렬하게 두근거리며 호흡은 차츰 더욱 얕고 빨라진다. 공포의 감정은 이 신체적 반응들에 앞서지 않는다. 그것은 이것들을 뒤따라 일어난다. 그것은 이 생리적 상태들이 일어

---

4) Th. Ribot, *La psychologie des sentiments* (Paris, 1896). English trans., *The Psychology of the Emotions* (New York : Charles Scribner's Sons, 1912), 서문, pp. vii 이하.

5) C. Lange, *Über Gemütsbewegungen*, German trans., H. Kurella (Leipzig, 1887), English trans., *The Emotions*, "Psychology Classics", 제1권 (Baltimore : Williams & Wilkins Co., 1922).

나고 있을 때의 그리고 그것들이 일어난 후의 그것들의 의식이다. 만일 일종의 정신 실험에 의하여 공포의 감정으로부터 신체적 징후들, 즉 맥박의 고동, 피부의 진동, 근육의 동요를 제거하려 한다면 공포에 관계된 아무것도 남지 않는다. 제임스가 말한 바와 같이 신체를 떠나 독립해 있는 "심적 소재"가 있고 이것으로부터 정동이 구성될 수 있는 것은 아니다. 그러므로 우리는 지금까지 상식과 과학적 심리학이 인정해 온 순서를 뒤바꾸지 않으면 안 된다.

> 재산을 잃었을 때 우리는 슬퍼하여 울며, 곰을 만났을 때 놀라서 달아나며, 경쟁자에게 모욕을 당하고는 화를 내고 때린다고, 상식은 이야기한다. 여기서 내가 주장하려는 가설은 다음과 같다. 이 계기(繼起)의 순서는 부정확하며, 어떤 한 심적 상태가 다른 한 심적 상태에 의하여 즉시로 유발되는 것이 아니며, 이 사이에 신체적인 나타남들이 먼저 끼어들어가지 않으면 안 되며, 좀더 합리적으로 말하면 우리는 우니까 슬퍼지고 때리니까 화가 나며, 떠니까 무서워지는 것이지, 우리가 슬프거나 화가 나거나 혹은 무섭기 때문에 울고 때리고 떠는 것이 아니다. 지각에 뒤이어 신체적 상태들이 일어나지 않는다면 지각은 형식상 순전히 인식적인 것이 되어 창백하고, 무색하고, 정동의 따뜻함이 없는 것이 되어 버리고 말 것이다. 이렇게 될 때 우리는 곰을 보고서 달아나는 것이 좋다고 판단할 것이며, 모욕을 당하고서 때리는 것이 마땅하다고 생각할 것이나, 무서움이나 분노를 실지로 **느끼지는** 않을 것이다.[6]

사실 생물학적으로 말하여, 감정이 정신의 모든 인식적 상태들보다 훨씬 더 일반적인 사실이며 보다 더 원초적이고 근원적인 층에 속한다는 것은 명백한 일이다. 그러므로 감정 상태들을 인식의 영역에 속하는 용어로 설명하는 것은 어떤 의미에서 선후전도(先後顚倒)이다. 감정의 경우에는 운동 신경의 상태들 혹은 충동들이 일차적이요, 감정의 나타남들

---

[6] W. James, *The Principles of Psychology* (New York : Henry Holt & Co., 1890), II, 449 이하.

은 이차적이다. 리보가 지적한 바와 같이, 감정 생활의 기초, 그 뿌리는 운동 신경의 감응과 충동들에서 찾아질 수 있는 것이지 쾌감과 고통의 의식에서 찾아질 수는 없다. "쾌감과 고통은, 본능의 영역 안에 숨겨져 있는 원인들을 찾아내고 결정하는 데 있어서 우리에게 지침을 주는 **결과**일 따름이다." "의식의 증거"만을 신뢰하는 것, "한 사건의 의식적 부분이 그 주요한 부분이다"고 믿는 것, 따라서 "모든 감정 상태에 수반하는 신체적 현상들은 심리학과는 무관해서 무시해도 괜찮고, 외부적이고, 또 심리학으로서는 아무 흥미없는 인자들이다"라고 가정하는 것은 근본적인 오류였다.7)

  이 새로운 연구 방법의 발전으로 말미암아 지금까지 심리학과 인류학 사이에 있었던 틈이 메워졌다. 정신 상태들의 관념적 측면만을 강조하고 있었던 전통적 심리학에서, 인류학은 신화보다도 오히려 제의(祭儀)를 향한 그 새로운 관심에 대한 도움을 거의 얻을 수 없었다. 제의들은 실로 심령 생활이 운동으로 나타난 것이다. 제의들이 드러내고 있는 것은 몇 가지 근본 경향들, 즉 욕망, 욕구, 원망(願望)들이지 한갓 "표상들"이나 "관념들"이 아니다. 그리고 이 경향들은 활동으로 옮겨진다. 즉 율동적인 엄숙한 행동이나 난폭한 춤으로, 질서 정연한 의식적 행동으로, 혹은 격렬한 광무(狂舞)로 옮겨진다. 신화는 원시 종교 생활에 있어서 **서사시적** 요소요, 제의는 **극적** 요소이다. 전자를 이해하려면 먼저 후자의 연구부터 시작하지 않으면 안 된다. 신들이나 영웅들에 관한 신화적 설화들은 그것만으로는 종교의 비밀을 우리에게 밝혀 주지 않는다. 왜냐하면 그것들은 의식의 **해석**일 따름이기 때문이다. 그것들은 이 제의들 속에 들어 있는 것, 즉 이 제의들에게서 직접 보이고 또 행해지고 있는 것에 대하여 설명을 가하려 한다. 그것들은 종교 생활의 활동적 측면에다가 "이론적" 견해를 첨가한다. 우리는 이 두 측면 중 어떤 것이 "첫째가는" 것이며 어느 것이 "둘째가는" 것인가 하는 문제를 거의 제기할 수

---

7) Ribot, 앞의 책, p. 3.

없다. 왜냐하면 그것들은 서로 분리되어 있지 않고 상관적이고 상호 의존적이며, 서로 뒷받침하여 서로 설명해 주기 때문이다.

이 방향에서의 일보 전진이 **정신 분석학적 신화 이론**에서 이루어졌다. 지그문트 프로이트가 1913년에 "토템과 타부"에 관한 논문들을 발표하기 시작했을 때[8] 신화의 문제는 결정적인 점에 이르렀다. 언어학자들, 인류학자들, 민족학자들은 여러 가지 신화 이론을 제공하고 있었다. 이 이론들은 모두 문제의 어느 한 부분을 해명하는 데는 쓸모가 있었으나 그 분야 전체를 설명하지는 못했다. 프레이저는 마법에서 일종의 원시적 과학을 보았으며, 타일러는 신화를 미개인의 철학이라 했으며, 막스 뮐러와 스펜서는 그 속에서 언어의 병을 보았다. 이 모든 생각들은 맹렬한 비판을 받았다. 반대자들은 이 학설들의 약점들을 폭로하는 데 있어 아무 어려움도 없었다. 이 문제의 이론적 혹은 경험적 해결은 아직 하나도 이루어지지 못하고 있었다. 그러나 프로이트 학설의 출현으로 사태는 일변하였다. 마침내 넓은 시야를 열어 주고 보다 좋은 전망을 약속해 주는 하나의 새로운 생각이 나온 것이다. 신화는 이제 더 이상 하나의 고립된 사실로 여겨지지 않았다. 그것은 과학적으로 연구될 수 있고 또 경험적 검증이 가능한 잘 알려진 현상들과 연결지어졌다. 그리하여 신화는 완전히 논리적, 거의 너무나 논리적인 것이 되었다. 그것은 더 이상 가장 기괴하고 상상조차 할 수 없는 것들의 혼돈이 아니었다. 그것은 하나의 체계가 되었다. 그것은 몇 개의 매우 단순한 요소들로 환원될 수 있었다. 신화가 여전히 하나의 "병리학적" 현상이었던 것은 확실하다. 그러나 그동안 정신 병리학 자체가 크게 진보하였다. 병리학자들은 더 이상 정신병들, 혹은 신경병들을 마치 그것들이 "국가 안의 국가"인 양 다루지는 않았다. 그들은 이 병들을 정상적인 생활의 과정들에 대해서 타당한 것과 동일한 일반적 규칙들 아래 포섭할 줄 알게 되었다. 한 분야에서 다른 분야로 넘어감에 있어서 심리학자는 그 관점을 바꿀 필요가 없었다.

---

[8] 처음에 발표된 것은 S. Freud (ed.), *Imago*, 제 1권에서였다.

그는 동일한 관찰 방법을 사용할 수 있었고 또 동일한 과학적 원리 위에서 논의할 수 있었다. "정상적인" 정신 생활과 "비정상적인" 정신 생활 사이에는 더 이상 어떤 깊은 틈바구니나 넘을 수 없는 장벽이 없었다. 이 원리가 신화에 적용되었을 때 그것은 여러 가지 중요한 결과와 약속을 담고 있었다. 신화는 더 이상 신비에 감싸여 있지 않았다. 그것은 과학적 연구의 밝고 날카로운 빛 아래 놓일 수 있었다. 프로이트는 일반 환자의 병상 곁에 있을 때와 같은 태도 및 감정을 가지고 신화의 병상 곁에 섰다. 여기서 그가 발견한 것은 조금도 놀랍거나 당황스러운 것이 아니었다. 그는 오랜 관찰에 의하여 잘 알게 되었던 것과 동일한 주지의 징후들을 보았다. 프로이트의 최초의 논문들을 읽을 때 우리를 가장 놀라게 하는 것은 그가 그의 견해들을 전개하는 데 있어서 보여준 명료성과 단순성이다. 거기에는 후에 그의 신봉자들과 제자들이 프로이트의 권위를 업고 도입한 아주 복잡한 이론들이 없다. 또한 후의 대부분의 정신 분석학적 제작들의 큰 특징을 이루고 있는 독단적 자신감을 찾아볼 수도 없다. 프로이트는 해묵은 수수께끼를 풀었다는 자만심을 보이지도 않는다. 그는 다만 미개인과 신경병 환자의 정신 생활을 대비해 보려 할 뿐이다. 이 대비는 다른 방도로써는 언제까지나 암흑과 불가지(不可知)의 세계에 남아 있을 몇 가지 사실을 해명해 줄 수 있을지도 모른다. 그는 다음과 같이 선언한다.

> 독자는 정신 분석학이 … 무엇이든 종교와 같은 복잡한 것을 하나의 단일한 원천으로부터 끌어내려 하고 싶어하리라고 걱정할 필요는 없다. 비록 정신 분석학이 그 의무상 이 제도, 즉 종교의 원천들 가운데 하나가 인정되기를 필연적으로 추구한다고 하더라도 그것은 결코 이 원천의 유일성이나, 심지어 이 원천과 함께 일어나는 요인들 가운데서 이 원천이 제1위에 있다는 것을 주장하지는 않는다. 오직 갖가지 연구분야로부터의 종합만이 종교의 발생에 있어서 어떤 상대적 중요성을 우리가 여기서 논하고 있는 메카니즘에 돌려야

할 것인지를 결정할 수 있다. 그러나 이와 같은 과제는 정신 분석학자의 의도 뿐만 아니라 그 수단도 넘어서 있는 것이다.9)

심리학자로서 프로이트는 사실상 신화에 관한 이론을 세우는 데 있어서 대부분의 선행자들보다 나은 처지에 있었다. 그는 신화적 세계에 대한 유일한 실마리가 인간의 **정동** 생활에서 찾아져야만 한다고 확신하고 있었다. 그러나 한편 그는 정동들 자체에 관한 새롭고 독창적인 이론을 발전시켰다. 이전의 이론들은 "영혼 없는 심리학"이란 견해를 편들고 있었다. 리보는 말하기를, 모든 정동에 있어서 본질적인 것은 정신의 상태들이 아니라 운동 충동의 나타남들, 즉 운동으로 옮겨진 경향들과 욕망들이라 하였다. 이 상태들을 설명함에 있어서 우리는 "끌어당기거나 반발하는 경향들을 타고난 막연한 '정신'"을 필요로 하지 않는다. 우리는 우리의 심리학에서 모든 의인적 요소를 일소하고 엄밀하게 객관적인 기초 위에, 즉 화학적 및 생리학적 사실들의 기초 위에 우리의 심리학을 세우지 않으면 안 된다. 이른바 "영혼"이라고 하는 인자는 제거되지 않으면 안 된다. 그러나 이것을 제거한 후에도 "여전히 생리적 경향, 다시 말하면 가장 낮은 것에서 가장 높은 것에 이르기까지, 정도의 차는 있을 망정 결코 빠지는 일이 없는 운동 충동의 요소는 남아 있다.10)

하지만 "영혼"에 관한 모든 생각을 제거하는 것은 결코 프로이트의 야심이 아니었다. 그도 역시 엄밀하게 기계론적 견해를 옹호하였다. 그러나 그는 인간의 정동 생활을 한갓 화학적 혹은 생리적 원인들로 환원할 수 있다고 생각하지는 않았다. 우리는 정녕 정동의 메카니즘을 "정신의" 메카니즘으로서 계속 논할 수 있고 또 논하지 않으면 안 된다. 그러나 정신 생활은 의식적 생활과 혼동되어서는 안 된다. 의식은 전체가 아니다. 그것은 다만 정신 생활의 점멸하는 작은 단편일 따름이다. 그것은 정

---

9) S. Freud, *Totem und Tabu* (Vienna, 1920, 처음에는 *Imago*, 1912~1913에 발표됨), 4장, English trans. A.A.A. Brill (New York : Moffat, Yard & Co., 1918 ; now Dodd, Mead & Co., New York), p. 165.

10) Ribot, 앞의 책, pp. 5 이하 참조.

신 생활의 본질을 드러낼 수 없고 오히려 그 본질을 가리고 또 감춘다. 우리들의 문제의 관점에서 볼 때, "무의식적인 것"에 대한 이 호소는 확실히 중요한 일보였다. 그것은 문제 전체의 재검토를 요구하였다. 이전의 대부분의 이론에서는 신화가 매우 천박한 것으로 보였다. 신화는 단순한 **혼동**, 즉 연상(聯想)의 일반 법칙의 오용, 혹은 용어와 고유 명사의 그릇된 해석이라 선언되었다. 어딘가 유치한 듯한 이 모든 가정은 프로이트의 이론에 의하여 일소되었다. 문제는 새로운 방법으로 고찰되고 또 새로운 깊이에서 관찰되었다. 신화는 인간성 속에 깊이 뿌리박고 있었으며 또 근본적이고 억제할 수 없는 본능에 기초하고 있었는데, 이 본능의 본성과 특성은 아직 규명되지 않고 있었다. 그러나 이 문제는 한갓 **경험적**으로 해결될 수 있는 것은 아니었다. 처음의 여러 분석에서 프로이트는 한 의사로서 또 경험론적 사상가로서 말하였다. 그는 매우 복잡하고 또 극히 흥미있는 신경병 연구에 전념하고 있는 듯싶었다. 그러나 그의 처음의 여러 연구에 있어서도 그는 사실들을 수집하는 것으로 만족하지 않았다. 그의 방법은 귀납적이라기보다는 오히려 연역적이었다. 즉 그는 사실들을 끌어낼 수 있는 하나의 보편적 원리를 찾았다. 정녕 프로이트는 남달리 면밀한 관찰자였다. 그는 지금까지 의사들의 관심을 끌지 못했던 현상들을 발견했으며 동시에 이 현상들의 해석을 위한 새로운 심리학적 테크닉을 발전시키기 시작했다. 그러나 프로이트의 이 초기의 연구들 속에도 눈에 보이는 것보다 훨씬 더 많은 것이 있다. 그것들은 결코 한갓 경험적 개괄을 얻어내려 하지 않았다. 프로이트가 드러내려 한 것은 관찰할 수 있는 사실들 뒤에 감추인 **힘**이었다. 이 목적을 위하여 그는 돌연히 그의 방법 전체를 바꾸지 않으면 안 되었다. 그는 계속하여 의사로서 또 정신 병리학자로서 말하면서도, 또한 철저한 하나의 형이상학자로서 사색하였다.

   프로이트의 형이상학을 이해하려면 그 역사적 기원을 더듬어 올라가지 않으면 안 된다. 프로이트는 19세기의 독일 철학의 분위기에서 살았다.

거기서 그는 인간성과 문화에 관한 정반대의 두 견해를 발견하였다. 하나는 헤겔에 의하여 대표되는 것이요, 다른 하나는 쇼펜하우어에 의하여 대표되는 것이었다. 헤겔은 역사의 과정을 근본적으로 이성적이고 의식적인 과정으로 기술하였다. 헤겔은 그의 ≪역사 철학 강의≫의 서론에서 다음과 같이 말하고 있다. "활동적 이성의 저 세계사가 우리에게 제공하는 풍성한 소산을 이해하는 때가 마침내 오지 않으면 안 된다. … 우리가 고구하는 현상, 즉 세계사는 **정신**의 영역에 속한다는 것을 먼저 알아두지 않으면 안 된다. … 우리가 지켜보고 있는 세계사의 무대 위에서는 정신이 그 가장 구체적인 현실성에 있어서 그 자신을 나타낸다.11) 쇼펜하우어는 헤겔의 이 생각을 반대하고 또 비웃었다. 그에게는 인간성과 인간 역사에 대한 합리주의적이고 낙관적인 견해가 엉뚱할 뿐만 아니라 사악하기도 한 것이었다. 세계는 이성의 소산이 아니다. 그것은 맹목적인 의지의 소산이므로, 바로 그 본질과 원리에 있어서 비이성적이다. 지성 그 자체는 이 맹목적 의지의 한 산물에 지나지 않으며, 이 맹목적 의지가 자기 자신의 여러 목적에 봉사하는 한 도구로서 지성을 창조한 것이다. 그러나 우리의 경험적 세계, 감각적 경험의 세계의 그 어디에서 우리는 이 의지를 찾아볼 수 있는가? 그것은 "물자체"(物自體)처럼 인간 경험의 한계 밖에 있다. 거기에는 도저히 도달할 수 없어 보인다. 그러나 그 본성을 대뜸 알게 해주는 한 현상이 있다. 이 의지의 한 힘―곧 세계의 참된 원리―은 우리의 **성적 본능**에 분명히 나타난다. 우리에게는 다른 설명들이 필요치 않다. 여기서 우리가 발견하는 것은 쉽게 또 직접적으로 이해할 수 있는 것인바, 이는 그것이 어느 순간에나 그 충만하고 억누를 수 없는 힘 속에서 느껴지기 때문이다. 헤겔처럼 이성을 "실체적인 힘", 즉 "세계의 주권자"라 논함은 웃기는 일이다. 참된 주권자―즉 자연의 생명과 인간의 생명이 그 주위를 돌고 있는 중심―는 성적 본능

---

11) G.W.F. Hegel, *Lecture on the Philosophy of History*. English trans. J. Sibree (London : Henry G. Bohn, 1857), pp. 16 이하.

이다. 쇼펜하우어가 말한 바와 같이, 이 본능은 개인을 그 목적을 위한 도구로 삼는 종(種)의 수호신이다. 이 모든 것은 쇼펜하우어의 ≪의지와 표상으로서의 세계≫의 한 유명한 장12)에서 전개되었던 것인데, 이것은 프로이트 학설의 전반적인 형이상학적 배경, 그리고 어떤 의미에서 보면 그 핵심을 이루는 것이다.

여기서 우리는 이 이론이 신화적 사고의 연구에 대해서 가지는 의미에 관심을 둘 따름이다. 순전히 **경험적** 견지에서 보면 정신 분석학적 방법을 이 분야에 끌어 넣는 데에는 큰 난점들이 있었다. 분명히 이 문제는 직접적으로 관찰할 수 있는 것은 아니었다. 프로이트가 사용한 모든 논증은 어디까지나 가설적이고 사변적인 것이었다. 그가 연구한 현상들—타부의 규칙들과 토템제도의 역사적 기원—은 알려져 있지 않았다. 이 틈바구니를 메우기 위해서 프로이트는 그의 일반적 정동 이론으로 돌아가지 않으면 안 되었다. 그는 선언하기를, 토템 제도의 **유일의** 원천은 근친 상간에 대한 미개인의 공포심이라 하였다. 외혼제(外婚制)로 이끌어 간 것은 이 동기였다. 같은 토템에서 내려온 사람들은 누구나 혈연이 같다. 즉 그들은 모두 한 가족에 속해 있으며, 또 이 가족에서는 아무리 먼 친척 관계라도 그것이 곧 성적 결합에 대한 절대적 장애로 인정된다. 그러나 이 문제를 가장 주의깊게 연구한 인류학자들은 이와 아주 다른 결론에 도달하고 있었다. 이 문제에 관해서 4권의 저서를 낸 바 있었던 프레이저는 토템 제도와 외혼제가 가끔 결합되었으나, 그 둘은 실상은 판이하고 독립해 있는 것이라고 선언하였다.13) 아룬타족에 있어서는 종교적 및 사회적 생활 전체가 그들의 토템 제도에 의하여 결정되었지만, 이 제도는 결혼과 상속에 대하여 아무 영향도 주지 않았다. 전승의 증거에

---

12) A. Schopenhauer, "Über die Metaphysik der Geschlechtsliebe", *Die Weltals Wille und Vorstellung*, Ergänzungen zum vierten Buch, Kap. 44.

13) J.G. Frazer, *Totemism and Exogamy*(London : Macmillan & Co., 1910), Ⅰ, ⅹⅱ, 전4권.

따르면 심지어 남자가 언제나 자기 자신의 토템의 여자와 결혼한 시대가 있었던 것 같다.14) 프레이저가 다년간의 연구의 결과로 말할 수 있었던 최선의 것은, 외혼제의 궁극적 기원 및 이와 함께 근친 상간의 법률은 여태까지와 거의 다름없이 알 수 없는 문제인 채로 남아 있다는 것이었다.15)

그의 결론들에 도달하기 위하여 프로이트는 이 조심성 있고 비판적인 태도를 파기하지 않으면 안 되었다. 그의 마음을 제일 크게 움직인 것은 토템 제도의 두 계명—즉 토템의 동물을 죽이지 말라는 계명과 성적 목적을 위하여 같은 토템에 속하는 여자를 취하지 말라는 계명—이 자기의 부친을 살해하고 모친을 아내로 취한 오이디푸스의 두 범죄와, 또 다른 한편으로는 그 불충분한 억압이나 재각성(再覺醒)이 아마도 모든 신경증의 핵심을 이루는 아동의 최초의 두 욕망과 더불어 내용에 있어서 일치한다는 사실이었다.16) 그리하여 일렉트라 콤플렉스(electra-complex)와 오이디푸스 콤플렉스(oedipus-complex)는 신화적 세계에 대한 "열려라 참깨" 즉 열쇠라 선언되었다. 이 공식은 모든 것을 설명해 주는 듯싶었다. "전이" (轉移, displacement)라 하는 정신 분석학의 원리에 의하여 모든 결합이 가능해졌다. 프로이트 자신도 가끔 이 원리의 적용의 범위가 넓은 데 놀라움을 표시하였다. 그는 아동의 최초의 욕망이, 가끔 아주 두드러지게 가장되거나 전도되어, 거의 모든 종교의 형성에 나타나고 있음을 우리에게 이야기해 주고 있다.17)

여기서 우리가 제기해야 할 첫째 문제는 사실의 문제가 아니라 방법의 문제이다. 정신 분석의 이론이 의거하고 있는 모든 사실이 확고한 근거

---

14) Sir B. Spencer and F.J. Gillen, *The Native Tribes of Central Australia* (London and New York : Macmillan, 1899, reprinted 1938), p. 419.

15) Frazer, 앞의 책. Ⅰ, 165.

16) Freud, 앞의 책, pp. 236 이하.

17) 같은 책, pp. 241 이하.

가 있는 것이라고 가정하자. 미개인의 정신 생활과 신경증 환자의 정신 생활 사이에 유사성만이 아니라 근본적인 일치도 있다는 것, 신화적 사고의 모든 동기가 신경증의 몇 가지 형태—강박 신경증, 환촉(幻觸), 동물 공포증, 강박 관념에 의한 금지 등—에서 우리가 발견하는 것과 동일하다고 하는 자기의 논점을 프로이트가 훌륭하게 증명했다는 것을 인정하기로 하자. 그렇다 하더라도 문제는 해결되지 않을 것이며, 새로운 모양으로 다시 나타날 따름일 것이다. 왜냐하면 신화의 특성과 본질을 이해하려면 그저 그 **주제**를 아는 것만으로는 충분치 못하기 때문이다.

프로이트의 방법은 언뜻 보면 아주 독창적인 것인 듯싶다. 프로이트 이전에는 아무도 문제를 이 각도에서 보지 않았다. 그럼에도 불구하고 신화에 대한 프로이트의 생각과 그의 선행자들의 그것을 연결하는 하나의 공통점이 있다. 대부분의 그의 선행자들처럼 프로이트도 신화의 **의미**를 이해하는 가장 확실한, 아니 오히려 유일한 길은 **대상**들을 기술하고 그 목록을 만들며 또 순서를 세워 분류하는 것이라고 확신하고 있었다. 하지만 신화가 이야기하고 있는 모든 사물들을 우리가 알고 또 이해한다 하더라도, 그것이 과연 신화의 **언어**를 이해하는 데 있어서 우리에게 큰 도움이 될 것인가? 시와 예술처럼 신화도 하나의 "상징 형식"이요, 또 모든 상징 형식의 공통 특징은 그것들이 어떤 대상에든지 적용될 수 있다는 점이다. 그것들이 접근할 수 없거나 파고들어갈 수 없는 것은 하나도 없는바, 어떤 한 대상의 독특한 성격은 그것들의 활동에 영향을 끼치지 않는다. 말이나 예술적 표현이나 과학적 탐구의 가능한 대상이 되는 모든 것을 낱낱이 들어서 말하는 일에서부터 시작하는 언어 철학, 예술 철학 혹은 과학 철학에 관해서 우리는 어떻게 생각할 것인가? 여기서 우리는 결코 명확한 한계를 발견하기를 바랄 수 없다. 그것을 추구할 수조차 없다. 모든 사물에는 그 "명칭"이 있고, 또 그것들은 다 예술 작품의 주제가 될 수 있다. 이것은 신화에 있어서도 마찬가지이다. 신화는 "하늘 위와 땅 속에와 땅 아래 물 속에 있는" 그 어떤 것과도 흡사한 것을 묘사할 수 있다. 그리하여 신화의 주제의 연구는 아주 흥미있고 우리의 과학적 호기심을 불러일으킬 수 있으나, 그 자체 하나의 명확한 해답을 내놓을 수는 없다. 왜냐하면 우리가 알고자 하는 것은 신화의 한갓 실체가 아니라 오히려 인간의 사회적 및 문화적 생활에 있어서의 그 기능이기 때문이다.

 이 점에 있어서 이전의 이론들의 대부분은 진정한 문제가 무엇인지를 보지 못했기 때문에 불충분한 데 머물러 있었다. 그것들은 갖가지 방향으로 나아갔으나 어떤 의미에서는 같은 길을 걷고 있었다. 좀 낡은 비교 신화학의 방법들과 최근의 정신 분석학의 방법들을 비교해 볼 때 우리는 뚜렷이 닮은 점을 찾아볼 수 있다. 자연주의적 신화 이론들 가운데는 막스 뮐러가 시작하고 후에 프로베니우스가 좀 고쳐 새롭게 한 태양의 신화학, 에렌라이히 혹은 빙클러에 의하여 대표되는 달의 신화학, 아달베르트 쿤에 의하여 대표되는 바람과 기후의 신화학이 있었다. 이 모든 학파는 각기 그 특별한 대상을 가지고 열렬하고 완고하게 싸웠다. 얼핏 보면 셀레네와 엔디미온, 에오스와 티토노스, 케팔로스와 프로크리스, 다프네와 아폴론에 관한 그리스의 신화들 사이에는 아무런 유사점도 없어 보인다. 그러나 막스 뮐러에 의하면, 이것들은 모두 똑같은 것을 의미한다. 이것들은 거듭 되풀이된 하나의 똑같은 신화적 주제가 여러 가지로 변형된 것이다. 이 주제는 태양이 떠오르고 지는 것과 빛과 어둠 사이의 싸움이다. 새 신화마다 동일한 현상을 새롭고 다른 각도에서 그려낸다. 예컨대 엔디미온은 포이보스의 신적 성격을 지닌 태양이 아니라, 새벽에 일찍 여명의 품에서 떠올라 잠깐 빛난 후 저녁에는 지곤 하여 세상의 죽을 수밖에 없는 생활로 되돌아가는 일이 절대로 없는, 날마다 자기의 길을 운행하는 태양에 대한 상념이다. 또 아폴론이 짖궂게 따라다닌 다프네는 공중을 질주하며 떨다가 밝은 태양의 갑작스런 접근에 그만 사라져 버리는 여명이 아니고 그 무엇이겠는가? 헤라클레스의 죽음에 관한 전설의 경우도 마찬가지이다. 데이아네라가 태양의 영웅에게 보내는 두루마기는, 물에서 솟아올라 어두운 의상처럼 태양을 둘러싸는 구름을 표현한 것이다. 헤라클레스는 그것을 찢으려고 애쓴다. 그러나 그는 자기 자신의 몸을 찢지 않고서는 그것을 찢을 수 없다. 그리하여 그의 빛나는 몸은 마침내 큰 불 속에서 완전히 타버린다.[18]

　지금은 완전히 자취를 감춘 이 낡은 자연주의적 해석들은 현대적 정신 분석학의 이론과는 매우 거리가 멀다. 그렇지만 그것들은 그 발상에 있어서 다른 바 없고 오히려 똑같은 일반적 사상 경향을 나타내고 있다. 그리고 나는 얼마 안 가서, 2, 30년 후에는 성(性)의 신화들도 태양 및 달의 신화들과 같은 운명을 가지게 되리라고 감히 말한다. 왜냐하면 그것들도 같은 반대를 받을 수 있기 때문이다. 인류의 생활 전체에 지울 수 없는 자국을 남긴 사실을 어떤 특별한 하나의 동기에 환원시키는 것은 그 사실에 대한 아주 만족스러운 설명이 되지 못한다. 인간의 정신 생활과 문화 생활은 그와 같은 단순하고 동질적인 소재로 되어 있지 않다. 프로이트도 막스 뮐러나 그 밖의 다른 비교 신화 연구 협회의 학자들과 마찬가지로 자기의 논점을 썩 잘 증명할 수 없었다. 이 두 경우의 어느 것에서나 우리는 똑같은 독단론을 본다. 비교 신화학의 학자들은 태양, 달, 별들, 바람 그리고 구름을 마치 신화적 상상의 유일한 주제인 양 논하였다. 프로이트는 단순히 신화적 설화들의 장면을 바꾸었을 뿐이다. 그에 의하면 그것들은 자연의 큰 드라마의 표현들이 아니다. 그것들이 우리에게 말해 주는 것은 오히려 인간의 성생활에 관한 영원한 이야기이다. 선사 시대로부터 오늘에 이르기까지 인간은 언제나 똑같은 두 개의 근본적 욕망에 사로잡혀 있었다. 아버지를 죽이고 어머니와 결혼하려는 욕망은, 매우 기묘하게 가장되고 변형되어 모든 아이들 개개인의 생활에 나타나는 것과 꼭 마찬가지로 인류의 아동기에도 나타난다.

---

[18] F. Max Müller, "Comparative Mythology", *Oxford Essays*, pp. 52이하.(*Selected Essays*. Ⅰ, 395이하, 398이하)와 *Lectures on the Science of Language* (London : Longmans, Green & Co., 1871), Ⅱ, Lect. 11, "Myths of the Dawn", 506~571 참조

제4장 인간의 사회 생활에 있어서의 신화의 기능

　세상의 모든 사물 가운데 신화는 가장 앞뒤가 맞지 않고 모순에 찬 것으로 보인다. 표면적으로 보면 그것은 마치 가장 어울리지 않는 실로 짜여진 뒤범벅이 된 피륙과도 같다. 우리는 가장 야만적인 제의들(rites)과 호메로스의 세계를 연결짓는 그 어떤 연줄을 찾을 것을 바랄 수 있는가? 즉 미개 종족의 주신제(酒神祭), 아시아의 무당들의 요술적 행사, 춤추는 회교 탁발승들의 미친 듯한 선회(旋回)와 우파니샤드들의 종교의 고요함과 명상의 깊이를 하나의 동일한 원천으로 돌아가 그 근원을 찾을 수 있는가? 그처럼 크게 다르고 전혀 양립할 수 없는 현상들을 한 이름으로 기술하고 또 등일한 개념 밑에 포섭하는 것은 극히 자의적인 것으로 보인다.
　하지만 다른 각도에서 이 문제에 접근하면 그것은 전혀 다른 빛 아래 나타난다. 신화의 주제와 의식적 행위는 무한히 다양하다. 그것들은 헤아릴 수 없고 또 그 깊이를 알 수도 없다. 그러나 신화적 사고와 신화적 상상의 동기는 어떤 의미에서 언제나 동일하다. 모든 인간 활동에서 그리고 온갖 형식의 인간 문화에서 우리는 "다양성 속의 통일"을 본다. 예술은 우리에게 직관의 통일을 주고 과학은 사고의 통일을 주고, 종교와 신화는 감정의 통일을 준다. 예술은 우리에게 "살아 있는 형상들"의 세계를 열어 주고, 과학은 법칙과 원리의 세계를 보여주며, 종교와 신화는 생명의 보편성과 근본적 동일성의 느낌에서 출발한다.

만물에 편만해 있는 이 생명은 인격적 형태로 생각될 필요는 없다. 신격자에 대한 "인격 이하의"(infra-personal) 혹은 "초인격적"(supra-personal) 개념을 가지고 있는 종교도 있다. 인격의 의식(意識)이 아직 없는 "선물활론적"(先物活論的) 종교가 있는 반면,[1] 인격의 요소가 다른 동기들에 의하여 희미해지고 마침내는 전적으로 가리워진 고도로 발달한 종교들도 있다. 동양의 위대한 종교들—브라만교, 불교 그리고 유교—에서는 이 "비인격적인 것에로의 흐름"이 나타나 있다.[2] 우파니샤드 종교에서의 동일성은 형이상학적 동일성이다. 그것은 자아와 우주의, "아트만"(Atman)과 "브라만"(Brahman)의 근본적 통일을 의미한다. 원시적 신앙에는 이와 같은 추상적 동일성이 들어설 여지가 없다. 거기서 우리가 발견하는 것은 전혀 다른 어떤 것이다. 그것은 개인들이 자기 자신을 공동체의 생명과 또 자연의 생명에 일치시키려는 깊고 열렬한 욕망이다. 이 욕망은 종교 제의(祭儀)들에 의하여 만족을 얻는다. 이 제의들에서 개인들은 융합하여 한 형상을 이루어 분별할 수 없는 하나의 전체가 된다. 미개 종족에서는 남자들이 전쟁이나 다른 어떤 위험한 일에 종사하고 집에 머물러 있는 아낙네들이 제의의 춤으로써 남자들을 도우려고 하는데, 이것은 우리들의 경험적 사고와 "인과율"의 기준에서 판단할 때 이치에 닿지도 않고 또 불가해한 것으로 보인다. 그러나 이 행위를 우리의 물리적 경험에서가 아니라 우리의 사회적 경험에서 보고 또 해석하면 곧 완전히 명료하고 이해할 수 있는 것이 된다. 전쟁의 무도(舞蹈)에서 아낙네들은 자기 자신들을 남편들과 동일시한다. 그들은 희망과 공

---

[1] 선물활론의 문제에 관해서는 R.R. Marett, "Pre-Animist Religion", *The Threshold of Religion* (London : Methuen & Co., 1909) 참조.

[2] A.A. Bowman, *Studies in the Philosophy of Religion* (London : Macmillan & Co., 1938), I, 107 참조.

포, 모험과 위험을 함께 나눈다. 이 유대, 즉 "인과성"의 유대가 아니라 "공감"의 유대는 그들 사이에 가로놓여 있는 거리에 의하여 약화되지 않고 도리어 강화된다. 남녀는 하나의 나뉠 수 없는 유기체를 형성한다. 이 유기체의 한쪽에서 일어나고 있는 것은 반드시 다른 한쪽에 영향을 준다. 여러 가지 규정과 터부의 무수한 적극적 및 소극적 요구는 이 일반적 규칙의 표현 및 적용일 따름이다. 이 규칙은 그 두 남녀에게만 적용되는 것이 아니라 그 종족의 성원 전체에 적용된다. 다야크족의 마을 사람들이 밀림으로 사냥을 나가게 될 때, 집에 남아 있는 사람들은 손으로 기름이나 물을 만져서는 안 된다. 만일 그들이 기름이나 물을 만지면 사냥꾼들은 모두 "물건을 잘 떨어뜨리고" 짐승들이 그들의 손에서 빠져나가겠기 때문이다.3) 이것은 인과적 유대가 아니라 정동적 유대이다. 여기서 문제되는 것은 원인과 결과의 경험적 관계가 아니라 여러 인간 관계가 느껴지는 강도와 깊이이다.

그러므로 동일한 특성이 인간의 다른 모든 형태의 혈족 관계에도 나타난다. 원시적 사고에 있어서 혈연 관계는 한갓 생리적으로만 해석되지는 않는다. 인간의 출생은 신화적 행위이지 물리적 행위가 아니다. 성적 생식의 법칙들은 알려져 있지 않았다. 그러므로 출생은 언제나 일종의 환생으로 여겨졌다. 중앙 오스트레일리아의 아룬타족은, 그들의 토템에 속했던 죽은 자의 영들이 일정한 장소에서 그들의 재출생을 기다리다가 그곳을 지나가는 부인들의 몸에 들어간다고 억측한다.4) 심지어 아이와 그 아버지 사이의 관계도 순전히 물리적인 관계로 생각되지 않는다. 여기서도 인과 관계는 진정한 동일성에 의하여 대체된다. 토템 제도에서는

---

3) J.G. Frazer, *The Golden Bough*, 제1부 : *The Magic Art* (이 책 1장 각주 3 참조), I, 120.
4) Frazer, *Totemism and Exogamy*, IV, 59이하, 그리고 Spender and Gillen, 앞의 책, 15장 참조.
* 한지역의 토템 집단의 성원이 비가 오게 하거나 토템의 동물 또는 식물의 번식을 확실하게 하기 위해서 행하는 신비적 제의 - 옮긴이 주.

현재의 세대가 그저 동물인 조상들의 후예이기만 한 것이 아니다. 그것은 바로 이 조상들의 **화신**이다. 아룬타족이 그들의 가장 중요한 종교적 제례를 행할 때, 그들의 "인터시우마"(Intichiuma)*의 예식들을 행할 때, 그들은 그저 조상들의 생활, 행위 및 모험들을 재현하거나 모방만 하고 있는 것이 아니다. 조상들이 그 의식들에 나타나며, 또 그들의 현존과 인자한 영향이 즉시 보이고 또 느껴진다. 이 영속적 영향이 없으면 자연과 인간의 생활은 정지하고 말 것이다. 비는 내리지 않겠고 땅은 열매를 맺게 하지 않을 것이며, 그리하여 온 나라가 사막으로 변할 것이다. 첫번째 동일화의 행위에 의해서 인간은 그의 인간 조상 혹은 동물 조상과의 근본적 통일을 주장하고, 두번째 동일화의 행위에 의하여 그 자신의 생명을 자연의 생명과 동일시한다. 사실상 이 두 영역 사이에는 획연한 구별이 있을 수 없다. 이것들은 똑같은 수준에 있다. 왜냐하면 원시적 정신에 있어서는 자연 자체가 물리적 법칙에 의하여 다스려지는 물리적 사물이 아니기 때문이다. 하나의 똑같은 사회, 즉 생명의 사회가 생명 있는 존재와 생명 없는 존재 전부를 포함하고 또 포용하고 있다.5) 주니족에 의하면, 물리적 사물들뿐만 아니라 인공적 사물들도, 태양과 지구와 바다뿐만 아니라 인간이 만든 도구들도 생명의 한 큰 조직에 속한다.6)

이 생명이 보존되려면 그것은 항상 갱신되어야만 한다. 그러나 이 갱신은 생물학적으로만 생각되지는 않는다. 여기서도 인종의 존속은 사회적 행위에 의거하지 생리적 행위에 의거하지 않는다. 이 일반적 확신은 모든 원시 사회에서 중요하고 없어서는 안 될 요소인 성인식의 의식들에서 그 가장 명백한 표현을 찾아볼 수 있다. 어느 연령, 즉 사춘기에 이를 때까지 아이들은 한갓 "자연적" 존재로 여겨지고 또 취급된다. 그는 그

---

5) 더 자세한 것은 E. Cassirer, *An Essay on Man* (New Haven : Yale Univ. Press, 1944), pp. 82 이하 참조.

6) F.H.Cushing, "Outlines of Zuñi", 13th *Annual Report of the Bureau of American Ethnology* (Washington, 1891~1892), p. 9 참조.

의 모든 신체적 요구를 보살피는 어머니의 돌봄을 받는다. 그러나 이윽고 이 신체적 질서의 돌연한 전복이 온다. 아이들은 성인 즉 사회의 일원이 되지 않으면 안 된다. 그것은 인간의 일생에 있어서 가장 중대한 결정적인 순간이요, 가장 힘있고 가장 준열한 종교적 및 제의적 의식에 의하여 드러내어지는 사건이다. 새로운 사회적 존재가 탄생하려면 신체적 존재는 어떤 의미에서 죽지 않으면 안 된다. 그러므로 성인이 되는 젊은이들은 가장 혹독한 시련을 통과하지 않으면 안 된다. 신참자는 그의 가족을 떠나야 한다. 그는 얼마 동안 완전히 격리되어서 생활한다. 그는 가장 큰 고통들과 학대를 견디어야 하고 때로는 자기 자신을 매장하는 의식을 돕지 않으면 안 된다. 그러나 이 모든 시련을 이겼을 때 사람들의 친교와 또 사회의 커다란 신비에 들어갈 수 있도록 허락되는 위대한 순간이 온다. 이 허락은 진정한 재생, 즉 하나의 새롭고 보다 높은 형태의 생활의 시작을 의미한다.[7]

인간 사회에 나타나서 그 진정한 본질을 이루는 생명의 주기와 똑같은 주기가 자연에도 나타난다. 계절의 순환은 한갓 물리적인 힘에 의하여 생기지 않는다. 그것은 인간의 생명과 더불어 불가분하게 결합되어 있다. 자연의 생사는 인간의 죽음과 부활의 큰 극의 중요한 일부이다. 이 점에 관하여 우리가 거의 모든 종교에서 볼 수 있는 식물 생장의 제례는 성인식의 제례와 무척 비슷한 데가 있다. 자연도 부단히 재생할 필요가 있다. 즉 살기 위하여는 자연도 죽지 않으면 안 된다. 아티스, 아도니스, 오시리스에 대한 제사들은 근본적이고 근절할 수 없는 이 신앙의 증거이다.[8]

그리스 종교는 이 모든 원시적 상념들과는 거리가 멀어 보인다. 호메로

---

7) 더 자세한 것은 Spencer and Gillen, 앞의 책, 6장과 A. van Gennep, *Lesrites du passage* (Paris : E. Nourry, 1909) 참조.

8) Frazer, *The Golden Bough*, 제4부, *Adonis, Attis, Osiris*, 제3판(New York : Macmillan, 1935), 제1권과 제2권 참조.

스의 시에서는 이제 마법의 제의, 유령과 요괴, 죽은 자에 대한 공포를 찾아볼 수 없다. 이 호메로스의 세계에 대하여 우리는 빙켈만의 유명한 정의를 적용할 수 있다. 이 정의에 의하면 그리스 정신의 두드러진 특질은 그 "고상한 소박성과 고요한 위대성"이다. 그러나 현대의 종교사는 이 "고요한 위대성"이 혼란을 일으킨 일이 전혀 없지는 않다는 것을 우리에게 가르쳐 준다. 제인 엘렌 해리슨은 앞에서 언급한 자신의 저서의 서문에서[9] 다음과 같이 말하고 있다. "호메로스의 올림퍼스 신들은 그의 6음보(六音步)의 시와 마찬가지로 원시적인 것이 아니다. 이 빛나는 표면의 밑바닥에 호메로스가 무시했거나 억압한, 그러나 후대의 시인들 특히 아이스킬로스에게서 다시 나타나는 종교적 개념들, 즉 악, 정화, 속죄의 관념들의 한 층이 있다." 그 후 호메로스의 모든 생각들이 완전히 무너지도록 위협당한 그리스의 문화와 종교 생활에 있어서의 저 심각한 위기가 왔다. 올림퍼스 신들의 소박함과 조용함은 갑자기 사라져 없어지는 듯싶었다. 환한 하늘의 신 제우스, 태양의 신 아폴론은 디오니소스 숭배에 나타난 마력적 세력에 항거하고 그것을 쫓아낼 힘이 없었다. 호메로스에게서는 디오니소스가 올림퍼스의 신들 가운데 한 자리를 차지하지 못하고 있었다. 그는 외래자요 후참자로서, 즉 북방에서 이주해 온 신으로서 그리스 종교에 들어왔다. 그의 기원은 트라키아에서, 그리고 아마 아시아의 제의들에서 찾아져야 할 것이다. 그 이후로 그리스의 종교에는 대립하는 두 세력 사이의 끊임없는 투쟁이 있음을 볼 수 있다. 이 투쟁의 고전적 표현은 에우리피데스의 ≪박카이≫(*Bacchae*)에 있다. 에우리피데스의 시를 읽기만 하면 우리는 이 새로운 종교적 감정의 강도, 격렬함, 저항할 수 없는 힘에 대한 다른 증거가 전혀 필요치 않다.

디오니소스 숭배에서 우리는 그리스 정신의 **고유한** 특질을 도무지 찾아볼 수 없다. 거기에 나타나 있는 것은 인류의 근본적 감정, 즉 가장 원시적인 제의(祭儀)와 가장 숭고한 정신화한 신비 종교에 공통되는 감정

---

[9] 3장, 각주 3참조.

이다. 그것은 개인이 그 개인성의 구속들로부터 벗어나, 우주적 생명의 흐름에 잠기며, 자기의 모습을 잃고 자연의 전체에 흡수되려는 깊은 욕망이다. 그것은 페르샤의 시인 무알라나 잘랄루딘 루미의 "춤의 힘을 아는 자는 신 안에서 산다"라고 한 시에 표현된 것과 같은 욕망이다. 춤의 힘은 신비가에게는 신께 나아가는 참된 길이다. 춤과 주신제의 미친 듯한 난무에서 우리들 자신의 유한하고 한정된 자아는 사라진다. 자아, 즉 루미의 이른바 "어두운 폭군"은 죽고 그 대신 신이 탄생한다.

하지만 그리스의 종교는 단순하게 이 원시적 감정들에게로 돌아갈 수는 없었다· 이 감정들은 그 힘을 잃어 버리지는 않았으나 그 성격을 바꾸었다. 그리스 정신은 완전히 논리적인 정신이다. 논리에 대한 그 요구는 보편적이다. 그러므로 디오니소스 숭배의 가장 "비합리적인" 요소들도 일종의 논리적 설명과 정당화 없이는 받아들여질 수 없는 것이었다. 이 정당화는 오르페우스교의 신학자들에 의하여 행해졌다. 오르페우스교는 본래 가장 조잡하고 가장 거친 원시적 제의의 한갓 무더기였던 것을 하나의 "체계"가 되게 하였다.10) 오르페우스교 신학은 디오니소스 자그레우스의 이야기를 만들어 내었다. 그는 제우스와 세멜레의 아들로 기술되어 있다. 그는 아버지의 사랑을 받으면서 양육되었으나 헤라의 미움과 질투로 말미암아 박해를 받았다. 헤라는 티탄 신들을 충동질하여 디오니소스가 어릴 때 그를 죽이게 했다. 그는 거듭 모습을 바꿈으로써 그들로부터 피하려고 힘썼으나, 마침내 황소의 형태를 취하고 있을 때 그들에게 정복당하였다. 그의 몸은 산산이 찢기고 원수들에게 뜯어 먹혔다. 그들의 범죄에 대한 벌로서 티란 신들은 제우스의 번개불을 얻어맞고 멸망하였다. 이들의 재에서 인류가 생겼는데, 그 가운데에는 그들의

---

10) 그리스의 종교적 및 문화적 생활에 있어서의 오르페우스교의 이 사명에 관해서는 Harrison, *Prolegomena to the Study of Greek Religion*, 9장과 10장, 그리고 E. Rohde, Psyche, 2부, 10장. English trans. W. B. Hilis (New York : Harcourt, Brace & Co., 1925), pp. 335 이하 참조. 디오니소스 자그레우스의 전설에 관해서는 Rohde, 앞의 책, pp. 340 이하 참조.

기원을 따라, 디오니소스 자그레우스에게서 나온 선한 자와 악하고 악마적인 티탄 신적 요소가 섞여 있다.

이 디오니소스 자그레우스의 전설은 신화적 설화의 기원과 의미의 전형적인 예이다. 거기서 말하고 있는 것은 물리적 현상도 아니고 역사적 현상도 아니다. 그것은 자연의 사실도 아니고 또한 영웅적인 어느 조상의 행적이나 그가 당한 곤고의 회상도 아니다. 그럼에도 불구하고 이 전설은 한갓 꾸민 이야기가 아니다. 그것은 하나의 **현실 속의 기초**를 갖고 있다. 즉 어떤 "현실"과 관계를 가지고 있다. 그러나 이 현실은 물리적인 것도 아니고 역사적인 것도 아니다. 그것은 **제의적인** 것이다. 디오니소스제에서 **본** 것을 신화로써 **설명**한 것이다. 디오니소스제는 으레 "신의 나타남"(theophany)으로 끝맺는다. 디오니소스를 섬기는 무녀들의 열광적인 황홀경이 절정에 달할 때 그녀들은 그 신을 부르며, 경배자들 가운데 나타나 주실 것을 간구한다.

"오 디오니소스여, 당신을 드러내소서!
황소로서 나타나 보이소서.
그렇지 않으면 용, 즉 여러 개의 머리가 달린 괴물로서 보이소서.
그렇지 않으면 웅크린 사지(四肢)의 주위에 광채나는 불길을 가진 사자로서 보이소서."11)

그러자 그 신은 이 기도에 귀를 기울이고 그 요구를 들어준다. 그는 자기를 나타내어 제의(祭儀)에 참여한다. 그는 경배자들의 신성한 광분에 참여하며, 희생물로 뽑힌 짐승 위에 덮치며, 피가 흐르는 그 고기를 움켜쥐고 산 채로 뜯어 먹는다.

이 모든 것은 거칠고, 환상적이고, 엉뚱하고 또 이해하기 어렵다. 그러

---

11) Euripides, *Bacchae*, ⅴⅴ. 1017 이하. English trans. Arthur S. Way(Loeb Classical Library, Cambridge, Mass : Harvard Univ. Press, 1930), Ⅲ, 89.

나 신화의 기능은 이 주신(酒神)의 제의에 대하여 새로운 방향을 주는 것이었다. 오르페우스교 신학에서 황홀의 경지는 이제 다시는 한갓 광기로 이해되지 않았다. 그것은 "신광"(神狂), 즉 영혼이 육체를 떠나 그 길을 날아가서 신과 하나가 되는 신성한 광기가 되었다.12) 한 신적 존재가 악의 힘, 즉 제우스에 대한 티탄들의 반란에 의하여 산산이 흩어져 이 세상의 많은 사물들과 많은 사람들을 생겨나게 하였다. 그러나 그 신성한 존재 자체가 없어진 것은 아니다. 그것은 그 본래의 상태로 회복될 수 있다. 이것은 오직 인간이 자기의 개인성을 희생함으로써만 가능하다. 즉 자기 자신과 생명의 영원한 통일 사이에 놓여 있는 장애물을 모두 부수어 버려야만 가능한 것이다.

여기서 우리는 신화의 가장 본질적인 요소들 가운데 하나를 파악한다. 신화는 지적 과정에서만 생기는 것이 아니다. 그것은 인간의 깊은 정동(情動)에서 싹튼다. 하지만 정동적 요소만을 강조하는 이론들은 본질적인 한 가지 점을 보지 못한다. 신화는 단순한 정동으로 기술될 수 없다. 왜냐하면 신화는 정동의 **표현**이기 때문이다. 감정의 표현은 감정 자체는 아니다. 그것은 상(像)으로 전환된 정동이다. 바로 이 사실이 근본적 변화를 의미한다. 지금까지 희미하고 막연하게 느껴졌던 것이 일정한 형상을 가지게 된다. 수동적 상태에 있던 것이 능동적 과정이 된다.

이 변질을 이해하려면 표현의 두 유형, 즉 물리적 표현과 상징적 표현을 분명히 구별할 필요가 있다. 다윈은 인간과 동물의 정동 표현에 관한 고전적인 책을 썼다. 우리는 이 책에서 표현의 **사실**이 매우 넓은 생물학적 기초를 가지고 있다는 것을 배운다. 그것은 결코 인간의 특전이 아니다. 그것은 동물 세계 전체에 널려 있다. 보다 높은 단계의 동물 세계에 올라가 보면 그것은 줄곧 힘과 다양성을 더해 가고 있다. 여키스는 말하기를, 인간의 정동적 표현의 주요 범주들 중 그 전부는 아니지만 그 대부분이 침팬지의 행동에 나타나며, 또 침팬지의 정동적 표현은 그 복잡

---

12) Rohde, 앞의 책, pp. 257 이하 참조.

성과 가변성에 있어서 신바람나게 하는 동시에 우리들을 어리둥절하게 한다.13) 하등동물의 정동 및 이에 대응하는 표현들도 그 범위가 매우 넓다. 심지어 사람에게만 있는 것으로 흔히 생각되던 현상들, 예컨대 낯을 붉히거나 창백해지는 것 같은 현상들도 동물 세계에서 확인될 수 있다.14) 최하등의 유기체들도 어떤 자극들 사이에 구별을 짓고 그것들에 대해서 다르게 반응하는 어떤 수단을 가지고 있다는 것은 명백한 일이다. 만일 이 유기체들이 그 행동에 있어서 유리한 것과 불리한 것, 유익한 것과 해로운 것을 분간할 줄 모른다면 그들은 생존할 수 없을 것이다. 모든 유기체는 어떤 것은 "추구하고" 어떤 것은 "피한다." 동물은 먹이를 추구하고 적에게서 도망친다. 이 모든 것은 의식적 활동을 전혀 필요로 하지 않는 본능 및 운동 신경 충동의 복잡한 조직망에 의하여 통제된다. 리보가 지적한 바와 같이 유기적 생명의 최초의 시기는 원형질적, 생체적, 선의식적(先意識的) 감성의 시기이다. 유기체는 그 "기억"을 가지고 있다. 그것은 어떤 인상, 어떤 정상적 혹은 병적 변모를 보존한다. "이와 마찬가지로 하급의 무의식적 한 형태, 즉 유기적 감수성이 있는바, 이것은 고등한 의식적 정동 생활의 준비이자 그 윤곽이다. 생체적 감성이 의식적 감정에 대해서 가지는 관계는 유기적 기억이 보통의 의미에서의 기억에 대해서 갖는 관계와 같다."15) 설령 고등 동물들에게 있어서 의식이 개입하여 유력한 역할을 맡기 시작한다고 하더라도, 그것을 의인적으로, 즉 지각이나 "관념들"로써 기술할 수는 없다. 동물의 행동은 오히려 그 동물 속에 "친밀함" 혹은 "무시무시함", 매력 혹은 염오(厭惡)의 감정을 일으키는 몇몇 "정동적 성질들"에 의하여 결정되는 듯싶다. 쾰러는 침팬지의 심리학에 관한 한 연구에서 다음과 같이 묻고 있다.

---

13) R.M. Yerkes, *Chimpanzees. A Laboratory Colony* (New Haven : Yale Univ. Press, 1943), p. 29.

14) A. Mosso, *Fear*. Authorized English trans. E. Lough and F. Kiesow (London and New York : Longmans, Green & Co., 1896), pp. 10 이하 참조.

15) Ribot, *La Psychologie des sentiments*, pp. 3 이하.

물건들의 어떤 모양들과 윤곽들은 그것들 자신 속에 이상야릇함이나 무시무시함의 성질을 가지고 있는데, 이것은 우리 속에 있는 어떤 특별한 메카니즘이 그것들로 하여금 그런 성질을 만들어 낼 수 있게 하기 때문이 아니라, 우리의 일반적 본성과 정신에도 불구하고 어떤 모양들은 불가피하게 무서운 것의 성격을 가지고 있고, 다른 형상들은 우아함, 혹은 멋없음, 혹은 정력, 혹은 단호함의 성격을 갖고 있기 때문이라고 말하는 것은 수긍할 만한 가설이 아닌가?16)

이러한 서로 다른 정동적 성질들의 의식은 반성의 행위를 전제하지도 않고 또 그 동물의 개체적 경험에 의하여 설명될 수도 없다. 작은 새들은 태어나면서부터 매나 뱀을 무서워한다. 하지만 이 공포감은 아직 매우 분화되지 않고 있다. 병아리는 비단 맹수가 나타났을 때에만 아니라 그 위를 나는 어떤 큰 물건이라도 날아가기만 하면 무서워서 웅크린다. 이 본능적 정동들에게는 특정한 것과의 관계가 전혀 없다. 즉 그것들은 위험한 성격을 띤 특별한 종류의 대상에 대해서 아무런 관계도 없다.

인간의 발달과 함께 새로운 일보가 취해진다. 무엇보다도 먼저 정동들이 더욱 특수화된다. 그것들은 이제 다시는 희미하고 모호한 것이 아니다. 그것들은 **대상**의 특별한 종류들과 관계한다. 그러나 비록 원리에 있어서 동물의 반작용과 다를 바 없는 인간의 반작용이 아직도 무수히 있음은 확실하나, 인간 세계 이외의 다른 곳에서는 어디에서도 찾아볼 수 없는 또 하나의 특성이 있다. 만일 어떤 사람이 모욕을 당하여 분풀이로 이마를 찌푸리고 주먹을 불끈 쥔다면, 그는 다른 동물이 적 앞에서 이빨을 보이는 것과 조금도 다를 바 없는 행동을 하고 있는 것이다. 그러나

---

16) W.Köhler, "Zur Psychologie der Schimpansen", *Psychologische Forschung*, I (1921), 39. English trans. E. Winter, *The Mentality of Apes*(London : Kegan Paul ; New York : Harcourt, Brace & Co., 1925), App., p. 335 참조.

일반적으로 말하여, 인간의 **반응들**은 전혀 다른 유형에 속한다. 인간의 반응을 동물의 반작용과 구별짓게 하는 것은 그 **상징적** 성격이다.17) 인간 문화의 발생과 성장에서 우리는 의미의 이 근본적 변화를 한걸음 한걸음 더듬어 내려올 수 있다. 인간은 하나의 새로운 표현 양식, 즉 상징적 표현을 발견하였다. 이것은 인간의 모든 문화적 활동, 즉 신화와 시, 언어, 예술, 종교 및 과학에 있어서의 공분모이다.

이 활동들은 서로 크게 다르지만, 하나의 동일한 임무 즉 **객관화**의 임무를 수행한다. 언어에서 우리는 우리의 감관 지각을 객관화한다. 바로 이 언어적 표현의 행위에서 우리의 지각들은 하나의 새로운 형식을 취한다. 그것들은 이제 다시는 고립된 소여(所與)가 아니다. 그것들은 그 개별적 성격을 버리고 일반적 "명칭들"에 의하여 지시되는 부류 개념들(class-concepts) 밑에 들어가게 된다. "명명"(命名) 행위는 그저 기성의 사물―이미 알려진 대상―에다가 단순히 관례적 기호를 덧붙이는 것이 아니다. 그것은 오히려 대상들의 개념 구성 자체의, 즉 객관적인 경험적 현실의 관념의 필요 조건이다.18)

신화는 이 경험적 현실로부터 거리가 아주 멀뿐더러, 어떤 의미에서는 크게 모순된다. 그것은 완전히 공상적인 하나의 세계를 건설하고 있는 듯싶다. 그렇지만 신화도 어떤 "객관적인" 면을 갖고 있으며 또 일정한 객관적 기능을 가지고 있다. 언어의 상징성(symbolism)은 감관 지각의 객관화로 나아가고, 신화의 상징성은 감정의 객관화로 나아간다. 마법의 제의에서, 종교적 의식들에서 인간은 깊은 개인적 욕망과 격렬한 사회적 충동의 압력 아래서 행동한다. 그는 그 동기를 알지 못하면서 이 행동들을 수행한다. 그것들은 전혀 무의식적인 것이다. 그러나 이 의식들이 신

---

17) 이 문제를 자세히 논한 것은 E. Cassirer, *An Essay on Man*, 3장, pp. 27 이하 참조.

18) 더 자세한 것은 나의 논문 "Le langage et la construction de monde des objects", *Journal de psychologie normale et pathologique*, ⅩⅩⅩ e Année(1933), 18~44.

화로 전환되면 하나의 새로운 요소가 나타난다. 인간은 이제 어떤 일들을 행하는 것만으로는 만족하지 않는다. 그는 그것들이 무엇을 "의미하는가" 하는 물음을 제기한다. "왜"와 "어디로", 즉 까닭과 목적을 추궁한다. 이것들이 어디로부터 왔으며 무슨 목적을 추구하고 있는가를 이해하려 한다. 그가 이 모든 물음에 대해서 내리는 답은 모순이 많고 조리가 서 있지 않는 것처럼 보일지 모른다. 그러나 여기서 중요한 것은 답보다도 오히려 물음 자체이다. 인간이 자기의 행위에 대하여 의아하게 생각하기 시작하자마자, 그는 새로운 결정적 일보를 내어디딘 것이다. 그는 마침내 그를 무의식적이고 본능적인 생활로부터 멀리 떠나게 할 새로운 길에 들어선 것이다.

감정의 표현마다 진정시키는 효과를 가지고 있다는 것은 주지의 사실이다. 주먹으로 한대 갈기면 우리의 노여움이 가라앉고 눈물을 막 흘리고 나면 쓰라림과 슬픔이 가신다. 이 모든 것은 생리학적, 심리학적 이유에서 쉽게 이해할 수 있는 일이다. 생리학적으로 그것은 허버트 스펜서가 "신경 해방의 법칙"이라 부른 원리에 의하여 설명될 수 있다. 어떤 의미에서 이 "해방의 법칙"은 모든 **상징적** 표현에도 타당하다. 그러나 여기서는 전혀 새로운 한 현상에 부딪친다. 우리의 신체적 반작용에 있어서는 돌연한 폭발 다음에 휴식 상태가 온다. 그리고 정동은 일단 사라지면 그 어떤 영속적인 자국도 남기지 않고 끝나 버리고 만다. 그러나 우리가 우리의 정동을 **상징적** 행위에 의하여 표현하면 사정이 전혀 다르다. 그와 같은 행위들은 이를테면 이중의 힘, 즉 묶는 힘과 푸는 힘을 가지고 있다. 여기서도 정동들은 외부로 돌려진다. 그러나 그것들은 분산되는 대신 도리어 집중된다. 신체적 반작용에서는 어떤 정동에 대응하는 신체 운동이 더욱더 광범해진다. 즉 보다 넓은 영역에 펴진다. 스펜서에 의하면 이 확장과 확산은 일정한 규칙을 따른다. 맨 먼저 발성 기관의 섬세한 근육과 조그마한 안면 근육들이 변화를 입는다. 감정이 지나칠 때에는 신경 해방이 혈관 계통에 영향을 준다.[19] 그러나 상징적 표현은 약화가 아니라 강화이다. 여기서 우리가 발견하는 것은 한갓 외면화가 아니라 응축이다. 언어, 신화, 예술, 종교에서 우리의 정동은 한갓 행위로 전환되지 않고 "작품"으로 전환된다. 이 작품들은 사라지지 않는다. 그것들은 영속적이며 생명이 길다. 신체적 반작용은 우리에게 급속하고 일시적인 기분 전환을 줄 수 있을 뿐이지만, 상징적 표현은 **청동보다도 더 항구적인 힘**이 될 수 있다.

이 객관화와 응집(凝集)의 힘은 특히 시와 예술에서 분명하게 된다. 괴테는 이 천품을 그의 시의 본질적 특성으로 보았다. 그는 《시와 진실》에서 그의 청년 시절을 회고하면서 다음과 같이 말하고 있다.

> 그리하여 내가 전 생애를 통하여 벗어날 수 없었던 그 경향, 즉 나를 즐겁게 했거나 괴롭힌 혹은 달리 나를 사로잡은 모든 것들을 하나의 표상으로 하나의 시로 전환시키는, 그리하여 그것을 통해서 나 자신에 대한 얼마간의 이해에 도달하게 되는 그런 경향이 시작되었다. 이렇게 함으로써 나는 외부의 사물들에 대한 나의 생각들을 바로잡고, 그것들에 관하여 내 마음을 안정시킬 수 있었다. 이 일을 할 수 있는 능력은 어느 누구에게보다도 나에게 더 필요했다. 이것은 나의 타고난 기질이 끊임없이 극단에서 극단으로 소용돌이치고 있었기 때문이다. 그러므로 지금까지 알려진 내 작품들은 하나의 큰 고백의 단편들일 따름이다.[20]

신화적 사고와 상상에서는 **개인적** 고백을 볼 수 없다. 신화는 인간의 사회적 경험의 객관화이지 그 개인적 경험의 객관화가 아니다. 후대에는, 가령 플라톤의 유명한 신화들처럼 개인이 만든 신화가 있음이 사실이다. 그러나 이런 신화에는 진정한 신화의 가장 본질적인 특성들 가운

---

19) 더 자세한 것은 H. Spencer, *Principles of Psychology* (New York : D. Appleton & Co., 1873), 제2권, §§ 495~502 참조.

20) Goethe, *Dichtung und Wahrheit*, Bk. 7. English trans. J. Oxenford (London : G. Bell & Sons, 1897), Ⅰ, 240.

데 하나가 빠져 있다. 플라톤은 전적으로 자유로운 정신에서 신화들을 만들어 내었다. 그는 신화들의 세력 아래 있지 않고, 도리어 그 자신의 여러 목적 즉 변증법적 및 윤리적 사상의 목적들을 따라 그것들을 지배하였다. 그러나 진정한 신화는 이 철학적 자유를 소유하고 있지 않다. 왜냐하면 그 속에 진정한 신화가 살고 있는 표상들은 표상이라고 **알려져** 있지는 않기 때문이다. 그것들은 상징으로 여겨지지 않고 현실들이라고 여겨지고 있다. 이 현실은 거부되거나 비판될 수 없다. 그것은 수동적으로 받아들여지지 않으면 안 된다. 그러나 마침내 하나의 새로운 목표에 도달하게 해줄 새로운 길에 들어서는 최초의 예비적 전진이 이루어졌다. 여기서도 정동들은 그저 느껴지기만 하지는 않았기 때문이다. 그것들은 "직시되고", "표상으로 전환되고" 있다. 이 표상들은 조잡하고 기괴하고 공상적이다. 그러나 바로 이 이유 때문에 그것들은 미개인에게 이해될 수 있다. 그것들은 미개인에게 자연의 생명과 그 자신의 내적 생명에 대한 해석을 줄 수 있으니 말이다.

 신화, 그리고 일반적으로 종교는 한갓 공포의 소산이라 가끔 주장되었다. 그러나 인간의 종교적 생활에 있어서 가장 본질적인 것은 공포의 **사실**이 아니라 공포의 **탈바꿈**(metamorphosis)이다. 공포는 보편적인 생물학적 본능이다. 그것은 절대로 완전히 극복되거나 억압될 수는 없으나 그 형태를 바꿀 수는 있다. 신화는 가장 격렬한 정동들과 가장 무시무시한 환상들로 가득차 있다. 그러나 신화에서 인간은 하나의 새롭고 신기한 기술, 즉 표현의 기술을 배우기 시작한다. 이것은 곧 그의 가장 깊이 뿌리박은 본능들, 희망들 및 공포들을 조직하는 수단이다.

 이 조직의 힘이 가장 강하게 나타나는 것은 인간이 그의 가장 큰 문제, 즉 죽음의 문제에 직면했을 때이다. 죽음의 원인을 추궁하는 것은 인류의 최초의 가장 절실한 문제들 가운데 하나였다. 죽음에 관한 신화는 도처에 전해지고 있다. 즉 인류 문명의 최저의 형태에서 최고의 형태에 이르기까지 어디에나 있다.[21]

인류학자들은 이른바 "종교에 대한 최소한도의 정의", 즉 종교 생활의 근본적이고 본질적인 사실들을 포함하게 될 정의를 찾으려고 많은 노력을 기울여 왔다. 여러 학파는 이 사실들의 본성에 관하여 의견의 일치를 보지 못하였다. 타일러는 물활론을 미개인으로부터 문화인에 이르기까지 그 모든 종교 철학의 기초로 보았다. 그 후의 논자들은 이른바 "터부-만나 공식"(Taboo-manna formula)을 종교의 최소한도의 정의로 내세웠다.[22] 이 두 가지 견해는 많은 반대를 살 수 있는 것이었다. 그러나 논의의 여지가 없어 보이는 것은 종교가 맨 처음부터 "삶과 죽음"의 문제였다는 사실이다. 말리노프스키는 다음과 같이 물으며 말한다.

> 인간의 영혼, 사후의 생, 우주 안의 영적 요소들과 결부된 모든 신앙의 뿌리는 무엇인가? 나는 물활론, 조상 숭배, 혹은 영들과 망령들에 대한 신앙 따위의 말로써 일반적으로 기술되는 모든 현상은 죽음에 대한 인간의 어쩔 수 없는 태도에 그 뿌리를 두고 있다고 생각한다. 죽음은…인간의 오성을 항상 당황케 하며, 인간의 정동적 조직을 근본적으로 뒤집어엎는 하나의 사실이다. …여기에 종교적 계시가 개입하여 사후의 생, 영혼의 불멸, 산 자와 죽은 자 사이의 교제의 가능성을 확인한다. 이 계시는 삶에 의미를 주며, 지상에서의 인간의 생존의 무상함에 관련된 모순과 갈등을 해결한다.[23]

플라톤은 그의 《파이드로스》에서 철학자에 대한 정의를 내리고 있다. 그 정의에 의하면 철학자란 가장 위대하고 가장 어려운 기술을 배운 사람이다. 그는 어떻게 죽을 것인지를 알고 있다. 현대 사상가들은 이 생

---

21) 예컨대 B. Malinowski, *Myth in Primitive Psychology* (London : Kegan Paul, 1926), pp. 80이하. (American ed. New York : W.W. Norton, 1926), pp. 60 이하에서 보고된 트로브리안드 제도의 토인들간에 전하는 죽음의 신화들을 참조.

22) Marett, 앞의 책 (p. 58, 각주 1) 참조.

23) B. Malinowski, *The Foundations of Faith and Morals, Riddell Memorial Lecture* (London : Oxford Univ. Press, 1936 ; pub. for the Univ. of Durham), pp. 27이하.

각을 플라톤으로부터 빌어 왔다. 그들은 선언하기를, 인간에게 남은 자유에의 오직 한 가지 길은 그 마음에서 죽음의 공포를 제거하는 것이라 하였다. "죽는 법을 안 자는 노예라는 것이 어떤 것인지를 잊어 버린다. 어떻게 죽을 것인가를 알면 우리는 모든 예속과 구속에서 벗어나게 된다."24) 신화는 죽음의 문제에 대하여 합리적인 답을 내릴 수는 없었다. 하지만 철학보다 훨씬 앞서 인류의 최초의 교사가 된 것은 신화였다. 신화는 인류의 유년기에 원시적 정신이 이해할 수 있는 언어로써 죽음의 문제를 제기하고 해결할 수 있었던 유일한 교육자였다. "나에게 죽음을 설명하려고 애쓰지 말라"고 아킬레스는 명부(冥府)에서 오뒷세우스에게 말한다.25) 그러나 이것이야말로 신화가 인류 역사에서 수행해야 할 어려운 과제였다. 원시인은 죽음의 사실과 더불어 화해할 수 없었다. 즉 자기의 인격적 생존의 파멸을 불가피한 자연 현상으로 받아들일 수 없었다. 그러나 신화가 거부하고 또 "시원스럽게 해명한" 것은 바로 이 죽음의 사실이었다. 신화는 죽음이 인간의 생명의 소멸을 의미하는 것이 아니라 생명의 형태의 변화를 의미할 따름이라고 가르쳤다. 생존의 한 형태가 그저 다른 하나의 형태로 바뀌는 것이다. 삶과 죽음 사이에는 명확하고 뚜렷한 경계가 없다. 이것들을 분리시키는 경계선은 희미하고 불명확하다. 심지어 이 두 용어가 서로 바뀔 수도 있다. 에우리피데스는 "여기서의 삶은 사실은 죽음이고, 반대로 죽음이 삶인지 누가 알랴?"고 묻는다. 신화적 사고에서 죽음의 신비는 "하나의 표상으로 전환된다." 그리고 이 변형에 의하여, 죽음은 힘들고 견딜 수 없는 물리적 사실이기를 그치고 이제는 이해할 수 있고 참을 수 있는 것이 된다.

---

24) Montaigne, Essays, Ⅰ, 19, in "Works", trans. W. Hazlitt, revised ed. O.W. Wight (New York : H.W.Derby, 1861), Ⅰ, 130. Montaigne, Essais, texte établi et présenté par Jean Plattard, Liv. 1, 20장 (Paris : Fernand Roches, 1931), 117 : "Qui a apris à mourir, il a desapris à servir. Le sçavoir mourir nous afranchit de tout subjection et contrainte."

25) Homer, *Odyssey*, Bk. 11, v. 488.

제2부
정치학설사에서의 신화 반대의 투쟁

제5장 초기 그리스 철학의 "로고스"와 "뮈토스" • 82
제6장 플라톤의 ≪국가≫ • 93
제7장 중세의 국가 이론의 종교적 및 형이상학적 배경 • 116
제8장 중세 철학에서의 법치 국가 이론 • 142
제9장 중세 철학에서의 자연과 은혜 • 154
제10장 마키아벨리의 새 정치학 • 167
제11장 마키아벨리즘의 승리와 그 결과 • 185
제12장 새국가 이론의 의미 • 199
제13장 스토아주의의 재생과 "자연법적" 국가 이론 • 230
제14장 계몽주의 철학과 그 낭만주의 비판자들 • 247

제5장 초기 그리스 철학의 "로고스"와 "뮈토스"

합리적인 국가 이론은 그리스 철학에서 처음으로 나타났다. 다른 분야에서와 같이 여기서도 그리스 사람들은 합리적 사상의 개척자였다. 투키디데스는 처음으로 신화적 역사관을 공격한 사람이었다. "전설적인 것"의 제거가 그의 최초의 주된 관심사 가운데 하나였다.

> 내가 쓴 역사에 로맨스가 없어서 재미가 좀 감해지지 않을까 두렵다. 그러나 미래를 해석하는 데 대한 도움으로서 과거의 정확한 지식을 원하는 탐구자들에게 그것이 유용하다고 판단된다면 나는 만족할 것이다. 미래는 인간사의 노정(路程)에 있어서 과거를 그대로 되풀이하지는 않는다 하더라도 분명히 닮은 것이다. 내가 쓴 역사는 일시적인 구경거리가 아니라 모든 시대의 재산이 되도록 구성된 것이다.[1]

그러나 그리스의 역사관은 그저 새로운 사실들 및 그전보다 더 깊고 더 포괄적인 심리학적 통찰에 기초하고 있다는 데 그치는 것이 아니었다. 그리스 사람들은 그들로 하여금 문제를 전혀 새로운 각도에서 보게 한 하나의 새로운 방법을 발견하였다. 그들은 정치를 연구하기 전에 자연을 연구하였다. 이 분야에서 그들은 최초의 위대한 발견들을 이룩하였다. 이 예비적 단계가 없었더라면 그들이 신화적 사상의 세력에 도전하기란

---

1) Thucydides, *The Peloponnesian* War, Bk. 1, 22장. English trans. R. Crawley (Everyman's Library, New York : E.P. Dutton & Co., 1910), p. 15.

불가능했을 것이다. 새로운 자연관은 인간의 개인적 및 사회적 생활에 대한 새로운 사상을 위한 공통 기초가 되었다.

승리는 단숨에 거두어질 수 없었다. 여기서도 우리는 천천히 나아가는 질서 정연한 전진을 보게 되는데, 이것은 그리스 정신의 가장 특징적 성격들 가운데 하나이다. 그것은 마치 개개의 사상가들이 미리 세워진 작전 계획을 따르고 있는 것 같았다. 진지가 하나하나 정복되고, 가장 견고한 요새들이 무너져서 마침내 신화 사상의 본거지가 그 근저까지 흔들린다. 모든 위대한 사상가들과 서로 다른 철학의 학파들이 이 공동 작업에 참여하고 있다. 최초의 그리스 사상가들, 즉 밀레토스 학파의 사상가들은 아리스토텔레스에 의하여 "옛 자연학자들"이라 기술되고 있다. 자연(physis)은 그들의 주의를 끄는 유일한 대상이다. 자연에 대한 그들의 탐구 방법은 자연 현상의 신화적 해석과는 정반대되는 것이다. 초기 그리스 사상에 있어서, 사상의 두 유형 사이에 경계들이 아직 분명하게 결정되어 있지 않고 도리어 막연하고 동요하고 있었던 것은 사실이다. 탈레스는 "만물은 신들로 가득차 있다"[2]고 말했으며, 또 자석은 쇠를 움직이는 힘을 가지고 있기 때문에 살아 있다고도 말했다.[3] 엠페도클레스는 자연을, 반대되는 두 힘 즉 사랑의 힘과 미움의 힘 사이의 큰 투쟁이라고 기술한다. 어떤 때는 만물이 사랑을 통하여 결합해서 하나가 되고, 다른 때는 미움의 반발에 의하여 제각기 다른 방향으로 나아간다.[4] 의심할 여지 없이 이것들은 신화적인 생각이다. 아닌 게 아니라 그리스 철학에 관한 뛰어난 역사가의 한 사람은 한 저서에서 그리스의 자연 철학이 처음에 과학적 정신에서보다 오히려 신화적 정신에서 생겼다는 것을 입증하려 하였다.[5] 그러나 문제를 이렇게 보면 잘못되기 쉽다. 신화적 요

---

[2] Aristotle, *De anima*, Bk. A. 5 411a 7.

[3] 같은 책, Bk. A. 2 405a 19. H. Diels, *Fragmente der Vorsokratiker* by W. Kranz, 제5판 (Berlin : Weidmannsche Buchhandlung, 1934), 11A 22 참조.

[4] Empedokles, Fr. 17, in Diels, 앞의 책, Ⅰ, 315 참조.

소들이 단번에 타도될 수 없었음은 사실이다. 그러나 그것들은, 꾸준히 발전하고 또 날로 비중을 더해간 새로운 사상 경향에 의하여 상쇄되고 견제되었다. 밀레토스 학파의 사상가들—탈레스, 아낙시만드로스, 아낙시메네스—은 사물의 시초 혹은 "기원"을 탐구하였다. 이것은 새로운 사상 경향이 아니다. 정말 새로왔던 것은 "시초"(archē)란 말 자체에 대한 그들의 정의였다. 모든 신화적 천지 개벽설에서 기원은 까마득하게 먼 신화적 과거에 속하는 태초의 상태를 의미한다. 그것은 사라져 없어졌고, 다른 것들에 의하여 대체되고 교체되었다. 최초의 그리스 자연 철학자들은 이 시초를 아주 다른 의미에서 이해하고 정의한다. 그들이 추구하는 것은 우연한 사실이 아니라 실체적 원인이다. 시초는 단순히 시간상의 처음이 아니라 "제1원리"이다. 그것은 연대적인 것이 아니라 오히려 논리적인 것이다. 탈레스에 의하면 세계는 이전에 물**이었을** 뿐만 아니라 지금도 물**이다**. 물은 만물의 영속적이고 영원한 요소이다. 사물들은 물이나 공기의 요소, 또는 아낙시만드로스의 "무한정한 것"(apeiron)으로부터 초자연적인 힘들의 변덕과 자의에 의하여 아무렇게나 발전해 온 것이 아니라, 정연한 질서에서 또 일반적 규칙들을 따라서 발전해 온 것이다. 이와 같은 불면의 어길 수 없는 규칙들이라고 하는 관념은 신화적 사고에는 아주 낯선 것이 다.

  그러나 자연은 결국 신화적 세계의 변두리에 지나지 않는다. 자연은 그 중심이 아니다. 이 중심 즉 신들에 관한 신화적인 생각들에 대하여 공격을 가하는 것도 훨씬 더 대담한 기도요 또 훨씬 더 큰 지적 용기를 필요로 하는 일이었다. 그리스의 철학을 건설한 대립하는 두 세력—"존재"의 철학과 "생성"의 철학—은 이 공격에 있어서 결합하였다. 엘레아 학파의 사상가들과 헤라클레이토스는 똑같은 논법을 써서 호메로스의 신들을 공격하였다. 헤라클레이토스는 호메로스가 신적인 것에 대하여 그릇되

---

5) K. Joël, *Der Ursprung der Naturphilosophie aus dem Geiste der Mystik* (Basel, 1903) 참조.

게 생각했기 때문에 경기장에서 내쫓기고 채찍질을 당해야 한다고 서슴지 않고 말하였다.[6] 시인들과 신화 작가들의 상상력이 신의 본성 둘레에 쳐놓은 휘장들 배후에서 철학자들은 신의 참 얼굴을 발견하려 하였다. 시인들과 신화 작가들은 사람들이 흔히 빠지는 유혹에 빠져서, 자기들 자신의 형상을 따라 그들의 신들을 만들었다. 이디오피아 사람들은 그들의 신들을 들창코의 검둥이로 만들며, 트라키아 사람들은 그들의 신들에게 푸른 눈과 붉은 머리칼을 가지게 하고 있다고 크세노파네스는 말하고 있다. 또 만일 소나 말 혹은 사자가 손을 가지고 있고 그 손으로 그림을 그릴 수 있다면, 말은 신들의 모양을 말처럼 그릴 것이요, 소는 소처럼 그릴 것이라고 말하고도 있다.[7] 크세노파네스는 이 신화적 이미지를 두 가지 이유, 즉 사변적 이유와 종교적 이유에서 배척하였다. 사변적 사상가로서 그는 신들의 복수성(複數性)이 믿을 수 없고 모순된 것이라고 주장한다. 아리스토텔레스의 《형이상학》(Metaphysica)의 한 구절에서 크세노파네스는 "일자(一者)의 최초의 제창자"라 불리고 있다.[8] 엘레아 학파의 근본 교리에 의하면 "존재"와 "하나"는 맞바꿀 수 있는 말들이다. "존재"와 "하나"는 동의어이다. 만일 신이 참된 존재를 가지고 있다면, 그는 완전히 하나이어야 한다. 신들이 서로 싸우고 다투며 반목한다고 이야기하는 것은 사변적 견지에서 볼 때 불합리하며, 종교적 및 윤리적 견지에서 볼 때 불경스러운 일이다. 호메로스와 헤시오도스는 인간들간에 부끄러움과 망신이 되는 일들, 즉 도둑질과 간음과 서로 속이는 일을 그들의 신들에게 돌렸다. 이 가짜 신들에게 크세노파네스는 그 자신의 새롭고 숭고한 종교적 이상, 즉 신화적 및 의인적 사상의 모든 제한에서 완전히 자유로운 신에 대한 새로운 생각을 대립시킨다. 신들과 인간들 가운데 가장 위대한 신, 그 형상과 사상에 있어서 인간들과는 같

---

[6] Heraclitus, Fr. 42, in Diels, 앞의 책, I, 160.

[7] Xenophanes, Frs. 15, 16, in Diels, 앞의 책, I, 132 이하.

[8] Aristotle, *Metaphysica*, Bk. A. 5 986b 21.

지 않은 한 신이 있다. 그는 모든 것을 보고, 모든 것을 생각하며, 모든 것을 듣는다. 그리고 그는 아무 수고 없이 모든 사물을 자기 마음의 생각에 의하여 다스린다.9)

그러나 밀레토스 학파에 의하여 도입된 새로운 자연관과 헤라클레이토스 및 엘레아 학파에 의한 새로운 신관은 최초의 예비적 단계에 지나지 않았다. 가장 크고 어려운 과제가 아직 남아 있었다. 그리스 사상은 새 "자연학"과 새 "신학"을 창조하였다. 그것은 자연의 해석과 신관을 근본적으로 변화시켰다. 그러나 합리적 사고의 이 모든 승리는, 신화가 아직 그 가장 견고한 요새를 분명히 가지고 있는 한 불안정하고 불확실하였다. 신화가 인간 세계를 완전히 지배하고 또 자기 자신의 본성과 운명에 대한 인간의 사상과 감정을 지배하고 있는 한, 신화는 정말 패배한 것은 아니었다.

우리는 여기서 호메로스의 신들에 대한 비판에서 보는 바와 꼭같은 역사적 역설을 만난다. 문제는 서로 아주 다르고 정반대로 대립하는 두 지적 세력을 결합시킨 연합되고 집중된 사색의 노력에 의해서만 해결될 수 있었다. 다른 분야에서와 같이 여기서도 그리스 사상의 통일은 변증법적 통일이었다. 헤라클레이토스의 말로 표현하면, 그것은 악궁과 칠현금(七絃琴)의 경우에서와 같은 대립하는 긴장들의 조화(παλίντροπος ἁρμονίη)였다.10) 그리스의 지적 문화의 발전에 있어서 소피스트의 사상과 소크라테스의 사상 사이에서보다 더 강한 긴장, 더 깊은 알력은 아마도 없었을 것이다. 하지만 이 알력에도 불구하고 소피스트들과 소크라테스는 한 가지 근본적 요청에 있어서 일치하고 있었다. 그들은 인간성에 대한 합리적인 이론이 모든 철학 이론에 있어서 무엇보다도 먼저 절실히 요구되는 것이라고 확신하고 있었다. 소크라테스 이전의 사상에서 취급되었던 다른 모든 문제는 이차적이고 부수적인 것이라 선언되었다. 이

---

9) Xenophanes, Frs. 11, 23~25, in Diels, 앞의 책, Ⅰ, 132, 135.
10) Heraclitus, Fr. 51, in Diels, 앞의 책, Ⅰ, 162.

때 이후로 인간은 더 이상 그저 우주의 한 부분으로만 여겨지지 않았다. 인간은 우주의 중심이 되었다. 인간은 만물의 척도라고 프로타고라스는 말했다. 이 생각은 어떤 의미에서 소피스트들과 소크라테스가 다같이 품었던 것이다. 철학을 "인간화하는" 것, 천지 개벽설과 존재론을 인간학에로 전환시키는 것이 그들의 공통 목표였다. 하지만 아무리 그들이 목적 자체에 있어서 일치했다 하더라도 수단과 방법에 있어서는 전혀 일치하지 못했다. "인간"이란 말 자체가 서로 달리, 심지어는 정반대되는 두 가지 의미로 이해되고 해석되었다. 소피스트들에게 있어서 "인간"이란 개개의 인간을 의미하는 것이었있다. 이른바 "보편적인 인간", 즉 철학자들의 인간은 그들에게 있어 한갓 허구였다. 그들은 인간 생활 특히 공공 생활의 쉴새없이 변동하는 광경에 마음이 끌렸다. 바로 이곳에서 그들은 그들의 역할을 맡아 재능을 발휘해야만 했다. 그들은 직접적이고 구체적이고 실제적인 여러 일들에 직면했다. 이 모든 일에 대해서는 인간에 관한 일반적인 사변적 혹은 윤리적 이론이 아무 소용없었다. 소피스트들은 그러한 이론이 실제로 도움이 되느니보다 오히려 방해가 된다고 보았다. 그들은 인간의 "본성"에는 관심을 가지지 않았고, 인간의 여러 실제적 관심사에 열중하고 있었다. 인간의 문화적·사회적 및 정치적 생활의 복잡함과 다양함이 먼저 그들의 학문적 호기심을 불러일으켰다. 그들은 이 모든 다양하고도 매우 복잡한 활동을 조직하고 통어하여, 그것들로 하여금 일정한 사상의 통로로 나아가게 하고 또 그것들에 대한 올바른 기술적 규칙들을 발견해야만 했다. 소피스트들의 철학과 정신에 있어서 가장 특징적인 것은 그들의 놀라운 융통성이다. 그들은 무슨 과제든지 다 해낼 수 있다고 느꼈다. 그들은 그들의 모든 문제에 새로운 정신으로 접근하여 전통적 관념들, 일반적 편견 및 사회적 관습의 장벽들을 깨뜨려 버렸다.

소크라테스의 문제와 소크라테스의 관점은 이와 전혀 달랐다. 플라톤은 그의 대화편 《테아이테토스》의 한 구절에서 그리스의 철학을, 두 개의 큰 군대가 만나서 쉴새없이 전투하는 전장에 비기고 있다. 한편에는 "다수"의 수호자들이 있고, 다른 한편에는 "일자"의 수호자가 있다. 한편에는 "유동을 내세우는 사람들"이 있고, 다른 한편에는 만물을 고정시키고 모든 사상을 안정시키려고 애쓰는 사람들이 있다.11) 이것이 사실이라면 우리는 그리스의 사상 및 문화의 역사에 있어서의 소크라테스의 위치를 의심할 수 없다. 그의 최초의 주요한 노력은 안정화의 그것이었다. 크세노파네스와 그 밖의 엘레아 학파의 사상가들처럼 그도 "일자"의 단호한 옹호자였다. 그러나 그는 결코 한갓 논리학자나 변증가가 아니다. 그는 무엇보다도 존재의 통일이나 사상의 체계적 통일에 대해서 관심을 가지고 있는 것이 아니다. 그가 추구하고 있는 것은 의지의 통일이다. 소피스트들은 그 모든 재능과 다방면의 관심에도 불구하고—혹은 아마도 이 다방면의 재능과 관심 때문에—이 문제를 해결할 수 없었다. 그들은 쉴새없이 변두리를 빙빙 돌고 있었으며, 인간의 본성과 행위의 중심에는 한 번도 뚫고 들어가 보지 못했다. 그들은 그와 같은 중심이 있다는 것, 그리고 그 중심이 철학적 사색에 의하여 확인될 수 있다는 것조차 깨닫지 못하였다. 소크라테스의 질문이 시작되는 곳은 바로 여기이다. 소크라테스에 의하면 소피스트들은 다만 인간성의 **흩어진 부스러기들**을 보았을 뿐이다. 사실상 기원전 5세기의 유명한 소피스트들의 저작에서 취급되지 않은 것이란 거의 없었다. 고르기아스, 히피아스, 프로디코스, 안티폰은 가장 이질적인 문제들을 다루었다. 그들은 수학과 과학의 문제들에 관한 글들과, 역사와 경제, 수사학과 음악, 언어학, 문법 및 어원에 관한 글들을 썼다. 이 모든 백과 전서적 지식은 소크라테스에 의하여 배척되고 폐기된다. 이 여러 갈래의 지식에 대하여 그는 그의 완전한 무지를 고백한다. 그는 오직 **한 가지** 기술을 알고 있다. 그것은 인간의 영혼을 형성하는 기술, 다시 말하면 한 인간에 접근하여 그에게 인생이란 무엇이며 무슨 의미가 있는지 이해하지 못하고 있다는 것을 확

---

11) Plato, *Theaetetus*, 191 A.

신시키고 또 참된 목적을 보게 하고 또 그 목적을 달성하도록 도와주는 기술이다.

소크라테스적 무지가 한갓 소극적인 태도가 아님은 자못 명백하다. 도리어 그것은 인간의 인식과 행위의 매우 독창적이고 적극적인 이상을 제시한다. 이른바 소크라테스적 회의는 그 배후에 소크라테스가 자주 쓰는 그의 반어법을 따라 자기의 이상을 숨기고 있는 가면일 따름이다. 소크라테스의 회의는 유일의 중대한 일, 즉 인간의 자기 인식을 흐리게 하고 효과없는 것이 되게 하는 무수하고 다방면에 걸친 인식의 방식을 깨뜨리려는 것이었다. 윤리적인 분야에서와 마찬가지로 이론적인 분야에서도 소크라테스의 노력은 명료화의 노력일 뿐더러 또한 강화와 집중의 노력이었다. 그에 의하면 "지혜"(sophia)나 "덕"(aretē)에 관하여 복수형으로 말하는 것은 근본적으로 잘못이다. 그는 복수의 지식 혹은 복수의 덕이 있다는 것을 강력히 부인한다.

소피스트들은 사람들의 서로 다른 계급들이 있는 만큼 많은 덕이 있다고 선언하였다. 남자의 덕이 있는가 하면 여자의 덕이 있고, 아이들의 덕이 있는가 하면 어른들의 덕이 있으며, 자유인의 덕이 있는 반면 노예의 덕도 있다. 이 모든 것을 소크라테스는 배격하였다. 만일 이런 주장이 옳다면 인간성은 그 자체 모순된 것이 되고 만다. 즉 그것은 여러 갈래로 갈라지고 서로 어울리는 데가 없으며 공통되는 점이 없게 되고 말 것이다. 어떻게 그와 같이 공통점이 없고 서로 맞지 않는 것이 하나의 진정한 통일로 나아가게 될 수 있는가? 소크라테스는 플라톤의 대화편 ≪프로타고라스≫에서 신체적인 것들에 부분들이 있는 것처럼, 즉 입, 코, 눈, 귀가 사람의 얼굴의 부분들인 것처럼 덕에도 부분들이 있는가라고 묻는다. 인간은 전체의 덕을 가지지 않고서도 어떤 한 가지 덕, 즉 용기, 정의, 절제, 거룩함을 소유할 수 있는가?[12] 지혜와 덕에는 부분이 없다. 우리는 이것들을 조각조각 깨뜨림으로써 그 진정한 본질을 파괴한다. 우리

---

12) Plato, Protagoras, 329D, E.

는 이것들을 하나의 나뉠 수 없는 전체로 이해하고 정의하지 않으면 안 된다.

　소크라테스와 소피스트들 사이의 근본적 차이는 또한 신화 사상에 대한 그들의 태도에도 나타난다. 표면적으로 보면, 마침내 여기서 우리는 소크라테스의 사상을 소피스트들의 그것과 연결시키는 연줄을 찾게 되는 듯싶다. 이 두 사상이 아무리 서로 대립하고 있었다 할지라도 그것들은 다같이 하나의 공통 목적을 위하여 싸우고 있었다. 그것들은 그리스의 대중 종교의 전통적 관념들을 비판하고 순화하지 않으면 안 되었다. 그러나 이 싸움에서도 그들의 전략은 서로 크게 달랐다. 소피스트들은 신화적 설화들의 "합리적" 설명을 약속하는 하나의 새로운 방법을 창안하였다. 이 분야에서 그들은 다시 한번 그들의 정신의 융통성과 적응성을 발휘하였다. 그들은 비유적 해석이라고 하는 새 기술의 대가가 되었다. 이 기술에 의하여 모든 신화는 아무리 이상하고 기괴하다 하더라도 돌연히 하나의 "진리", 즉 물리적 혹은 도덕적 진리로 전환되어질 수 있었다.[13] 그러나 소크라테스는 이 속임수를 배척하고 비웃었다. 그의 문제는 이와는 다르고 또 훨씬 더 진지한 것이었다. 플라톤의 대화편 ≪파이드로스≫의 처음 부분에는 어떻게 소크라테스와 파이드로스가 소요하는 중에 일리소스 강가의 어느 아름다운 장소에 이르게 되었는가를 이야기하고 있는 장면이 있다. 파이드로스가 소크라테스에게, 이곳이 옛 전설에 전해 오는 바, 보레아스가 오레이티야를 납치해 간 곳이 아닌가 물으며, 또 그 이야기를 진실이라고 믿는가라고 묻는다. 소크라테스는 만일 내가 저 현인들(소피스트들)처럼 믿지 않는다 해도 난처할 것이 없을 것이라고 대답한다. 오레이티야가 동무들과 놀고 있을 때 보레아스의 돌풍 즉 북풍이 그녀를 바위에서 밀쳐 떨어뜨렸으며, 또 이렇게 해서 그녀가 죽었을 때 보레아스 즉 북풍이 그녀를 납치해 갔다고 말함으로써 나는 쉽사리 매우 교묘한 설명을 할 수 있을 것이다.

---

13) 이 책, 1장, p. 24 참조.

그러나 파이드로스 군, 나는 이러한 설명들이 일반적으로 매우 재미있는 것이라고는 생각하나, 아주 영리하고 부지런하지만 결코 부러워할 만하지는 않은 사람의 조작이라고 생각하네. 이것은 무슨 다른 까닭이 있어서가 아닐세. 다만 그 사람이 이와 같이 한 후에는 켄타우로스들의 모습과 키마이라의 모습을 설명해야 되며 또 이렇게 한 후에도 고르곤과 페가소스 같은 짐승들, 그리고 많은 이상하고 상상조차 하기 힘든 기괴한 것들이 온통 떼지어 그에게 덮쳐 오기 때문일세. 만일 누군가가 이런 것들을 불신하고 서투른 지혜를 가지고 이것들 하나하나를 그럴 듯하게 설명하고자 한다면, 그는 무척 많은 여가가 있어야 할 것일세. 그러나 나에게는 이런 것들을 위한 여가가 도무지 없네. 그리고 그 이유는, 나의 벗이여, 내가 아직 델포이의 명각(銘刻)에 있는 바와 같이 나 자신을 알지 못한 데 있네. 그래서 아직 나 자신도 모르면서 당치도 않은 일들을 천착한다는 것은 나에게는 우스운 일로 생각되네. 그래서 나는 이런 문제들을 깨끗이 잊어 버리고 그것들에 관한 관습적 신앙을, 방금 말한 것처럼 받아들이고서, 나는 이것들을 천착하지 않고 나 자신을 천착하네. 이것은 내가 티폰보다 더 복잡하고 더 사나운 괴물인지 그렇지 않으면 신적이고 조용한 성품을 타고난 점잖고 순박한 피조물인지를 알아 보려 함일세.14)

이것이 그의 최고의 제자에 의하여 이해되고 해석된 참된 소크라테스적 방법이었다. 우리는 신들 혹은 영웅들의 행위에 관한 옛 전설을 제멋대로 변형시키고 재해석함으로써 신화를 "합리화"하기를 바랄 수는 없다. 이 모든 것은 헛되고 아무런 소득도 없는 일이다. 신화의 힘을 극복하려면 우리는 "자기 인식"의 새로운 적극적인 힘을 발견하고 발전시키지 않으면 안 된다. 우리는 인간의 본성을 신화적인 빛 아래서보다 오히려 윤리적인 빛 아래서 보는 법을 배우지 않으면 안 된다. 신화는 인간

---

14) Plato, *Phaedrus*, 229 C 이하. English trans. H.N. Fowler (Loeb Classical Library, Harvard Univ. Press, Cambridge, Mass., 1933), Ⅰ, 421.

에게 많은 것을 가르칠지 모른다. 그러나 그것은, 소크라테스에 의하면, 진정으로 절실한 유일의 문제인 선과 악의 문제에 대한 답을 가지고 있지 않다. 오직 소크라테스의 "로고스"만이, 오직 소크라테스가 제창한 자기 검토의 방법만이 이 근본적이고 본질적인 문제의 해결로 이끌어갈 수 있다.

제6장 플라톤의 《국가》

그리스 문화를 형성한 모든 위대한 지적 경향은, 비록 그 본래의 모양대로는 아니지만 플라톤의 학설 속에 보존되었다. 그것들은 플라톤의 천재에 의하여 하나의 새로운 형태로 조형되었다. 존재에 관한 이론에서 플라톤은 엘레아 학파의 사상가들을 따랐다. 그는 파르메니데스에 관해서 말할 때 언제나 "아버지 파르메니데스"라 하여 최대의 경의와 칭송을 드렸다. 그러나 이것은 그가 가장 날카롭고 가장 투철하게 엘레아 학파의 논리의 근본 원리들을 비판하는 것을 막지는 많았다. 더구나 인간 영혼에 관한 이론에서 플라톤은 피타고라스 학파와 오르페우스교의 생각에 되돌아갔다. 그러나 여기서도 우리는 에르빈 로데에 동의하여, 플라톤이 단순히 "그 이전의 신학자들의 뒤를 따르고" 있었고 그의 영혼 불멸설을 사실은 이 원천들로부터 얻었다고 말할 수는 없다.[1] 그가 이데아설에 기초를 둔 그 자신의 이론을 내어 놓았을 때 그는 영혼에 대한 피타고라스의 정의를 수정하지 않으면 안 되었다.[2] 이와 똑같은 정신의 독립성은 소크라테스에 대한 플라톤의 태도에도 나타난다. 그는 소크라테스의 가장 충실하고 헌신적인 제자로서 스승의 방법과 근본적 윤리 사상을 모두 받아들였다. 하지만 그의 최초의 시기에도, 이른바 "소크라테스적 대화편들"에서도 소크라테스의 사상과는 아주 다른 요소가 하나

---

1) E. Rohde, *Psyche* (이 책, 4장, 각주 10 참조), pp. 468 이하 참조.
2) Plato, *Phaedo*, 85 E 이하 참조.

있다. 소크라테스는 플라톤에게 철학이란 인간의 문제에서 출발하지 않으면 안 된다고 확신시켰다. 그러나 플라톤에 의하면 우리는 소크라테스의 문제를 철학적 탐구의 분야를 확대시키지 않고서는 해결할 수 없다. 우리가 우리 자신을 인간의 개인적 생활의 한계들 속에 국한시키는 한, 우리는 인간에 대한 적절한 정의를 찾을 수 없다. 인간의 본성은 이 좁은 테두리 속에서 그 자체를 드러내지는 않는다. 개개의 영혼 속에 "소문자"로 적혀 있어서 거의 해독 불가능하게 되어 있는 것이, 인간의 정치적 및 사회적 생활이라는 큰 글자로 읽음으로써만 명료하게 되고 이해할 수 있게 된다. 이 원리가 플라톤의 ≪국가≫의 출발점이다.3) 이때 이후로 인간의 문제 전체가 변화하였다. 정치 철학은 심리학에 대한 열쇠라 선언되었다. 이것은 자연을 정복하려는 기도에서 시작하여 윤리적 생활의 합리적 규범과 기준을 추구하는 데로 계속해 나아간 그리스 사상의 발전에 필요한 최후의 결정적 단계였다. 그것은 합리적인 국가 이론에 대한 요청에서 그 절정에 달했다.

　플라톤 자신의 지적 발전이 이 다양한 단계들 전부를 반영하고 있다. 최근의 학계에서는 플라톤 철학의 진정한 성격에 관해서 서로 크게 다른 견해들이 주장되었다. 플라톤은 무엇보다 먼저 형이상학자요 변증가였다고 확신하고 있는 일군의 학자들이 있다. 이들은 플라톤의 논리학을 플라톤 체계의 중심이자 핵심이라고 본다. 다른 사람들은 이에 반대되는 견해를 강조하였다. 그들은 말하기를, 정치학과 교육에 대한 플라톤의 관심이야말로 처음부터 그의 철학의 주요한 동기요 큰 형성력이었다고 한다.4) 베르너 예거는 그의 ≪파이데이아≫에서 앞의 견해를 혹독하게

---

3) Republic, 368 참조.
4) 첫째 견해에 관하여 나는 P. Natorp, *Platos Ideenlehre*(Leipzig, 1903 ; 2nd ed. increased by an important appendix, Leipzig : Felix Meiner, 1921)를 참고로 든다. 둘째 견해에 관해서는 J.Stenzel, *Platon der Erzieher*(Leipzig : Felix Meiner, 1928) 및 Werner Jaeger, *Paideia* (New York : Oxford Univ. Press, 1943), 제2권 참조.

비판한다. 예거에 의하면 논리학이나 인식론이 아니라 국가(politeia)와 교육(paideia)을 플라톤의 저작의 두 초점으로 보지 않으면 안 된다. 예거는 말하기를, **교육**은 그 저작을 연결시키는 한갓 외적 유대가 아니라 그 참된 내적 통일을 구성하고 있는 것이라 한다. 이 점에 있어서 루소는, 플라톤의 ≪국가≫가 그 제목에서 생각되는 바와 같은 하나의 정치학적 체계가 아니라 지금까지 저술된 최초의 교육론이라고 말했을 때, 19세기의 실증주의보다 이 저작을 훨씬 더 올바르게 이해하고 있었다.5)

우리는 여기서 많이 토론된 이 문제를 깊이 파고들 필요는 없다. 옳은 해답을 찾기 위하여 우리는 플라톤의 개인적 관심과 그의 철학적 관심을 구별하지 않으면 안 된다. 플라톤은 아테네의 정치 생활에서 중요한 역할을 맡고 있었던 한 귀족 집안의 사람이었다. 젊어서 그는 아직 아테네의 지도자들 가운데 한 사람이 될 희망을 품고 있었을 것으로 짐작된다. 그러나 그는 소크라테스를 처음 만났을 때 이 희망을 버렸다. 그리고 그는 변증법을 연구하게 되었고 또 자기의 새 과제에 얼마나 몰두했던지 한때는 모든 정치 문제를 잊어 버리고 모든 야심을 포기한 듯싶었다. 하지만 그로 하여금 정치로 되돌아가게 한 것은 변증법 자체였다. 플라톤은 인간이 가장 주요한 문제에 관하여 아직 아는 바 없고 또 정치적 생활의 성격과 목적에 대한 참된 통찰을 가지지 못하고 있는 한, 자기 인식이라는 소크라테스의 요구가 충족될 수 없다고 깨닫기 시작하였다. 개인의 영혼은 사회적 성질에 결부되어 있다. 우리는 이것들을 서로 분리시킬 수 없다. 사생활과 공생활은 서로 의존하고 있다. 후자가 사악하고 부패하면, 전자는 발전하여 그 목적에 도달할 수 없다. 플라톤은 그의 ≪국가≫에서, 부정하고 부패한 국가에서 개인이 빠지기 쉬운 모든 위험에 관한 가장 인상적인 기술을 삽입하였다. "최선의 것의 부패는 최악이다"(Corruptio optima pessima). 최선의 가장 고상한 영혼들이 특히 이 위험들에 빠지기 쉽다.

---

5) Jaeger, 앞의 책, II, 200, 400 이하.

우리는 어떤 종자 혹은 성장하는 물건이든지 그것이 식물이건 동물이건, 만일 그것이 적당한 자양분이나 기후나 토양을 찾지 못하면, 그것이 기운찬 것일수록 그것이 소유해야 할 성질들을 갖추지 못하게 된다는 것을 알고 있다. 악은 선하지도 악하지도 않은 것에 대해서보다는 선한 것에 대하여 더 나쁘다. 그러므로 나쁜 양육 조건들은 가장 훌륭한 성질의 것에 대해서 특별이 부적합하며, 또 이런 조건들 아래서는 그것이 대수롭지 않은 성질의 것들보다도 더 나쁘게 될 수밖에 없다는 것은 당연한 일이다. … 그렇다고 하면 이것은 우리가 철학자에 대해서 요구한 이 기질에도 타당하다. 즉 옳은 교육을 받으면 그것은 성장하여 훌륭한 꽃을 만개시킬 것이다. 그러나 만일 좋지 못한 땅에 그 식물이 심겨지고 길러지면, 그것은 어떤 기적에 의해 살려지지 않는 한 온갖 좋지 못한 결함을 발전시킬 것이다.6)

이것이 플라톤으로 하여금 그 처음의 변증법 연구로부터 정치학 연구로 되돌아가게 한 근본적 통찰이었다. 먼저 국가를 개조하지 않으면 철학을 개조할 수 없다. 만일 우리가 사람들의 윤리적 생활을 변화시키려고 하면 이것이 그 유일한 길이다. 올바른 정치 질서를 찾는 것이야말로 첫째가는 가장 다급한 문제이다.

하지만 나는, 플라톤이 국가를 "철학자의 참 본향"으로 보았다고 하는 예거의 설7)을 받아들일 수 없다. 만일 그 국가가 "지상의 국가"를 의미할진대, 이 판단은 플라톤 자신이 반대하는 것이다. 성 아우구스티누스에게서처럼 그에게 있어서도 철학자의 본향은 신의 나라(civitas divina)이지 지상의 나라(civitas terrena)가 아니었다. 그러나 플라톤은 이 종교적 경향이 그의 정치적 판단에 영향을 주도록 허락하지는 않았다. 그가 정치 사상가와 정치가가 된 것은 그의 성향으로 말미암은 것이 아니라

---

6) *Republic*, 491. English trans. F.M.Cornford (Oxford : Clarendon Press, 1941), p.194.

7) Jaeger, 앞의 책, pp. 258 이하.

의무 때문이었다. 그리고 그는 이 의무를 그의 철학자들의 마음 속에 깨우쳐 주었다. 만일 이들이 자기네 갈 길을 마음대로 간다면 정치 생활보다 단연 사색의 생활을 택할 것이다. 그러나 이들은 지상으로 소환되어야 하며, 또 필요하다면 국가의 생활에 참여하도록 강요되지 않으면 안 된다. 철학자, 즉 항상 신의 세계에 마음을 두는 사람은 쉽사리 그 몸을 굽혀 정치계로 돌아가지는 않을 것이다.

> 참된 실재에 골몰하는 사람은 사람들의 일을 내려다보고 그들의 싸움에 관여하며 또 그들의 질투와 증오에 전염될 틈이 없다. 그는 불변하고 조화된 질서의 세계를 명상하는바, 거기서는 이성이 다스리며 또 어떤 것도 악을 행하거나 악을 당하지 않는다 … 그러므로 철학자는 신적인 세계 질서와 항상 사귀는 가운데 그 영혼 속에 이러한 질서를 재현하여, 인간으로서 할 수 있는 데까지 신과 같이 될 것이다. … 그렇다고 하면, 그가 자기 자신뿐 아니라 다른 사람들의 성격을 뜯어 고치고, 또 그가 품은 이상을 따라 공생활과 사생활의 양식을 형성하지 않으면 안 되게 된 때를 상상해 보라. 이때 그는 보통 사람 속에 존재하는 바와 같은 절제, 정의 및 이 밖의 모든 덕을 생기게 하는 재주에 있어서 부족함이 없을 것이다.8)

플라톤의 사상 속에 있는 두 경향 사이의 갈등, 즉 경험적 세계의 모든 한계를 넘어서려는 경향과 이 세상을 조직하고 이 세상을 합리적으로 규제하기 위하여 그를 이 세상으로 돌아가게 하는 경향 사이의 이 갈등은 한번도 해소된 일이 없다. 우리는 그의 생애 중 이 두 세력 가운데 어느 하나가 다른 것에 대해서 결정적 승리를 거둔 시기를 발견할 수 없다. 이 두 세력은 언제나 서로 보완하며 서로 싸우고 있다. 《국가》를 쓴 후에도, 정치 개혁자가 된 후에도 플라톤은 형이상학자로서 또 윤리 사상가로서 그의 지상 국가에서 완전히 마음이 편해 본 적은 한 번도 없었다. 그는 이 인간 세계의 모든 필연적인 악과 본유적인 결함을 본다. 언

---

8) *Republic*, 500. Cornford trans., p. 204.

제나 선에 반대되는 어떤 것이 있어야 하기 때문에 악을 없애 버리는 것은 불가능하다고 플라톤은 ≪테아이테토스≫에서 말한다. 한편 악은 신들 가운데 그 자리를 차지할 수 없으나, 어쩔 수 없이 인간의 본성 둘레와 이 지상을 배회한다. "그러므로 우리는 가능한 한 빨리 여기를 피하여 신들의 처소로 가려고 애쓰지 않으면 안 된다. 그리고 도피하는 것은, 가능한 한 신과 같이 되는 것이다. 신과 같게 되는 것은 의롭고 거룩하고 현명하게 되는 것이다."9) 그러나 신비적 합일에 대한, 즉 인간의 영혼과 신의 완전한 합일에 대한 그의 깊은 동경에도 불구하고 플라톤은 절대로 플로티노스와 그 밖의 신플라톤 학파의 사상가들과 같은 의미에서의 신비가로는 될 수 없었다. 그에게는 언제나 신비적 사상과 감정을 견제하는 또 하나의 다른 힘이 있었다.10) 플라톤은 인간의 영혼이 신과의 직접적 합일에 도달할 수 있는 그 어떤 신비적 황홀경도 인정하지 않는다. 최고의 목표, 즉 선의 이데아의 인식은 이렇게 해서는 달성될 수 없다. 그것은 주의깊은 준비와 천천한 질서가 있는 향상을 요한다. 목적은 단숨에 성취될 수 없다. 완전한 아름다움을 지닌 선의 이데아는 인간 정신의 돌연한 희열 속에서는 보여질 수 없다. 이것을 보고 이해하기 위하여 철학자는 "보다 먼 길"11), 즉 그를 산술에서 기하학으로, 기하학에서 천문학으로, 수학에서 변증법으로 나아가게 하는 길을 택하지 않으면 안 된다.12) 이 중간 단계는 그 어느 하나도 빼놓을 수 없는 것이다. 플라톤에게 있는 신비 정신은 그의 논리적 정신과 정치적 정신의 양자에 의

---

9) *Theaetetus*, 176A. Trans. H.N. Fowler (Loeb Classical Library [이 책, 5장, 각주 14 참조]), II, 128 이하.

10) 플라톤주의와 신비주의의 관계에 관하여는 Hoffmann, "Platonismus und Mystik im Altertum", *Sitzungsberichte der Heidelberger Akademie der Wissenschaften, Philosophisch-historische Klasse*, 1934~1935, 2. Abhandlung (Heidelberg : Carl Winters Universitätsbuchhandlung, 1935) 참조.

11) *Republic*, 504 B.

12) 같은 책, 525 이하.

하여 견제되었다. 그의 논리학은 그에게 일정한 질서, 즉 규칙적인 상승과 하강을 지시하였다. 그의 윤리학과 정치학은 항상 "하늘 나라"로부터 인간의 지상 국가에 눈을 돌려 그 요구들을 충족시키고 거기에 필요한 것들을 돌볼 것을 그에게 명령하였다.

신화 사상에 대한 플라톤의 태도를 결정짓는 것은 이 "지상 명령", 즉 질서와 규모에 대한 이 요구이다. 이 근본적 경향의 가장 명백한 표현을 그의 대화편 ≪고르기아스≫에서 찾아볼 수 있다. 플라톤이 지적하고 있는 바와 같이 이성(Logos), 법(Nomos), 질서(Taxis)의 세 가지는 물리적 세계와 윤리적 세계 모두의 제1원리이다. 아름다움, 진리, 도덕성을 구성하는 것은 이 세 가지이다. 그것은 예술, 정치, 과학, 철학에 나타난다. 만일 조화와 질서를 어떤 집에서 볼 수 있다면, 그 집은 좋고 아름다운 집일 것이다. 그것이 사람의 몸에 나타나면 우리는 그것을 건강 혹은 힘이라 부른다. 그것이 영혼 속에 나타나면 절제(sōphrosynē) 혹은 정의라 부른다. 도구이건, 신체이건, 혹은 영혼이건, 어떤 살아 있는 생명체이건 하여튼 모든 것의 덕은 우연히 이루어지는 것이 아니라 그것에 배당된 올바른 질서 혹은 기술에 의하여 도달된다. "그리고 현인들은 우리에게 이르기를, 하늘과 땅과 신들과 사람들은 친교와 우애에 의하여, 정연한 질서, 절제 및 정의에 의하여 결합된다고 한다. 이런 까닭에 그들은 이 세계 전체를 무질서 혹은 방종의 이름으로 부르지 않고 질서(kosmos)의 이름으로 부른다." 이 보편적 질서의 원리는 기하학에서 명백하고 뚜렷하게 나타난다. 기하학에서 그것은 "기하학적 균형", 즉 한 기하학적 물체를 구성하는 요소들 사이의 올바른 비례란 개념에 의하여 표현된다.[13] 국가의 참된 구성을 발견하려면 이 원리를 기하학에서 정치학으로 옮기기만 하면 된다. 플라톤은 정치 생활을 결코 뚝 떨어진 영역, 즉 존재의 격리된 부분이라고 생각하지 않았다. 그는 정치 생활 속에

---

13) *Gorgias*, 506 E 이하, Translated W.R.M. Lamb (Loeb Classical Library [이 책, 5장, 각주 14 참조]), pp. 467 이하.

서도 전체를 지배하는 동일한 근본 원리를 본다. 정치적 코스모스는 우주적 코스모스의 상징일 따름이며, 또 가장 특징적인 상징이다.

 이것은 신화 사상에 대한 플라톤의 비판의 바로 그 중심에 우리를 곧장 인도한다. 얼핏 보면 그리스의 대중 종교에 대한 플라톤의 견해는 독창적인 것이 전혀 없어 보일지 모른다. 그가 말하고 있는 모든 것은 그리스 철학의 맨 처음부터 거듭 되풀이되어 왔었다. 그가 신의 본성의 근본적 성격은 그 선함과 단일성이라고 말할 때, 그는 다만 크세노파네스의 논의를 거듭 논하고 있다.14) 그러나 그는 새롭고 매우 독특한 특성을 하나 덧붙인다. 그는 주장하기를, 인간은 그 신들에 대한 참되고 보다 합당한 생각을 발견하지 않고서는 그 자신의 인간 세계를 질서있고 규모있게 하기를 바랄 수 없다고 한다. 우리가 신들에 관해서 전통적 방식으로 생각하는 한, 즉 신들이 서로 싸우고 속이는 것으로 생각하는 한 도시 국가들은 결코 악을 끊지 못할 것이다. 왜냐하면 인간이 신들에게서 보는 것은 인간 자신의 생활의 투영일 따름이며, 그 역(逆)도 역시 참이기 때문이다. 우리는 국가의 본성 속에서 인간 영혼의 본성을 본다. 우리는 신들에 대한 우리의 생각을 따라 우리의 정치적 이상을 형성한다. 전자와 후자는 서로 내함(內含)하며 서로 제약한다. 그러므로 국가의 통치자인 철학자는 이 점에서부터 그의 일을 시작하는 것이 매우 중요하다. 그가 맨 처음에 할 일은 신화의 신들을 플라톤이 최고의 인식이라 기술한 것, 즉 "선의 이데아"로 대체하는 것이다.

 이것은 플라톤의 《국가》에 있는 가장 역설적인 특성들 가운데 하나를 설명해 준다. 플라톤이 시(詩)에 대해서 행한 공격은 언제나 그의 비평가들과 주석가들에게 장애물이 되었다. 비단 이 공격의 사실과 방식만이 아니라 그 자리가 또한 이상하고 신기하다. 현대의 저작가로서 시와 예술에 대한 배척론을 정치에 관한 저술에 삽입하려고 한 이는 아마 한 사람도 없을 것이다. 이 두 가지 문제 사이에 우리는 아무런 연관도 찾

---

14) 이 책, p. 78 참조.

아볼 수 없다. 그러나 이 연관은 우리가 이 두 문제의 연결물인 신화의 문제를 염두에 둘 때 명백해진다. 우리는 분명히 플라톤을 시의 적대자로 생각할 수 없다. 그는 철학사에서 최대의 시인이다. 그의 많은 대화편, 즉 ≪파이돈≫, ≪심포지온≫, ≪고르기아스≫, ≪파이드로스≫ 등은 그 예술적 가치에 있어서 그리스의 위대한 예술작품에 결코 뒤지지 않는 것이다. 심지어 ≪국가≫에서도 플라톤은 호메로스의 시에 대한 그의 사랑과 깊은 찬탄을 고백하지 않을 수 없었다. 그러나 여기서 그는 다시는 한 개인으로서 말하지 않으며, 또 그 자신이 개인적 성향에 의하여 영향받는 것을 용납하지 않는다. 그는 예술의 사회적 및 교육적 가치들을 판정하는 입법자로서 말하고 생각한다. 소크라테스는 아데이만토스에게 이렇게 말한다. "그대와 나는 지금 시인이 아니라 한 국가의 창설자들이다. 그런 자로서 우리가 할 일은 스스로 이야기들을 만들어 내는 것이 아니라 다만 시인들이 그들의 이야기들을 만들 때 좇아야 할 주요한 윤곽과 또 그들이 넘어서는 안 될 한계를 명확히 아는 것이다."15) 서사시인이건 서정시인이건 비극시인이건 그 어떤 시인도 넘어서는 안 되는 이 한계들이란 무엇인가? 플라톤이 거부하고 항쟁하는 것은 시 자체가 아니라 신화를 만들어 내는 기능이다. 그에게 있어서나 다른 모든 그리스 사람에게 있어서 이 양자는 나뉠 수 없는 것이었다. 까마득한 옛날부터 시인들은 진정한 신화 작가들이었다. 헤로도토스가 말한 바와 같이, 호메로스와 헤시오도스는 신들의 계보를 만들었으며, 또 신들의 모습을 그려내고 신들의 임무와 권한을 가렸다.16) 여기에 플라톤의 ≪국가≫에 대한 진정한 위험이 있었다. 시를 용납하는 것은 신화를 용납하는 것이었는데, 신화는 모든 철학적 노력을 좌절시키고 플라톤의 국가의 기초들 자체를 헐어 버리지 않고서는 용납될 수 없었다. 오직 시인들을 이상 국가로부터 추방함으로써만 철학자의 국가가 파괴적 적대 세력들

---

15) *Republic*, 379 A. Cornford trans., p. 69.

16) Herdotus, *History*, II, 53.

의 침입에 대해서 보호될 수 있었다. 플라톤은 신화적인 이야기들을 전적으로 금하지는 않았다. 그는 심지어 어린이들의 교육에서 이 이야기들이 없을 수 없다는 것을 인정하기조차 하였다. 그러나 그것들은 엄격한 통제를 받지 않으면 안 된다. 이제부터 그것들은 하나의 보다 높은 기준, 즉 "선의 이데아"의 기준에 의하여 평가되지 않으면 안 된다. 만일 이 이데아가 신적 본성의 본질이요 그 참 핵심이라고 할진대, 신이 악의 창조자라고 하는 생각은 이치에 맞지 않는 것이 된다. 그런 생각은 시에서나 산문에서나 이제는 더 이상 말해지거나 영창(咏唱)되거나 들려져서는 안 된다. 그것은 불경건하고 자기 모순적이고, 또 국가에 대해서 크게 해로운 것이라 선언된다.17)

그러나 이 모든 것은 플라톤의 주장의 소극적인 면만을 보여준다. 지금까지 그리스인의 생활과 그리스 문화의 형태를 결정지어 온 가장 높고 가장 고상한 세력에 대해서 그 어떤 대체 세력이 가능하였던가? 그는 호메로스, 헤시오도스, 핀다로스, 아이스킬로스의 작품에 대해서 무엇을 대체시킬 수 있었던가? 손실은 정녕 회복될 수 없어 보였다. ≪일리아스≫(Ilios)와 ≪오뒷세이아≫(Odysseia) 및 위대한 그리스 비극들과 경쟁한다는 것은 어차피 실패할 수밖에 없는 기도처럼 보였다. 하지만 플라톤은 이 기도에서 물러서지 않았다. 이것은 그가 자기 이전의 모든 그리스의 이상들보다 훨씬 더 우월하다고 본 새로운 생각을 소유하고 있었기 때문이다.

플라톤보다 훨씬 이전에, 국가를 개혁하려는 의지에 불타고 또 깊은 정치적 지혜를 타고난 그리스의 사상가들과 정치가들이 나타났었다. 이런 의미에서 솔론은 "아테네의 정치 문화의 창조자"라 할 수 있을 것이다.18) 플라톤을 이 최초의 정치 사상의 개척자들과 구별짓게 하는 것은

---

17) *Republic*, 380, Cornford trans., p. 70 참조.
18) Jaeger, Paideia (앞의 각주 4참조), (1939), Ⅰ, 134~147에 있는 "Solon"에 관한 장을 참조

그가 제시한 답이기보다 오히려 그 문제 자체였다. 답에 관해서는 혹독하게 비판할 수 있다. 영원하고 보편적이라고 그 자신이 생각한 플라톤의 교설의 많은 특성이 이제는 쉽사리 우발적인 것으로 인정될 수 있다. 그것들은 그리스의 사회 생활의 특별한 조건들에 의거하고 있다. 플라톤이 인간의 영혼을 세 부분으로 구분한 일, 여기 대응하는 사회 계급의 구분, 재산의 공유나 처와 자식들의 공유에 관한 그의 견해들—이것들은 맹렬한 반대를 살 수 있다. 그러나 이 모든 반대는 그의 정치학적 저작의 근본적 가치와 장점을 감소시킬 수 없다. 그 위대성은 플라톤이 제기한 새로운 요청에 달려 있다. 이 요청은 잊혀질 수 없었다. 그것은 미래의 정치 사상 발전 전체에 영향을 미쳤다.

플라톤은 그의 사회 질서 연구를 정의 개념의 정의와 분석에서 시작하였다. 국가는 정의의 관리자라는 목표 이외에 다른 더 높은 목표를 가지고 있지 않다. 그러나 플라톤의 언어에서 정의란 용어는 일반적으로 사용되는 의미와는 다르게 사용된다. 그것은 보다 깊고 보다 포괄적인 의미를 가지고 있다. 정의는 인간의 다른 덕들과 동일한 수준에 있지 않다. 그것은 용기 혹은 절제와 같은 특별한 성질이 아니다. 그것은 질서, 규칙성, 통일 및 합법성의 일반적 원리이다. 개인의 생활에서는 이 합법성이 인간 영혼의 서로 다른 힘들의 조화에서 나타나며, 국가 안에서는 그것이 서로 다른 계급들간의 "기하학적 비례"로 나타나는바, 이 비례는 그것을 따라 사회 집단의 각 부분이 그 응당 받아야 할 것을 받으며 또 일반 질서를 유지하는 데 있어 협동하는 것이다. 이 생각으로써 플라톤은 법치 국가의 이념의 창건자요 최초의 수호자가 되었다.

플라톤은 국가의 "이론"을 제창하되 다방면의 많은 사실들의 지식으로서가 아니라 하나의 일관된 사상 체계로서 제창한 최초의 사람이었다. 정치적 문제들은 기원전 5세기에 있어 지적 관심의 중심에 놓여 있었다. "지혜"(sophia)는 더욱더 정치적 지혜로 되어 가는 경향이 있었다. 유명한 소피스트들은 모두 자기의 교설을 정치 생활에의 최선의 그리고 정말 불가결의 안내자로 보았다. 프로타고라스는 그의 이름이 붙어 있는 플라톤의 대화편에서 다음과 같이 말하고 있다. "나에게 귀를 기울이는 자는 자기 자신의 집을 정돈하는 일을 배울 것이며, 또 국가의 일들에 있어서 가장 잘 말하고 행동할 수 있게 될 것이다.19) 플라톤보다 훨씬 이전에 "최선의 국가"란 문제는 자주 그리고 열렬히 논의되었었다. 그러나 플라톤은 이 문제에 관심이 없다. 그가 찾고 있는 것은 최선의 국가가 아니라 "이상적" 국가이다. 이것이 근본적 차이점을 이룬다. 경험적 진리와 이상적 진리 사이의 근본적 구별을 주장하는 것이 플라톤의 인식론의 제1원리의 하나이다. 경험이 주는 것은 기껏해야 사물들에 관한 옳은 의견이다. 그것은 참된 인식이 아니다. 이 두 유형, 즉 억견(doxa)과 인식(epistēmē)사이의 차이는 지울 수 없는 것이다. 사실들은 가변적이고 우연적이나, 진리는 필연적이고 불변한다. 정치적인 일들에 관하여 옳은 의견을 형성한 바 있고, 또 플라톤의 언어에서 신들의 선물(θεία μοῖρα)이라 기술된 타고난 재능을 가지고 있는 사람은 정치가라 할 수 있겠다. 하지만 그는 "원인에 대한 이해"20)를 전혀 가지고 있지 않기 때문에 확고한 판단을 내리지 못한다.

이 원리를 따라 플라톤은 국가를 개혁하려는 한갓 실제적이기만 한 모든 기도를 거부해야만 했다. 그의 과제는 전혀 다른 것이었으니, 그는 국가를 **이해**해야만 했다. 그가 요구한 것, 그리고 그가 찾고 있었던 것은 인간의 정치적 및 사회적 생활의 분리된 우연한 사실들의 한갓 누적이나 실험적 연구가 아니라 이 사실들을 포괄하여 하나의 체계적 통일로 묶을 수 있는 하나의 관념이었다. 그는 이와 같은 통일하는 사고의 원리가 없으면 우리의 모든 실천적 기도가 실패할 수밖에 없다고 확신하고 있었다. 경험적으로 규정하는 한갓 판에 박힌 일이 아니라 정치에 관한 하나의 "이론"이 있어야만 한다.21) 변증법적, 개념적 기초가 없는 단순

---

19) Plaro, *Protagoras*, 318 E.

20) *Memo*, 97A 이하, 99E.

한 경험은 모두 헛되고 쓸데없는 것이라고 플라톤은 선언하였다.[22] 어떤 사람이 자기 자신의 제1원리를 모르며, 또 자기도 모르는 것으로부터 결론들을 구성할 때 어떻게 그는 그와 같이 관습을 주워 모은 것이 언젠가 학문이 될 수 있다고 생각할 수 있는가?[23] 플라톤이 그의 ≪고르기아스≫에서 말하고 있는 바와 같이, 참된 정치학은, 요리법이 의학과 구별되는 것처럼 일상의 정치적 실제 및 관례와 구별된다. 요리법은 전혀 비이론적으로 일에 임하나, 이에 반하여 의학은 그것이 치료하는 사람의 성질과 그 처치의 이유를 탐구한 바 있으며, 또 이것들 하나하나에 대하여 설명을 가할 수 있다.[24]

"원인들"(aitiai)과 "제1원리들"에 대한 이 역설이야말로 플라톤의 근본적 혁신이었다. 인간적으로 또 실제적으로 우리는 그를 급진주의자라 할 수 없다. 오히려 우리는 그를 보수주의자라 할 수 있으며 심지어는 반동이라 비난할 수조차 있다. 그러나 이것은 결정적인 문제가 아니다. 그의 혁명은 정치적 혁명이 아니라 지적 혁명이었다. 그는 어떤 특별한 정체(政體)의 비판에서부터 시작하지 않았다. ≪국가≫에서 그는 서로 다른 모든 정부 형태와 이 형태들에 대응하는 "영혼들"의 정신적 태도들을 체계 있게 개관하고 있다. 야심적 성질, 과두 정치적 성질, 민주적 성질, 그리고 전제적 성질이 있다. 이것들 하나하나는 하나의 특수한 정체, 즉 명예 정치, 금권 정치, 중우 정치, 전제 정치에 대응한다.[25] 이 모든 것은 일정한 규칙들에 의하여 결정되는바, 각 정체는 그 미덕과 악덕, 그 장점과 단점, 그 건설적 원리 및 타락과 부패로 이끌어가는 고유한 결함을

---

21) *Republic*, 409 B ; *Gorgias*, 465 A 이하 501 A에 있는 empeiria (경험)와 technē (인식, 이론)의 구별을 참조.

22) *Symposium*, 203 A ; *Republic*, 496 A, 522 B.

23) *Republic*, 533 B.

24) *Gorgias*, 501 A.

25) *Republic*, 543 이하 참조.

가지고 있다. 이 정체 흥망의 이론에서 플라톤은 정치 현상의 날카로운 관찰자로서 말한다. 그의 기술은 매우 "현실적"이다. 그는 자기의 개인적 편애들과 반감들을 숨기지 않는다. 그러나 이 모든 것이 그의 판단을 좌우하거나 흐리게 하지는 않는다. 오직 한 가지 그가 절대로 배격하고 비난하는 것은 전제적 심령과 전제 국가이다. 이것들은 그에게 있어 최악의 타락이요 퇴폐이다. 다른 것들에 관하여는 그는 활짝 열린 마음으로 매우 조심성 있고 투철한 분석을 하고 있다. 그는 아테네의 민주 정치의 모든 결점을 강조한다. 그러나 한편 라케다이모니아국을 진정한 모범으로 받아들이지는 않는다. 그가 찾고 있는 모범은 경험적이고 역사적인 세계를 훨씬 넘어선 곳에 있다. 어떤 역사적 현상도 국가의 이상적 전형이 되기에는 불충분하다. 왜냐하면 그가 ≪파이돈≫에서 말하고 있는 바와 같이, 그러한 현상들이 그 원형과 같게 "되려고 목표하지만" 그렇게 되지 못하며, 또 그 원형과 비슷하게도 될 수 없기 때문이다.[26] 잠시라도 플라톤은 어떤 주어진 경험적 사실과 그의 법치 국가, 즉 정의의 국가의 이념을 동일한 수준에 두기를 생각할 수 없었다. 그것은 플라톤주의의 근본 원리를 부인하는 것이 되었을 것이다. 그의 ≪법률≫의 한 구절에서 플라톤은, 스파르타인의 용기의 이상을 찬양하는 티르타이오스의 시가(詩歌)는 고쳐져야 하며 또 무인(武人)의 용기에 대한 찬미는 보다 높고 보다 고상한 일에 대한 찬미로 대체되지 않으면 안 된다고 선언하고 있다.[27] 예거는 다음과 같이 말한다. "플라톤은 스파르타에 대하여 경의를 품었고 또 많은 것을 스파르타에서 따왔지만, 그의 교육 국가는 결코 스파르타의 이상에 대한 찬탄의 정점을 이루는 것이 아니라 오히려 이 이상에 대한 가장 혹독한 타격이다. 그것은 이 이상의 약점에 대한 예언자적 예견이다."[28]

---

26) *Phaedo*, 74 D.

27) *Laws*, 665, 666.

28) Jaeger, 앞의 책, II, 329 이하.

이 모든 것은, 플라톤이 다른 어떤 정치 개혁가의 문제와도 다른 문제를 해결하지 않으면 안 되었다는 것을 염두에 둘 때 이해할 수 있게 된다. 그는 단순히 한 정치 제도나 정부 형태를 또 다른 하나의 보다 나은 것으로 대체할 수 없었다. 그는 새 방법과 새 요청을 정치 사상에 도입하지 않으면 안 되었다. 이성적 국가 이론을 창조하기 위하여, 그는 나무에 도끼를 대어 신화의 힘을 깨뜨리지 않으면 안 되었다. 그러나 여기서 플라톤은 최대의 난관들에 부딪쳤다. 그는 어떤 의미에서 자기 자신을 넘어서고 또 자기 자신의 한계들을 극복하지 않고서는 이 문제를 해결할 수 없었다. 플라톤은 신화의 매력을 온통 느꼈다. 그는 그로 하여금 인류 역사상 가장 위대한 신화 작가의 한 사람이 될 수 있게 한 가장 힘찬 상상력을 타고났다. 왜냐하면 우리는 플라톤의 신화들을 생각하지 않고서는 플라톤의 철학을 생각할 수 없기 때문이다. 이 여러 신화, 즉 "하늘 위의 처소"에 관한 신화, 동굴에 갇힌 죄수들에 관한 신화, 미래의 운명에 대한 영혼의 선택에 관한 신화, 사후의 심판에 관한 신화에서 플라톤은 그의 가장 심원한 형이상학적 사상과 직관을 표현하였다. 그리고 마지막에 그는 그의 자연 철학을 완전히 신화적인 형식으로 서술하였다. 곧 그는 《티마이오스》에서 데미우르고스, 선한 세계 영혼과 악한 세계 영혼, 이중의 세계 창조 등 여러 가지 생각을 도입하였다.

 자신의 형이상학과 자연 철학에서 신화적 개념들과 신화적 언어를 쉽게 받아들인 사상가가 정치 이론을 전개할 때에는 전혀 다른 태도로 말하고 있는 것을 어떻게 설명해야 할 것인가? 이 분야에서는 플라톤이 신화에 대한 공공연한 적이 되었으니 말이다. 정치 제도에 신화를 용납하면 정치 생활과 사회 생활의 재건 및 개혁에 대한 우리의 모든 희망은 사라지고 만다고 그는 단언하였다. 여기에는 양자 택일이 있을 뿐이다. 즉 국가에 대한 윤리적인 생각과 신화적인 생각 가운데 하나를 선택하지 않으면 안 된다. 법치 국가, 정의의 국가에서는 신화의 생각들, 호메로스와 헤시오도스의 신들이 차지할 자리가 없다. "우리는 우리의 자녀들이 누군가가 우연히 지어낸 이야기에 귀를 기울이고, 그리하여 그들이 성장했을 때 마땅히 가져야 한다고 우리가 생각하는 것에 가끔 매우 반대되는 관념들을 그들의 마음속에 받아들이는 것을 그저 용인할 것인가? 아니다. 결단코 아니다. 그렇다고 하면, 우리가 맨 먼저 해야 할 일은 우화와 전설을 만드는 것을 감독하고 마땅치 못한 것들을 제거하는 것이라고 생각된다. 그리고 우리는 유모들과 모친들에게 권하여 오직 우리가 시인한 것만을 자녀들에게 이야기하게 하며, 또 그들이 지금은 그 자녀들의 수족을 튼튼하게 하고 모양좋게 하기 위하여 그 수족을 비벼주고 있는데, 그보다는 이 이야기들로 그들의 영혼을 도야하는 일을 생각하게 하려 한다. "만일 우리가 하늘에서의 전쟁과 신들 상호간의 모략 및 분쟁, 그리고 거인들의 싸움과 이 밖에 신들과 영웅들이 그들의 친구 및 친척들과 번번이 싸우는 일들을 계속해서 말한다면, 우리는 결코 우리들 자신의 인간 세계에서 질서, 조화, 통일을 찾지 못할 것이다.29)

이 생각은 필연적으로 하나의 중요한 결과를 낳는다. 만일 우리가 신화의 신들을 버린다면 우리는 우리의 기반을 잃게 되는 듯이 보인다. 이때 우리는 사회 생활에 절대로 필요한 요소로 보이는 분위기, 즉 전통의 분위기 속에 살고 있지 않다. 모든 원시 사회에서는 전통이 최고의 어길 수 없는 법칙이다. 신화 사상은 다른 어떤 권위도, 또 보다 높은 그 어떤 권위도 인정하지 않는다.30) 여기서 가장 높이 존대받는 것은 실러의 발렌슈타인의 말로 하면, 다음과 같은 "영원한 어제"이다.

"전에 있었고, 또 항상 되돌아오며,
오늘 통용된 까닭에, 내일도 통용되는 것."31)

---

29) *Republic*, 377 이하. Cornford trans., pp. 67 이하 참조.
30) 이 책, 4장, p. 63 이하 참조.
31) Schiller, *Wallensteins Tod*, Act I, Sc. 4. Coleridge trans.

"영원한 어제"의 세력을 꺾는 것이 플라톤의 정치 이론의 첫째가는 주요 과제의 하나가 되었다. 그러나 여기서 그는 가장 강한 저항을 극복하지 않으면 안 되었다. 현대 철학에서도 또 합리주의의 위대한 투사들에게서도 우리는 가끔 관례와 습관이 정치 생활의 매우 중요한 구성 요소인 동시에 필수적인 조건이라고 듣는다. 헤겔은 자연법을 다루는 과학적 방법에 관한 그의 논문에서 이렇게 말하였다. "자기 자신의 도덕성을 얻으려고 애쓰는 것은 무익하고 또 바로 그 본성상 성취할 수 없는 일이다. 도덕에 관하여는 옛날의 가장 현명한 사람들이 한 말, 즉 도덕적이라 함은 자기 나라의 도덕적 전통을 따라 사는 것이다라고 한 말이 유일하게 참된 말이다."32) 만일 이것이 옳다면 우리는 플라톤을 옛날의 가장 현명한 사람들 가운데 하나로 볼 수 없다. 왜냐하면 그는 항상 이 견해를 배격하고 공격하였기 때문이다. 그는 도덕 생활과 정치 생활을 전통 위에 세우려는 것은 마치 움직이는 모래 위에 세우려는 것과 다름없다고 선언하였다. 플라톤은 그의 《파이드로스》에서 말하기를, 한갓 전통의 힘만을 신뢰하는 사람은 누구나, 또한 관례와 상습에 의해서만 일을 해나가는 사람은 누구나 마치 길을 더듬어 가야만 하는 장님처럼 행동한다고 한다. 하지만 확실히, 무엇이든 학문적 방법(technē)을 가지고 연구하는 사람은 장님이나 귀머거리에 비유될 수 없다. 그는 하나의 북극성, 즉 그의 사상과 행동을 인도하는 원리를 가져야만 한다.33) 전통은 이 역할을 맡을 수 없다. 왜냐하면 그 자체가 장님이니까. 그것은 자기가 이해하지도 못하고 정당화할 수도 없는 규칙들을 따르고 있다. 전통을 덮어놓고 믿는 것은 결코 참된 도덕적 생활의 기준이 될 수 없다. 《파이드로스》에서 플라톤은, 단순히 재래의 모든 도덕 규칙을 받아들이고 모든 성문법을 소심하게 지킴으로써 스스로 의롭고 옳다고 생각하는 어떤 유

---

32) Hegel, "Werke", ed. Ph. Marheinecke, 제2판, 1, 389 참조. 헤겔의 이론의 더 자세한 것은 16장 참조.

33) *Phaedrus*, 270 D, E.

형의 사람들에 대하여 멸시하고 빈정대면서 말하고 있다. 그는 이런 사람들은 온화하고 해없는 존재이지만, 보다 높고 참으로 자각적인 도덕의 견지에서 보면 별로 가치가 없는 사람들이라고 한다. 만일 우리가 오르페우스교와 피타고라스 학파의 영혼 전생설(靈魂轉生說)을 받아들인다면, 그래서 사람이 죽으면 그 영혼이 생전의 소행에 어울리는 짐승 속에 갇히게 되리라고 생각한다면, 우리는 불법과 전제와 강도질을 선택했던 사람들은 이리와 매와 솔개의 몸 속에 들어간다고 말하지 않으면 안 된다. 그러나 재래의 도덕 규칙들을 따른 사람들, 즉 그 성질과 습관에 의하여 사회와 시민의 덕들을 지켜 온 사람들은 꿀벌이나 말벌 혹은 개미 같은 사회적이고 온순한 종(種)의 몸 속으로 다시 들어갈 것이다.[34]

그러나 플라톤이 법치 국가에 관한 그 자신의 이론을 확립하기 전에 제거해야 할 또 하나의 장벽, 이겨내야 할 또 하나의 적이 있었다. 그는 전통의 힘뿐만 아니라 또한 그와 아주 반대되는 세력과도 싸우지 않으면 안 되었다. 모든 인습적이고 전통적인 기준을 거부하고 정치적 및 사회적 세계를 전혀 새로운 기초 위에 세우려 한 하나의 이론과 싸우지 않으면 안 되었다. 권력 국가라는 생각은 모든 소피스트들의 이론에서 우세하게 자리잡고 있었다. 그것은 언제나 공공연하게 용인되고 옹호되지는 않았으나, 이 생각이야말로 "최선의 국가"에 관한 모든 헛되고 피상적인 논쟁에 종지부를 찍을 수 있는 유일의 생각이라고 하는 일반적 감정과 은근한 동의가 있었다. "힘은 정의다"라는 명제가 그 가장 단순하고 가장 그럴 듯하고 철저한 공식이었다. 그것은 현인들이나 소피스트들에게만 아니라 또한 실제적인 사람들, 즉 아테네의 정치 지도자들에게도 호소하였다. 이 주장을 공격하고 파괴하는 것이 플라톤의 이론의 주요한 관심사였다.

처음 공격은 《고르기아스》의 소크라테스와 칼리클레스의 대화에서, 두번째 공격은 《국가》 제1권의 소크라테스와 트라쉬마코스의 대결에

---

[34] *Phaedo*, 82 A, B.

서 가해졌다. 플라톤은 결코 그의 반대자들의 주장을 약화시키려는 시도를 하지 않았다. 도리어 그것에 최대의 힘과 충분한 설득력을 주었다. 그러나 바로 이 절정과 극점에 의하여 그 주장은 마침내 스스로 논파되고 만다. 플라톤의 방법은 일종의 심리학적 귀류법이라 할 수 있다. 그는, 모든 욕망과 격정의 본성과 목표는 무엇인가고 묻는다. 분명히 우리는 그저 원하기 위하여 원하지는 않는다. 우리는 어떤 목적을 추구하며, 이 목적을 달성하려 한다. 그러나 권력욕은 어떤 것을 얻어도 만족하지 않는다. 권력에의 의지의 참 성격과 본질은 그것이 그칠 줄을 모른다는 점이다. 그것은 절대로 정지할 줄을 모른다. 그것은 가시게 할 수 없는 갈증이다. 이 정념 속에 사는 사람들은 다나이데스에 비길 수 있는데, 곧 새는 통에 물을 부으려고 애쓰고 있는 것이다. 권력욕은 플라톤의 언어에서 "플레오네크시아", 즉 "더욱더 많이 바라는 기갈"이라 기술되고 있는 저 근본적 악덕의 가장 명백한 예이다. 더욱더 많은 것에 대한 이 열망은 모든 한도를 넘어서며 또 모든 한도를 파괴한다. 그리고 한도, 적정한 비례, "기하학적 균형"은 플라톤에 의하여 사생활과 공생활의 건강의 기준이라고 선언되었었으므로, 만일 권력에의 의지가 다른 모든 충동보다 우세하게 되면 필연적으로 타락과 파괴에 이르게 된다는 것이 귀결된다. "정의"와 "권력에의 의지"는 플라톤의 윤리학 및 정치 철학의 대립하는 두 극이다. 정의는 영혼의 다른 모든 위대하고 고상한 성질을 내포하는 기본적인 덕이요, 권력에 대한 탐욕은 모든 근본적 결함을 내포하고 있다. 권력은 결코 그 자체 하나의 목적일 수 없다. 왜냐하면 궁극적 만족으로, 즉 화합과 조화로 이끌어가는 것만이 선이라 불릴 수 있기 때문이다. 다른 어떤 사상가도 플라톤이 그의 《고르기아스》에서 행한 만큼, 권력 국가가 참으로 무엇이며 또 무엇을 의미하는가에 대해서 명확하게 통찰하지는 못했으며, 또 다른 어떤 저작가도 그것의 참 본성과 성격에 대해서 그토록 명료하고 인상적이고 투철한 기술을 하지 못했다.[35]

플라톤의 철학은 서로 다른 두 원천에서 나왔으나, 이 두 원천은 합류하여 하나의 강력한 사상의 흐름을 형성한다. 그는 소크라테스의 제자로서 출발하였다. 그는 "행복"이 모든 인간 영혼의 최고 목표라고 하는 소크라테스의 주장을 받아들였다. 한편 그는 소크라테스와 함께, "행복의 추구"는 쾌락의 추구가 아니라고 주장하였다. 이 두 가지는 서로 극단으로 다르다. 그리스어로 행복은 "에우다이모니아"(eudaimonia)이다. 에우다이모니아는 "선한 다이몬"(good demon)을 소유한다는 것을 의미한다. 이 소크라테스의 정의에다가 플라톤은 새로운 한 특성을 첨가하였다. ≪국가≫의 끝머리에 그는 영혼이 그 미래의 생활에 대해서 취하는 선택에 관한 유명한 기술을 전개한다. 여기서도 역시 신화적 동기는 그것에 정반대되는 것으로 전환되고 있다. 신화 사상에서는 인간이 선한 다이몬 혹은 악한 다이몬에 의하여 소유되지만, 플라톤의 이론에서는 인간이 자기의 다이몬을 **선택한다**. 이 선택이 그의 생활과 미래의 운명을 결정한다. 인간은 초인간적, 신적, 혹은 마력적 세력의 쇠사슬에 묶여 있기를 그친다. 그는 전적으로 책임을 져야 하는 하나의 자유로운 행위자이다. "책임은 선택하는 자에게 있고, 하늘에는 책임이 없다."[36] 플라톤에게는 행복 즉 에우다이모니아가 내적 자유를 의미한다. 즉 우연한 외부의 사정에 의존하지 않는 자유를 의미한다. 그것은 인간 자신의 존재 속에 있는 조화 즉 "올바른 비례"에 의존한다. 이성(phronēsis)은 절제와 중용(sophrosynē)의 조건이다. 그리고 오직 이 중용만이 인간의 인격과 그의 모든 행동에 올바른 성품을 줄 수 있다.[37]

이 모든 것은 정확히 소크라테스적인 것이지만 동시에 소크라테스의 모든 윤리적 사상을 훨씬 넘어서고 있다. 소크라테스의 이상은 플라톤에 의하여 새로운 하나의 영역, 즉 정치 생활의 영역으로 옮겨졌다. 개인의

---

35) *Gorgias*, 466 B 이하.

36) *Republic*, 617. Cornford trans., p. 346.

37) *Gorgias*, 506 C 이하.

영혼과 국가의 영혼 사이에서 닮은 점을 본 플라톤의 생각에 의하면 국가 역시 동일한 책무를 지고 있음이 명백하다. 국가는 그 운명을 받아들이는 대신 그 운명을 창조하지 않으면 안 된다. 남을 통치하기 위하여 국가는 먼저 그 자신을 통치하는 것을 배워야 한다. 그러나 이것은 한갓 물질적인 힘만을 발휘함으로써 달성될 수는 없는 하나의 윤리적 목적이다. 이 점을 보는 데 있어 완전히 실패한 것이야말로 아테네의 정치 지도자들의 근본적 과오였다. 그들은 국가의 행복을 그 물질적 번영과 동일시하였다. 가장 위대하고 고상한 인물들, 즉 밀티아데스나 페리클레스 같은 사람들도 이 과오를 범하기 쉬웠다. 이들은 치국과 정치적 지도의 진정한 과업을 감당하지 못했다. 이들은 "시민들의 영혼을 보다 나은 것이 되게 하는 일"38)에 있어 한번도 성공한 일이 없었기 때문에 실패하고 말았다. 개인뿐 아니라 국가도 그 다이몬을 선택해야 한다. 이것이야말로 플라톤의 《국가》의 위대하고 혁명적인 원리이다. 오직 "선한 다이몬"을 선택함으로써만 국가는 그 에우다이모니아 즉 진정한 행복을 얻을 수 있다. 우리는 이 최고 목표의 달성을 한갓 우연에 맡길 수 없으며 또 요행으로 그것을 찾으리라고 바랄 수도 없다. 개인의 생활에서만 아니라 사회 생활에서도 이성적 사고가 주도적 역할을 맡지 않으면 안 된다. 이 이성적 사고가 우리에게 갈 길을 가르쳐 주고 또 처음부터 마지막까지 이 길에 빛을 비추어 주어야만 한다. 국가의 복리는 물질적 세력의 증가에 있지 않다. "더욱더" 가지려는 욕망은 개인의 생활에서와 꼭 마찬가지로 국가의 생활에서도 파멸을 가져온다. 만일 국가가 이 욕망에 패배한다면 그것은 곧 그 국가의 종말의 시작이다. 그 영토의 확장, 그 이웃 국가에 대한 우월성, 그 군사력이나 경제력의 증진, 이 모든 것은 국가의 파멸을 막을 수 없고 도리어 그 파멸을 촉진한다. 국가의 보전은 그 물질적 번성에 의하여 확보될 수 없으며, 또 어떤 헌법의 유지에 의하여 보증될 수도 없다. 성문화된 헌법들이나 헌장들은, 시민들의 마음

---

38) 같은 책, 503 B 이하.

속에 씌어진 한 헌법의 표현이 아닐진대 아무런 현실적 구속력도 없다. 이 도덕적 지주가 없으면 국가의 힘은 그대로 그 내재적 위험이 된다. 이 모든 것은 다시 한번 플라톤의 사상의 단절 없는 통일을 보여준다. 그의 철학 이론에는 후대의 사상가들에 의하여 도입된 바와 같은 특수화가 없다. 그의 저작 전체는 한결같다. 변증법, 인식론, 심리학, 윤리학, 정치학, 이 모든 것은 한데 융합하여 일관성있고 분리될 수 없는 하나의 전체를 이루고 있다. 그것은 플라톤의 철학적 천재와 그 개성의 특징을 지니고 있다. 이것은 또한 신화 사상에 대한 플라톤의 태도에도 타당하다. 신화에 대한 그의 투쟁은 변증법에 대한 그의 견해 및 정의에서 나왔다. 대화편 《필레보스》에서 플라톤은, 어떤 사물이나 다 서로 다르고 대립하는 두 요소로 구성되어 있다고 지적한다. 즉 "한계"(peras)와 "한계 없는 것" 즉 "무한정한 것"(apeiria)으로 되어 있다. 이 대립하는 두 극 사이의 틈에 다리를 놓는 일, 즉 무한정한 것을 한정하며, 무한한 것을 일정한 한도에 환원시키며, 끝없는 것을 끝있게 하는 일이 변증법의 과제이다.[39] 철학과 변증법에 대한 이 정의를 받아들이면, 왜 플라톤이 그의 《국가》에서 즉 그의 교육 제도에서 신화를 제외하지 않으면 안 되었던가 하는 것이 명백해진다. 세상 만물 가운데 신화는 가장 방종하고 무절제한 것이다. 그것은 모든 한계를 넘어서 있고 또 무시한다. 그것은 그 참 본성과 본질에 있어서 엉뚱하고 엄청난 것이다. 인간 세계와 정치 세계로부터 이 방종한 세력을 추방하는 것이 국가의 주요 목표의 하나였다. 플라톤의 논리학과 변증법은 어떻게 우리의 개념들과 사상을 분류하고 체계화할 것인가를 우리에게 가르쳐 준다. 즉 올바른 구분과 분류의 방법을 가르쳐 준다. 변증법이란 사물들을 그것들의 자연적 연관을 따라 종류별로 구분하며, 서투른 조각가처럼 그 어떤 부분이든지 깨뜨리려고 하지 않는 기술이라[40]고 플라톤은 말한다. 윤리학은 정동(情

---

[39] *Philebus*, 16 D 이하.

[40] *Phaedrus*, 265 E.

動)들을 지배하는 방법, 즉 어떻게 정동들을 이성과 절제로써 온건하게 할 것인가를 가르쳐 준다. 정치학은 인간의 행동들을 통일하고 조직하며, 또 이것들을 하나의 공동 목표로 나아가게 하는 기술이다. 그리하여 개인의 영혼과 국가의 영혼 사이의 플라톤적 평행 관계는 결코 한갓 비유적 표현이나 단순한 유비가 아니다. 그것은 플라톤의 근본적 경향, 즉 다양한 것을 통일하고, 우리들의 정신, 우리들의 욕망들과 정념들, 우리의 정치적 및 사회적 생활의 혼돈을 코스모스로, 즉 질서와 조화로 이르게 하는 경향의 표현이다.

제7장 중세 국가 이론의 종교적 및 형이상학적 배경

　플라톤의 법치 국가의 이론은 인류 문화의 영원한 보배가 되었다. 그것은 깊고 영속적인 영향을 끼칠 수가 있었으니, 이는 그것이 특별한 역사적 조건이나 특수한 문화적 배경에 매여 있지 않았기 때문이다. 그것은 그리스의 생활과 정치가 무너진 후에도 살아 남았다. 7세기 후에 성 아우구스티누스는 플라톤이 남긴 그대로의 모양으로 이 문제를 취급할 수 있었다. 그의 저작의 제목은 바로 플라톤에게서 따온 것이다. 플라톤은 ≪국가≫에서 다음과 같이 말하였다. "하늘에는, 그것을 보기를 원하며 또 그것을 보고서 자기 자신 속에 그와 같은 것을 세우기를 원하는 사람을 위하여 하나의 모형이 있다. 그러나 그것이 정말로 있는지 혹은 없는지 또는 앞으로 있게 될 것인지는 문제가 아니다. 왜냐하면 이것이야말로 그 정치에 그 사람이 참여할 수 있는 유일의 나라이기 때문이다."[1]
　하지만 중세 문화는 그리스 사상의 직접적 결과가 아니었다. 그리스도교의 흥기와 함께 그 이후로 인간의 모든 이론적 및 실천적 관심을 끈 보다 강한 하나의 힘이 나타났다. 플라톤의 이상 국가는 공간이나 시간을 넘어서 있었다. 그것은 "여기"와 "지금" 같은 것을 전혀 갖지 않는 것이었다. 그것은 하나의 **모범**(paradeigma) 즉 인간 행동의 기준이요 본이

---

[1] Plato, *Republic*, 592. Cornford trans., pp. 312 이하.

었으나, 일정한 존재론적 지위나 현실에 있어서의 자리를 갖고 있지 않았다. 성 아우구스티누스는 이러한 해결을 받아들일 수 없었다. 그리스도교 사상에서는 "이상" 세계와 "현실" 세계가 그리스의 사변에서와 동일한 관계를 가지고 있지 않다. 감관 경험의 세계, 유동하고 변화하는 현상의 세계는 예지적 세계를 표현하고 모방할 뿐더러 또한 이 예지적 세계의 결과요 소산이다. 그리스도교에서 플라톤의 "분유"(methexis)의 범주는 창조와 수육(受肉)의 교리로 바뀌었다. 아우구스티누스의 교설에서 플라톤의 이데아들은 하느님의 생각들이 되었다. 이 변형과 함께 고대 철학의 모든 개념들은 근본적 변화를 입지 않을 수 없었다. 아우구스티누스는 《신국론》에서 신플라톤주의 철학자들을 향하여 다음과 같이 말하고 있다.

"그대들은, 우리가 마치 장막을 뚫는 것과 같이 해서 무엇을 향하여 노력해야 할지 알 것이다. 그것은 하느님의 변함없는 아들의 육화인바, 그것에 의하여 우리가 구원받고, 또 우리가 믿는 것들에 도달할 수 있게 되는데 …그대들은 이 수육을 인정하지 않으려 한다. 그대들은…우리가 거해야 할 나라를, 비록 흐린 눈으로서이기는 하나 하여튼 어떤 모로 보고 있다. 그러나 거기 이르는 길을 그대들은 알지 못한다. …그러나 그대들이 이 진리를 알기 위하여 필요한 것은 겸허한 마음인데, 그대들의 마음을 그것을 향해 돌리기는 극히 어렵다. …이것은 교만한 자의 악폐이다. 학식 있는 사람들에게는 플라톤의 학파에서 떠나 그리스도의 제자가 되는 것은 하나의 타락인데, 이 그리스도는 그 성령에 의하여 "태초에 말씀이 계셨다. 말씀은 하느님과 함께 계셨고 하느님과 똑같은 분이셨다"라고 생각하고 말할 것을 한 어부에게 가르치신 분이다."[2]

이것이야말로 그리스도교 사상에 의하여 생긴 한 위대한 탈바꿈, 즉 그

---

[2] St. Augustine, *City of God*, Bk. 10, 29장, English trans., M. Dods, "The Works of Augustine" (Edinburgh : T. and T. Clark, 1871 이후), Ⅰ, 423~426.

리스의 "로고스"로부터 그리스도교의 "로고스"로의 전환이었다. 아우구스티누스는 또 하나 다른 세계, 그리스의 지적 문화의 세계를 훨씬 넘는 세계를 동경하고 있다. 플라톤이 기술한 바와 같은 이상 국가에서도 아우구스티누스는 부동의 북극성, 즉 휴식할 곳을 찾을 수 없었다. 국가는 그것이 가장 완전한 국가일지라도 우리의 욕구를 만족시킬 수 없다. 인간의 유일의 안식은 하느님 안에서의 안식이다. 아우구스티누스는 그의 ≪고백록≫의 첫머리에서 다음과 같이 말하였다. "당신은 우리를 당신에게로 지으셨으므로 당신 안에서 쉼을 얻기 전까지는 우리의 마음에 쉼이 없나이다. "하늘과 땅에 있는 모든 것을 알아도 당신을 알지 못하는 사람은 불행하며, 이 모든 것을 몰라도 당신을 아는 자는 행복하다.[3] 플라톤의 이론에서 인간은, 선의 이데아에 이르고 그 본성을 이해하기 위하여 "보다 먼 길", 즉 산술에서 기하학으로, 기하학에서 천문학, 화성학, 변증법으로 나아가는 길을 택하지 않으면 안 되었다.[4] 아우구스티누스는 이 길고 빙빙 도는 길을 거부한다. 그리스도의 계시는, 보다 나은 그리고 보다 확실한 길을 그에게 가르쳐 주었다. 그는 다음과 같이 말한다. "영혼을 위하여 구해야 할 선은 영혼이 판단함으로써 그 위를 날아다니게 되는 그런 선이 아니라, 사랑함으로써 영혼이 거기에 매달리게 되는 그런 선이다. 그리고 그것은 하느님 이외의 다른 무엇이겠는가? 그것은 선한 정신이나, 선한 천사나, 선한 하늘이 아니라 참으로 선한 선이다."[5] 많은 학문 혹은 많은 지혜가 있는 것이 아니다. 오직 하나의 지혜가 있을 뿐이요, 이 지혜 안에는 이루 헤아릴 수 없는 무한한 정신적 보물이 있으며, 또 그 지혜가 창조한 볼 수 있고 변화하는 것들의 볼 수 없고 불변하는 모든 원인이 있다.[6]

---

3) *Confessions*, Bk. 5, 4장, 7.

4) *Republic*, 521 C~531 C.

5) *De trinitate*, Bk. 8, 3장. Dods trans., Ⅶ, 205.

6) *City of God*, Bk. 11, 10 장, 3. Dods trans., Ⅰ, 450.

그러므로 아우구스티누스를 플라톤으로부터 갈라지게 한 것은 어떤 철학적인 생각이 아니라 그의 인생관이었다. 철학자로서 그는 플라톤의 업적에 대하여 최고의 찬탄을 느꼈다. 그는 말하기를, "소크라테스의 제자들 가운데 플라톤은 다른 제자들의 영광을 훨씬 능가한 영광으로 빛난 제자였으며, 또 그 모든 제자들을 떳떳이 무색케 한 제자였다"7)라고 하였다. 그럼에도 불구하고 아우구스티누스는 절대로 "플라톤주의자"가 될 수 없었다. 플라톤의 저작들에 대한 그의 지식은 충분치 못한 것이었다. 그는 그리스어를 몰랐으며, 또 대화편들을 원본으로 읽을 수 없었다. 그는 플라톤의 교설을 오직 일종의 굴절 렌즈를 통해서만, 즉 키케로와 신플라톤 학파의 저작가들을 통해서만 보았다.8) 하지만 설령 아우구스티누스가 플라톤의 저작 전부를 알고 또 그것을 깊이 연구했다 하더라도, 그는 그의 판단을 바꾸지는 않았을 것이다. 그는 선언하기를, 모든 학문과 철학적 사색은 그것이 우리로 하여금 첫째가는 목표, 즉 하느님을 아는 데 이르게 하지 않는 한 아무 쓸모도 없는 것이라 하였다. "하느님과 영혼, 이것이야말로 내가 알기를 원하는 것이다. 달리 알고 싶은 것은 없는가? 전혀 없다"9)고 그는 말하였다.

이 말들은 어떤 의미에서 중세 철학 전체에 대한 열쇠이다. 철학은 지혜에 대한 사랑이다. 그러나 중세의 체계에 있어서는 서로 다른 두 가지 사랑, 즉 지혜에 대한 사랑과 하느님에 대한 사랑을 함께 받아들일 여지가 없었다. 하나는 다른 하나에 의존하고 있었다. "주님을 두려워하는 것이 지혜의 시작이다. "플라톤은 그의 정의(正義)의 이상을 정의(定義)하고 결정하려 했을 때 기하학을 가지고 말하였다. 그는 그것을 "기하학적 균형"이라 기술하였다. 그리고 기하학은 그에게 있어 **영원하고 불변**

---

7) 같은 책, Bk. 8, 4장. Dods trans., Ⅰ, 310.

8) E. Hoffmann "Platonism in Augstine's *Philosophy of History*", *Philosophy and History, Essays Presented to Ernst Cassirer*(Oxford : Clarendon Press, 1936), pp. 173~190 참조.

9) *Soliloquia*, Lib. 1, cap. 1, 7.

하는 것을 의미한다. 기하학적 진리는 누구에 의해서도 "만들어진" 것이 아니다. 그것은 그저 "있다." 기하학은 영원히 존재하는 것에 대한 지식이요, 어떤 때에 이것이나 저것이 되고 또 없어지는 그 어떤 것에 대한 지식도 아니다.10) 만일 윤리학과 기하학 사이에 이런 유사성이 있을 수 있다면, 우리는 윤리적 법칙들의 "기원"에 관해서 말할 수 없다. 이것들에는 아무런 기원도 없다. 이것들은 언제나 있는 그대로 있어 왔으며, 또 언제나 그대로 있을 것이다. 이 점에서 플라톤은 완전히 그리스의 사상과 문화의 일반적 경향과 일치하고 있다. 그는 그의 철학적 언어에서 위대한 그리스의 비극 시인들, 즉 아이스퀼로스 및 소포클레스와 똑같은 확신을 표현하고 있다. "불문율들", 정의의 법률들은 시간 속에 시초를 가지고 있지 않다. 그것들은 그 어떤 인간 혹은 신의 힘에 의해서도 창조되지 않았다.

"오늘에도 어제에도, 지어진 것이 아니라
뭇시대를 통하여 그것들은 한결같이 살아 있다.
그리고 어디서 그것들이 왔는지 아무도 모른다."11)

영원하고 비인격적인 법칙이라는 그리스의 이러한 생각은 중세의 그리스도교 사상가들에게 받아들여질 수도 없고 이해될 수도 없었다. 그들은 무엇보다도 사변적인 문제들의 해결에 관심을 가지지 않았다. 그들은 단순히 이론적으로 그리스 사상의 후계자였으며, 이 영역에서 참된 영감을 찾을 수는 없었던 것이다. 그들의 철학적인 생각들과 종교적 이상들의 가장 깊고 뚜렷한 원천은 유태인의 일신교였다. 그리스 사상가들의 **철학적** 일신교와 유태의 예언자들의 **종교적** 일신교 사이에는 많은 일치점이

---

10) *Republic*, 527. Cornford trans., p. 238.

11) Sophocles, *Antigone*, v v, 456 이하. G. Murray trans. (London : George Allen & Unwin, 1941), p. 38.

있다. 그리스도교 사상가들은 가끔 이 양자의 완전한 조화를 주장하였다. 마르실리우스 피치누스는 플라톤에 대하여 "아테네의 모세"라 말하곤 했다.

그럼에도 불구하고 율법에 관한 모세의 생각과 플라톤의 생각을 통일한 수준에 놓고 보는 것은 불가능한 일이다. 그것들은 서로 크게 다를 뿐만 아니라 양립할 수 없는 것들이다. 모세의 율법은 **입법자**를 전제한다. 율법을 제시하고 그 진리성, 그 타당성 및 그 권위를 보증하는 이 입법자가 없으면 율법은 무의미한 것이 되고 만다. 이 생각은 우리가 그리스의 철학에서 보는 것과는 매우 거리가 멀다. 그리스 사상가들, 즉 소크라테스와 데모크리토스, 플라톤과 아리스토텔레스, 스토아 학파와 에피쿠로스 학파에 의하여 세워진 윤리적 체계들은 하나의 공통점을 지니고 있다. 그것들은 모두 그리스 사상에 한결같이 흐르고 있는 근본적 **주지주의**(主知主義)의 표현이다. 도덕적 행위의 기준들은 합리적 사고에 의해서 찾아져야 하고, 또 이 기준들에 권위를 부여하는 것은 이성이며 또 이성뿐이다. 이 그리스의 **주지주의**에 대하여 예언자의 종교는 그 심원하고 철저한 **주의주의**(主意主義)로서 특징지어질 수 있다. 하느님은 하나의 인격이다. 그리고 이것은 하나의 의지를 의미한다. 논증과 추리의 한갓 논리적인 방법은 그 어떤 것이나 우리로 하여금 이 의지를 이해하게 할 수 없다. 하느님은 그 자신을 나타내지 않으면 안 되며, 우리에게 말씀하시지 않으면 안 되며, 그 계명을 알리지 않으면 안 된다. 예언자들은 이와 다른 종류의 신과의 교제를 모두 부인한다. 인간은 육체적 행위를 수행하거나 제의나 의식에 의하여 신적인 것에 접촉할 수는 없다. 하느님을 아는 유일한 길은 그의 계명들을 성취하는 것이다. 즉 그와 교제하는 유일한 길은 기도나 희생이 아니라 그의 뜻에 복종하는 것이다. 예레미야는 다음과 같이 말한다. "내가 이스라엘 가문과 맺을 계약이란 그들의 가슴에 새겨줄 내 법을 말한다. 나는 분명히 말해 둔다. 그 마음에 내 법을 새겨 주어 …"[12] 미가는 다음과 같이 말한다. "사람아, 야훼께서 무엇을 좋아하시는지 무엇을 원하시는지 들어서 알지 않느냐? 정의를 실천하는 일, 기꺼이 은덕에 보답하는 일, 조심스레 하느님과 함께 살아가는 일, 그 일 밖에 무엇이 더 있겠느냐?"13) 여기서는 하느님이 그리스 사상에서처럼 지적 세계의 정점으로서, 인식의 최고의 대상, 선의 인식으로서 기술되어 있지 않다. 인간은 변증법으로부터가 아니라 하느님 자신으로부터, 그의 뜻의 계시로부터 선과 악을 배워 알지 않으면 안 된다.

이 두 경향들 사이의 충돌은 스콜라 철학 전체에 스며들고 있으며, 또 성 아우구스티누스에서 토마스 아퀴나스에 이르는 모든 세기를 통하여 그 행로를 결정짓고 있다. "신학자들"과 "변증가들" 사이의 끊임없는 투쟁들은, 그리스 사상에서 빌어 올 수밖에 없었던 사변적 요소와 유태교 및 그리스도교의 계시의 의미, 즉 그 윤리적 및 종교적 의미 사이의 긴장에서 그것들의 역사적 기원을 더듬어 올라가 볼 때 명료하게 되고 이해할 수 있게 된다. 이론적으로 말하면 그리스도교 사상은 아무런 진정한 독창성도 주장할 수 없다. 교회의 교부들 가운데 아무도 철학자로서 말한 사람은 없고, 또 새로운 철학 원리를 제창하려 한 사람도 없다. 그러나 그리스도교 교리의 신조 자체와 교부들이 가한 주석은 그리스 사상의 깊은 흔적을 보여주고 있다.14) 헬레니즘은 언제나 중세 철학의 가장 강력한 요소들 가운데 하나였다. 하지만 헬레니즘의 이 줄기찬 영향에도 불구하고 중세 문화는 그리스 문화와는 근본적으로 다르다. 보존된 듯이 보이는 요소들도 의미의 심원한 변화를 입은 후에야 비로소 중세의 체계에 어울려 들어가게 될 수 있었다. 이 변화는 비단 종교적 및 윤리적 생활의 분야에만 나타나는 것은 아니다. 이에 못지 않게 또한 모든 이론적인 생각에서도 분명하다. 스콜라 사상가들은 단독의 독립된 인식론을 전개하지 않았다. 이 점에서 그들은 전적으로 그리스의 전통에 의

---

12) 예레미야 31 : 33.

13) 미가 6 : 8.

14) E. Gilson, *La philosophie au moyen âge*(Paris : Payot, 1922), pp. 5 이하 참조.

지하지 않으면 안 되었다. 이 부문에 있어서의 그들의 사상은 일종의 절충, 즉 플라톤의 생각과 아리스토텔레스의 생각과 스토아 학파의 생각의 혼합 이외의 아무것도 아닌 듯이 보인다. 여기서도 우리는 단순한 모방이나 재생을 말할 수 없다. 새로운 점은 전혀 없으나, 모든 것이 새로운 모습을 띠게 된다. 이것은 그 모든 것이 새로운 시야에서 보여지고 또 새로운 중심 즉 종교 생활에 관계지어지기 때문이다.

아우구스티누스는 이 같은 사상 과정의 최초의 고전적 증인이다. 그의 인식론은 플라톤적 요소들로 물들어 있다. 플라톤의 상기설(theory of reminiscence)은 아우구스티누스의 교설에 그 영향을 미쳤다. 그는 플라톤의 ≪메논≫(*Menon*)에 나오는 젊은 노예의 예를 즐겨 인용하는데, 이 노예는 자기 자신의 노력에 의하여 그리고 순전히 이성적인 사고 과정에 의하여 몇 가지 근본적인 기하학적 진리를 발견하는 데 성공하고 있다. 배운다는 것은 상기한다는 것을 의미한다. "배워서 안다는 것은 상기하고 다시 생각나게 하는 것 이외의 다른 아무것도 아니다."[15] 인간의 영혼이 외부의 사물에서 무엇을 배운다는 것은 불가능하다. 그것이 알고 배우는 것은 모두 그 스스로 그리고 내부의 원천들로부터 아는 것이다. 자기 인식은 불가결의 제1보이다. 이 자기 인식은 외부 현실에 관한 모든 지식의 전제 조건일 뿐더러 또한 하느님에 관한 모든 지식에 대해서도 전제 조건이 된다. 아우구스티누스는 다음과 같이 말한다. "너 자신으로부터 밖으로 나가지 말고 너 자신에게 돌아가라. 진리는 인간 속에 있느니라."[16] 이것은 전적으로 그리스의 고전적 전통과 소크라테스, 플라톤 및 스토아 철학의 정신에 있는 것이다. 그러나 이것 다음에 확연한 구별을 이루는 말들이 따른다. 진리는 인간의 내부에 깃들여 있으나, 그러나 여기서 인간이 발견하는 것은 오직 변하기 쉽고 변덕스러운 진리이다. 불변의 절대적 진리를 찾으려면, 인간은 자기 자신의 의식과 자기

---

15) Augustine, *De quantitate animae*, cap. 20, 34.

16) Augustine, *De vera religione*, cap. 39, 72.

자신의 존재의 한계를 넘어서지 않으면 안 된다. 그는 자기 자신을 넘어서야만 한다. "네 본성이 변하기 쉬움을 발견하거든, 너 자신을 또 초월하라…이성의 빛 자체가 켜 있는 그곳으로 향하라."17) 이 초월에 의하여 변증법의 방법 전체, 소크라테스와 플라톤의 방법은 완전히 변화한다. 이성은 그 독립과 자율성을 포기한다. 그것은 더 이상 그 자신의 빛을 가지지 않으며 오직 반사하는 빛으로만 빛난다. 만일 이 빛이 사라지면, 인간의 이성은 무력하고 무능하게 되고 만다.

그리스의 고전 사상의 이 근본적 변모를 가장 명료하게 표현한 것은 아우구스티누스의 논문 《교사론》(*De magistro*)18)에서 찾아볼 수 있다. 여기서 아우구스티누스는 순전히 인간적인 지혜의 이상과 인간적인 교사의 개념에 반대한다. 그리스도교의 입장에서 볼 때 유일의 스승, 인간 행위의 스승일 뿐더러 또한 인간 사상의 스승이 되는 분은 하느님이다. 하느님에게서, 그리고 오직 하느님에게서만 우리는 참된 **스승**을 발견한다. 감각 세계의 지식이든 수학적 혹은 변증법적 지식이든 하여튼 모든 지식은 이 영원한 빛의 근원에 의한 조명에 근거한다. 이성적 사고 과정이나 추리 과정마다 모두 그러한 조명이요, 따라서 신적 은혜의 행위이다. 하느님은 "진리의 아버지, 지혜의 아버지…지성의 빛의 아버지요", "우리의 각성과 조명의 아버지이다."19)

인식론에 있어서의 이 근본적 변화를 한갓 논리적으로 설명한다는 것은 불가능한 일이다. 논리적으로 말하면, 아우구스티누스의 조명설은 언제나 하나의 큰 역설이었다. 대부분의 스콜라 사상가들은 이 교설의 역설적 성격을 잘 알고 있었다. 그들은 아우구스티누스주의의 원리를 수정하려 하였다. 그리고 마침내 이 원리들은 폐기되고 또 아리스토텔레스의

---

17) 같은 책, 같은 곳.

18) "Patrologia Latina", ed. Jacob Migne, Tom. 32, col. 1193~1220.

19) Augustine, Soliloquia, Lib. 1, cap. 1, 2 참조. *De civitate Dei*, Lib. 10, cap. 2 : "이성적 내지 예지적 영혼은 … 그 자신의 빛일 수 없고, 다만 다른 참 빛에 참여함으로써 빛을 발할 수 있다" 참조

권위 위에서 토마스 아퀴나스가 제창한 새로운 인식관에 의하여 대체되었다. 그러나 아우구스티누스의 이론은, 만일 우리가 그 한갓 논리적인 혹은 사변적인 이유들을 추궁하는 대신, 그 역사적 기원을 통해서 접근하면 매우 명료해지고 투명해진다. 아우구스티누스는 플라톤의 이상 세계의 교설의 모든 가정을 받아들일 수 있었다. 그가 그의 ≪재론≫에서 지적하고 있는 바와 같이 플라톤은 진리에 대한 그리고 예지적 세계의 실재성에 대한 근본적인 생각에 있어서 옳았다. 반대할 수 있는 것은 플라톤의 생각 자체가 아니라 플라톤이 그의 사상을 표현한 **용어**이다. 왜냐하면 이 용어들은 그리스도교나 교회의 언어에 적합한 것이 못 되기 때문이다.[20] 아우구스티누스가 논리학이나 기하학을 논하며, 이데아들을 사물의 영원한 원형이라고 말하며, 최고의 정신적인 선을 물리적 세계를 비추는 일광에 비기며, 만물이 거기 참여하며 또 거기서 그 아름다움을 끌어오는 수와 형상의 힘을 찬양할 때,[21] 우리는 플라톤 자신의 말을 듣고 있는 것이 아닌가 하고 생각하게 된다. 그러나 하나의 크고 지울 수 없는 차이가 남아 있다. 아우구스티누스의 모든 말은 그의 종교적 경험의 의미에서 읽고 해석되어야만 한다. 이것이야말로 그의 모든 개념에, 전혀 새로운 의미는 아니라 할지라도 하나의 새로운 색채를 주는 것이다.

중세의 사변적 사상가들이 묘사한 바와 같은, 하느님에게로의 인간 영혼의 편력(itinerarium mentis in Deum)[22]은 예지계로의 영혼의 상승에 관한 플라톤의 기술과는 크게 다르다. 플라톤은 인간 인식의 최초의 요소들로부터 시작한다. 그의 길은 산술에서 기하학으로, 여기서 또 입체기하학과 천문학으로, 수학과 천문학에서 변증법으로, 그리고 끝으로 최

---

20) Augustine, *Retractationes*, Lib. 1, cap. 3.

21) Augustine, *De libero arbitrio*, Lib. 2, cap. 16, 42 ; *De vera religione*, cap. 30, 56 참조.

22) Bonaventura, *Itinerarium mentis in Deum* (1259) 참조.

고의 인식 즉 선의 인식으로 계속적으로 진보해 나아간다. 오직 철학자, 변증가만이 감각 세계에서 지적 세계에 이르는 이 모든 노정을 다 거쳐 갈 수 있다. 그리고 그에게도 선의 이데아는 그 본성 전체와 그 모든 의미를 드러내지는 않는다. 소크라테스가 ≪국가≫에서 선을 논하기 시작할 때, 그는 시론적(詩論的)으로 또 주저하면서 말하고 있다. 그는 그 본질을 정의할 것을 약속할 수 없다. 그는 다만 그 결과들을 보여줄 수 있을 따름이다. 글라우콘이, "우리는 선생님이 정의와 절제와 그 밖의 덕들에 관해서 우리에게 설명하신 것 같은 설명을 선에 대해서도 해주시면 아주 만족하겠습니다"라고 요청하자 소크라테스는 다음과 같이 대답한다.

> 그럴 수 있으면 나도 아주 만족하겠네. 그러나 그것은 내 힘이 미치지 못하는 것이 아닌가 저어하네. 암만해도 부끄럽고 웃음거리가 될 수밖에 없을 것 같네. 아니, 지금은 선의 참 의미에 관한 문제를 그냥 두기로 하세. 내가 선은 이런 것이려니 생각하는 것에 도달하는 것은, 우리들이 하는 따위의 연구가 도저히 미칠 수 없는 큰 노력을 요하는 것 같네. 하지만 나 자신에게 있어 신의 소산이자, 선을 가장 많이 닮았다고 생각되는 것을 …말해 보겠네.[23]

플라톤의 기술에 의하면 본질적 형상, 즉 절대적인 선은 최후에 큰 곤란을 겪고서야 지각되는 것이다.[24] 이 모든 주저와 유보는 아우구스티누스의 마음에서 또 그의 저작에서 완전히 사라졌다. 그의 조명설은 그에게 새로운 길을 보여주었다. 플라톤의 선은 하느님과 동일시되며 또 이 하느님, 즉 예언자들과 그리스도교적 계시의 하느님은 우리에게서 멀리 떨어져 있거나 우리가 가까이 갈 수 없는 존재가 아니다. 그는 처음이요 나중이다. 그 분 속에서 우리는 살아 움직이며 존재한다.

이 견해는 아우구스티누스의 철학 전체에 스며들고 있으며, 또 그것에

---

23) *Republic*, 506. Cornford trans., P. 212.
24) 같은 책, 517. Cornford trans., p. 226(μόγις ὀφθεῖσα)

독특한 성격을 주고 있다. 아우구스티누스는 그의 개인적인 종교적 경험을 지적인 세계 전체의 중심이 되게 함으로써 중세 철학의 창시자가 되었다. 예언자들은 **윤리적인** 율법에 관하여 말하였다. 그들은 선언하기를, 인격적 입법자가 없으면 이 율법은 무의미하고 이해할 수 없는 것이라 하였다. 아우구스티누스는 이 생각을 윤리의 영역으로부터 이론의 전 영역에 옮긴다. 하느님은 지혜의 전체인바, 그를 통하여 우리는 모든 것을 알며 그가 없으면 우리는 아무것도 알지 못한다. "하느님은 지혜이시니 지혜로운 모든 것은 그 안에서 그리고 그로 말미암아 또 그를 통해서 지혜로운 것이 된다. …하느님은 예지의 빛이라, 예지로 빛나는 모든 것은 그 안에서 그리고 그로 말미암아 또 그를 통해서 예지로 빛난다."25) 아우구스티누스는 다음과 같이 말한다. "오 영혼아, 볼 수 있거든 보라. 하느님은 진리이시니라…무엇이 **진리인가**고 묻지 말라. 왜냐하면 육체적인 표상들의 어둠과 또 환상의 구름이 대뜸 길을 막아, 내가 진리를 말했을 때 첫 번 번득임으로 네게 비친 저 고요함을 깨뜨리겠기 때문이다. 만일 할 수 있거든, 진리가 네게 말해졌을 때, 이를테면 한 섬광에 의하여 네 눈이 부시게 된 저 처음의 번득임에 네가 머물고 있는지 보라."26)

아우구스티누스와 그의 제자들 및 그 신봉자들이 철학자들의 세속적 지혜에 대립시킨 것은 복음 즉 "기쁜 소식"이다. 철학 체계들의 모든 노력은 불화와 회의로 끝났다. 아우구스티누스가 그의 논문 ≪아카데미아파 논박≫(*Contraacademicos*)에서 지적하고 있는 바와 같이, 신(新)아카데미아의 회의론으로 이끌어간 것은 바로 플라톤의 인식론이었다. 그리스도에 의한 계시 이전에는 아무도 진리의 세계를 움직일 아르키메데스의 점을 찾아볼 수 없었다. 현명한 사람들 가운데서도 가장 현명한 사람인 소크라테스는 그의 무지를 공언하지 않을 수 없었다. 새로운 종교적 입장에서 보면 이 이론(異論)이 근거 없는 것은 아니었다. 소크라테

---

25) *Soliloquia*, Lib. 1, cap.1, 3.

26) *De trinitate*, Bk. 8, 2장. Dods trans., Ⅶ, 204.

스는 그의 크리스찬 숭배자들로부터 언제나 최고의 경의를 받았다. 그들은 심지어 그가 어떤 특별한 계시 없이 그의 근본적인 윤리적 원리들을 발견할 수 있었다는 것은 불가능하다고까지 생각하였다. 르네상스도 소크라데스를 정밀 성인인 양 말하였다. 에라스무스는 "성 소크라테스여, 우리를 위하여 기도하소서"라고 말하였다. 그러나 소크라테스 자신은 결코 영감을 받은 교사로서 말하지 않았다. 그는 델포이의 신탁에 의하여 자기를 검토하고 남을 검토하는 일을 시작하였지만, 그러나 그는 자기 자신을 아폴론이나 다른 어떤 신의 대변자로도 보지 않았다. 그는 신이나 인간이나 도대체 진리를 가르치는 교사란 없으며, 개인마다 자기 스스로 자기의 길을 찾지 않으면 안 되며, 또 오직 묻고 대답하는 변증법적 과정에 의해서만 진리에 도달할 수 있다고 확신하였다. 변증법이라는 그리스적 관념은 그 어떤 종류의 계시된 진리와도 아주 다르다. 우리들 자신에 의하여 발견되지 않은 진리는 도대체 진리가 아니다. 플라톤에 의하면, 이른바 "학습"이라는 과정은 전혀 새로운 진리를 습득한다는 것을 의미하지 않는다. 우리는 다만 우리가 전에 가지고 있었던 것을 다시 얻으며, 우리 자신의 것인 지식을 회복할 따름이다.27) 아우구스티누스는 그리스 철학의 모든 전제를 받아들인다. 그러나 그는 그 결론을 버린다. 그에 의하면 옳고 타당한 유일한 결론은, 지혜를 가르치는 어떤 **인간**인 교사를 찾는 것이 헛된 일이라고 하는 것이다. 소크라테스나 플라톤의 권위로부터 아우구스티누스는 다음과 같은 신의 말씀의 보다 높은 권위로 향한다. "이 세상 누구를 보고도 아버지라 부르지 말아라. 너희의 아버지는 하늘에 계신 아버지 한 분뿐이시다. 또 너희는 지도자라는 말도 듣지 말아라. 너희의 지도자는 그리스도 한 분뿐이시다."28) "물음을 받은 그 분은 가르치신다. …이것이 하느님의 변함없는 덕이요, 그의 영원하신 예지이다."29)

---

27) *Phaedo*, 75 E, 76 D, E.

28) 마태오 23 : 9, 10 ; Augustine, *De magistro*, XIV, 45, 46 참조.

중세 문화는 가끔 그 깊은 통일과 동질성 때문에 찬탄을 받아 왔는데, 이것은 당연한 일이기도 하다. 거기에는 우리의 현대 문명의 특징인 모든 충돌, 모순, 불일치가 없어 보인다. 중세에는 모든 형태의 인간 생활 ―과학, 종교, 도덕적 및 정치적 생활―이 동일한 정신으로 관통되고 또 물들어 있었다. 하지만 이 모든 것은 중세의 생활이 충돌하는 두 개의 지적 및 도덕적 세력의 소산이었다는 것을 우리로 하여금 잊어 버리게 할 수 없다. 이 깊은 틈바구니에 다리를 놓고 서로 대립하고 있는 사상과 감정의 요소들을 연결시키는 데는 모든 위대한 스콜라 사상가들의 영웅적 노력이 필요하였다. 문제는 마침내 토마스 아퀴나스의 체계에서 해결되는 듯싶었다. 하지만 토마스 아퀴나스의 하느님, 성서와 그리스도교의 계시의 하느님은 결코 플라톤이나 아리스토텔레스의 신과 같지 않다. 스콜라 사상가들은 이 근본적 차이를 잊어 버리기가 일쑤였는데, 이것은 그들이 고전의 원본들을 우리와 같이 현대식으로 읽지 않았기 때문이다. 그들은 역사적 진실을 문제시하지 않았다. 그들은 다만 상징적 진리만을 알고 또 인정하였을 뿐이다. 그들은 비판적 혹은 언어학적 해석의 기준을 가지고 있지 않았다. 그들은 중세의 비유적 및 영적 해석 방법을 사용하였다. 이 방법들을 가지고 그들은 고전 저자들의 도덕적 의미(sensus moralis), 비유적 의미(sensus anagogicus), 신비적 의미(sensus my sticus)를 찾아내려 하였다.

중세 전체 시대를 통하여 대화편 ≪티마이오스≫는 플라톤주의의 유일한 원천은 아니지만, 그 주요한 원천이었다. 그리고 ≪티마이오스≫에서의 플라톤의 사상과 문체는 이런 종류의 상징적 해석에 안성맞춤이었다. 여기서 그리스도교 계시의 요소들을 발견하는 것은 쉬운 일이었다. 플라톤은 ≪티마이오스≫의 첫머리에서, 세계는 볼 수 있고, 만져 볼 수 있고, 또 형체를 가지고 있기 때문에 창조된 것이며, 또 창조된 것은 반드시 원인을 가지고 있다고 선언하지 않았던가? 그는 말하기를 이 우주의

---

29) *De magistro*, XI, 38.

"아버지요 창조자"를 찾아내는 것은 극히 어려운 일이며, 또 비록 우리가 그를 찾았다 할지라도 그에 관하여 모든 사람에게 알려 주는 것은 불가능한 일이라고 말하지 않았던가?[30] 이 모든 것은 보다 높고 보다 나은 계시의 예언, 그리스도의 수육의 예언이 아니었던가?

  중세 사상가들이 플라톤의 책을 이와 같이 읽고 해석했다는 것은 이해할 수 있는 일이요, 또 실로 불가피한 일이었다. 하지만 플라톤의 저작 전부를 완전히 알고 있고 또 현대의 모든 비판적 및 역사적 해석 방법을 알고 있는 현대의 학자들이 아직도 이와 같은 견해를 품고 있는 데는 좀 놀라지 않을 수 없다. 이들은 플라톤의 "조물주"와 ≪구약 성서≫의 인격적인 하느님 사이에는 그 근본에 있어서 동일성은 아니나 완전한 조화가 있다는 것을 우리에게 확신시키려 하였다. 그러나 이런 주장은 지지할 수 없는 것이다. 무엇보다도 플라톤이 그의 ≪티마이오스≫에서, 절대로 어떤 조리있는 "신학"을 전개하려 하지 않았다는 것은 명백한 일이다. 신에 대한 그의 참 생각을 알려면 그의 다른 저작을 연구하지 않으면 안 되는데, 이 저작들의 대부분은 중세 사상가들에게 알려져 있지 않았다. 그가 ≪티마이오스≫에서 전개하고 있는 것은 철학적 혹은 신학적 체계가 아니었다. 그 자신 줄곧 이러한 견해를 품지 말도록 경고하고 있다. 그는 자기가 "그럼직한 의견"을 내어놓을 수 있을 뿐이라고 말하고 있다. 플라톤은 다음과 같이 말한다.

> 진리와 신앙의 관계는 존재와 생성의 관계와 같다. 그렇다고 하면, 신들과 우주 발생에 관한 많은 의견 가운데, 우리가 전적으로 또 모든 점에서 정확하며 서로 모순되지 않는 생각들을 내어놓을 수 없다고 해서 놀랄 것은 없다. 다른 것들에 못지 않게 그럼직한 것들을 얻으면 충분하다. 왜냐하면 우리는, 말하는 나나 판단하는 여러분이나 죽을 수밖에 없는 인간에 지나지 않으며, 또 그럼직한 이야기를 받아들이고 그 이상의 것을 찾아서는 안 된다는 것을 기억해야만 하기 때문이다.[31]

---

30) *Timaeus*, 28C, 37C.

이것은 마치 플라톤이 여기서 새 종교의 예언자로서 말하고 있는 듯이 들리지는 않는다. 그는 창조에 관한 자기의 이야기가 하나의 오락, "현명하고 적당한 심심풀이"32) 이상의 아무것도 아니라고까지 말하고 있다. 만일 어떤 사상가가 어떤 종교상의 근본적인 진리를 드러내려 한다면, 그는 그것을 심심풀이라고 말하지는 않는다. 플라톤의 조물주는 우주론적 개념이지 윤리적 혹은 종교적인 개념이 아니다. 조물주에 대한 예배를 운운하는 것은 엉뚱한 일이 아닐 수 없다.

그리고 플라톤의 조물주의 신화와 ≪구약 성서≫의 일신교를 전혀 비교할 수 없게 하는 다른 더 중요한 이유가 있다. 플라톤의 조물주는 창조자가 아니고 한 "제작자"이다. 그는 세계를 무로부터 창조하지 않는다. 다만 형상 없는 물질에 형상을 주며, 또 규칙성과 질서를 생기게 할 따름이다. 그의 힘은 무한하지 않으며, 그의 창조적 행동에 대립하고 이 행동을 방해하는 "필연성"에 의하여 제한된다. "창조는 필연과 정신의 혼합에서 이루어진다. 지배하는 힘인 정신이 필연을 설복하여 창조물의 대부분을 완성시켜, 그리하여…이성의 영향이 필연을 이겼을 때 우주는 창조되었다."33)

플라톤의 종교를 그 참된 의미에서 이해하기 위해서는 ≪티마이오스≫에 있는 기술만으로는 충분하다 할 수 없다. 거기 있는 것은 부산물일 따름이요, 그것은 플라톤의 종교 사상의 변두리를 보여줄 뿐 그 핵심을 보여주지는 않는다. 이 핵심은 ≪국가≫ 제6권에 있는 선의 이데아에 관한 플라톤의 기술에서 찾아볼 수 있다. 고대에 있어서나 현대에 있어서나 선의 이데아는 가끔 플라톤의 조물주와 동일시되었다.34) 하지만 플

---

31) *Timaeus*, 29B 이하 ; 48D˜E 참조. Jowett trans., Ⅲ, 449, 468.

32) 같은 책, 59 C˜D, Jowett trans., p. 480.

33) 같은 책, 47 E이하, Jowett trans., p. 467.

34) 이런 견해를 가졌던 현대 학자 중에 곰페르츠가 있다. 그의 *Griechische Denker*, Bk. 5, 19장. English trans. G.G. Berry (London : John Murray, 1905), Ⅲ, 211 이하 참조.

라톤의 원전과 사상을 면밀히 분석해 보면 이러한 동일시가 불가능하다는 것을 알 수 있다. 논리적으로나 형이상학적으로나 선의 이데아는 조물주와 동일한 수준에 있지 않다. 조물주는 신화적인 개념인데 반하여, 선의 이데아는 변증법적 개념이다. 전자는 "그럼직한 의견"의 영역에 속하고 후자는 진리의 영역에 속한다. 전자는 한 인격적 행위자로 기술되어 있다. 그는 "기능공" 혹은 "제작자"이다. 선의 이데아는 결코 이런 식으로 생각될 수 없다. 다른 모든 이데아처럼 그것은 객관적 의미와 진리를 가지고 있다. 그것은 기능공인 신이 거기에 따라 그의 작품을 조형하는 원형이요 본이다. 그는 선의 이데아를 보면서 세계를 만들며, 또 자기의 작품이 될 수 있는 대로 이 영원한 모형의 완전함에 가까와지도록 애쓴다. 플라톤의 조물주는 선하나 결코 "선"(the Good)은 아니다. 그는 선 자체가 아니라 다만 그 대리인이요 관리자이다. 플라톤의 체계에서 이것은 바로 《티마이오스》에서 매우 명료하게 표현된 하나의 근본적 차이점이다. "만일 세계가 정말 아름답고 그 제작자가 선하다면, 그가 영원한 것에 주목했을 것임이 명백하다. 그렇지 않으면 피조물을 모형으로 삼았다고 하겠는데, 이것은 모독의 말이 아닐 수 없다. 그가 영원한 것에 주목했으리라는 것은 누구나 알게 될 것이다. 왜냐하면 세계는 창조된 것 중 가장 아름답고, 또 그는 원인들 가운데 최선의 것이기 때문이다."[35] 선의 이데아는 이와 같은 "원인"으로 기술될 수 없다. 그것은 형상인 혹은 목적인이지 작용인이 아니다. 그것은 존재의 영역에 속하고 생성의 영역에 속하지 않는다. 이 두 영역 사이에는 획연한 분리, 분명한 틈이 있다. 우리는 이것에서 저것으로 넘어갈 수 없다. 선의 이데아는 만물의 "이유"라 기술될 수 있고, 또 그렇게 기술되지 않으면 안 된다. 그러나 이 이유는 인격적 혹은 개인적인 **의지**가 아니다. 이데아에다가 인격성을 부여하면 그 말이 모순에 빠진다. 왜냐하면 이데아는 보편적인 것이지 개별적인 것이 아니기 때문이다. 《국가》에 있는 유명한 비유에서 플라

---

[35] *Timaeus*, 29 A, Jowett trans., p. 449.

톤은 우리에게 이르기를, 선의 이데아는 태양이 감각의 세계에서 차지하는 것과 꼭같은 자리를 지적 세계에서 차지하고 있다고 한다. 태양은 시각과 볼 수 있는 물건들에 대하여, 선 자체가 예지계에서 지성 및 지성으로써만 알 수 있는 대상에 대하여 가지는 것과 꼭같은 관계에 있다. 태양은 우리가 보는 사물을 볼 수 있는 것이 되게 할 뿐만 아니라 또한 그것들을 존재하게 하며 성장하게 한다. 인식의 대상들도 이와 마찬가지이다. 이것들은 선으로부터 인식될 수 있는 힘뿐만 아니라 또한 저들의 존재 자체와 실재성을 얻는다.36) 그러나 플라톤의 언어에서 실재, 참된 존재는 절대로 경험적 현실을 의미하지 않는다. 선은 플라톤의 체계에서 존재의 근거(ratio essendi)이자 인식의 근거(ratio cognoscendi)이지만, 생성의 근거(ratio fiendi)는 아니다. 왜냐하면 어떤 이데아도 유한한 경험적인 물건을 산출하거나 발생시킬 수 없기 때문이다. 만일 우리가 그러한 발생에 관해서 말한다면 존재론적 의미에서가 아니라 다만 은유적인 의미에서 말할 수 있을 뿐이다.

아리스토텔레스의 견해는 이와 아주 달라 보인다. 그는 현상계와 예지계 사이에 있는 플라톤의 단절을 거부한다. 그의 체계에서는 신이 작용인이요 또 목적인이다. 그는 스스로는 움직이지 않으면서 최초로 움직이게 한 분이다. 이 아리스토텔레스의 신과 그리스도교의 하느님을 비슷한 것으로 보는 것은 매우 쉬운 일이었다. 아닌 게 아니라 토마스 아퀴나스는 아리스토텔레스의 신학과 형이상학 전체를 받아들이는 데 있어 아무런 어려움도 없었다. 그러나 오직 아리스토텔레스의 교설을 자기 자신의 의미에서 해석하고 그 저자에게 자기의 모든 개인적인 종교적 감정을 빌려줌으로써 그리할 수 있었다. 아리스토텔레스 자신의 저작을 연구할 때 우리는 이와는 아주 다른 모습을 본다. 아리스토텔레스의 신은 그리스의 주지주의의 최선의 고전적인 예이다. 아리스토텔레스의 ≪물리학≫(physica)과 ≪형이상학≫에서 신에 대한 사람이 최초의 움직이게 하는

---

36) *Republic*, 507, 508. Cornford trans., pp. 214 이하.

원리로 기술되어 있음은 사실이다. 신은 기계적 자극에 의해서가 아니라 정신적 유인에 의하여 세계를 움직인다. 이것은 마치 사랑받는 대상이 사랑하는 이를 움직이는 것과 같다. 목적인은 사랑을 받음으로써 운동을 생기게 하고 그것이 움직이게 하는 것에 의하여 다른 모든 사물을 움직이게 한다. 그렇다고 하면 원동자가 반드시 존재한다. 그리고 그것이 필연적인 한 그것은 선하고, 또 그런 의미에서 제1원리이다. 그러나 이 원동자는 물리적인 의미에서뿐 아니라 또한 윤리적인 의미에서도 움직임을 당하지 않는다. 그는 인간의 소원들이 가까이 할 수 없고, 또 인간의 욕망들에 굴복할 수도 없다. 이 모든 것은 그보다 훨씬 아래에 있는 것이다. 신은 순수 현실(actus purus), 즉 순수한 현실태이다. 그러나 그의 활동은 지적 활동이지 윤리적 활동이 아니다. 그는 자기를 생각하는 데 몰두하고 또 자기를 생각하는 일 이외에 다른 아무 대상도 가지고 있지 않다. 그리하여 아리스토텔레스는 생명을 신에게 돌릴 수 있었으나, 이 생명 즉 생각의 생명은 인격적 생명이 아니라 순전히 이론적인 것이고 관조적인 것이다.

> 그렇다고 하면, 이와 같은 원리 위에 하늘과 자연계가 존립한다. 그리고 그것은 우리가 누릴 수 있는 최선의 생활이건만, 우리는 짧은 동안밖에 그것을 누릴 수가 없다. (왜냐하면 그것은 항상 이 상태에 있지만 우리는 그럴 수 없기 때문이다.)…생각은 자기 자신에 대하여 생각하는바, 이는 그것이 생각의 대상의 본성을 공유하고 있기 때문이다. 생각은 그 대상들과 접촉하고 또 그 대상들을 생각함으로써 생각의 대상이 된다. 그리하여 생각과 생각의 대상은 동일하다. …그러나 생각은 이 대상을 **소유하고** 있을 때 **활동적**이다. 그러므로 수용성보다 오히려 소유가 신적 요소이고, 생각은 이 요소를 지니고 있는 것 같다. 그리고 관조의 행위는 가장 즐겁고 가장 좋은 행위이다. …생명이 또한 신에게 속한다. 왜냐하면 생각의 현실태는 생명인데, 신은 바로 이 현실태이기 때문이다. 그리고 신의 자기 의존적인 현실태는 가장 선하고 영원한 생명이다.37)

아리스토텔레스가 기술한 신의 이 영원한 생명은 예언자적 종교에서 보는 것과 같은 유형의 생명이 아니다. 예언자들에게 있어 하느님은 자기 자신을 대상으로 삼는 하나의 생각이 아니다. 그는 인격적 입법자요, 도덕적 율법의 원천이다. 이것이야말로 그의 최고의, 그리고 어떤 의미에서 그의 **유일**의 속성이다. 우리는 사물의 성질에서 빌어 온 그 어떤 객관적 특성을 가지고도 그를 기술할 수 없다. 만일 어떤 한 이름이 그와 같은 특성을 지시하는 것이라면 그에게는 이름이 없다. 출애굽기에는 모세가 하느님께 그 이름을 물은 이야기가 있다. "제가 이스라엘 백성에게 가서 '너희 조상들의 하느님께서 나를 너희에게 보내셨다'라고 말하면 그들이 '그의 이름이 무엇이냐'고 물을 터인데, 제가 어떻게 대답해야 하겠습니까? 하느님께서는 모세에게 '나는 있고 있는 자다'(ego sum qui sum)라고 대답하시고, 이어서 말씀하셨다. '나를 너희에게 보내신 분은, 나는 있다라고 하시는 그분이다'라고 이스라엘 백성에게 일러라."38) 이 말은, 이를테면 그리스 사상과 유태 사상 사이의, 플라톤 및 아리스토텔레스의 신과 유태의 일신교의 하느님 사이의 분수령을 표하는 말이다. 하느님은 생각의 그 어떤 대상에도 비길 수 없으며, 또 그의 본질은 순수한 생각의 행위로 기술될 수도 없다. 그의 본질은 그의 **의지**이다. 그의 유일의 계시는 그의 인격적 의지의 표명이다. 윤리적 행위이지 논리적 행위가 아닌 그와 같은 인격적 계시는 그리스 정신에는 전혀 낯선 것이다. 윤리적 법칙은 초인간적 존재에 의하여 "주어진" 것이거나 혹은 선언된 것이 아니다. 우리는 합리적이고 변증법적인 생각에 의하여 우리 스스로 그것을 발견하고 증명하지 않으면 안 된다. 이것이 그리스의 종교 사상과 유태의 종교 사상 사이의 진정한 차이점이고, 또 이 차이는 극복될 수도 지워질 수도 없는 것이다. 질송은 중세 철학의 정신에 관한

---

37) Aristotle, *Metaphysica*, Bk. 12, 1072 b. English trans. W.D. Ross, "The Works of Aristotle", 제2판 (Oxford : Clarendon Press, 1928), 제8권.

38) 출애굽기 3 : 13, 14.

그의 강의에서 다음과 같이 말하고 있다. "그리스 사상은 성서의 위대한 말, '이스라엘아 들으라, 우리 하느님은 야훼시다. 오직 한 분 야훼시다'에 의하여 단숨에 그리고 증명할 필요 없이 발견된 저 본질적 진리에 도달하지 못했다."39) 어떤 스콜라 사상가도, 심지어 토마스 아퀴나스도 이 문제에 대한 그리스적인 해석을 무조건 받아들일 수는 없었다. 그들 모두―성 아우구스티누스, 성 예로니무스, 성 베르나르두스, 보나벤투라, 둔스 스코투스―는 출애굽기의 "나는 있고 있는 자다"라는 말을 인용하였다.40) 토마스 아퀴나스는 이렇게 말한다. "인격은 자연 전체에서 가장 완전한 것이요, 물론 이성적 자연 안에 존립하는 것임을 의미한다. 그러므로…이 '인격'이란 말을 하느님에 대하여 사용하는 것은 합당한 일이다. 그러나 피조물에 관해서 말할 때와 같은 방식으로서가 아니라 훨씬 우월한 방식으로 말하지 않으면 안 된다."41)

중세 사상의 체계적 발전을 이해하려면 그리스의 사색과 유태의 예언자적 종교 속에 있는 중세 사상의 이 이중의 기원을 염두에 두지 않으면 안 된다. 스콜라 철학의 발전 전체를 통하여 우리는 항상 "신앙"과 "이성" 혹은 "신학자들"과 "변증가들" 사이의 한결같은 투쟁을 본다. 이 두 극단 사이에는 아무런 이해도 혹은 화해도 가능해 보이지 않았다. 이성을 완전히 포기할 것을 요구한 신앙의 열광자들이 언제나 있었다. 그들은 모든 이성적 활동을 배척하고 비난하였다. 11세기에 페트루스 다미아누스는 이 성급한 신학자 가운데 한 사람이었다. 아마 이성에 관해서 그만큼 경멸적으로 말한 중세 사상가는 달리 없을 것이다. 그리고 그에게 있어 이성은 철학뿐 아니라 또한 인문학과 세속적 지식의 전 분야를 의미하는 것이었다. 그는 학문의 "자만심"을 논하였다.42) 변증법뿐 아니라

---

39) E. Gilson, *L'esprit de la philosophie médiévale*, Gifford Lectures, 1931~1932 (Paris : Vrin, 1932), p. 493 English trans. (New York : Charles Scribner's Sons), p. 46. 질송이 언급한 구절은 신명기 6 : 4.

40) 자료로 Gilson, 앞의 책, 3, 5, 10장 참조.

41) Thomas Aquinas, *Summa theologica*, Pars Prima, Quaest. 29, art. 3.

문법도 참된 종교의 가장 위험한 적들 가운데 하나라고 선언되었다. 페트루스 다미아누스에 의하면 마귀는 다름아닌 문법의 발명자요 최초의 문법학자였다. 문법의 제1과는 동시에 다신교의 제1과이다. 왜냐하면 문법학자들이 처음으로 "신들"이라고 복수로 말하였기 때문이다.43) 만일 이성이 조금이라도 용납될 수 있다면, 그것은 그저 맹목적으로 복종해야만 한다. 즉 신앙의 명령에 순종해야만 한다.44) 왜냐하면 설사 우리의 논리가 완전하고 잘못이 없는 것이라 할지라도 그것은 인간적인 것들에 적용될 수 있고 신에 속하는 것들에 적용될 수는 없기 때문이다. 우리는 삼단논법에 의하여 하느님을 아는 데 이를 수 없다. 하느님은 우리들 인간의 논리의 보잘것없는 규칙에 매여 있지 않다. 이성의 올가미와 오류에서 우리를 구원할 수 있는 것은 오직 성인다운 소박함, 신앙의 단순성 뿐이다. "그러므로 참 예지이신 하느님에게서 탐구와 인식을 끝맺으라." 페트루스 다미아누스는 해를 보기 위해서 촛불을 켜는 사람은 없다고 말한다.45)

중세의 신비가들은 좀 온건한 어조로 말하고 있으나, 이성을 비만하는 데 있어서는 누구에게도 못지 않게 단언적이고 비타협적이다. 끌레르보의 베르나르두스는 당시의 변증가들에 대하여 강력한 공격을 가하기 시

---

42) Petrus Damiani, *De sancta simplicitate scientiae inflanti anteponenda* "Patrologia Latina", Tom. 145, col. 695~704. J.A.Endres, *Petrus Damiani und die weltliche Wissenschaft*, "Beiträge zur Geschichte der Philosophie des Mittelalters", herausg. von Cl, Baeumker (Münster : Aschendorff, 1910), Ⅷ, 3 참조.

43) *De sancta simplicitate*, cap. 1, col. 695B.

44) Damiani, *De divina omnipotentia*, cap. 5, "Patrologia Latina", Tom. 145, col. 603C : "그러나 이 인간적인 학술에 대한 능숙함이 거룩한 가르침의 말씀을 논하는 데 쓰일 때에는, 거만하게 교권을 빼앗아 들여서는 안 된다. 도리어 여주인의 여종처럼, 이를테면 노예의 복종으로써 봉사해야 한다. 이것은 자기가 앞장섬으로써 길을 잃거나, 외면적인 말의 정합성만을 따름으로써 속깊은 덕의 빛과 참된 진리의 길을 잃지 않기 위해서이다."

45) *De sancta simplicitate*, cap. 8, 앞의 책, Tom. 145, col. 702 A.

작하여 아벨라르를 비난함에 이르러 그의 목적을 달성하였다.46) 그 역시 변증법을 참된 크리스찬의 생활에 대한 가장 중대한 장애의 하나로 보았다. 모든 이단은 동일한 근본적 악덕, 즉 인간 이성의 자부와 오만 속에 그들의 원천을 가지고 있다. 이성은 절대로 심판자와 시배자일 수 없다. 왜냐하면 그것은 첫째가는 목표, 즉 인간 영혼의 하느님과의 신비적 합일에 방해가 되기 때문이다. 끌레르보의 베르나르두스는 철학자들과 변증가들이 복잡하고 까다로운 사변적 문제에 몰두하는 일과 단순한 마음을 가진 사람들의 신앙을 비웃는 일의 본을 세웠다고 불평하였다.47)

11세기에 있어서의 변증법의 선구자들, "합리주의적" 사상가들, 캔터베리의 안셀무스와 아벨라르 같은 사람들은 이 도전에 응하였다. 이들의 신학적 반대자들은 이들을 그리스도교 계시의 권위를 약하게 하며 신앙의 기초를 부수는 자들이라고 비난하였다. 이들은 이 비난을 자기네를 공격하고 반대하는 자들에게 돌렸다. 이성적인 생각의 가치를 부인하고 경시하는 것이야말로 신앙으로부터 그 가장 든든하고 주요한 토대의 하나를 없애 버리는 것이라고 이들은 선언하였다. 이성은 위험이나 장애가 되기는커녕, 오히려 참된 종교의 가장 강력한 무기의 하나이자 없어서는 안 될 요소들 중의 하나이다. 캔터베리의 안셀무스는 하느님의 현존에 대한 그의 유명한 존재론적 증명을 내세움으로써 만족하지 않았다. 그는 매우 대담하여 같은 방법을 그리스도교 교리학의 전 영역에 미치게 했다. 그의 속죄설48)에서 그는 그리스도의 수육이 우연한 역사적 사실이 아니라 하나의 필연적 진리라고 하는 것을 증명하려 하였다. 똑같은 방법으로 그는 하느님의 세 위격도 논하였다. 그리스도교 교리는 그의 저작에서, 이를테면 이성이 뚫고 들어갈 수 있는 것으로 되었고 신비는 사

---

46) Endres, 앞의 책, p. 14 참조.

47) Gilson, *La théologie mystique de Saint Bernard* (Paris : Vrin, 1934) 참조.

48) 안셀무스의 소론 *Cur Deus homo*, "Patrologia Latina", Tom. 158, col. 359~432 참조.

라져 없어지는 듯싶었다.

그럼에도 불구하고 이 두 극단론자들간에 진정한 의견 충돌이 있을 수 없는 한 점이 남아 있었다. 중세의 "합리주의" 운운하는 것은 매우 부정확하고 부적당한 표현이다. 중세의 체계에는 우리의 현대의 합리주의, 우리가 데카르트, 스피노자, 라이프니쯔, 혹은 18세기의 "철학자들"에게서 볼 수 있는 사상 경향이 들어설 여지가 없었다. 스콜라 사상가로서 **계시된** 진리의 절대적 우위성을 심각하게 의심한 사람은 하나도 없었다. 이 점에 있어서 변증가들과 신학자들은 완전히 일치하고 있었다. 아벨라르는 엘로이즈에게 보낸 한 편지에서 다음과 같이 썼다. "나는 바울로에 거역하는 철학자가 되는 것도, 그리스도를 떠난 아리스토텔레스가 되는 것도 원치 않는다."49) 이성의 "자율성"은 중세 사상이 전혀 알지 못한 원리였다. 이성은 그 자신의 빛일 수 없다. 이성이 그 일을 하려면 보다 높은 광명의 근원을 요한다. 이 점에서, 교사이신 하느님(magisterium Dei)이라고 하는 아우구스티누스의 신적 지도자설은 중세 사상가들의 마음 속에서 절대로 그 권위를 잃지 않았다. 여기서도 우리는 중세 사상을 거슬러 올라가 예언자적 종교 속에 그 역사적 기원을 찾을 수 있다. 아우구스티누스는 "만일 너희가 믿지 아니하면 정녕 이해하지 못하리라"50)고 한 이사야의 말을 인용한 바 있다. 이 말은 중세 인식론의 모퉁이돌이 되었다. 이성은 그것만으로는 맹목적이고 무력하지만, 신앙에 의하여 인도되고 조명될 때 그 온 힘을 찾게 된다. 만일 우리가 신앙하는 일로부터 시작하면 이성의 힘을 신뢰할 수 있다. 왜냐하면 이성은 그 자신의 독립적 사용을 위해서 우리에게 주어진 것이 아니라 신앙이 가르쳐 주는 것을 이해하거나 해석하기 위해서 우리에게 주어졌기 때문이다. 신앙의 권위는 언제나 이성의 사용에 앞서지 않으면 안 된다. "우리가 무엇을 배울 때 권위가 이성에 앞서는 것이 자연의 질서이다." 그러나

---

49) Abélard, *Epistolae*, "Patrologia Latina", Tom. 178, col. 375C : Epistola XVII.
50) 이사야 7 : 9.

일단 이 권위가 인정되고 확고하게 세워지면 길은 열린다. 두 힘은 서로 완전케 하며 확고하게 할 수 있다. "그러므로 믿기 위하여 이해하며, 이해하기 위하여 믿으라."51)

이 원칙은 모두 스콜라 사상가들에게 채택된다. 그것은 캔터베리의 안셀무스의 저작에서 고전적으로 표현되었다. 그의 "합리주의"에도 불구하고 안셀무스는 우리가 아무런 논증 없이 그리스도교의 기본 진리를 받아들이지 않으면 안 된다는 것을 먼저 강조한다. 그저 변증법만 가지고서는 절대로 이 진리에 이르기를 바랄 수 없으며, 또 합리적 방법으로 이 진리의 확실성에 아무것도 보탤 수 없다. 교리 자체는 어디까지나 반대의 여지가 없고 확고하며 거부할 수 없는 것이다.52) 그러나 비록 종교적 진리가 이성에 의해서 **세워질** 수는 없지만 그것은 이성에 대립하거나 마음에 내키지 않는 것이 아니다. 이 두 영역 사이에는 진정한 조화가 있다. 사람이 이 조화를 파악하는 데는 신의 은총의 특별한 행위가 필요하다는 것은 사실이다. 안셀무스는 그가 확실히 믿고 있는 것을 이해하려는 그의 노력에 있어, 그를 도와줄 것을 하느님께 구하는 기도로부터 그의 고구를 시작하고 있다.53) 이것이야말로 유일한 길이다. "그리스도교 신앙의 깊은 신비들을 감히 논하기 전에 먼저 그것들을 믿는 것이 올바른 순서인 것처럼, 신앙이 확립된 후에 우리가 믿는 것을 이해하기 위하여 노력하지 않는 것은 태만이라고 생각된다."54)

이것은 딜레마로부터의 진정한 탈출이 되지 못했다. 그것은 문제의 해

---

51) 더 자세한 것은 Gilson, *Introduction à l'étude de Saint Augustin*, 제3판 (Paris : Vrin, 1931), 1장 참조.

52) Anselm, *Cur Deus homo*, Lib. 1, cap. 2, "Patrologia Latina", Tom. 158, col. 362 C : "그러므로 내가 믿는 것을 하나도 이성으로써는 이해할 수 없다 해도 나에게서 이 믿음의 견고함을 빼앗을 수 있는 것은 아무것도 없다."

53) Anselm, *Proslogion* "Patrologia Latina", Tom. 158, col. 227C, cap. 2 : "신앙을 이해하게 해주시는 주님이시여, 당신께서 유익하다고 생각되는 한 당신은 우리가 믿는 대로 계시며 또 우리가 믿는 그것임을 나로 하여금 알게 하소서"

54) *Cur Deus homo*, Lib. 1, cap. 2.

결자체이기보다 오히려 문제 해결에 대한 깊은 동경이었다. 이성과 신앙 사이의 오랜 충돌이 거듭 폭발하였다. 그러나 이해를 구하는 신앙(Fides quaerens intellectum)이라는 신조는 적어도 하나의 공통된 광장, 즉 앞으로의 모든 토론을 위한 기반을 제공하였다. 안셀무스로부터 토마스에 이르는 스콜라 사상의 모든 대표자들은 이 신조를 받아들일 수 있었다. 토마스 아퀴나스의 체계는 결정적 해결을 약속하는 것으로 보였다. 신앙에 의하여 강화된 이성(ratio confortata fide)이라고 하는 토마스 아퀴나스의 구상에 의하여, 이성은 그 모든 권리와 존엄을 되찾았다. 즉 자연계와 인간계에 대한 완전한 지배력을 가지게 되었다.

제8장 중세 철학에서의 법치 국가 이론

플라톤의 ≪국가≫는 그것을 가장 크게 칭송하는 사람들에게도 언제나 하나의 정치적 유토피아로 묘사되어 왔다. 그것은 정치 사상의 고전적 모범으로 여겨졌으나 실제의 정치 생활과는 거의 관계가 없는 것으로 보였다. 하지만 중세의 공공 생활과 사회 생활을 들여다보면 이 판단을 수정하지 않으면 안 된다. 여기서는 플라톤의 법치 국가의 관념이 현실적이고 활동적인 힘이었다. 즉 사람들의 사상에 영향을 끼쳤을 뿐만 아니라 또한 인간 행동의 강력한 추진력이 된 큰 에네르기였다. 국가의 주요한 첫째 과제가 정의의 유지라고 하는 명제는 바로 중세 정치 이론의 초점이 되었다. 그것은 모든 중세 사상가에게 받아들여졌고, 또 중세 문명의 모든 형식 속에 물고 들어갔다. 교회의 최초의 교부들, 신학자들과 철학자들, 로마의 법률가들과 정치 저술가들, 민법과 교회법의 연구가들은 이 점에서 모두 일치하고 있있다.[1] 키케로는 아우구스티누스에 의하여 인용된 그의 ≪공화국론≫(*De republica*)의 한 구절에서, 정의는 법률과 사회 조직의 기초요, 정의가 없는 곳에는 아무런 공화국, 아무런 진정한 국가도 없다고 말하였다.[2]

그러나 비록 이 점에 있어 중세의 이론과 고전적 고대의 이론 사이에

---

[1] 이 문제에 대해서는 R.W. and A.J.Carlyle의 저작, *A History of Medieval Politocal Theory in the West*, 제3판(Edinburgh and London : W. Blackwood & Sons, 1930), 전6권에 있는 풍부한 자료를 참조.

[2] Augustine, *City of God,* Bk. 2, 21장, Dods trans., Ⅰ, 77을 참조.

완전한 일치가 있기는 하나, 그런 가운데도 비단 이론적 흥미를 돋울 뿐만 아니라 가장 중요한 실제적 귀결들이 따르는 차이점이 하나 있다. 중세는 그 근본 원리를 따라, 추상적이고 비인격적인 정의를 전혀 생각할 수 없었다. 일신론적 종교에서 율법은 언제나 인격적 원천으로 더듬어 올라가 찾아지지 않으면 안 된다. 입법자 없이는 율법이 있을 수 없다. 그리고 만일 정의가 우연한 것, 한갓 관습에 속하는 것으로 여겨질 성질의 것이 아니라면, 이 입법자는 인간의 모든 힘을 초월해야만 한다. 정의에서 드러내어지는 것은 초인간적 의지이다. 그런데 플라톤의 선의 이데아는 이와 같은 초인간적 권위가 필요치 않았다. 플라톤의 사상과 언어에 있어서 모든 이데아는 각기 자체적 존재요, 자기 자신에 의한 존재(ens per se)이다. 그것은 그 자신에 의하여 존재하며 존속한다. 그것은 객관적이고 절대적인 타당성을 가지고 있다. 아우구스티누스는 이 원리를 받아들일 수 없었다. 플라톤의 이데아들이 자신의 교설 속에 들어설 수 있게 하기 위하여 그는 이것들을 재정의하지 않으면 안 되었다. 즉 그는 이것들을 하느님의 생각들로 전환시키지 않으면 안 되었다. 그것은 한갓 형이상학적 혹은 존재론적 구별이 아니었다. 그것은 더 많은 것을 의미하였다. 선은 더 이상 그 자신을 유지하고 보증할 수 없었다. 변증법적 방법만으로는 선에 도달할 것을 바랄 수 없으며, 그 참된 의미를 파악할 수 없다. 여기서도 인간의 지성은 보다 높은 힘에 복종하지 않으면 안 된다. 우리는 신의 율법과 구별되는 "자연의" 법에 관하여 계속하여 말할 수 있다. 그러나 그리스도교 사상에서는 자연도 분리되고 독립된 존재를 가지고 있지 않다. 그것은 하느님의 작품이요 창조물이다. 이와 마찬가지로 모든 윤리적 율법은 창조된 것들이요, 인격적 의지의 계시이다. 처음부터 교회의 교부들은 이 견해를 역설하였다. 오리게네스는 그의 논문 ≪켈수스 논박≫에서 율법이 모든 사물의 왕임을 인정한다. 그러나 그는 다시, 참된 크리스찬들에게는 이 율법이 분리되고 독립해 있는 어떤 것이 아니라 하느님의 뜻에 일치하는 것이라고 말하고 있다.[3]

그러나 중세의 자연법의 이론이 플라톤과 아리스토텔레스로부터 떨어져 나와 다르게 된 더 중요한 또 하나의 특성이 있었다. 플라톤은 정의를 "기하학적 평등"이라 정의한 바 있다. 개인마다 국가 생활에서 한 몫을 차지하지만, 이 몫들은 질대로 똑같지 않다. 정의는 권리의 평등과 동일한 것이 아니다. 플라톤의 국가는 모든 사람에게 그리고 모든 사회 계급에게 공동의 일에서 맡을 일을 준다. 그러나 이들의 권리와 의무는 크게 다르다. 이것은 플라톤의 윤리학의 성격에서만 오는 것이 아니라 무엇보다도 그의 심리학의 성격에서 나오는 귀결이다. 플라톤의 형이상학적 심리학은 그의 인간 영혼의 구분에 기초를 두고 있다. 인간의 성격은 영혼의 세 요소간의 비례에 의해서 결정된다. 플라톤은 다음과 같이 묻는다.

> 우리는 한 부분을 가지고서는 지식을 얻으며, 다른 한 부분을 가지고서는 분노를 느끼며, 그리고 제3의 부분을 가지고서는 음식, 성 등의 쾌락을 욕구하는 것인가? … 동일한 것이 반대되는 두 방식으로 행동할 수 있거나, 혹은 똑같은 시간에 반대되는 두 상태에 있을 수 없다는 것은 명백한 일이다. … 그러므로 만일 우리가 이와 같은 반대되는 행동들이나 상태들을 여기서 논하고 있는 요소들 가운데서 발견한다면 우리는 하나 이상의 요소가 그 속에 포함되어 있었음을 알게 될 것이다.[4]

우리는 영혼 속에서 반성하는 부분을 이성적 부분이라 부르고, 영혼이 그것을 가지고 굶주림이나 목마름이나 혹은 다른 어떤 감각적 욕구를 느끼는 부분을 욕망적 부분이라 부를 수 있겠다.

그러나 이 두 가지 사이에 플라톤의 언어에서 튀모에이데스(Θυμοειδές), 즉 "노하기를 잘하는" 혹은 "기운있는"이라 기술되고 있는 또 하나 다른

---

3) Origen, *Contra Celsum*, V, 40 ; Carlyle, 앞의 책, Ⅰ, 103 이하.

4) Plato, *Republic*, 436 A 이하. Cornford trans., p. 129.

요소가 있다. 이와 똑같은 구별이 국가의 영혼에도 나타난다.5) 플라톤의 국가는 서로 다른 계급들로 나뉘어 있는데, 이 계급들은 서로 다른 영혼을 가지고 있고, 인간의 성격의 여러 유형을 나타내고 있다. 이 유형들은 고정되어 있고 불변한다. 이것들을 변화시키려는, 즉 통치자들, 수호자들, 그리고 일반 사람들 사이의 차이를 없애거나 적게 하려는 모든 기도는 파멸을 초래할 것이다. 그것은 인간성의 불변하는 법칙에 대한 반역을 의미하며, 사회 질서는 이 법칙에 순응하지 않으면 안 된다. 철학적 혹은 "기개 있는" **영혼**은 장사꾼이나 장인의 그것과 동일한 것이 아니므로, 즉 이것들은 각기 일정한 불변의 구조를 가지고 있으므로, 우리는 서로 다른 제급들이 똑같은 기능을 가지고 있는 것으로 볼 수 없다. 그것들을 동일한 수준에 두고 볼 수는 없다. 플라톤은 다음과 같이 결론짓는다.

> 그리하여 어려운 항해 끝에 우리는 목적지에 도달하였다. 우리는 똑같은 세 요소가 한결같이 국가 속에 그리고 개인의 영혼 속에 존재한다는 것에 완전히 합의하였다. … 구두 만드는 사람이나 목수로 태어난 사람은 자기 직업에 끝까지 종사하는 것이 좋다고 하는 우리의 원리가 정의의 윤곽을 묘사한 것임을 알 수 있다. … 옳은 사람은 그 영혼 속에 있는 요소들이 다른 요소들의 기능을 빼앗는 것을 용납하지 않는다. 실로 그는 자제와 규율에 의하여 마음 속의 평화를 얻으며 영혼의 세 부분을 음계의 세 음정처럼 조화시켜서 자기의 집을 질서있게 하는 사람이다.6)

아리스토텔레스는 이와 다른 길을 취하나 마지막에 가서 그는 똑같은 결과에 도달한다. 그의 방법은 형이상학적 혹은 연역적 방법이 아니라 경험적 방법이다. 그가 그의 ≪정치학≫에서 전개하려 하는 것은 갖가지

---

5) 같은 책, 434D 이하. Cornford trans., p. 127 이하.
6) 같은 책, 441C 이하. Cornford trans., pp. 136이하.

형태의 정체에 대한 기술적 분석이다. 하지만 바로 경험적 관찰자로서, 그는 사람들 사이의 근본적 불평등을 부인하는 것이 불가능함을 발견한다. 사람들은 타고난 재능에 있어서나 성격에 있어서나 불평등하다. 여기서 노예의 필연성이 귀결된다. 노예 제도는 한갓 관습이 아니다. 그것은 자연 속에 뿌리박고 있다. 플라톤은 "나면서부터의 목수 혹은 나면서부터의 화공"을 말하였다. 아리스토텔레스는 나면서부터의 노예를 말한다. 자기 자신을 다스릴 줄 모르는 사람이 아주 많다. 이들은 국가의 구성원이 될 수 없다. 이들은 자기들 자신의 권리와 책임을 가지고 있지 않으며, 이들보다 우수한 사람들의 지휘를 받지 않으면 안 된다. 아리스토텔레스에 의하면 노예 제도의 폐지는 정치적 혹은 윤리적 이상이 아니다. 그것은 한갓 환상에 불과하다. 이것은 그리스인들과 외국인들의 관계에 대해서도 타당하다. 플라톤은 그의 《국가》에서 지적하기를, 그리스의 국가들간의 상호 교제에 적용되는 행위의 규칙들은 외국인들에게는 적용될 수 없다고 하였다. 심지어 전쟁중에도 그리스인들은 언제나 친구로서 적어도 잠재적인 친구로서 취급되어야 하며, 한편 외국인들은 타고난 적이다. "그리스인들이 그들의 타고난 적이라 부를 수 있는 외국인들과 싸울 때 우리는 그것을 전쟁이라 할 수 있다. 그러나 그리스인들은 원래 그리스인들의 친구요, 그들이 싸울 때 그것은 그리스가 불화에 빠져 있음을 의미하며 내란이라 불리지 않으면 안 된다. … 그들은 그 전쟁이 영원히 계속되지는 않으리라는 것, 얼마 안 가서 다시 친구가 되지 않으면 안 된다는 것을 기억하지 않으면 안 된다."[7] 아리스토텔레스는 더욱 극단으로 달렸다. 그는 어떤 사람이 나면서부터의 노예라 하는 그의 판단을 모두 외국인에게 확대하는 것 같다. 그는 그리스인이 나면서부터 외국인의 지배자라는 데 대해 아무 의심도 품고 있지 않다. 그는 에우리피데스를 인용하면서 다음과 같이 말한다.

---

7) 같은 책, p. 470. Cornford trans., p. 169.

"옳도다. 그리스 사람들이 외국인을 지배하고, 외국의 멍에가 그리스 사람들 위에 머무르지 않음이여. … 저들은 노예요, 우리는 자유로이 태어난 백성이로세."8)

하지만 자유인과 노예, 그리스인과 외국인 사이의 모든 차별은 그리스 윤리사상의 발전으로 말미암아 의문시되게 되었고, 마침내는 일소되었다. 스토아 철학의 체계에서 하나의 새로운 지적 및 도덕적 세력이 일어났다. 이론적 견지에서만 보면 스토아 철학은 독창성을 내세울 만한 것이 거의 없다. 자연학, 논리학 및 변증법에 있어서 스토아 철학자들은 그들의 이론의 대부분을 다른 원천들로부터 빌어 왔다. 그들의 철학은 한갓 절충주의인 듯이 보인다. 그들은 헤라클레이토스, 플라톤 및 아리스토텔레스로부터 여러 교설들을 취사 선택한다. 그러나 일반적 인간관 및 우주에 있어서의 인간의 지위에 관한 일반적인 생각에 있어서 스토아 철학자들은 하나의 새로운 길을 열었다. 그들은 윤리적·정치적 및 종교적 사상의 역사에 있어서 전환점이 된 하나의 원리를 제창하였다. 플라톤과 아리스토텔레스의 정의의 이상에다가 하나의 전혀 새로운 생각, 즉 **인간의 근본적 평등**의 생각이 더해졌던 것이다.9)

스토아 철학자들의 첫째가는 윤리적 요청은 "자연과 일치하면서 사는 것"(ὁμολογουμένως τῇ φύσει ζῆν)이었다. 그러나 그들이 내세우는 "자연의 법"은 도덕적 법칙이지 물리적 법칙이 아니다. 물론 스토아 철학자들은, 물리적인 의미에서 사람들 사이에 무수한 차이, 즉 가문, 계급, 기질, 지적 재능의 차이들이 있다는 것을 부인하지 않는다. 그러나 윤리적 견지에서 이 모든 차이들은 대수롭지 않은 것이라 선언된다. 그것들

---

8) Aristotle, *Politica*, Bk. A. 2 1252b 8. Euripides, *Iphigenia in Aulis*, v. 1400. English trans. A.S. Way(Loeb Classical Library, 1930), Ⅰ, 131 참조.

9) 역사적으로는 이 생각을 5세기의 몇몇 소피스트들에게 거슬러 올라가서 찾아볼 수 있다. 그러나 그 참된 의미와 그 철저한 귀결은 스토아 철학에 이르기까지는 나타나지 않았다.

은 인간 생활의 **형상성 본질**에 영향을 주어 이것을 변화하게 하지는 못하는 것이므로 대수롭지 않은 것이다. 오직 하나 중요한 것, 즉 인간의 인격을 결정하는 것은 사물 자체가 아니라 사물에 관한 그의 **판단**이다. 이 판단들은 그 어떤 인습적 기준에도 매여 있지 않다. 그것들은 스스로의 세계를 창조하는 하나의 자유로운 행위에 의거한다. 스토아 철학자들은 인간의 본성에 있어서 필연적인 것과 우연적인 것을 획연히 구분한다. "본질", 다시 말하면 인간의 도덕적 가치와 관련있는 것들만이 필연적인 것이다. 외부의 환경에 의존하는 것, 우리들 자신의 힘이 미치지 못하는 조건들에 의존하는 것은 배제되어 문제되지 않는다.

사람들 사이의 가장 중요한 차이들을 제거 혹은 경시하는 것은, 언뜻 보아 하나의 유토피아적 사상, 즉 철학자의 꿈인 듯만 싶다. 그러나 우리는 이와 같은 사상들이 마르쿠스 아우렐리우스, 곧 철학적 사상가였을 뿐만 아니라 또한 고대의 위대한 정치가의 한 사람이자 로마 제국의 통치자였던 사람에 의하여 표명되었다는 것을 잊어서는 안 된다. 도대체 이러한 연결이 한때 가능하였다고 하는 것은 인류 문명의 역사에 있어서 가장 주목할 만한 사실의 하나이다.

스토아 철학은 철학 사상과 정치 사상의 이 명백한 연합 없이 그 역사적 사명을 완수할 수 없었다. 스토아 학파의 교설들에 의한 로마의 공중 생활의 정복은 매우 일찌기 시작되었다. 우리는 이것을 로마 공화국의 전성기에까지 거슬러 올라가서 찾아볼 수 있다. 그 당시 위대한 정치 지도자들 가운데 많은 사람들이 스토아 학파의 사상에 물들어 있었다. 스키피오는 젊어서 스토아 철학자인 파나이티오스의 제자였다. 그는 그리스 문화의 대 찬양자였으나, 결코 정치 생활에 관한 옛 로마의 생각들을 잊어 버리거나 부인하지는 않았다. 그와 그의 친구들은 로마 공화국의 위대성과 군사적 영광을 위하여 싸우고 있었다. 그러나 동시에 그들은 비단 민족적 이상이었을 뿐만 아니라 세계 시민적 이상이기도 했던 하나의 새로운 이상을 형성하고 함양하기 시작하였다. 우리가 그리스의 윤리학의 고전적 저작들, 가령 아리스토텔레스의 ≪니코마코스 윤리학≫ (*Ethika nikomachea*)을 연구해 보면, 여러 가지 덕, 즉 아량, 절제, 정의, 용기 및 자유에 대한 명료하고 조직적인 분석을 찾아볼 수 있지만, "인간성"(humanitas)이라 하는 일반적인 덕을 찾아볼 수는 **없다**. 이 낱말 자체가 그리스의 언어와 문학에는 빠져 있는 것 같다. 인간성의 이상은 로마에서 처음으로 형성되었다. 그리고 그것에 로마 문화에서의 확고한 위치를 준 것은 특히 스키피오의 귀족적 서클이었다. 인간성은 막연한 개념이 아니었다. 그것은 명확한 의미를 가지고 있었으며, 또 로마에 있어서의 사적 및 공적 생활을 형성하는 힘이 되었다. 그것은 비단 도덕적 이상뿐 아니라 또한 미적 이상을 의미하였다. 그것은 인간의 생활 전체에서 도덕적 행위만 아니라 언어, 문학 양식 및 취미에서도 그 영향을 드러내어야 할 어떤 생활 양식에 대한 요청이었다. 키케로와 세네카 같은 후기의 작가들을 통하여 이 인간성의 이상은 로마의 철학과 라틴 문학에서 확고하게 세워지게 되었다.10)

이 정치 사상과 철학 사상의 결합은 더할 나위 없이 중요한 사실이었다. 그것은 사회 생활관 전체를 변화시키게 되었다. 스토아 철학은, 그 시초에는 사회 문제에 특별히 관심을 가지지는 않았다. 대부분의 스토아 사상가는 철저한 개인주의자들이었다. 현인이 외부의 모든 속박으로부터 자기 자신을 자유롭게 해야 할진대, 그는 먼저 모든 사회적 관습과 책무로부터 자기 자신을 해방시키지 않으면 안 된다. 어떻게 스토아 철학자는 정치적 격정의 소란 속에서 또 정치적 투쟁의 마당에서 그의 정신의 독립, 그의 자기 의존, 그의 확고하고 침착한 판단을 유지할 수 있었던가? 그러나 로마의 저작자들, 즉 키케로, 세네카 및 마르쿠스 아우

---

10) 그리스와 로마의 생활에 있어서의 "인간성"이란 관념과 용어의 발전은 R. Reitzenstein의 논문, *Werden und Wesen der Humanität im Altertum* (Strassburg : Trübner, 1907)에서 연구되어 있다. 이 밖에 R.Harder, "Die Einbürgerung der Philosophie in Rom", *Die Antike*, V(1929), 300 이하, 그리고 "Nachträgliches zu Humanitas", *Hermes*, LXIX(1934), 64이하.

렐리우스 같은 사람들은 스토아 철학의 이상을 이런 식으로 이해하고 해석하지 않았다. 그들은 개인적 영역과 정치적 영역 사이에 어떤 틈도 용납하지 않았다. 이것은 그들이, 하나의 전체로서 본 현실은 물리적 현실이나 도덕적 생활이나 하나의 큰 "공화국"이라고 확신하고 있었기 때문이다. 이 공화국은 모든 민족에 대하여 동일한 것이요, 산들과 사람들에게 대하여 동일한 것이다. 모든 이성적 존재는 동일한 공동체의 성원들이다. 키케로는 "이 우주 전체는 신들과 인간들의 공동의 도시로 생각된다"11)라고 말하였다. 마르쿠스 아우렐리우스는, 자기 자신과 조화하면서 사는 자 즉 자기의 "다이몬"과 조화하면서 사는 자는 우주와 조화하면서 산다고 말한다.12) 개인의 질서와 우주의 질서는 하나의 근본적인 공통 원리가 서로 다르게 나타난 것일 따름이다.

이 견해가 가장 중대한 실제적 결과들을 낳게 하는 것이었음은 노예 제도의 문제를 취급하는 데서 명백하게 된다. 스토아 학파의 저작가들 가운데 그 누구도 "본성상"의 노예가 있다고 하는 아리스토텔레스의 말을 받아들일 수 없었다. "본성"(nature)은 윤리적 자유를 의미하는 것이지 사회적 속박을 의미하는 것이 아니다. 인간을 노예로 만드는 것은 본성이 아니라 운수이다. 세네카는 다음과 같이 말한다. "노예의 성질이 어떤 사람의 존재 전체에 가득차 있다고 상상하는 것은 잘못이다. 그 사람의 보다 좋은 부분은 노예의 성질을 벗어나 있다. 몸은 주인의 권세에 예속해 있을지라도 마음은 독립적이고 또 아주 자유롭고 활달하므로, 이 마음이 깃들여 있는 몸을 가두어도 마음을 속박할 수는 없다." 마음은 어디까지나 자유롭고, 독립해 있고, 자주적이다.13) 스토아 사상의 역사

---

11) 더 자세한 것은 J. Kaerst, *Die antike Idee der Oekumene in ihrer politischen und kulturellen Entwicklung* (Leipzig : B.G. Teubner, 1903)을 참조.

12) *The Communings with Himself of Marcus Aurelius Antoninus*, II, 13, 17. English trans. C.R. Haines (Loeb Classical Library, 1916), pp. 37, 41 참조.

13) Seneca, *De beneficiis*, III, 20. English trans. Aubrey Stewart (London : G. Bell & Sons, 1900), p. 69.

는 이 원리를 확증하고 해명한다. 위대한 스토아 사상가들 가운데 한 사람인 마르쿠스 아우렐리우스는 로마의 황제였고, 다른 한 사람 에픽테토스는 노예였다.

이 스토아 학파의 인간관은 고대 사상과 중세 사상 사이의 가장 견고한 유대들 가운데 하나, 고전적 그리스 철학의 그것보다도 더 강한 연결물이 되었다. 중세 초기에는 플라톤과 아리스토텔레스의 저작이 극히 조금밖에는 알려져 있지 않았다. 아우구스티누스가 아리스토텔레스에 관해서 알고 있었던 것은 ≪오르가논≫(*Organon*)의 라틴어 번역뿐이었다. 그러나 그는 키케로의 ≪호르텐시우스≫(*Hortensius*)를 연구한 것이 자기에게 얼마나 깊은 영향을 주었는가를 그 자신 말한 바 있다. 그가 스토아 학파의 현인의 이상을 처음 발견한 것은 바로 여기에서였다. 중세 전체를 통하여 키케로와 세네카는 언제나 윤리 사상의 큰 권위였다. 그리스도교 저작가들은 이 이교도 저작가들에게서 그들 자신의 윤리적 견해를 발견하고 크게 놀랐다. 인간의 근본적 평등이라고 하는 스토아 학파의 원리는 일반적으로 또 쉽사리 받아들여져서 중세 이론의 가장 중요한 점들 가운데 하나가 되었다. 그것은 그리스도교 교부들에 의하여 가르쳐지기만 한 것이 아니라, 또한 ≪로마법 전집≫(*Digesta*)과 ≪법률요강≫(*Institutes*)을 편찬한 로마 법학자들에 의하여 확립되고 확인되었다. 이 점에 관해서는 중세의 사상 경향들간에 그리고 철학의 학파들간에 의견의 불일치가 거의 없었다. 그들은 모두 하나의 공통 과제에서 서로 협동할 수 있었다. "본성"을 따르면 그리고 사물의 본래적 질서에 있어서는 모든 사람이 자유롭고 평등하다는 것이 중세 신학과 법리학의 일반 원리였다. 그레고리우스 마그누스는 "확실히 모든 사람은 본성상 평등하다"라고 말하였다. 울피아누스는 "자연법에 관한 한 모든 사람은 평등하다"고 말하였다.14) 모든 사람은 똑같은 이성을 가지고 태어났기

---

14) 이것을 충분히 논하고 자료를 제공하고 있는 것으로는 Carlyle, 앞의 책, 제1권, 2부, 6, 7장, 63~79 참조.

때문에 자유롭다고 하는 스토아 학파의 생각은, 바로 이 이성은 하느님의 영상이라고 부언됨으로써 그 신학적 해석과 정당화를 얻었다. "주여, 밝으신 당신의 얼굴을 우리에게 돌리소서"라고 시편에는 기록되어 있다.15) 아우구스티누스는 ≪신국론≫에서 선언하기를, 하느님께서는 사람으로 하여금 동물의 주인이 되게 하셨으나 다른 인간 영혼에 대한 권세는 주시지 않았다고 하였다. 이와 같은 권위를 찬탈하려는 기도는 모두 용서할 수 없는 교만이다. 여기서도 스토아 사상에서와 마찬가지로 모든 영혼은 **자주적**이라고 선언되고 있다. 그것은 그 본래의 자유를 잃거나 버릴 수 없다.16)

당연한 귀결로, 어떤 정치 세력의 권위도 절대적인 것일 수 없다. 그것은 언제나 정의의 법률들에 매여 있다. 이 법률들은 신의 명령 자체, 즉 최고 입법자의 뜻을 표현하고 있기 때문에 변경할 수 없고 어길 수 없는 것들이다. 로마법으로부터는, 나중에 그렇게 된 것처럼, 주권자는 모든 법적 구속으로부터 자유롭다는 결론이 이끌어 내어질 수 있었다. 그러나 중세 사상에 있어서 왕권 신수설의 원리는 언제나 어떤 근본적 제한 아래 있었다. 신학자들과 로마의 법률가들은 **군주는 법으로부터 해방되어 있다**(Princeps legibus solutus)라는 원리를, 군주는 법적 압력에서 자유로우나 이 자유는 그의 의무와 책임의 어떤 것으로부터도 그를 해방시키는 것은 아니라는 의미로 해석하였다. 주권자는 법률에 복종할 그 어떤 외부의 강제도 받지 않는다. 그러나 "자연법"의 힘과 권위는 여전히 꺾이지 않은 채 남아 있다. **왕은 법에 의거하여 할 수 있는 것 이외에는 다른 아무것도 할 수 없다**(Rex nihil Potest nisi quod jure potest)라는 격언은 언제나 큰 힘을 가지고 있었다. 이것이 중세 사상가의 어느 한 사람에 의해서든 의아히 여겨지고 맹렬히 공격되었다는 증거는 전혀 보이지 않는다. 토마스 아퀴나스는, 법률은 통치하는 힘인 한에서는 주권

---

15) 시편 4 : 6.

16) Augustine, *City of God*, Bk. 19, 15장. Dods trans., Ⅱ, 323 이하 참조.

자를 구속해야 하지만, 강제하는 힘인 한에서는 구속해서는 안 된다는 원칙에서 출발한다.17) 그는 이 원칙을 하나의 특별한 논문 ≪군주 통치론≫(*De regimine principum*)에서 설명하였는데, 여기서 그는 중세 사상가의 체계에서 퍽 놀랍고 또 혁명적 요소를 포함하고 있는 매우 대담한 결론들에 도달하였다. 중세 철학에서는 통치자에 대한 공공연한 항거의 권리는 용납될 수 없는 것이었다. 군주가 그의 권리를 하느님으로부터 직접 얻는 것일진대, 항거는 그 어떤 것이나 하느님의 뜻에 대한 반역이요, 따라서 사형을 받을 죄이다. 심지어 무도한 통치자도 하느님의 대리자이기를 그치는 것이 아니며, 따라서 그에게 복종해야 한다. 토마스 아퀴나스는 이 논의를 부정하거나 내동댕이칠 수 없었다. 하지만 이 시대적 의견을 당연히 받아들이면서도 실제상 그 의미를 바꾸게 한 하나의 해석을 가하였다. 그는 선언하기를, 사람들은 세속 권위들에 복종해야 하지만 이 복종은 정의의 법에 의하여 제한되며, 따라서 백성은 무도한 혹은 찬탈한 권위에 복종할 아무런 의무도 없다고 하였다. 반란은 정녕 신의 율법에 의하여 금지되지만, 무도한 혹은 찬탈한 권위에 반항하는 것, "폭군"에 불복하는 것은 반항이나 반란의 성격을 띤 것이 아니라 오히려 합법적 행위이다.18) 이 모든 것은 교회와 국가 사이에, 영적 질서와 세속적 질서 사이에 끊임없는 알력이 있었음에도 불구하고 이 두 질서가 모두 하나의 공통 원리에 의하여 결합되어 있음을 매우 분명히 보여준다. 왕의 권력은, 위클리프가 말한 바와 같이 "영적이고 복음적인 권력"이다.19) 세속 질서는 그저 "일시적"이기만 한 것이 아니다. 그것은 참된 영원성, 법의 영원성과 따라서 그것 자신의 영적 가치를 지니고 있다.

---

17) *Summa theologica*, Prima Secundae, Quaest. 96, art. 5를 참조.

18) 같은 책, Secunda Secundae, Quaest. 42, art. 2.

19) *De officio regis*, 1장, pp. 4, 10 이하; J. Hashagen, *Staat und Kirche vor der Reformation* (Essen, G.D. Baedeker, 1931), p. 539.에서 인용함.

제9장 중세 철학에서의 자연과 은혜

중세의 국가 이론은 두 가지 요청, 즉 그리스도교 계시의 내용과 스토아 학파의 인간의 본래적 평등이라는 생각에 기초를 둔 일관성 있는 체계였다. 이 두 요청으로부터 그 모든 귀결이 완전히 논리적인 순서로 도출될 수 있었다. 그럼에도 불구하고 이 체계는 근본적인 반대를 살 수 있는 것이었다. 그 형식은 정확하고 논란의 여지가 없는 것이었으나, 내용에 있어서는 기초가 전혀 없어 보였다. 인간의 평등이라는 요청은 역사와 인간 사회의 사실들에 항상 모순되었다. 어느 시대에나 인간의 본래적 자유와 자연적 권리의 이론은 이 뚜렷한 모순에 부딪쳤다. 루소는 그의 《사회 계약론》(*Contrat social*)의 첫머리에서 이렇게 말한다. "인간은 자유롭게 태어났으나, 도처에서 쇠사슬에 묶여 있다. 많은 사람이 자기가 남의 주인이라고 믿고 있으나, 사실은 그가 저들보다 더 큰 노예이다. 어찌하여 이런 변화가 생기게 되었는가? 나는 모른다. 무엇이 이것을 합법적인 것이 되게 할 수 있는가? 나는 내가 이 문제를 해결할 수 있다고 믿는다."[1]

이 문제를 해결하기 위하여 루소는 그 자신 매우 복잡한 하나의 이론을 세우지 않으면 안 되었다. 그는 인간 사회에 대한 그의 최초의 부정적인 태도에서 새롭고 적극적이고 건설적인 원리로 나아가게 한 먼 길을 가지 않으면 안 되었다. 그는 한쪽 끝에서 다른쪽 끝으로, 즉 그의 최초의

---

1) Rousseau, *Contrat social*, Liv. 1, 1장.

≪논문≫(*Discours*)에서 ≪사회 계약론≫으로 넘어가지 않으면 안 되었다.2) 중세 사상가에게는 이러한 태도의 변화가 가능하지도 않았고 또 필요하지도 않았다. 그에게는 루소의 문제가 제기되기도 전에 해결되어 있었다. 이것은 그가, 루소처럼, 대립하는 두 원리를 화해시킬 필요를 전혀 느끼지 않았기 때문이다. 그는 어떻게 인간 사회의 명백한 악들, 즉 부패, 포학, 노예화가 인간의 "본래의 선함"과 양립할 수 있는가 하는 문제를 해결하지 않아도 되었다. 중세 철학은 사회 질서의 모든 본유적이고 필연적인 결함을 쉽사리 설명할 수 있었다. 왜냐하면 국가는 그 위대한 윤리적 과업에도 불구하고 그 자체 절대로 하나의 절대적인 선이라고 여겨질 수 없었기 때문이다. 중세 사상가들은 하느님과 사람들에게 동일한 하나의 큰 공화국—하느님과 사람들에게 동일한 것—이 있다는 스토아 학파의 교설을 썩 잘 받아들일 수 있었다. 또한 그들은 영계와 속계가 그 여러 차이에도 불구하고 하나의 유기적 통일을 형성한다고 확신하고 있었다. 초대 교회는 일률적인 사회 철학을 발전시킨 바 없었다. 교회 안의 사회 구조와 교회 밖의 사회 구조는 넓은 틀에 의하여 분리되어 있었다.3) 그러나 중세 사상이 진전하는 가운데 이 틈에는 다리가 놓였다. 더욱 더 그리스도교 공동체는 단절 없는 한 전체로 생각되었다. 이 도덕적이고 정치적인 공동체는 동시에 **신비적** 공동체였다. 그 부분들간의 차이와 대립에도 불구하구 토마스 아퀴나스가 말한 바와 같이, 하나의 통일을 향한 질서가 있었으며, 서로 다른 그리고 충돌하는 세력들은 하나의 공통 목적을 향하고 있었다. 이 통일의 원리는 절대로 망각되지 않았다. 인류 전체는 하느님 자신에 의하여 세워져서 군주제적으로

---

2) *Philosophie der Aufklärung* (Tübingen : Mohr, 1932), 6장, "Recht, Staat und Gesellschaft" 참조.

3) E. Troeltsch, *Die Soziallehren der christlichen Kirchen und Gruppen*, in "Gesammelte Schriften", Ⅰ (Tübingen : Mohr, 1912), 286 이하. English trans. O. Wyon, *The Social Teaching of the Christian Churches* (London : George Allen & Unwin ; and New York : Macmillan, 1931), Ⅰ, 280 이하.

통치되는 단일 국가로 보였으며, 또 모든 부분적 통일은 교회의 통일이거나 세속적 통일이거나간에 그 권리를 이 근원적 통일로부터 얻었다.4)

단테는 이 생각을 가장 명료하게 또 가장 뚜렷하게 표현하였다. 그의 논문 ≪군주 정치론≫(De monarchia)에서 국가는 가장 높은 위치로 높여졌다. 국가는 정당화되었을 뿐만 아니라 또한 찬양되고 영광이 돌려졌다. 그것은 세계의 안전과 이익을 위하여 필요하다고 선언되었다.5) 그러나 중세적 체제의 한계들 안에서는, 이 모든 주장이 어떤 의미에서 언제나 헛된 것이 아닐 수 없었다. 이 주장들은 충분히 실현될 수 없었다. 왜냐하면 완전히 극복할 수 없는 한 근본적 장애가 언제나 있었기 때문이다. 국가는 정의를 편다고 하는 그 목적에 있어서 좋은 것이었다. 그러나 그리스도교의 교리에 의하면 그것은 그 기원에 있어서 나빴다. 그것은 원죄와 인간의 타락의 결과였다. 이 점에 있어서 모든 초대 그리스도교 사상가들 사이에는 완전한 일치가 있었다. 우리는 똑같은 생각을 2세기의 이레네우스, 5세기의 아우구스티누수 6세기의 그레고리우스 마그누스에게서 찾아볼 수 있다. 이레네우스는 말하기를, 정부는 사람들의 하느님으로부터 떠나 그들의 동포를 미워하여 온갖 혼란과 무질서에 빠졌기 때문에 필요하게 되었다고 한다. 이런 까닭에 하느님께서는 사람들을 서로 남의 위에 서게 하고 사람들에게 사람을 무서워하는 생각을 품게 하여, 사람들이 어느 정도 의로운 일과 옳은 행동을 하지 않을 수 없게 하신 것이다.6)

교회의 교부들의 이 교설은 그리스의 도시 국가의 이상에 정반대되는

---

4) 이 문제를 충분히 논한 것으로는 O. von Gierke, *Johannes Althusius und die Entwicklung der naturrechtlichen Staatstheorie*, 제3판 (Breslau, M. and H. Marcus, 1913). English trans. B. Freyd, *The Development of Political Theory* (New York : W. W. Norton & Co., 1939), 제2부, 1장. "Religious Elements in the Theory of the State", 69 이하 및 p. 80, 각주 12에 인용된 원문 참조.

5) Dante, *De monarchia*, Lib, 1, cap. 3 and cap. 5~9를 참조.

6) Irenaeus, *Adversus haereticos*, Bk.5, 24장, Carlyle, 앞의 책, Ⅰ, 129에서 인용함.

것이었다. 아우구스티누스는 플라톤의 국가 이론이 철학적으로는 옳다고 인정하였다. 플라톤은 옳았다. 그러나 철학자로서, 즉 계시가 아니라 이성으로 말한 사람으로서 그는 가장 중요한 일을 무시하고 소홀히 하지 않을 수 없었다. 하느님은 그 계시에 의하여 슬기로운 자의 지혜를 부수어 버렸으며, 또 총명한 자의 지식을 아무것도 아닌 것이 되게 하셨다. 인간의 이성은 부패해 있고, 이 부패한 이성은 오직 하나 참된 국가 즉 하느님의 나라를 절대로 발견하지 못할 것이다. 참된 정의는 그리스도가 창설하고 통치하는 나라에서만 지배한다고 아우구스티누스는 말하였다.

플라톤은 비단 그의 이상 국가의 선함을 찬양했을 뿐만 아니라 또한 그 아름다움을 찬탄하였다. 그에게 있어 국가는 아름다운 것들 가운데 한 아름다운 것이 아니었다. 그것은 어떤 의미에서 아름다움 자체였다. 많은 사람들이 아름다움에 관해서 알고 있는 것은 착각일 따름이다. 예술가들과 시인들도 그것의 흐릿한 이미지를 가지고 있을 따름이다. 이상 국가에 의하여 나타내어지는 아름다움의 진정한 원형 내지 전형을 발견하는 것은 철학자들이 할 일이다. 도대체 질서, 정의, 적정한 비례의 아름다움보다 더 높은 아름다움이 있을 수 있는가?

경치와 소리를 좋아하는 자들은 아름다운 곡조와 색채와 모양을 즐기며, 또 이것들이 들어 있는 모든 예술 작품을 보고 즐거워한다. 그러나 그들은 아름다움 자체의 성질을 바라보고 거기서 즐거움을 찾는 사고 능력을 가지고 있지 않다. 아름다움에 접근하여 그것을 있는 그대로 바라보는 능력은 정말 희귀하다. 그런데 어떤 사람이 아름다운 것들의 존재를 믿으나 아름다움 자체의 존재는 믿지 않으면, 또 그로 하여금 아름다움 자체를 인식하게 하려는 안내자를 따를 수 없다면, 그는 꿈속에서 살고 있는 것이 아닌가?[7]

---

7) *Republic*, 476. Cornford trans., p. 179.

플라톤은 그의 이상 국가의 그림을 그리고 나서 의기양양하게 외친다. "우리는 각 부분에 그 몫을 부여하였으며, 그리하여 전체를 아름답게 하였다."

이와 같은 국가관은 초기의 그리스도교 사상에서는 용납될 수 없는 것이었다. 국가는 어느 정도 정당화될 수 있었으나 결코 아름다운 것이 될 수는 없었다. 그것은 깨끗하고 흠 없는 것으로 생각될 수 없었다. 왜냐하면 그것은 언제나 그 기원의 흔적을 지니고 있었기 때문이다. 원죄의 자국은 지울 수 없을 만큼 깊이 그 위에 남아 있었다. 이것이야말로 고전적 그리스 사상과 그리스도교 사상 사이의 획연한 차이를 이루는 것이다. 이 점에 관해서는 아무런 타협도 있을 수 없었다. 신플라톤주의는 중세 사상에 있어서 최초의 가장 본질적인 구성 요소의 하나였다. 천상과 교회의 계층 질서에 관한 위(僞)디오니시우스의 저작들은 스콜라 철학의 전 체제에 깊고 영구한 영향을 끼쳤다. 9세기에 스코투스 에리우게나는 신플라톤주의의 관점에서 그리스도교의 교리 전체를 설명한 책 ≪자연 구분론≫(*De divisione naturae*)을 저술했다.[8] 하지만 한편 바로 신플라톤주의 체계의 창시자가 그리스도교의 그노시스파에 대하여 맹렬한 공격을 가한 바 있었다. 그는 그노시스파가 세계의 아름다움을 보지도 못하고 인정하지도 않았기 때문에 그들이 불경건하다고 비난하였다. 플로티노스는 다음과 같이 말한다.

> 세계와 그 안에 있는 신들과 이 밖의 아름다운 것들을 경멸하는 것은 선한 사랑이 되는 것이 아니다. …왜냐하면 어떤 존재든지 그것을 사랑하는 사람은 그 사랑의 대상에 속하는 모든 것을 기쁘게 여기기 때문이다. 왜냐하면 그는 자기가 사랑하는 아버지의 자녀들을 또한 사랑하기 때문이다. …도대체 어떻게 이 세계가, 혹은 이 세계 안에 있는 신들이 예지계로부터 분리될 수 있는가? …이런 종류의 것들을 탐구하는 것은 현인이 할 일이 아니라 정신적

---

[8] Saint René Taillandier, *Scot Érigène et la philosophie scolastique* (Strasbourg, 1843) 참조

으로 눈이 먼 자, 감성도 지성도 전혀 없는 자, 그리고 예지계를 알기에는 매우 거리가 멀어서 감각할 수 있는 우주에 주의를 하지 않는 자가 하는 일이다. 예지계의 조화를 알고 나서도 감성계의 소리에서 생기는 조화를 듣고 감동하지 않는 사람이 있다면, 그가 무슨 음악가이겠는가? 혹은 훌륭한 기하학자나 산술학자로서 자기 눈으로 균형 있고 질서 있는 것을 바라볼 때 이렇게 보는 일을 기뻐하지 않을 사람이 어디에 있는가?…감각적 세계의 모든 아름다운 것, 이 모든 균형의 아름다움과 사물의 훌륭한 배열, 그리고 비록 매우 멀지만, 별들에게서 분명히 나타나는 형상을 보고서도 마음이 움직이지 않고, 이것들을 훨씬더 찬탄할 원인들의 찬탄할 소산으로서 소중히 여기지 않는 사람의 마음은 극히 둔하고 무디며, 다른 어떤 것에 대해서도 움직여지지 않을 것임에 틀림없다.9)

만일 이것이 자연계에서 타당하다면, 더 한층 유력한 이유로서 법과 질서의 세계에도 타당하다. 중세 사상가들이 고대 사상가들의 저작, 특히 아리스토텔레스의 저작을 더욱 많이 알게 될수록 그들은 사회 질서에 대한 그들의 한갓 소극적인 태도를 그대로 지켜갈 수 없었다. 11세기와 함께 느리고 끈덕진 투쟁이 시작된다. 우리의 일반적 문제의 견지에서 볼 때 이 투쟁은 극히 재미있고 또 극히 중요한 것이다. 여기에는 공공연히 공격될 수 없는 하나의 명확한 신화적 요소가 있었다. 원죄의 사실을 의심하는 것은 어느 중세 사상가에게도 불가능하였다. 한편 인간의 타락이라는 교리는 변증법적 사고의 모든 노력을 명백히 무시하였다. 그것은 합리적 설명을 할 수 없는 것이요, 또 그러한 설명에 완강히 반항하는 것이었다. 하지만 스콜라 사상가들은 이러한 이성의 패배를 용인하려 하지 않았다. 그들 가운데 아무도 철학을 한갓 신학의 시녀라 생각하고 말하지 않았다. 그들은 철학의 과제와 존엄성에 대하여 매우 높이 생

---

9) Plotinus, "Against the Gnostics", in Enneads, II, 9, 16장, English trans. T. Taylor, "Select Works of Plotinus"(London : G. Bell & Sons, 1914), pp. 72~75. 여기서는 조금 고쳐 실었다.

각하고 있었다. 그리하여 그들은 문제를 재언명하고, 이 재언명에 의하여 그 이율배반을 해결하여 이성에게 그 권리와 존엄성을 회복시켜 주려고 하였다.

인간의 타락은 언제나 하나의 신비로 남아 있었다. 그러나 이 신비 자체는 이제 새로운 각도에서 보여지게 되어, 불가해한 것으로 생각되지 않았다. 이성은 완전히 그리고 회복할 수 없을 만큼 부패해 있지 않았다. 그것은 그 자신의 권리와 영역을 보전하여 왔다. 이 권리를 확보하고 이 영역의 한계를 정하는 것이 철학의 할 일이다. 11세기부터의 모든 스콜라 철학의 체제―캔터베리의 안셀무스, 아벨라르두스, 알베르투스 마그누스, 토마스 아퀴나스의 체계―는 이 문제의 해결에 그 온 힘을 기울였고 또 협동하였다. 자연 이론도 정치 이론도 다같이 이 일반적 사상 경향의 영향 아래 있었다. 11세기에 이 새로운 경향을 혹독하게 비판하고 비난한 사상가들이 아직도 많이 있었음은 사실이다. 그들은 계속하여 인간 사회를 인간의 악덕과 죄의 결과라 말하였다. 약 7세기 후에 아우구스티누스의 주장은 그레고리우스 7세에 의하여 다시금 되풀이되었다. 그는 선언하기를, 국가는 죄와 악마가 만들어 낸 것이라 하였다.10) 한편 이 과격한 이론도 지상의 국가에 대하여 얼마간의 고려를 하지 않으면 안 되었다. 그것은 정치적 질서가 적어도 조건부의 가치는 가지고 있다는 것을 인정하지 않으면 안 되었다. 비록 그 자체로는 가치 없는 것이지만, 그것은 그 한계들 안에서 적극적이고 불가결한 역할을 수행한다. 그것은 우리를 이끌어 참된 목표에 이르게 할 수는 없으나 사람들을 최대의 악, 즉 무정부 상태의 악으로부터 구출한다. 국가의 악은 인간의 원죄 속에 깃들어 있기 때문에 깊고 고칠 수 없는 것이다. 그러나 그것은 다만 상대적인 악일 따름이다. 국가는 최고의 절대적인 종교적 진리에

---

10) Gregory Ⅶ, *Epistulae*, Lib. 8, epist. 21, in Jaffé, *Monum. Gregor.*, p. 456, von Gierke, 앞의 책, English trans., p. 72에서 인용함 ; Augustine, *City of God*, Bk. 4, 1장 참조.

비하면 매우 낮은 수준에 있다. 그러나 그것은, 국가가 없으면 우리를 혼돈으로 이끌어 갈 우리의 보통의 인간적 표준에 비하면 그래도 나은 것이다. 더구나 국가는 그 자신의 고유한 결함들에 대한 구제책을 내포하고 있다. 인간의 악덕들과 실패에 대한 벌이기 때문에, 그것은 이 실패들의 가장 참혹한 결과들을 제거하는 일종의 신적 치유책이다. 부패하고 무질서한 세계에서 지상의 국가는 하나의 균형, 즉 일정한 비례와 평형을 유지할 수 있는 유일한 힘이다.11)

  토마스 아퀴나스의 체계에서 사회적 및 정치적 질서의 평가는 완전히 변하였다. 물론 토마스 아퀴나스는 그리스도 교회의 어떤 교리도 절대로 의심하지 않았다. 그러나 교회 이외에 그는 한 새 스승과 새 권위를 발견하였다. 단테에서와 마찬가지로 토마스 아퀴나스에게서도 아리스토텔레스는 지식 있는 사람들의 스승(il maestro di color che sanno)이었다. 그리고 아퀴나스는 그저 믿을 뿐만 아니라 또한 알기를 원하였다. 그에 의하면 이 두 욕망 사이에는 아무런 모순도 없다. 이것들은 양립할 수 있을 뿐더러 또한 서로 보충한다. 이성과 계시는 똑같은 하나의 진리, 즉 하느님의 진리의 두 가지 다른 표현이므로 이것들 사이에는 아무런 불일치도 있을 수 없다. 만일 이와 같은 불일치가 나타난다면 그것은 한갓 주관적인 원인들에 의거하는 것임에 틀림없다. 이런 경우, 이 원인들을 발견하고 이것들을 제거하는 것이 철학의 할 일이다. 이성은 오류를 범할 수 있지만, 계시는 절대로 확실한 것이다. 만일 이 두 가지 사이에 어떤 불일치와 어긋나는 점이 보인다면, 우리는 처음부터 오류는 이성의 편에 있다는 것을 확신할 수 있으며, 또 이 오류를 찾아내어 수정하지 않으면 안 된다. 이것이야말로 철학과 신학 사이의 참된 관계이다.12) 우리의 모든 철학적 노력에 있어서 우리는 언제나 계시된 진리에 의하여

---

11) 초대 교회에 있어서의 이 이론의 발전에 관하여는 E. Troeltsch, 앞의 책, English trans., Ⅰ, 145이하 참조.

12) Thomas Aquinas, *Summa contra gentiles*, Lib. Ⅰ, cap. 1, 2, 9.

인도되고 빛을 받지 않으면 안 된다. 하지만 이 인도를 받아들인 후에는, 이성은 자기 자신의 힘을 신뢰해도 좋다. 그리하여 두 영역은 분명히 구별되기에 이른다. 자연과 은혜의 두 영역 사이에는 아무런 혼동도 있을 수 없다. 이것들은 각기 그 자신의 대상들과 그 자신의 권리들을 가지고 있다. 신앙과 지식이 동일한 영역에 속한다는 것은 불가능하다.13)

 이 일반 원리는 토마스 아퀴나스의 자연 철학과 사회 철학을 다같이 지배한다. 자연학은 독립하여 그 자신의 길을 갈 수 있게 된다. 그것은 더 이상 신학적 사상의 지배 아래 있지 않다. 이 "독립 선언"은 이미 토마스 아퀴나스의 스승인 알베르투스 마그누스의 저작에서 행해졌다. 알베르투스 마그누스는 자연학의 어떤 문제든지 한갓 신학 사상의 권위에 의거하거나 삼단 논법의 힘만으로 해결할 수 없다는 것을 조금도 의심할 수 없을 정도로 밝혔다. 특수한 자연 현상에 관한 문제들에 있어서는 경험만이 우리의 유일한 안내자가 될 수 있다. 어떤 특별한 현상이든지 그것을 신학적 논의와 또 하느님의 뜻에 관련시켜 설명하는 것은 엉뚱한 일이 아닐 수 없다. 이 준칙에 의거하여 알베르투스 마그누스는 많은 독창적인 면을 가진 그 자신의 자연 이론을 전재하였다. 그는 새로운 운동 이론의 선구자들 중의 한 사람이 되었는데, 이 이론은 몇 가지 점에서 갈릴레오의 역학에의 길을 닦았다.14) 토마스 아퀴나스는 동일한 방법을 따랐다. 하느님께서는 만물의 창조자이시므로 우리가 항상 그를 제1의 그리고 가장 주요한 원인으로 보아야 하는 것은 당연한 일이다. 이 일반 원리는 그리스도교의 계시와 아리스토텔레스의 권위에 의하여 다같이 확인된다. 그의 《신학 대전》(*Summa theologica*)과 《대 이교도 대전》의 맨 첫머리에서 토마스는 형이상학 즉 "제1철학"의 주제가 사물들

---

13) Thomas Aquinas, *De veritate*, Quaest. 14, art. 9 참조.

14) 알베르투스 마그누스의 자연학에 대한 공헌과 그의 일반적 방법에 관하여는 P. Duhem, *Le système du monde* (Paris : A. Hermann, 1917), Tome 5, 11장, 412 이하 참조.

의 제1원인의 연구라고 하는 아리토텔레스의 정의로부터 출발한다.15) 한편 제1원인을 유일한 원인으로 보는 것은 중대한 오류가 아닐 수 없다. 만일 하느님이 작용하신다고 하면, 그는 그저 그의 뜻을 보임으로써 작용하지 않고 규칙을 따라 또 중간적 원인들을 통해서 작용하신다. 이 중간적 원인들을 연구하는 것은 자연학의 과제이다. 이차적 원인들(causae secundae)에 대한 통찰이 없으면 자연계는 이해될 수 없다. 그것은 언제나 하나의 기적일 것이다. 이차적 원인들을 부정하거나 경시한다고 해서 곧 하느님의 위대하심과 영광을 찬양하는 것은 아니다. 도리어 그것은 그의 영광을 감한다. "사물들로부터 그 고유한 원인들을 떼어 버리는 것은 하느님의 선하심을 훼손하는 것이다." 유한하고 감각할 수 있고 경험적인 모든 사물은 하느님의 창조물이요 작품이다. 그러나 바로 이 때문에 그것들은 하느님의 완전하심에 참여하며, 그것들 자신의 질서와 아름다움을 가지고 있다. 이 질서와 아름다움이 참여에 의한 아름다움이기 때문에, 그 원형의 완전함에 결코 이를 수 없다는 것은 사실이다. 그럼에도 불구하고 그것은 그 기반을 가지고 있으며 그 자신의 한계 안에서는 완전하다. 그러므로 만물에 대하여 똑같은 하나의 본원적인 선과 아름다움이 있으며, 이것은 무수한 특수적인 아름다움이 있을 여지를 남겨 둔다. 이 두 가지 사이에는 아무런 모순도 있을 수 없다.16)

경험적 세계와 과학적 사고에 대한 이 새로운 평가는 일반적 인식론의 완전한 방향 전환 없이는 불가능한 것이었다. 그 이전의 모든 중세 철학의 체계는 플라톤과 아우구스티누스의 권위에 의지하여, 지적 세계와 감각 경험의 세계간의 획연한 구별로부터 출발하였었다. 이 두 영역 사이에는 넓고 깊은 틈이 있었다. 하나는 존재의 영역이요, 다른 하나는 생성의 영역이다. 하나는 우리에게 진리를 주고, 다른 하나는 한갓 그림자만

---

15) *Summa theologica*, Pars Prima, Quaest. 1, art. 6 ; *Summa contra gentiles*, Lib. 1, cap. 1.

16) *Summa theologica*, Pars Prima, Quaest. 6, art. 4.

을 준다. 이 두 유형의 인식의 분리는 육체와 영혼 사이의 극단적 이원론에 그 형이상학적 근원을 가지고 있었다. 육체와 영혼은 동일한 세계에 속하지 않는다. 그 본성과 본질에 있어 영혼은 육체에 대립해 있다. 영혼이 육체 속에 살 때 그것은 마치 나그네나 죄수인 양 산다. 이 쇠사슬을 끊는 것이야말로 철학의 최고 과제의 하나다. 그러나 감관 경험은 반대되는 효과를 가지고 있다. 우리의 감관 경험이 새로운 것을 얻을 때마다 이 쇠사슬에는 새 고리가 하나 늘어난다. 이 속박으로부터 우리들 자신을 해방시키는 것, 육체의 구속들로부터 벗어나는 것, 이것이야말로 인식의 최고의 목표다. 플라톤은 이렇게 묻는다.

> 영혼은 언제 진리에 도달하는가? 무엇이든 영혼이 육체와 짝하여 고찰하려 하면, 반드시 육체에 속아 넘어간다. 그러므로 도대체 실재들 중의 어떤 것이 영혼에 대하여 명료하게 된다고 하면, 그것은 생각 속에서이다. 그런데 영혼은, 귀로 듣는 것이나 눈으로 보는 것이나 그 어느 것도 영혼을 동요시키지 않을 때 … 가능한 한 육체를 떠나 홀로 있으며 또 가능한 한 육체와의 모든 결합과 접촉을 피하면서 실재를 추구해 나아갈 때, 가장 잘 생각한다.[17]

토마스 아퀴나스는 이 생각을 뒤집는다. 그에게 있어 육체는 더 이상 영혼의 활동에 대한 장애물이 아니다. 반대로 그것은 참된 사고가 인간 세계에서 실현될 수 있는 유일한 수단이다. 아리스토텔레스의 견해를 따르면서 토마스 아퀴나스는 아우구스티누스와 초대 교회의 교설에 정반대되는 방식으로 육체와 영혼의 결합을 설명하지 않으면 안 되었다. 인간은 하나의 혼성물(mixtum compositum), 즉 전혀 다른 두 요소의 한갓 혼합이 아니다. 인간은 유기적 통일체요, 또 이런 것으로서 행동한다. 그러므로 우리는 그의 이성적 활동들을 지각의 행위로부터 분리시킬 수 없다. 인간의 온갖 인식은, 고급의 것이나 저급의 것이나 한데 연결되어

---

17) Plato, *Phaedo*, 65B, C. English trans. H.N. Fowler (Loeb Classical Library), Ⅰ, 227.

동일한 목적을 지향한다. 감관 경험은 지적 인식의 방해이기는커녕 그 시초요 전제 조건이다. "우리들의 인식의 시작은 감각에 있다."18)

토마스 아퀴나스의 도덕 철학과 정치 철학은 이와 동일한 사상의 노선을 따른다. 도덕적 세계의 구조는 자연계의 그것과 동일한 유형의 것이다. 하느님은 물리적 우주의 창조자일 뿐더러 무엇보다도 입법자요 도덕 법칙의 원천이다. 하지만 여기서도 우리는 이차적 원인들을 간과하거나 그 유효성을 부인하는 것이 하느님의 영광을 더 빛내는 것이 아니라 오히려 훼손하는 것이라고 하는 일반적 원리를 염두에 두지 않으면 안 된다. 우리는 "이차적 원인들"로 하여금 그 당연한 몫을 차지하게 하지 않으면 안 된다. 하느님은 제1원인이요, 또 궁극적 목적이다. 그러나 도덕적 질서는 오직 인간의 자유로운 협동에 의해서만 실현될 수 있는 인간적 질서이다. 그것은 초인간적인 힘에 의하여 우리에게 덮어씌워지지는 않고, 우리들 자신의 자유로운 행위에 의존한다. 그러므로 토마스 아퀴나스는 국가란 그저 인간의 죄에 대한 구제책으로 하느님이 만드신 신의 기관이라는 당시 유행하던 신학설을 받아들일 수 없었다.

아리스토텔레스주의자인 아퀴나스는 사회 질서를 초경험적 원리에서가 아니라 경험적 원리에서 도출하지 않으면 안 되었다. 국가는 인간의 사회적 본능에서 비롯한다. 이 본능의 처음에는 가정 생활을 하게 하고, 여기서 차츰 발전하여 보다 높은 다른 모든 형태의 공동체로 나아가게 한다. 그러므로 국가의 기원을 그 어떤 초자연적 사건과 결부시키는 것은 필요하지도 않고 가능하지도 않다. 사회적 본능은 인간과 동물에 공통되는 것이다. 그러나 인간에게 있어 그것은 새로운 형태를 취한다. 그것은 자연적 산물일 뿐더러 또한 이성적 산물로서, 자유롭고 의지적인 활동에 의거한다. 물론 하느님은, 어떤 의미에서, 국가의 원인이다. 그러나 자연계에서와 마찬가지로 여기서도 그는 다만 먼 원인(causa remota)

---

18) 이 문제를 자세히 역사적으로 논한 것으로는 E. Gilson, *Le Thomisme* (Nouelle ed. Paris : Vrin, 1922), 9장, 138 이하 참조.

혹은 추진시키는 원인(causa impulsiva)으로서만 일하신다. 이 본원적 동력은 인간으로 하여금 그 자신의 근본적 책임으로부터 벗어나게 하지 않는다. 인간은 그 자신의 노력으로 정의와 공정의 질서를 건설하지 않으면 안 된다. 그는 도덕적 세계와 국가의 조직을 통하여 그의 자유를 증명한다. 여기서 두 영역 사이의 깊은 틈, 즉 자연의 영역과 은혜의 영역 사이의 틈은 다리를 놓듯 연결되는 것이 아니다. 이 두 영역은 완전한 통일로 한데 융합된다. 은혜의 힘은 약화되지 않는다.

 토마스 아퀴나스는 고대 철학자들의 최고선(summum bonum)이 이성만으로는 도달될 수 없음을 확신하고 있었다. 지복직관(visio beatifica), 하느님을 신비적으로 보는 것은 여전히 절대적 목표이고, 이 목표는 언제나 신적 은혜의 자유로운 선물에 의거한다.[19] 그러나 인간 자신이 이 일을 시작하고 이 일을 위하여 준비하지 않으면 안 된다. 신의 권리는 이성에서 비롯되는 인간의 권리를 제기하지 않는다.[20] 은혜는 자연을 부수는 것이 아니라 자연을 완성시킨다(Gratia naturam non tollit, sed perficit). 그러므로 (인류의 시조로 말미암은) 타락에도 불구하고 인간은 그의 힘을 바르게 사용하여 그 자신의 구원을 준비하는 능력을 상실하지 않았다. 그는 큰 종교극에서 수동적인 역할을 맡지 않는다. 그의 능동적인 기여가 요구되며 또 사실 없을 수 없다.[21] 이와 같은 생각에서 인간의 정치 생활은 새로운 존엄성을 얻게 되었다. 지상의 국가와 하느님의 나라는 더 이상 반대되는 두 개의 극이 아니다. 그것들은 서로 관련되어 있고, 또 서로 보완한다.

---

19) *Summa theologica*, Prima Secundae, Quaest. 91, art. 4.
20) 같은 책, Prima Secundae, Quaest. 10과 11.
21) 같은 책, Prima Secundae, Quaest. 91, art. 3.

제10장 마키아벨리의 새 정치학

마키아벨리 전설

　문학사 전체를 통하여 마키아벨리의 ≪군주론≫(Il Principe)의 운명만큼 "책의 운명은 그 독자들의 능력에 달려 있다"(Pro captu lectoris habent sua fata libelli)[1]라는 격언의 진리를 잘 입증한 것은 없다. 이 책의 평판은 독특하였고 전에 없던 것이었다. 그것은 학자들에 의하여 연구되고 정치 철학자들에 의하여 논평될 한갓 학구적인 논문이 아니었다. 이 책은 지적 호기심을 만족시키기 위하여 읽혀지지는 않았다. 그 최초의 독자들 수중에서 마키아벨리의 ≪군주론≫은 대뜸 행동으로 옮겨졌다. 그것은 우리들의 현대 세계의 여러 큰 정치적 투쟁에서 강력하고 위험한 무기로 사용되었다. 그 효과는 명백하고 확실하였다. 하지만 그 **의미**는, 어떤 의미에서 하나의 비밀로 남아 있었다. 이 책이 모든 각도에서 검토되고, 철학자들, 역사가들, 정치학자들, 그리고 사회학자들에 의하여 논의된 후인 지금도 이 비밀은 아직 완전히 밝혀지지 않고 있다. 세기가 바뀜에 따라, 아니 세대가 바뀜에 따라 우리는 ≪군주론≫에 대한 판단이 그저 변화만 하는 것이 아니라 완전히 뒤집히는 것을 본다. 이것은 이 책의 저자에게 있어서도 마찬가지다. 당파적인 애증(愛憎)으로 혼동되어 역사상의 마키아벨리의 모습은 여러 가지로 변하였다. 그리고 이

---

1) T. Maurus, *De littetris, syllabis et metris*, v. 1286.

모든 변화의 배후에 있는 이 사람의 참된 면모와 그 저서의 주제를 알아보는 것은 극히 어려운 일이다.

 최초의 반응은 공포와 혐오의 그것이었다. 머콜리는 마키아벨리를 논한 그의 논문 첫머리에 다음과 같이 썼다.

> 문학사상 그 어떤 이름이, 우리가 지금 그의 성격과 저작을 고찰하려 하고 있는 사람의 그것만큼 일반적으로 추악했던가 싶다. 흔히 그를 묘사하는 용어들은 그가 악마요, 악한 원리요, 야심과 복수의 발견자요, 위증의 처음 발명자였다는 것, 그리고 운명적인 군주론의 간행 이전에는 위선자, 폭군, 반역자, 가장한 미덕이나 교묘한 범죄가 절대로 없었다는 것을 나타내려는 듯이 보인다. … 사람들은 그의 성(姓)으로부터 악한의 별명을 지었고, 그의 세례명으로부터는 악마의 동의어를 만들었다.2)

 후에 이 판단은 완전히 뒤집어졌다. 지나친 비난의 시기가 있은 후 지나친 찬양의 시기가 왔다. 배격과 혹독한 비난은 일종의 외경과 숭배로 바뀌었다. 폭군들의 고문 마키아벨리는 자유의 순교자가 되었으며, 사람 모양을 한 악마는 영웅이 되고 또 거의 성자가 되었다.

 마키아벨리와 같은 경우에 이 두 가지 태도는 부적당하고 또 오해하게 하는 것이다. 나는 우리가 그의 책을 도덕적 견지에서 읽고 판단해서는 안 된다고 말하지는 않는다. 그렇게 엄청난 도덕적 결과들을 낳은 저작에 대하여 그러한 판단을 내리는 것은 불가피하며, 또 실로 어쩔 수 없는 일이다. 그러나 우리는 배격이나 시인, 혹은 비난이나 찬양으로부터 **시작**해서는 안 된다. 아마 다른 어떤 저작가의 경우에서보다도 더 "웃지 않고, 슬퍼하지도 저주하지도 않고 오직 이해한다"(Non ridere, non lugere neque detestari, sed intelligere)라고 한 스피노자의 금언을 기억하는 것이 필요하다. 우리는 그 사람과 그의 작품에 대해서 판단을 내리

---

2) Macaulay, *Critical, Historical and Miscellaneous Essays* (New York, 1860), Ⅰ, 267 이하.

기 전에 먼저 이해하려 하지 않으면 안 된다. 그러나 이 지적 태도는 두 개의 마키아벨리 전설의 영향에 의하여 방해를 받아 왔다. 《군주론》을 연구할 때 우리는 항상 이 전설, 즉 증오의 전설과 사랑의 전설에 대하여 경계하지 않으면 안 된다. 전자는 영국에서 17세기에 만들어졌다. 정치가들과 철학자들뿐 아니라 위대한 영국 시인들도 마키아벨리 신화의 전파에 한몫 끼었다. 엘리자베스 여왕 시대의 유명한 저술가로서 마키아벨리의 이름을 언급하지 않고 또 그의 정치 이론에 대해서 어떤 판정을 내리지 않은 사람은 거의 없었다. 에두아르트 마이어는 그의 《마키아벨리와 엘리자베스 여왕 시대의 연극》(*Machiavelli unddas Elisabethanische Drama*)3)에서 엘리자베스 여왕 시대의 문학에는 마키아벨리에 관해 언급한 것이 395종 이상 된다는 것을 밝혔다. 그리고 어디서나, 즉 말로우, 벤 존슨, 셰익스피어, 웹스터, 보몬트 및 플레처의 극의 그 어느 것에서나 마키아벨리즘은 교활, 위선, 잔인 및 범죄를 의미한다. 극에 나오는 악한은 대개 마키아벨리주의자로 자처한다.4) 아마 이 일반적 감정을 가장 두드러지게 표현한 것은 셰익스피어의 《헨리 6세》의 제3부에 있는 글로우세스터 공 리처드의 독백에서 찾아볼 수 있을 것이다.

"물론 나는 미소할 수 있고 또 미소하면서 살인할 수 있다.
또 내 마음을 슬프게 하는 것에 대해 만족하노라 소리칠 수 있다.
또 거짓 눈물로 함을 적실 수 있으며,
어떤 처지에든 거기 맞추어 내 얼굴을 꾸밀 수 있다.
나는 인어 이상으로 많은 사공들을 익사시키리라.
나는 바실리스크 이상으로 많은 사람을 노려보아 죽이리라.
나는 네스토르에 못지 않게 웅변을 토할 것이며,
율리시즈보다 더 교활하게 속일 것이며,

---

3) "Literarhistorische Forschungen", Band 1 (Weimar, 1907).

4) 증거로는 M. Praz의 저서, *Machiavelli and the Elizabethans*, "Proceedings of the British Academy", 제18권 (London, 1928) 참조.

또 사이논 같은 사람처럼, 제 2의 트로이를 취하리라.
나는 카멜리온에 더 많은 빛깔을 갖게 할 수 있으며,
이익을 위하여 프로테우스처럼 모습을 바꾸며
또 잔인한 마키아벨리를 가르칠 수조차 있다."[5]

리처드3세가 마키아벨리에 관한 말을 했다는 것은, 물론 하나의 시대착오이다. 그러나 이 시대착오는 셰익스피어와 그의 청중에게 거의 주의되지 않았다. 왜냐하면 셰익스피어가 그의 극을 썼을 때 마키아벨리의 이름은 그 역사적 개성을 거의 상실하고 있었기 때문이다. 그것은 사고의 한 유형을 기술하는 데 사용되었다. 후에 이르러서도 마키아벨리 혹은 마키아벨리즘이란 낱말은 언제나 증오와 혐오의 마력적 분위기로 둘러싸여 있었다. 렛싱의 ≪에밀리아 갈로티≫에서, 장관이자 또 군주의 고문인 마리넬리는 아직도 전설적인 마키아벨리의 많은 특성을 지니고 있다. 렛싱의 비극의 끝머리에서 군주는, "제왕들도 사람이면 그만 아닌가? 악마들도 그들의 친구로 가장해야만 하는가?"[6]라고 소리친다.

하지만 이 증오와 멸시에도 불구하고 마키아벨리의 **이론**은 결코 그 기반을 잃지 않았다. 그것은 일반적 관심의 중심에 있었다. 아주 이상하게도, 그 이론에 가장 단호히 반대한 사람들이 바로 이 관심을 강화하는 데 크게 공헌하였다. 혐오는 언제나 일종의 찬탄 및 매혹과 혼합되어 있었다. 마키아벨리의 정치학 체계에 극단으로 반대하는 사람들도 어쩔 수 없이 그의 정치적 천재에 경의를 표하지 않을 수 없었다. 유스투스 립시우스는 그의 ≪정치학≫에서, "그러나 나는 마키아벨리의 날카롭고 민감하고 불같은 천성을 경시하지 않는다"(Unius tamen Machiavelli ingenium non contemno acre, subtile, igneum)[7]라고 썼다. 이 점에 있어서 마키아

---

[5] *King Henry the Sixth*, 제3부, Act 3, ac. 2.

[6] Lessing, *Emilia Galotti*, Act 5. sc. 8.

[7] Justus Lipsius, *Politicorum sive civilis doctrinae libri sex*(Antwerp, 1599), pp. 8

벨리의 지지자들과 그의 가장 맹렬한 반대자들 사이에는 거의 차이가 없었다. 이 이상한 동맹은 현대의 정치사상에서 마키아벨리즘의 영속적인 힘의 주요 원인들 중의 하나가 되었다. 마키아벨리는 죽었다. 그러나 그의 이론은 항상 새로운 모습을 띠고 나타났다. 말로우는 그의 ≪몰타섬의 유태인≫(*Jew of Malta*)의 서막에서 마키아벨리를 등장시켜 다음과 같이 말하게 한다.

"세상은 마키아벨리가 죽었다고 생각하나,
그의 영혼이 알프스 너머로 날아갔을 뿐이다.
기이즈*가 죽은 지금, 프랑스로부터 와서
이 나라를 돌아보고, 친구들과 장난치려
한다.
아마 어떤 이에게는 내 이름이 추악하겠으나,
나를 사랑하는 이들이 그들의 말썽으로부터 나를 지키며,
내가 마키아벨리이고, 사람들이나
사람들의 말을 개의치 않음을 그들로 하여금 알게 한다.
나는 나를 가장 미워하는 사람들로부터 숭배를 받는다.
비록 어떤 이들이 공공연히 나의 저서를 좋지 않게 말하나,
그래도 그들은 내 책을 읽으며, 그 덕택으로
베드로의 의자에 나아간다. 그들이 나를 내어던질 때,
그들은 내 뒤를 따르는 이들에게 독살된다."

이 전설적인 마키아벨리 상(像)이 뒤집혀지기까지에는 오랜 시간이 걸렸다. 이 통속적인 판단을 처음에 공격한 것은 17세기의 철학자들이었다. 베이컨은 마키아벨리에게서 자기와 무척 닮은 정신을 발견하였다. 그는 마키아벨리에게서 모든 스콜라 철학적 방법을 버리고 경험적 방법

이하.
* 1572년 생 바르뗄르미의 위그노 대학살의 주모자 앙리 로랜느 드 기이즈(Henri Lorraine de Guise)를 말한다 - 옮긴이 주

을 따라 정치학을 연구하려 한 철학자를 보았다. 베이컨은, "우리는 마키아벨리 및 동류의 다른 저작가들에게 많은 은혜를 입었는데, 그들은 인간이 무엇을 해야 하느냐가 아니라 인간이 무엇을 하고 있느냐 하는 것을 숨김없이 또 거짓 없이 선언하고 혹은 기술하고 있다"[8)]라고 말하고 있다.

하지만 근대의 위대한 사상가들 가운데 스피노자만큼 마키아벨리에 대한 판단을 수정하고 그의 이름을 비방에서 건지는 데 이바지한 사람은 없다. 이 목표를 추구하는 가운데 스피노자는 하나의 기묘한 가설에 도달하였다. 그는 그에게 자유의 투사로 여겨진 마키아벨리가 전제 정치의 가장 위험한 격률들을 포함한 한 권의 책을 쓸 수 있었다는 사실을 설명해야만 했다. 이것은 오직 ≪군주론≫이 하나의 숨은 의미를 가지고 있다는 가정 위에서만 이해될 수 있는 듯싶었다. 스피노자는 그의 ≪정치론≫(*Tractatus politicus*)에서 다음과 같이 말한다.

그 오직 하나의 동기가 지배욕인 군주는 그의 통치권을 확립하고 유지하기 위하여 어떤 수단을 써야 하느냐, 다시 없이 명민한 마키아벨리는 이것을 자세히 설명하고 있다. 그러나 무슨 의도로 그렇게 했는지는 확실히 알 수 없다 … 그는 자유로운 대중이 그 복리를 한 사람에게 완전히 맡기는 데 있어 얼마나 조심해야 하는가를 밝히고 싶었던 것 같다. 이 한 사람은…필경 날마다 음모를 두려워하며, 그리하여 주로 자기 자신의 이익을 도모하게 마련이며, 또 대중에 관해서는, 그 복리를 생각하느니보다 오히려 모함할 것을 생각하지 않을 수 없다. 그리고 나는 저 선견지명이 있는 사람에 관해서 더욱 이러한 의견을 가지게 되는데, 이것은 그가 자유를 애호했으며, 또 자유의 유지를 위하여 가장 유익한 충고를 했다는 것이 잘 알려져 있기 때문이다.[9)]

---

8) Bacon, *De augmentis scientiarum*, Lib. 7, cap. 2, sec. 10.

9) Spinoza, *Tractatus theologico-politicus*, cap. 5, sec. 5. English trans. R.H.M. Elmes (Bohn's Philosophical Library, London : G. Bell and Sons, 1900), "Works", Ⅰ, 315.

스피노자는 이 설명을 다만 가설적으로 제창하였다. 그는 얼마간 주저하면서 말하였으며, 자기 자신의 가설에 대하여 그다지 확신을 가질 수 없었다. 사실 그도 한 가지 점을 오해하고 있었다. 그도 어떤 의미에서 그가 깨뜨리려 한 바로 그 착각에 여전히 사로잡혀 있었다. 왜냐하면 그에게는 마키아벨리가 매우 명민하고 투철했을 뿐 아니라, 또한 교활한 저작가이기도 했기 때문이다. 그는 마키아벨리를 교활한 일의 대가로 보았다. 그러나 이 판단은 역사적 사실들과 일치하지 않는다. 만일 마키아벨리즘이 기만이나 위선을 의미하는 것이라면, 마키아벨리는 마키아벨리주의자가 아니었다. 그는 결코 위선자가 아니었다. 그의 유명한 편지들을 읽어 보면 놀랍게도 그 마키아벨리는 우리들이 종래에 생각하고 선입견을 가졌던 마키아벨리와는 크게 다르다. 그는 솔직하게 마음을 터놓고, 또 꾸밈없이 말하고 있다. 그리고 그 사람됨에 관해서 타당한 것은 또한 그 저서에 대해서도 타당하다. 이 정치적 모략과 배신의 위대한 교사는 아마도 가장 성실한 정치적 저술가의 한 사람이었다. "말이란 자기의 생각을 위장하기 위하여 민간에게 주어졌다"라고 하는 탈레랑의 유명한 격언은 외교술의 참된 정의로서 칭송되어 왔다. 만일 이것이 옳다면 마키아벨리는 결코 외교가가 아니다. 그는 절대로 자기 자신을 위장하지 않았고 자기의 의견과 판단을 숨기지도 않았다. 그는 자기의 생각을 단호하고도 통명스럽게 말하였다. 가장 대담한 말이 그에게는 언제나 가장 좋은 말이었다. 그의 사상과 문체에는 애매한 데가 조금도 없다. 그것들은 명료하고 선명하고, 명백하다.

 18세기의 사상가들, 즉 계몽주의의 철학자들은 마키아벨리의 성격을 더 많은 호의를 가지고 보게 되었다. 어떤 의미에서 마키아벨리는 그들의 당연한 동맹자인 것같이 보였다. 볼떼르가 로마 교회에 대해서 공격을 시작했을 때, 즉 그가 "파렴치한을 분쇄하라"(Écrasez l'infâme)라고 하는 유명한 말을 했을 때 그는 자기가 마키아벨리의 사업을 계속하고 있다고 믿을 수가 있었다. 마키아벨리는 교회가 이탈리아의 모든 비참함에 대해서 누구보다도 책임이 있다고 선언하지 않았던가? 그는 그의 ≪논의≫(*Discorsi*)*에서 다음과 같이 말한 바 있다. "로마의 교회와 그 사제들에게 우리 이탈리아 사람은 그들을 통해서 우리가 사악하게 되고 신앙을 잃게 되었다고 하는 첫째 빚을 지고 있다. 그러고 이보다 더 큰 빚을 지고 있는데, 그것은 우리들의 파멸의 직접적 원인인바, 곧 교회로 말미암아 우리나라가 분열되고 있다는 사실이다."10) 이와 같은 말은 프랑스 철학자들에게 대뜸 이용될 수 있는 것이었다. 한편 그들은 마키아벨리 이론들에 절대로 합의할 수 없었다. 프리드리히 2세의 ≪반(反)마키아벨리론≫의 초판의 서문에서 볼떼르는 여전히 "유해한 마키아벨리"라고 말하였다.11) 프로이센의 황태자로서 이 논문을 쓴 프리드리히 2세는 그 속에서 계몽주의 사상가들의 일반적 감정과 판단을 표현하였다. 그는 다음과 같이 말하였다. "나는 이 괴물, 즉 인간성에 대한 이 공공연한 적에 대하여 인간성을 옹호하는 사람들의 편에 가담하려 하며, 또 궤변과 고약한 논의에 대해서 이성과 정의로 나 자신을 무장하려 한다. … 이렇게 함으로써 독자로 하여금 한편에서 볼 수 있는 해독에 대하여 다른 편에서 해독제를 곧 얻게 하련다."12)

이 말은 1739년에 씌어졌지만 그 다음 세대에 이르면 전혀 다른 말을 들을 수 있다. 마키아벨리에 관한 판단은 완전히 그리고 갑자기 변한다. ≪인간성의 촉진을 위한 편지≫에서 헤르더는 선언하기를, 마키아벨리의 ≪군주론≫을 하나의 풍자 혹은 정치에 관한 해로운 책 또는 이 두 가지의 혼성물로 보는 것은 잘못이라 하였다. 마키아벨리는 정직하고 고

---

* *Discorsi sopra la prima deca di Tito Livio*의 약칭. 흔히 ≪로마사론≫이라고도 함 - 옮긴이 주.

10) *Discourses on the First Decade of Titus Livy*, Bk. 1, 12장, English trans. N.H. Thomson (London, 1883), pp. 56 이하.

11) 볼떼르의 서문의 영역으로는 Ellis Farneworth의 것이 있다. "The Works of Nicholas Machiavel", 제2판 (London, 1775), Ⅱ, 181~186.

12) *Anti-Machiavel*, 서문, Farneworth, 앞의 책, Ⅱ, 178 이하.

결한 사람이요, 날카로운 관찰자요, 자기 나라에 충성을 다하는 헌신자였다. 그의 저서는 줄줄이 그가 인간성에 대한 반역자가 아니었음을 역력히 보여주고 있다. 그의 저서에 잘못이 있다면, 그것은 아무도 그것을 그것이 처해 있던 바로 그 상황에서 보지 않았다는 데서 말미암는 것이었다. 그 책은 풍자적 저술도 아니고 도덕 교과서도 아니다. 그것은 마키아벨리의 동시대인을 위해서 씌어진 정치학의 걸작이다. 마키아벨리의 의도는 결코 **일반적인** 정치 이론을 제공하는 것이 아니었다. 그는 단순히 자기 자신의 시대의 습속들, 사고와 행동의 양식들을 묘사했을 따름이다.13)

헤겔은 이 판단을 받아들였다. 그리고 훨씬 더 단호한 어조로 말하였다. 그는 최초의 마키아벨리 찬미자가 되었다. 이 사실을 이해하려면 우리는 헤겔이 마키아벨리의 정치 이론을 연구하게 된 특별한 상황을 염두에 두지 않으면 안 된다. 그것은 나폴레옹 전쟁의 시대요, 프란츠 2세가 독일 제국의 왕관을 내어놓은 후였다. 독일의 정치적 붕괴는 기정사실인 것같이 보였다. 1801년에 씌어진 미간(未刊)의 논문 ≪독일의 헌법≫ (*Der Verfassung Deufschlands*)을 헤겔을 다음과 같은 말로 시작하고 있다. "독일은 한 국가이기를 그쳤다." 이와 같은 생각에서, 아주 절망적으로 보인 정치적 정세 속에서, 헤겔은 마키아벨리의 ≪군주론≫을 읽었다. 그리고 이때 그는 크게 비난받고 또 크게 칭찬을 받은 이 책에 대한 실마리를 발견한 듯이 보인다. 그는 19세기 독일의 공적 생활과 마키아벨리 당시의 이탈리아 국민 생활이 매우 닮았다고 생각하였다. 하나의 새로운 관심과 새로운 야심이 그의 내부에서 일어났다. 그는 제2의 마키아벨리, 즉 그 자신의 시대의 마키아벨리가 될 것을 꿈꾸었다. 헤겔은 다음과 같이 말한다.

---

13) Herder, Briefe zur Beförderung der Humanität, Brief 58, "Werke", ed. B. Suphan, XVII, 319 이하.

이탈리아가 그 파멸을 향하여 바삐 달리고 외국의 군주들이 수행하는 전쟁의 싸움터가 되고, 또 이 전쟁들을 위한 수단을 제공하고, 동시에 그 목표물이 되어 있었으며, 독일인, 스페인인, 프랑스인, 스위스인이 이 나라를 헐벗게 하고 외국정부들이 이 나라의 운명을 결정하고 있었던 불행한 시기에, 이탈리아의 한 정치가는 이 일반적 곤궁과 증오와 무질서와 암흑의 감정 속에서, 냉철하고 신중하게 한 국가로의 통합에 의하여 이탈리아를 구출해 내어야 하겠다는 어쩔 수 없는 생각을 품게 되었다. 이탈리아의 상황을 관찰함으로써 형성된 한 사상의 발전을, 모든 상황에 적합한 따라서 어떤 상황에도 적합하지 않은 도덕적 및 정치적 원리들의 제3자적 입장에서의 요약으로 취급하는 것은 가장 당치 않은 일이다. 우리는 모름지기 마키아벨리 이전의 여러 세기에 걸친 이탈리아의 역사와 마키아벨리 당시의 이탈리아의 역사를 고려하면서 ≪군주론≫을 읽어야 한다. 그리하면 이 책은 비단 정당화될 뿐만 아니라, 또한 가장 위대하고 가장 고상한 마음을 가진 진정한 정치적 천재의 극히 훌륭하고 옳은 생각으로 보일 것이다.

이것은 실로 하나의 새로운 일보전진, 19세기 정치사상의 발전에 있어서 매우 중요한 일보전진이었다. 프리드리히 마이네케는, "마키아벨리즘은 여태껏 윤리적 세계의 바깥에만 있어 왔는데, 이제 모든 윤리적 가치를 포용하고 뒷받침하는 관념론 체계에 이 마키아벨리즘이 들어가게 된 것은 새롭고 괴이한 일이었다. 여기서 일어난 일은 서자를 적출자로 인정하는 것에 비길 만한 것이었다"[14]라고 말한다.

이와 동일한 경향이 피히테의 정치 철학의 발전에도 나타났다. 1807년에 피히테는 쾨니히스베르크에서 평론지 ≪베스타≫(*Vesta*)에 마키아벨리에 관한 논문을 발표하였다.[15] 그가 선언한 바와 같이, 그의 논평은 "한 성실한 사람의 명예 회복"(Ehrenrettung eines braven Mannes)에,

---

[14] *Die Idee der Staatsräson in der neueren Geschichte* (München and Berlin : R. Oldenbourg, 1925), p. 435.

[15] 후에 Fichte, "Nachgelassene Werke" (Bonn, 1835), III, 401~453에 재수록됨.

즉 한 의로운 사람의 명망을 건지는 데 이바지하려는 것이었다. 여기서 우리가 발견하는 것은 우리의 전통적 견해와는 아주 거리가 먼 피히테이다. 우리는 그를 가장 준엄한 도덕적 엄숙주의의 대변자로 생각한다. 그러나 마키아벨리에 대한 그의 판단에는 이런 데가 전혀 없다. 그는 마키아벨리의 정치적 현실주의를 찬양하였고 또 모든 도덕적 비난으로부터 그를 구출하려 하였다. 그는 마키아벨리가 단호히 이교 신앙을 공언했고 또 그리스도교에 대하여 증오와 멸시의 생각을 가지고 논하였다는 것을 인정하였다. 그러나 이 모든 것은 그의 판단을 변화시키지 않았으며, 또한 정치 사상가로서의 마키아벨리에 대한 그의 찬탄을 감소시키지도 않았다.

마키아벨리의 저작에 대한 이 해석은 19세기에 우세하였다. 이때 이후로 그 역할들이 바뀌었다. 종래에는 비난의 말이었던 마키아벨리의 이름이 갑자기 일종의 **수식 형용사**가 되었다. 두 개의 강한 힘, 즉 지적인 힘과 사회적인 힘이 이 결과를 생기게 하는 데 기여하였다. 19세기의 문화에서는 역사가 주도적 역할을 맡기 시작하였다. 얼마 안 가서 그것은 다른 모든 지적 관심을 대체하고 또 거의 가렸다. 이 새로운 관점에서 볼 때 마키아벨리의 《군주 론》에 대한 종래의 판단들은 받아들일 수 없는 것이었다. 왜냐하면 그것들은 이 책의 역사적 배경을 보는 데 있어 완전히 실패했기 때문이다. 한편 국가주의가 19세기초부터 정치적 사회적 생활의 가장 강한 동력과 추진력이 되어 왔었다. 이 두 운동은 마키아벨리의 이론의 진가를 인정하는 데 있어 깊은 영향을 끼쳤다. 17세기 문학에서 마키아벨리는 악마의 화신으로 기술되었었다. 그리고는 기묘하게 과장되어, 악마 자신이 가끔 마키아벨리주의자라 불리었고 또 마키아벨리즘에 물든 것으로 되어 있었다.[16] 그러나 200년 후에 이 판단은 완전히 뒤집혔다. 마키아벨리를 악마화하는 풍조는 일종의 신격화로 바뀌었다. 이탈리아의 애국자들은 언제나 마키아벨리의 《군주론》의 마

---

16) Mario Praz, 앞의 책, p. 37 참조.

지막 장을 열렬히 환영하였다. 비토리오 알피에리는 그의 저서 ≪군주론 및 편지에 관하여≫를 출판했을 때 "신과 같은 마키아벨리"라 말하기를 주저하지 않았다. 그는 이 저서에, 이탈리아를 외국인들로부터 해방시키라고 하는 마키아벨리의 유명한 권고와 아주 상응하는 것으로 이해되는 특별한 한 장을 넣었다.17)

그러나 나는 이 경우에 우리의 "역사주의"와 우리의 국가주의가 우리의 판단을 명백하게 하느니보다 오히려 더 혼란하게 했다고 생각한다. 헤르더와 헤겔의 시대 이래 우리는 마키아벨리의 ≪군주론≫을 체계적인 저서, 즉 하나의 정치 **이론**으로 보는 것은 잘못이라고 들어왔다. 마키아벨리는 결코 그와 같은 이론을 내어놓으려 하지 않았고 또 특별한 목적과 소수의 독자를 위해서 그 책을 썼다고들 말한다. 아더 버드는 그가 편찬한 마키아벨리 저작집의 서문에서, "≪군주론≫은 결코 이탈리아 사람, 그것도 특정한 시기의 이탈리아 사람 이외의 사람들을 위해서 저술되지 않았다. 더 나아가 우리는 도대체 그것이 이탈리아 사람 전체를 위해서 저술된 것이냐고 물을 수도 있다."18)라고 말한다. 그러나 이 흔해 빠진 의견이 마키아벨리 자신의 견해들과 그의 주요 목적의 정확한 표현이라는 그 어떤 증거라도 있는가? 마키아벨리는 이탈리아의 대변인으로서 행동하는 것 이외에는 달리 아무런 관심도 아무런 포부도 없었으며, 또 그의 모든 권고는 이탈리아의 역사의 특별한 순간에 국한되어 있었던가? 그는 이 견해들이 장차 올 세대들의 정치적 생활과 문제들에 적용될 수는 없다고 확신하고 있었던가?

나는 이 주장을 옳다고 할 수 있는 근거를 하나도 찾아볼 수 없다. 이와 같이 판단할 때 우리는 일종의 착각을 하고 있지 않나 염려스럽다. 우리

---

17) Alfieri, *Del Principe e delle lettere Libri* III, cap. 11 "Opere di Vittorio Alfieri" (Italia, 1806), I, 244.

18) Niccolò Machiavelli, *Il Principe*, ed. L.A. Burd (Oxford : Clarendon Press, 1891), p. 14.

는 "역사가의 오류"라 부를 수 있는 과오에 빠지기 쉽다. 우리는 우리들 자신의 역사관과 역사학적 방법을, 이런 역사관을 전혀 알지도 못했고 또 이해할 수도 없었을 한 저자에게 빌려 주고 있다. 우리에게는, 모든 것을 그 자체의 주위 환경에서 관찰하는 것이 아주 자연스러운 일로 생각된다. 우리는 이 준칙을 인간의 행동과 문화 현상에 대한 모든 건전한 해석에 있어서의 일종의 지상 명령이라고 여긴다. 따라서 우리는 사물의 개별성과 판단의 상대성에 대한 감정을 발달시켜 왔는데, 이 감정은 가끔 우리를 과민하게 한다. 우리는 감히 일반적 언명을 내어놓는 일이 거의 없으며, 모든 명쾌한 공식을 불신하며 영원한 진리와 보편적 가치의 가능성에 대해서 회의적이다. 그러나 이것은 마키아벨리의 태도가 아니요, 또한 르네상스의 태도도 아니었다. 르네상스의 예술가들, 과학자들, 철학자들은 우리의 현대의 역사적 상대주의를 알지 못했다. 그들은 아직 절대적인 아름다움과 절대적인 진리를 믿고 있었다.

마키아벨리 자신의 경우에는 그의 정치 이론에 대하여 근대의 주석가들이 끌어들인 모든 제한을 금하게끔 한 또 하나의 특별한 이유가 있었다. 그는 위대한 역사가였다. 그러나 역사의 과제에 대한 그의 생각은 우리의 생각과는 크게 달랐다. 그는 역사적 생활의 동력학이 아니라 그 정력학에 흥미를 가지고 있었다. 그는 어떤 주어진 역사적 시기의 특수한 면들에 관심을 두지 않고 거듭 일어나는 면, 즉 어떤 시대에나 똑같은 것들을 추구하였다. 우리가 역사를 논하는 방식은 개성적이요, 마키아벨리의 방식은 보편적이었다. 우리는 역사가 결코 되풀이되지 않는다는 생각을 하는데, 그는 역사가 언제나 되풀이된다고 생각한다. 그는 다음과 같이 말한다.

현재를 과거와 비교하는 사람은 누구나, 모든 도시에서 또 모든 나라에서 지금까지 언제나 지배했던 것과 동일한 욕망들과 열정들이 지금도 지배함을 깨달을 것이다. 이런 까닭에 과거의 사건들을 주의 깊게 검토하는 사람에게는, 어떤 나라에서든지 거기서 일어나려 하는 것들을 예측하고, 또 그와 비슷한 경우에 옛날 사람들이 사용한 것과 같은 대책을 강구하는 것은 쉬운 일이겠다…그러나 이 교훈들이 독자들에게 소홀히 여겨지거나 혹은 이해되지 않았기 때문에, 혹은 그들에게는 이해되었으나 통치자들에게는 알려지지 않았기 때문에, 그 결과로 똑같은 혼란이 어느 시대에나 한결같이 생긴다.19)

그러므로 장차 일어날 것을 예측하고자 하는 자는 항상 지난 것을 돌이켜본다. 왜냐하면 인간의 모든 사건은, 현재 있는 것이나 앞으로 있을 것이나 과거의 그것과 꼭 닮은 데가 있기 때문이다. "그리고 이 사건들은 사람들에 의해서 생기게 되는 것인데, 사람들의 정념과 기질은 어느 시대에나 똑같은 것이므로 자연히 똑같은 결과들을 생기게 한다."20)

인간 역사에 대한 이 정적인 견해로부터 나오는 당연한 결론은 모든 역사적 사건이 서로 교환될 수 있다는 것이다. 물리적으로는 그것들이 공간과 시간에 있어서의 일정한 자리를 가지고 있다. 그러나 그 의미와 성격은 언제나 변함이 없다. 그런데 티투스 리비우스의 저작에 대한 주석에서 자기 자신의 정치적 준칙들과 이론들을 설명할 수 있었던 이 사상가는 확실히 모든 시대가 그 자체의 표준에 의하여 고려되어야 한다는 근대 역사가들의 생각을 그대로 가지고 있지는 않았다. 그에게는 모든 사람과 모든 시대가 동일한 수준에 있었다. 마키아벨리는 그리스나 로마의 역사에서 인용한 예와 자기 시대의 역사에서 끌어온 예 사이에 조금도 차별을 두지 않았다. 그는 알렉산드로스 대왕과 체자레 보르지아에 관하여, 한니발과 로도비꼬 일 모로(Lodovicoil Moro)에 관하여 똑같은 어조로 말하였다. 르네상스의 "새로운 군주국들"을 문제 삼는 바로 그 장에서 그는 모세, 퀴로스, 로물루스, 테세우스를 논하고 있다.21) 마키아

---

19) *Discourses*, Bk. 1, 39장. English trans., p. 125.
20) *Discourses*, Bk. 3, 43장. English trans., p. 475.

벨리 자신의 동시대인들, 르네상스 시대의 위대한 역사가들도 그의 방법의 이 결함을 주목하고 비판하였다. 특히 귀치아르디니는 이 점에 대하여 매우 재미있고 적절한 논평을 하였다.22)

만일 이런 유형의 사상가가 하나의 새로운 건설적인 이론, 진정한 정치학을 건설하는 일을 시도한다고 하면, 그는 확실히 이 정치학을 특별한 경우에 국한시킬 것을 생각할 수 없다. 아무리 역설적으로 들릴지 모르나, 우리는 이 경우 우리들 자신의 현대적 역사의식이 우리의 눈을 가리워 명백한 역사적 진리를 보지 못하게 했다고 말하지 않으면 안 된다. 마키아벨리는 그 책을 이탈리아를 위해서 쓰지도 않았고 또한 그 자신의 시대를 위해서 쓴 것도 아니며, 오직 세계를 위하여 썼던 것이다. 그리고 세계는 그에게 귀를 기울였다. 그는 결코 그에 대한 현대의 비평가들의 판단에 동의하지는 않았을 것이다. 이들이 그에게 칭찬한 것이 그에게는 결점으로 여겨졌을 것이다. 그는 자기의 정치적 저작을 마치 투키디데스가 자기의 역사적 저작을 본 것처럼 보았다. 그는 그것을 **영원한 보물**로 보았고, 일시적인 것이라고 보지 않았다. 마키아벨리는 사실 자기의 모든 판단에 자신만만하였다. 그는 가장 대담한 일반화를 매우 선호하였다. 고대나 근대의 역사에서 따온 소수의 예로부터 그는 대뜸 가장 일반적인 결론을 끌어냈다. 만일 우리가 마키아벨리의 이론의 결과들을 이해하려면 이 연역적 사고 및 논증의 방식을 언제나 고려하지 않으면 안 된다. 그 자신의 개인적 경험을 기술하거나 특별한 대중에게 말하는 것은 그의 의도가 아니었다. 물론 그는 자기 자신의 경험을 이용하였다. ≪논의≫의 헌사에서 그는 그의 친구 자노비 부온델몬테와 코시모 루첼라이에게, 그가 이들에게 바치는 저작은 그가 많은 독서와 또 세상사에서의 오랜 경험에서 모으고 얻은 모든 정치적 지식을 포함하고 있

---

21) *The Prince*, 6장 참조.

22) Guicciardini, "Considerazioni intorno ai Discorsi del Machiavelli", *Opere inedite di F.Guicciardini*, 제2판 (Florence, 1857), I, 3~75.

다고 말하고 있다. 하지만 세상사에 관한 마키아벨리의 오히려 넉넉지 못한 경험은 결코 그로 하여금 ≪군주론≫과 같이 수준이 높고 중요한 저작을 쓸 수 있게 하지는 못했을 것이다. 이것을 위하여는 아주 다른 지적 능력, 즉 논리적 연역과 분석의 능력 및 참으로 포괄적인 정신의 능력이 필요하였다.

　많은 근대 저작가들로 하여금 마키아벨리의 ≪군주론≫을 올바르게 보지 못하게 한 또 하나 다른 편견이 있다. 이 저작가들의 전부는 아니나 그 대부분은 마키아벨리의 생애부터 연구하였다. 이 생애에서 그들은 마키아벨리의 정치 철학에 대한 열쇠를 찾고자 했다. **인간** 마키아벨리를 충분히 알면 그의 저작의 의미를 충분히 통찰할 수 있다는 것은 당연한 일로 생각되었다. 다행히 근대의 전기적 조사 연구의 덕택으로 지난 시대의 마키아벨리, 즉 엘리자베스 여왕 시대의 극에 나오는 "흉악한" 마키아벨리는 완전히 자취를 감추었다. 우리는 마키아벨리를 정말 있던 그대로, 즉 정직하고 고결한 사람, 열렬한 애국자, 자기의 나라에 대한 양심적 봉사자, 충성스런 친구, 그리고 자기의 아내와 자녀들에게 헌신한 사람으로 본다.23) 하지만 만일 우리가 이 모든 개인적 성질을 가미하여 그의 저서를 읽는다면 우리는 과오를 범한다. 우리는 그 근본적 장점들과 단점들을 다같이 보지 못하고 만다. 역사적 관심의 이상 발달만이 아니라 또한 심리적 관심의 그것이 가끔 우리의 판단을 혼란케 했다. 예전의 세대들은 책 자체에 흥미를 가지고 그 책의 내용을 연구하였다. 우리는 그 저자의 정신을 분석하는 일에서 시작한다. 마키아벨리의 **사상**을 분석하고 비판하는 대신, 현대의 해설자들은 대부분 그의 **동기들**을 찾기만 한다. 이 동기들을 밝히기 위하여 놀라운 노력이 경주되어 왔다. 이 동기의 문제는 이 주제에 관한 문헌 전체에 있어서 가장 열렬히 논의된

---

23) 자세한 것은 이 문제에 관한 표준적 저작인 Pasquale Villari, *Niccolò Machiavelli e i suoi tèmpi*(Florence, 1877~1882), 전3권. English trans.(London : Kegan Paul, Trench & Co., 1878), 전4권 참조.

것들 가운데 하나가 되었다.

　나는 이 논의의 자세한 부분에까지 깊이 들어갈 생각이 없다. 동기의 문제는 언제나 어렵고 부정확한 문제로서, 다만 극소수의 경우에만 절대적 확실성을 가지고 결정될 수 있다. 그러나 설령 그것을 명료하고 만족스럽게 해결할 수 있다 하더라도, 이것이 우리에게 큰 도움이 되지는 못한다. 어떤 책의 동기, 그 책이 쓰인 목적은 그 책 자체가 아니다. 그것들은 다만 우연한 원인일 따름이요, 그 체계적 취지를 이해하게 하지는 못한다. 전에는 전기적인 자료가 부족하여 어려움이 있었지만, 지금은 아마 정반대되는 일로 어려움을 겪고 있다. 우리는 마키아벨리의 개인적 편지들을 읽고 그의 정치적 경력을 샅샅이 연구하였으며, 또《군주론》뿐만 아니라 그의 다른 모든 저술도 읽었다. 그러나 《군주론》을 그 체계적 의미와 그 역사적 영향의 두 가지 면 전체에서 판단하는 결정적 단계에 이르면 우리는 그만 갈피를 잡지 못한다. 현대의 많은 마키아벨리 연구가들은 그의 생활의 특수한 일들에 너무 열중한 나머지 전체를 파악하는 일을 못 하기 시작하고 있다. 그들은 나무를 보고 숲은 보지 못한다. 저자의 명망을 건지기 위하여 그들은 그의 저작의 중요성을 경시한다. 최근의 한 전기 기자는 다음과 같이 묻는다.

　　《군주론》에 무엇이 있길래 그토록 많은 감정과 논쟁을 일으켰는가? …이 물음에 대한 답은, 실로 언제나 그랬듯이 지금도 **아무 것도 없다고 하는 것이** 다. 《군주론》에는 증오, 멸시, 혐오, 공포를 생기게 하는 것을 정당화하는 것이 아무것도 없으며, 또한 그 열렬한 찬미자들이 그들 자신의 행위와 이상에 대한 해석을 거기에 집어넣고서 읽는 가운데 행한 찬양을 받을 만한 점이 하나도 없다. 군주 그 자신, 그가 취하도록 권해진 조처, 그가 언제나 마음에 간직하도록 가르쳐진 목표들, 이것들은 모두가 그 시대의 산물이요, 또 마키아벨리가 제시한 권고는 경험이 그에게 그 시대를 위한 최선의 것으로 보도록 가르친 것, 즉 오직 그 시대에 있어서 이해되고 존중됨직한 유일한 것이다.[24]

만일 이 판단이 옳다면, 마키아벨리에 대한 세평 전체는 대체로 과오로 말미암은 것이 되고 만다. 마키아벨리 자신이 아니라 그의 독자들이 그의 세평을 만들어 냈으며, 또 그들은 그의 저작의 의미를 전적으로 오해함으로써만 그렇게 할 수 있었다.

이것은 딜레마로부터의 매우 서투른 도피라고 생각된다. 딜레마는 정말 존재하고 있다. 마키아벨리의 정치학설과 그의 인격적 도덕적 성격 사이에는 큰 모순이 있어 보인다. 그러나 우리는 마키아벨리의 이론의 독창성과 보편성을 부인하느니보다 오히려 이 문제에 대한 보다 나은 설명을 꼭 찾아야만 한다. 만일 이 해석이 옳다면, 물론 우리는 아직 마키아벨리를 위대한 정치평론가로 또 특별한 정치적 및 국가적 이익의 대변인 및 선전자로 볼 수 있다. 하지만 우리는 그를 새로운 정치학의 창시자, 즉 그 생각과 이론이 현대세계를 크게 변혁시키고 사회 질서를 그 근저부터 동요시킨 위대한 건설적사상가로는 보지 못할 것이다.

---

24) J. Pulver, *Machiavelli, the Man. His Work and His Times*(London : Herbert Joseph, 1937), p.227.

제11장 마키아벨리즘의 승리와 그 결과

마키아벨리와 르네상스

마키아벨리의 저작과 개성에 대해서는 의견들이 크게 갈라져 있으나 적어도 한 가지 점에 있어서는 누구나가 완전히 일치하고 있다. 모든 저자는 마키아벨리가 "그 시대의 아들"이요 르네상스에 대한 전형적 증인임을 강조하고 있다. 하지만 이런 말은 르네상스를 보는 생각 자체가 명백하고 분명하지 않는 한 아무 소용도 없다. 그런데 이 점에 있어 사태는 희망이 없을 정도로 혼란스러워 보인다. 지난 몇 십 년 동안에 르네상스 연구에 대한 관심이 꾸준히 높아졌고, 우리는 지금 놀라울 만큼 풍부한 자료, 즉 정치사가들과 문학, 예술, 과학 및 종교의 역사가들이 수집한 새로운 사실들을 가지고 있다. 그러나 제일 중요한 문제, 즉 르네상스의 "의미"의 문제는 아직 암흑 속에 있는 것 같다. 현대 저작가들 가운데 아무도 야콥 부르크하르트가 르네상스 문명을 기술하는 데 사용한 유명한 공식을 되풀이할 수 없었다. 한편 부르크하르트의 저작을 비판한 사람들의 모든 기술도 똑같이 반대의 여지가 있는 것들이다. 이 고르디오스의 매듭을 끊고자 결단한 학자들, 그 전공 분야에서 높은 권위를 가지고 있는 학자들이 많이 있다. 이들은 "르네상스"란 말 자체를 쓰지 말라고 우리에게 경고한다. 린 손다이크는 이 문제에 관한 최근의 논문에서 다음과 같이 썼다. "르네상스를 문제 삼는 것이 무슨 소용이 있는가?

지금까지 아무도 그 존재를 증명한 적이 없고, 또 증명하려 하지도 않았다.[1]

그러나 우리는 한갓 명칭과 용어만을 논할 것이 아니다. 르네상스가 한낱 소리의 바람(flatus vocis)이 아니었다는 것, 이 용어가 하나의 역사적 현실에 대응한다는 것은 부인할 수 없는 일이다. 만일 이 현실을 증명할 필요가 있다면 두 사람의 고전적 증인을 부르고 두 개의 저작을 지적함으로써 충분할 것이다. 그것은 다름아닌 갈릴레오의 ≪두 개의 새로운 과학에 관한 대화≫(*Discorsi e dimostrazioni matematiche intorno a due nuove scienze*)와 마키아벨리의 ≪군주론≫이다. 이 두 저작을 연결시키는 것은 언뜻 보아 매우 자의적인 것으로 생각될지 모른다. 그것들은 전혀 다른 주제를 다루고 있으며, 서로 다른 세기에 속하며, 또 그 사상, 과학적 관심, 재능, 개성이 크게 다른 사람들이 쓴 것이다. 그럼에도 불구하고 이 두 책은 어떤 공통점을 지니고 있다. 우리는 이 두 책의 어느 것에서나, 이것들을 근대 문명의 역사에 있어서의 위대하고 결정적인 두 사건으로 보게 하는 어떤 사상 경향을 찾아볼 수 있다. 최근의 조사 연구에 의하면 마키아벨리와 갈릴레오에게는 다같이 선구자가 있었다. 그들의 저작은 저자의 머리에서 이미 완성된 모습을 갖추고 튀어 나온 것이 아니다. 그것들은 오래고 주의 깊은 준비를 요했다. 그러나 이 모든 것이 그것들의 독창성을 깎아내리지는 않는다. 갈릴레오가 그의 ≪대화≫에서 내어놓은 것과 마키아벨리가 그의 ≪군주론≫에서 내어놓은 것은 진정 "새로운 과학"이었다. 갈릴레오는, "내 목적은 매우 오래된 주제를 다루는 아주 새로운 과학을 세우는 것이다. 자연 안에는 아마도 운동보다도 더 오랜 것은 없을 것인데, 이것에 관하여 철학자들이 쓴 책은 그 수나 양에 있어서 적지 않다. 그렇지만 나는 실험에 의하여 그것의 몇 가지 성질을 발견하였다. 이것들은 인식할 만한 가치가 있는데,

---

[1] *Journal of the History of Ideas*, VI, No. 1 (1943. 1), with contributions H. Baron, E.Cassirer, F.R. Johnson, P.O. Kristeller, D.P. Lockwood, and L. Thorndike.

지금까지 관찰되지도 않았고 증명되지도 않았다"2)라고 말하였다. 마키아벨리는 자신의 책에 대해서 이와 같이 말할 완전한 자격을 지니고 있었다. 갈릴레오의 역학이 우리의 근대 자연 과학의 기초가 된 것처럼, 마키아벨리는 정치학의 새로운 길을 닦았다.

이 두 저작이 전혀 새로운 것이었음을 이해하려면 먼저 중세 사상을 분석하지 않으면 안 된다. 한갓 연대적인 의미에서는 르네상스를 중세로부터 분리시킬 수 없다는 것이 명백하다. 볼 수 있는 무수한 오라기와 보이지 않는 오라기에 의하여 1400년대는 스콜라 철학의 사상과 중세 문화에 연결되어있다. 유럽 문명의 역사에 있어서는 한번도 이 연속이 단절된 적이 없다. 이 역사에 있어서 중세가 "끝나고" 근대 세계가 "시작한" 어떤 시점을 찾는 것은 전혀 부당한 일이다.3) 그러나 이것은 이 두 시대 사이의 **지적인** 경계선을 찾는 필요성마저 배제하지는 않는다.

중세 사상가들은 여러 학파로 나뉘어 있었다. 이 학파들 사이에는, 즉 변증가들과 신비가들, 관념 실재론자들과 유명론자들 사이에는 끝없는 논쟁이 있었다. 그럼에도 불구하고 거기에는 여러 세기를 통하여 확고하고 불변하게 남아 있었던 하나의 공통되는 사상의 중심이 있었다. 중세 사상의 통일을 파악하는 데 있어서는 《하늘의 계층 질서에 관하여》(Περὶ τῆς οὐρανίας ἱεραρχίας)와 《교회의 계층 질서에 관하여》(Περὶ τῆς ἐκκλησιαστικῆς ἱεραρχίας)의 두 책을 연구하는 것보다 더 좋은 그리고 더 쉬운 방법은 아마 없을 것이다. 이 책들의 저자는 알려져 있지 않다. 중세에는 대체로 성 바울로의 제자요, 바울로로 말미암아 회심하고 세례를 받은 디오니시우스 아레오파기타의 저작으로 되어 있었다.

---

2) Galileo, *Dialogues Concerning Two New Sciences*, Third Day. English trans. H. Crew and Alfonso de Salvio (New York : The Macmillan Co., 1914 ; now Evanston and Chicago, Northwestern Univ., 1939), p. 153.

3) 나는 여기 계속되는 몇 구절에서 다음 논문에 포함된 몇 가지 논평을 되풀이하였다. "The Place of Vesalius in the Culture of Renaissance", *The Yale Journal of Biology and Medicine*, ⅩⅥ, No.2(1943. 12), 109 이하.

그러나 이것은 전설에 지나지 않는다. 이 책들은 아마 프로클로스의 제자인 신플라톤주의의 저작가에 의하여 씌어졌을 것이다. 이것들은 신플라톤 학파의 창시자인 플로티노스가 전개한 유출설(流出說)을 전제하고 있다. 이 설에 의하면, 우리가 한 사물을 이해하려면 언제나 그것의 제1원리로 돌아가지 않으면 안 되며, 또 어떻게 해서 그것이 이 제1원리로부터 발전되어 나왔는지를 밝히지 않으면 안 된다. 제1원리, 즉 만물의 원인과 기원은 절대자인 일자이다. 이 절대적인 일자가 발전하여 무수한 사물이 된다. 그러나 이것은 우리들의 현대적 의미에 있어서의 진화의 과정이 아니라 오히려 퇴화의 과정이다. 세계 전체는 황금의 쇠사슬, 호메로스가 ≪일리아스≫(Iliads)의 유명한 한 구절에서 말한 바 있는 황금의 쇠사슬(aurea catena)에 의하여 함께 묶여 있다. 만물은 무엇이나, 영적인 것이나 물질적인 것이나, 천사장들이나 천사들이나, 치천사(熾天使)나 지천사(智天使)나, 또 이 밖의 모든 천사들의 무리나 인간이나, 유기적 자연이나 물질이나 모두 하느님의 발아래 이 황금의 쇠사슬에 묶여 있다. 서로 다른 두 계층 질서, 즉 존재의 계층 질서와 가치의 계층 질서가 있다. 그러나 이것들은 서로 대립하는 것이 아니라 완전한 조화를 이루면서 서로 대응한다. 가치의 정도는 존재의 정도에 달려 있다. 존재의 등급에 있어 낮은 것은 또한 윤리적 등급에 있어서도 낮다. 어떤 사물이 제1원리로부터 즉 만물의 근원으로부터 멀면 멀수록 그 완전성의 정도는 더 적다.

하늘과 교회의 계층 질서를 논한 위디오니시우스의 책들은 중세 전체를 통하여 널리 또 열심히 연구되었다. 이 두 책은 스콜라 철학의 주요 원천의 하나가 되었다. 이 책들에서 전제된 체계는 비단 사람들의 사상에 영향을 끼쳤을 뿐 아니라 또한 그들의 가장 깊은 감정과 결부되었으며, 또 갖가지 모양으로 윤리적·종교적·학문적 및 사회적 질서 전체에 표현되었다. 아리스토텔레스의 우주론에서 하느님은 우주의 "움직임을 받지 않으면서 움직이게 하는 자"로서 기술되어 있다. 하느님은 운동의 궁극적 원천으로서 그 자신은 가만히 있다. 그는 그의 움직이게 하는 힘을 자기의 바로 다음에 있는 사물, 즉 최고의 천구들에게 보낸다. 여기서부터 이 힘은, 서로 다른 여러 단계를 거쳐 우리들 자신의 세계로, 즉 지상으로 달 아래의 세계로 내려온다. 그러나 여기서는 다시는 동일한 완전성을 찾아볼 수 없다. 보다 높은 세계, 천체들의 세계는 멸하지 않고 썩지 않는 실체, 에테르 즉 제5실체(quinta essentia)로 되어 있으며, 이 천체들의 운동은 영원하다. 우리들의 세계에서는 모든 것이 멸하는 것이요 또 썩게 마련이다. 그리고 어떤 운동이든지 얼마 안 가서 멎는다. 저 낮은 세계와 저 높은 세계 사이에는 뚜렷한 구별이 있다. 이 두 세계는 똑같은 실체로 되어 있지 않으며 또 동일한 운동 법칙을 따르지도 않는다. 이와 꼭 같은 원리가 정치적 및 사회적 세제의 구조에도 적용된다. 종교생활에서 우리는 교황을 정상으로 하고 여기서부터 추기경들, 대주교들, 주교들 그리고 아래로 여러 층의 낮은 성직자에로 내려가는 교회의 계층 질서를 볼 수 있다. 국가에서는 최고 권력이 황제에 집중되어 있으며, 황제는 이 권력을 아래 사람들, 즉 군주들, 대공들, 그리고 이 밖의 모든 가신들에게 위임한다. 이 같은 봉건 제도는 하나의 엄격한 상(像)이고 일반적 계층 체계의 대응물이다. 이것은 하느님께서 확립한, 따라서 영원하고 변함없는 저 보편적 우주 질서의 표현이요 상징이다.

이 체제는 중세 전체를 통하여 지배적이었고, 또 인간 생활의 모든 영역에서 그 힘을 발휘하였다. 그러나 르네상스의 처음 세기, 즉 1400년대와 1500년대에 그것은 그 형태를 바꾸었다. 변화는 돌연히 생기지 않았다. 우리는 중세 사상의 근본 원리들의 완전한 붕괴, 폐기 혹은 공공연한 부인을 찾아볼 수 없다. 그럼에도 불구하고, 아주 확고하게 세워진 듯이 보인 그리고 여러 세기 동안 사람들의 사상과 감정을 지배해 온 계층적 체계에는 한구석 한구석 틈이 가고 있었다. 이 체계는 파괴되지는 않았다. 그러나 시들기 시작했고 또 그 확고했던 권위를 잃기 시작하였다.

아리스토텔레스의 우주론적 체계는 코페르니쿠스의 천문학적 체계에 의하여 대체되었다. 이 후자에서는 "보다 높은" 세계와 "보다 낮은" 세계 사이의 구별을 다시는 찾아볼 수 없다. 어떤 운동이나, 지구의 운동이나 천체들의 운동이나 동일한 보편적 규칙을 따른다. 코페르니쿠스의 체계를 형이상학적으로 해석한 최초의 사상가였던 조르다노 브루노에 의하면, 세계는 똑같은 무한한 신적 정신이 스며들어 생명을 불어넣는 하나의 무한한 전체다. 우주 안에는 특권을 가진 곳이 전혀 없으며, "위"도 없고 "아래"도 없다. 정치의 영역에서도 역시 봉건적 질서는 해체되어 무너지기 시작하였다. 이탈리아에서는 전혀 다른 유형의 새로운 정치 단체가 나타났다. 르네상스의 위대한 용병 대장(condottieri) 같은 개인들, 혹은 밀라노의 비스콘티 집안이나 스포르차 집안, 피렌체의 메디치 집안, 만토바의 곤차가 집안 같은 대가족들이 만들어 낸 르네상스의 전제 정치가 여기에 등장한다.

근대의 세속 국가

이상과 같은 것이 마키아벨리의 ≪군주론≫의 일반적인 정치적 및 지적 배경이었다. 그리고 우리가 이와 같은 각도에서 그의 저서에 접근하면, 유럽 문화의 발전에 있어서의 그 의미와 정당한 위치를 결정하는 데 있어 아무 어려움도 없다. 마키아벨리가 그의 저서를 착상했을 때 정치적 세계의 중력의 중심은 이미 옮겨지고 있었다. 새로운 세력들이 대두하여 중요한 자리를 차지하였는데, 이 세력들은 중세의 체제에는 전혀 알려져 있지 않았던 것이다. 마키아벨리의 ≪군주론≫을 연구할 때 우리는 마키아벨리의 사상 전체가 이 새로운 현상에 얼마나 집중되었는가를 보고서 놀란다. 가끔 그가 흔히 볼 수 있는 정부 형태, 즉 도시 공화국 혹은 세습적 군주국을 논하고 있기는 하지만, 이때 그는 매우 간단히 논해 치우고 있다. 이 오래되고 유서 깊은 정부 형태들은 모두 도저히 마키아벨리의 호기심을 일으킬 수 없었고, 그의 학문적 관심을 끌만한 것이 못되었던 듯싶다. 그러나 마키아벨리가 새로운 사람들을 기술하기 시작하고 "새로운 군주국"들을 분석할 때, 그는 전혀 다른 어조로 말한다. 그는 그저 흥미만 가질 뿐 아니라 또한 매혹되고 넋을 잃는다. 우리는 이 강렬하고 이상한 매력을 체자레 보르지아에 관한 모든 말에서 찾아볼 수 있다. 체자레 보르지아가 그의 적들의 손아귀에서 빠져나오기 위하여 취한 방법에 관한 마키아벨리의 이야기는, 그 문체에 있어서나 사상에 있어서나 그의 가장 특색 있는 저술들 가운데 하나이다.4) 그리고 체자레 보르지아가 실각한 오랜 후에도 그는 여전히 같은 느낌을 가지고 있었다. "발렌티노 공"은 언제나 그의 고전적 예이다. 그는 만일 자기가 새 국가를 세우게 된다면 언제나 체자레 보르지아의 유명한 모범을 따를 것이라고 솔직하게 고백하고 있다.5)

이 모든 것은 체자레 보르지아에 대한 개인적 동정으로 설명될 수 없다. 마키아벨리에게는 그를 사랑할 아무 이유가 없었고, 오히려 그를 두려워할 가장 강한 이유들이 있었다. 그는 언제나 교황의 세속적 권력에 반대하였는데, 그는 이 권력을 이탈리아의 정치 생활에 대한 최대의 위험들 가운데 하나라고 보았다. 그런데 교회의 세속적 지배를 확대하는데 있어 체자레 보르지아보다 더 많은 일을 한 사람은 없었다. 한편 마키아벨리는 체자레 보르지아의 정략의 승리가 피렌체 공화국의 파멸을 의미하는 것이었음을 잘 알고 있었다. 그런데 어찌하여 그는 자기가 태어난 도시의 이 적에 관하여 찬미뿐만 아니라 일종의 외경을 가지고, 즉 체자레 보르지아에 대해서 지금까지 다른 어떤 역사가도 느껴보지 못했을 존경심을 가지고 말하였는가? 이것은 오직 마키아벨리의 찬미의 참

---

4) *Descrizione del modo tenuto dal duca Valentino nell' ammazzare Vitellozzo Vitelli*, etc. English trans. Farneworth, "The Works of Nicholas Machiavel", II, 481~490.

5) Ed. Alvisi (ed.), *Lettere familiari*, CLIX (Florence, 1883), p. 394.

된 원천이 그 사람 자체가 아니라 그가 창조한 **새로운 국가의 구조**였음을 염두에 둠으로써만 이해될 수 있다. 마키아벨리는 이 새로운 정치적 구조가 참으로 무엇을 의미했는가를 완전히 깨달은 최초의 사상가였다. 그는 그 기원을 보았으며 또 그 결과들을 예견하였다. 그는 그의 사상 속에서 장래 유럽의 정치 생활의 흐름 전체를 예측하였다. 최대의 주의를 가지고 또 철저하게 새로운 군주들의 형태를 연구하는 데 그의 마음이 쏠리게 한 것은 바로 이 깨달음이었다. 그는 이 연구가 종래의 정치이론들과 비교해 볼 때 일종의 변칙으로 여겨질 성질의 것임을 잘 알고 있었다. 그래서 그는 자기의 색다른 방향에 대해서 변명하였다. 그는 ≪군주론≫ 6장에서 다음과 같이 말한다.

> 전혀 새로운 군주권, 군주, 국가에 관해서 말하려 함에 있어 내가 위대하고 특출한 예들을 인용한다 하더라도, 누구나 이것을 이상하게 여겨서는 안 된다. …전에 군주가 아니었던 사람이 새로 획득한 군주권을 유지하는 데는 그것을 획득한 사람의 능력에 따라 혹은 어려움이 많고 혹은 어려움이 적다는 것을 말해 둔다. 그런데 아무 것도 아닌 신분에서 군주의 지위에까지 올라가는 데에는 역량, 혹은 적어도 행운이 필요하다. 이 역량이나 행운의 어느 하나가 그로 하여금 잇달아 일어나는 많은 어려움을 극복할 수 있게 한다.6)

한갓 전통과 정통성의 원리에 기초를 둔 국가들에 관하여 마키아벨리는 좀 경멸하면서 혹은 공공연히 비꼬면서 말하고 있다. 그는 교회의 군주권은 매우 운이 좋다고 언명한다. 왜냐하면 그것들은 옛날부터 내려오는 존엄한 권위를 가진 종교적 제도에 의하여 강화되어 있으므로 자기 자신을 쉽게 유지할 수 있기 때문이다. "그러나 그것들은 그것들을 세우고 지탱하는 전능하신 존재의 직접적인 감독과 지도 아래 있으며, 또 이 전능하신 분의 활동은 우리들의 약한 오성이 도저히 이해할 수 없는 것

---

6) *The Prince*, 6장, 앞의 책, II, 223이하.

이므로, 이 일들을 감히 설명하려 하는 것은 어떤 사람에게나 경솔하고 주제 넘는 짓이 아닐 수 없다. 그러므로 나는 이런 종류의 해결을 시도하지 않아도 괜찮을 줄 안다."[7] 마키아벨리의 관심을 끌려면 이러한 조용하고 평화스런 국가 형태와는 좀 다른 것, 즉 힘에 의하여 창조되고 힘에 의하여 유지되는 국가가 필요하였다.

하지만 이 정치적 측면이 유일한 측면은 아니다. 마키아벨리의 이론의 의미 전체를 이해하려면 그것을 훨씬 더 넓은 시야에서 보지 않으면 안 된다. 정치적 관점에다가 다시 철학적 관점을 가하지 않으면 안 된다. 문제의 이 측면은 부당하게 소홀히 취급되어 왔다. 정치가들, 사회학자들 및 역사가들은 마키아벨리의 《군주론》을 분석하고 주석하고 비판하는 데 있어 서로 경쟁하였다. 그런데 근대 철학사의 교과서에서는 마키아벨리에 관한 장을 하나도 찾아볼 수 없다. 이것은 어떤 의미에서 이해할 수 있고 정당화될 수 있다. 마키아벨리는 고전적 의미에서나 중세의 의미에서나 철학자가 아니었다. 그는 사변적 체계를 가지고 있지 않았으며, 또 정치학의 체계조차 가지고 있지 않았다. 그럼에도 불구하고 그의 저서는 근대 철학 사상의 전반적 발전에 매우 강한 간접적 영향을 끼쳤다. 이것은 그가 스콜라 철학의 전통 전체에서 단호히 또 확실히 떠난 최초의 사람이었기 때문이다. 그는 이 전통의 모퉁이돌, 즉 계층적 체계를 파괴하였다.

중세 철학자들을 모든 권세가 하느님으로부터 온다는 바울로의 말을 거듭 인용하였다.[8] 국가의 신적 기원은 일반적으로 인정되어 있었다. 현대의 초기에는 이 원리가 아직 충만한 힘을 가지고 있었다. 그것은, 가령 수아레스의 학설에서 아주 원숙한 형태로 나타난다.[9] 세속 권력의 독립과 주권을 가장 강력히 옹호하는 사람들도 감히 신정적(神政的) 원리를

---

[7] 같은 책, 11장, 앞의 책, II, 281.

[8] 로마서 13 : 1.

[9] von Gierke, 앞의 책 (이 책, 9장, 각주 4를 보라). English trans, pp.71 이하 참조.

부정하지는 않았다. 마키아벨리에 관해서 말하면 그는 이 원리를 공격하지 않고 그저 무시한다. 그는 자기의 정치적 경험에서 말하는데, 그의 경험은 권력, 즉 현실의 그리고 사실상의 정치적 권력이 신적인 것이 아님을 그에게 가르쳤다. 그는 "새로운 군주국들"의 창설자였던 사람들을 보았으며 그들의 방법을 열심히 연구하였다. 이 새로운 군주들의 권력이 하느님께로부터 왔다고 생각하는 것은 엉뚱한 일일 뿐더러 또한 불경스럽기도 한 일이었다. 정치적 현실주의자인 마키아벨리는 중세적 정치 체계의 모든 기초를 단연코 버리지 않으면 안 되었다. 이른바 왕권의 신적 기원이란 그에게는 전혀 공상적인 것으로 보였다. 그것은 상상의 산물이지 정치적 사고의 산물이 아니다. 마키아벨리는 《군주론》의 제15장에서 다음과 같이 말한다.

> 이제 남은 문제는 군주가 자기의 신하와 친구들에게 어떤 태도로 행동해야 하느냐를 밝히는 것이다. 그런데 이 문제에 관해서는 이미 많은 사람이 저술했으므로 다시 더 무슨 말을 하면, 특히 내 의견이 다른 사람들의 의견과 크게 다르기 때문에 내가 교만하게 보일지 모른다. 하지만 나는 사물들의 본성을 철저히 알게 된 것을 알려 주기 위해서만 글을 쓰기 때문에 몇몇 사람이 한 것처럼 지금까지 있어본 일도 없고 존재할 수도 없는 공화국과 군주국의 공상적 모형을 가지고 상상력을 즐겁게 하느니보다, 차라리 사물들을 사실 있는 그대로 묘사하는 것이 더욱 좋다고 생각하였다.10)

마키아벨리는 스콜라 철학에서 흔히 쓰던 토론의 방식을 따르지 않는다. 그는 절대로 정치적 교설이나 준칙을 논하지 않는다. 그에게는 정치 생활의 사실들만이 가치 있는 논제이다. 계층적 및 신정적 체계를 깨뜨려 버리는 데는 "사물들의 본성"을 지시함으로써 족하다.

여기서도 우리는 르네상스의 새 **우주론**과 새 **정치학** 사이의 밀접한 관

---

10) *The Prince*, 15장, 앞의 책, II, 320.

련을 볼 수 있다. 이 두 가지에서는 "낮은" 세계와 "높은"세계 사이의 차이는 사라지고 있다. 똑같은 원리들과 자연 법칙들이 "아래에 있는 세계"와 "위에 있는 세계" 대해서 들어맞는다. 사물들은 물리적 질서에서나 정치적 질서에서나 동일한 수준에 있다. 마키아벨리는 갈릴레오가 한 세기 후에 낙하하는 물체의 운동을 연구하고 분석한 것과 똑같은 정신을 가지고 정치 운동들을 연구하고 분석하였다. 그는 정치의 정력학(靜力學)과 동력학(動力學)에 관한 새로운 유형의 과학의 창시자가 되었다.

한편 마키아벨리의 유일한 목적이 어떤 정치적 사실들을 가능한 한 명료하고 정확하게 기술하는 것이었다고 말하는 것은 부정확한 일일 것이다. 이 경우 그는 정치 이론가로서가 아니라 역사가로서 행동한 것이 될 것이다. 이론은 더욱 많은 것을 요구한다. 즉 이론은 사실들을 통일하고 종합하는 구성적 원리를 필요로 한다. 세속 국가는 마키아벨리의 시대보다 훨씬 이전에 이미 존재하고 있었다. 정치 생활의 완전한 세속화를 보여주는 최초의 예들 가운데 하나는 프리드리히 2세가 이탈리아 남부에 세운 국가이다. 이 국가는 마키아벨리가 그의 책을 쓰기 300년 전에 창설되었다. 그것은 현대적 의미에서의 전제 군주국이었으며 교회의 모든 영향으로부터 해방되어 있었다. 이 국가의 관리들은 성직자들이 아니고 평신도들이었다. 크리스찬들, 유태인들, 사라센인들이 평등하게 행정에 참여했으며, 아무도 종교적 이유만으로써는 배척되지 않았다. 프리드리히 2세의 궁정에서는 종파, 민족, 혹은 종족 사이의 차별이 없었다. 최대의 관심은 세속의 즉 "지상의" 국가의 그것이었다.

이것은 전혀 새로운 하나의 사실, 중세 문명에서 전혀 볼 수 없었던 사실이었다. 그러나 이 사실은 아직 이론적 표현과 정당화를 얻지 못하고 있었다. 프리드리히 2세는 항상 이단의 우두머리로 여겨졌다. 그는 교회로부터 두 번 파문당하였다. 단테는 그에 대해서 개인적으로는 큰 찬탄을 느꼈고 그를 위대한 군주의 참 모범이라고 보았으나, 《지옥편》에서는 그를 이단자들이 들어가는 불붙은 무덤에 들어가도록 정죄하였다.11)

프리드리히 2세의 법전은 "근대 관료 정치의 출생 증명서"라 규정되어 왔다. 하지만 프리드리히는 그 정치적 행동에서는 근대적이었으나 그 사상에 있어서는 결코 근대적이지 않았다. 그가 자기 자신에 관하여 또 자기의 제국의 기원에 관하여 말할 때 그는 회의론자나 이단처럼 말하지 않고 신비가처럼 말한다. 그는 언제나 하느님에 대한 직접적인 개인적 관계를 요구한다. 그로 하여금 교회의 모든 영향과 요구로부터 독립하게 하고 있는 것은 이 개인적 관계이다. 그의 전기 작가는 그의 사상과 감정을 다음과 같이 기술하고 있다.

> 신의 섭리는, 그를 아니 그만을 가려내어 곧장 왕위에 오르게 했으며, 그 놀라운 은혜는 호엔슈타우펜가의 이 최후의 사람들을 다른 어떤 군주의 영광보다도 훨씬 더 높은 그리고 속인들의 눈에는 까마득한 마적(魔的) 영광의 안개 속에 감쌌다. 하느님의 목적이고 능동적인 선견은 황제를 어둠으로 가리지 않고 자기 자신을 최고의 이성으로서 황제 속에 나타내시었다. 그리하여 그는 "이성의 길을 따르는 지도자"라 불리어 왔다.[12]

종교와 정치

마키아벨리에게는 이러한 신비적인 생각들은 모두 전혀 이해하기 어려운 것이 되고 말았다. 그의 이론에서는 종래의 모든 신정주의적 관념과 이상이 송두리째 제거된다. 하지만 한편 그는 결코 정치를 종교로부터 분리시키려 하지는 않았다. 그는 교회의 반대자였으나 종교의 적은 아니었다. 도리어 그는 종교가 인간의 사회 생활의 필수적인 요소들 중의 하나라는 것을 확신하고 있었다. 그러나 그의 체제에서는 이 요소가 절대

---

11) Dante, *Inferno*, X, 119이하.

12) E. Kantorowicz, *Frederick the Second*. English version E.O. Lorimer (London : Constable & Co., 1931), p. 253참조. 자세한 것은 5장, pp. 215~368 참조.

적이고 독립적이고 또 독단적인 진리성을 지녔다고 주장할 수 없다. 그 가치와 타당성은 전적으로 정치 생활에 대한 그 영향에 달려 있다.

하지만 이 기준에서 볼 때, 그리스도교는 가장 낮은 자리를 차지한다. 왜냐하면 그것은 모든 현실적인 정치적 덕에 정반대되는 것이기 때문이다. 그것은 사람들을 유약하게 하였다. 마키아벨리는, "우리들의 종교는 영웅들 대신에 연약하고 겸손한 사람들만을 성도로 받들고 있으나, 이교도들은 위대한 사령관들과 유명한 통치자들처럼 세상의 영광으로 충만한 사람들만을 신으로 받들었다"[13]라고 말한다. 마키아벨리에 의하면 이 이교도의 종교 이용이 유일의 합리적 이용이었다. 로마에서는 종교가 연약함의 원천이 되는 대신, 국가의 위대함의 주요 원천이 될 수 있었다. 로마인들은 언제나 종교를 그들의 국가를 개혁하는 데, 전쟁을 수행하는 데, 또 폭동을 진정시키는 데 사용하였다.[14] 그들이 정말 믿고 이렇게 했는지 혹은 타산에 의하여 그랬는지는 중요한 것이 아니다. 누마 폼필리우스가 그의 법률들을 초자연적인 원천에서 끌어오고, 또 로마의 백성들로 하여금 이 법률들이 님프 에게리아와 그와의 대화에 의하여 영감을 받아 제정된 것이라고 확신시켰다는 것은 그의 위대한 정치적 지혜의 증거였다.[15] 그러므로 마키아벨리의 체계에 있어서도 종교는 불가결의 것이다. 그러나 그것은 이제 더 이상 그 자체가 하나의 목적이 되는 것은 아니다. 그것은 정치적 지배자들의 수중에서 한갓 하나의 도구가 되었다. 그것은 인간의 사회 생활의 기초가 아니라 모든 정치적 투쟁에서의 강력한 무기이다. 이 무기는 행동에서 그 힘을 드러내어야만 한다. 한갓 수동적인 종교, 즉 세제를 조직하는 대신 거기서 도피하는 종교는 많은 왕국과 국가의 파멸을 가져왔다. 종교는 그것이 좋은 질서를 낳을 때에만 좋은 것이다. 그리고 좋은 질서에는 어떤 일을 하든지 일반적으

---

13) *Discourses*, Bk. 2, 2장.
14) 같은 책, Bk. 1, 13장.
15) 같은 책, Bk. 1, 11장.

로 행운과 성공이 따른다.16) 여기서 최후의 단계에 들어서게 된다. 종교는 이제 다시는 사물들의 초월적 질서와 아무 관계도 가지지 않으며, 그 모든 정신적 가치를 상실하였다. 세속화의 과정은 종국에 다다랐다. 이것은 세속적 국가가 사실상으로뿐만 아니라 또한 권리상으로도 존재하기 때문이다. 그것은 그것의 명확한 이론적 정당성을 얻었다.

---

16) 같은 책, 같은 곳.

제12장 새 국가 이론의 의미

국가의 고립화와 그 여러 위험

 마키아벨리의 논의 전체는 명료하고 일관성이 있다. 그의 논리에는 흠이 없다. 그의 전제들을 받아들이면 그의 결론들을 피할 수 없다. 마키아벨리와 더불어 현대 세계는 시작된다. 바라던 목적은 달성되어 국가는 그 완전한 자율성을 획득하였다. 하지만 이 결과는 비싼 값을 치르고서야 얻을 수 있는 것이었다. 국가는 완전히 독립하게 되지만, 동시에 그것은 완전히 고립하게 된다. 마키아벨리의 사상의 날카로운 칼은 그 이전의 여러 세대에 국가를 인간 생존의 유기적 전체에 묶어 놓고 있던 모든 연줄을 끊어 버렸다. 정치의 세계는 종교나 형이상학뿐만 아니라, 또한 다른 모든 형식의 인간의 윤리적 및 문화적 생활과의 연관을 잃어 버렸다. 그것은 텅 빈 공간 속에 홀로 서있다.
 이 완전한 고립화가 가장 위험한 귀결들을 잉태하고 있었음은 부인할 수 없는 일이다. 이 귀결들을 간과하거나 경시하는 것은 잘못이다. 우리는 그것들을 똑바로 보지 않으면 안 된다. 나는 마키아벨리가 그의 정치 이론이 의미하는 바를 모두 충분히 알고 있었다고 말하려고 하지는 않는다. 사상사에 있어서는 어떤 사상가가 어떤 이론을 전개하되 그 충분한 취지와 의의가 그 자신에게도 아식 감추어져 있는 경우가 흔히 있다. 사실, 이 점에서 우리는 마키아벨리와 마키아벨리즘을 분명하게 구별하지 않으면 안 된다. 이 후자 속에는 마키아벨리가 예견할 수 없었던 것이 많이 있다. 그는 자기 자신의 개인적 경험, 즉 피렌체 공화국의 서기관의 경험으로 말하고 판단하였다. 그는 극히 강렬한 관심을 가지고 "새 군주국들"의 흥기와 몰락을 연구하였다. 그러나 17세기의 절대 군주제나 현대의 여러 독재 형태와 비교해 볼 때 1500년대의 이탈리아의 소전제 정치(小專制 政治)는 그 무엇이었던가? 마키아벨리는 체자레 보르지아가 자기의 적대자들을 숙청하는 데 사용한 방법들을 높이 평가하였다. 하지만 후에 훨씬 더 발달한 정치적 범죄의 기술에 비하면 이 방법들은 한갓 어린애 장난처럼 보인다. 마키아벨리즘은 그 원리들이 후에 더 큰 무대에 그리고 아주 새로운 정치적 상황에 적용되었을 때 그 참된 모습과 진정한 위험을 드러내었다. 이 의미에서 마키아벨리의 이론의 귀결들은 현대에 이르러서야 비로소 드러났다고 할 수 있겠다. 이제야말로 우리는 마키아벨리즘을, 이를테면 확대경을 가지고 연구할 수 있다.

마키아벨리즘의 충분한 성숙을 방해한 또 하나의 사정이 있었다. 17세기와 18세기에는, 그의 학설이 실제의 정치 생활에서 중요한 역할을 맡았지만, 이론적으로는 그 영향을 견제한 큰 지적 및 윤리적 세력들이 아직 남아 있었다. 이 시기의 정치 사상가들 가운데 오직 한 사람 홉스를 빼놓고는, 모두 "자연법적 국가 이론"(Natural Right theory of the state)의 열렬한 지지자들이었다. 그로티우스, 푸펜도르프, 루소, 로크는 국가를 하나의 수단으로 보았고, 그 자체 하나의 목적이라고는 보지 않았다. "전체주의적" 국가 개념은 이 사상가들에게 알려져 있지 않았다. 국가가 건드릴 수 없는 개인 생활과 개인적 자유의 영역이 언제나 있었다. 국가와 주권자는 대체로 법에서 해방되어 있었다. 그러나 이것은 다만 법률상의 강제로부터 자유롭다는 것을 의미할 따름이었고, 도덕적 책무들을 다하지 않아도 좋다는 것을 의미하지는 않았다. 하지만 19세기초 이후 이 모든 것은 갑자기 의문시되었다. 낭만주의는 자연법 이론에 대하여 맹렬한 공격을 퍼붓기 시작하였다. 낭만주의의 작가들과 철학자들은 단호한

"유심론자"(唯心論者)로서 말하였다. 그러나 바로 이 형이상학적 유심론이 정치 생활에서 가장 엉성하고 완고한 유물론으로의 길을 닦았다. 이 점에 관하여 19세기의 "관념론적" 사상가들, 피히테와 헤겔이 마키아벨리의 변호자가 되고 마키아벨리즘의 옹호자가 된 것은 매우 흥미 있고 주목할 만한 사실이다. 자연법 이론이 무너진 후 마키아벨리즘의 승리에 대한 마지막 장애는 제거되었다. 이제는 마키아벨리즘을 막고 견제할 지적 혹은 도덕적 세력이 하나도 없었다. 그 승리는 완벽하였고 도전의 여지가 없어 보였다.

마키아벨리에서의 도덕 문제

마키아벨리의 ≪군주론≫에 가장 부도덕한 것들이 들어 있고, 또 마키아벨리가 조금도 주저하지 않고 통치자에게 온갖 사기, 배신 및 잔인한 짓을 권하고 있다는 것은 이론의 여지가 없는 일이다. 하지만 이 명백한 사실에 대해 일부러 눈을 감는 현대 저작가들이 적지 않다. 그들은 이것을 설명하는 대신 최대의 노력을 기울여 부정하려 한다. 그들은 말하기를, 마키아벨리가 권한 대책들은, 아무리 그 자체 못마땅한 것이라 하더라도, 다만 "공공의 이익"을 위한 것이라 한다. 통치자는 이 공공의 이익을 존중해야 한다. 그러나 이러한 정신적 유보가 어디에 있는가? ≪군주론≫은 아주 달리 전혀 양보하지 않으면서 말하고 있다. 이 책은 정치 권력을 획득하고 유지하는 수단과 방법을 아주 냉철하게 논술하고 있다. 이 권력의 **올바른 사용**에 관하여는 한마디도 하지 않는다. 권력의 행사를 나라에 대한 고려 때문에 제한하는 일이 전혀 없다. 몇 세기 뒤에야 이탈리아의 애국자들이 마키아벨리의 저서에다가 자기들 자신의 정치적 및 국가적 이상주의를 온통 집어넣고 읽기 시작하였다. 알피에리는 선언하기를, 마키아벨리의 어떤 말에서도 똑같은 정신, 즉 정의, 자유에 대한 열렬한 사랑, 아량 및 진리의 정신을 찾아볼 수 있다고 하였다. 마키아벨리의 저작을 올바르게 이해하는 사람은 반드시 자유를 위한 열렬한 투사가 되고 모든 정치적 덕의 계몽된 애호자가 된다.1)

  하지만 이것은 우리들의 문제에 대한 수사적 해답일 따름이고 이론적 해답은 아니다. 마키아벨리의 ≪군주론≫을 일종의 윤리학적 논문 혹은 정치적 덕의 교과서로 보는 것은 불가능하다. 우리는 여기서 ≪군주론≫의 마지막 장, 즉 이탈리아를 외국인들의 멍에로부터 건져내라고 한 유명한 권유가 이 책의 불가결의 부분인지 혹은 후에 추가한 것인지 하는 시끄럽게 논의된 문제를 논할 필요가 없다. 근대의 많은 마키아벨리 연구자들은 ≪군주론≫에 관해서 마치 그 책 전체가 이 마지막 장을 위한 준비일 따름이요, 이 장이 마키아벨리의 정치 사상의 절정일 뿐더러 또한 그 정수인 듯이 말하여 왔다. 나는 이 견해가 잘못이라고 생각하며, 또 이 경우 **입증의 책임**(onus probandi)은 이런 주장을 하는 사람들에게 있다고 본다. 왜냐하면 이 책 전체와 마지막 장 사이에는 명백한 차이들, 사상과 문체의 차이들이 있기 때문이다. 그 책 자체에서는 마키아벨리가 전혀 편견 없는 정신으로 말하고 있다. 누구나 그의 말에 귀를 기울일 수 있고 또 그의 충고를 마음대로 이용할 수 있다. 그 충고는 이탈리아 사람들뿐만 아니라 이탈리아의 가장 위험한 적에게도 이용될 수 있다. 제3장에서 마키아벨리는 루이 12세가 이탈리아에 침입하여 저지른 모든 과오를 자세히 논하고 있다. 그는 선언하기를, 이 과오들이 없었던들 루이 12세는 아무 어려움 없이 이탈리아 전 영토의 정복이라고 하는 목적을 달성했으리라고 한다. 정치적 행동들을 분석함에 있어 마키아벨리는 동감이나 반감의 개인적 감정을 절대로 입 밖에 내지 않는다. 스피노자의 말로 하면, 그는 이것들을 마치 선, 평면, 입체들인 양 논한다. 그는 도덕 원칙들을 공격하지는 않았으나, 정치 생활의 문제들에 몰두해 있을 때에는 이 원칙들이 무슨 소용이 있는지 알 수 없었다. 마키아벨리는 정

---

1) Alfieri, *Del Principe e delle lettere*, cap. 8.

치 투쟁을 마치 체스 놀이인 양 보았다. 그는 이 놀이의 규칙들을 철저히 연구하였다. 그러나 그는 이 규칙들을 고치거나 비판하려고는 꿈에도 생각지 않았다. 그의 정치적 경험은, 정치 놀이가 사기, 기만, 변절, 중죄 없이 연출된 적이 없다는 것을 그에게 가르쳐 주었다. 그는 이런 일들을 비난하지도 않고 권하지도 않았다. 그의 유일한 관심은 제일 좋은 수, 즉 놀이에서 이기는 수를 발견하는 것이었다. 체스 놀이의 명수가 온갖 술수와 계략으로 상대편을 속이려 할 때, 우리는 그의 재주를 재미있게 보며 또 감탄한다. 이것이야말로 마키아벨리가 자기의 눈앞에서 연출되는 큰 정치적 연극의 격변하는 광경을 바라보았을 때의 태도였다. 그는 깊은 흥미를 가졌을 뿐더러 또한 넋을 잃었다. 그는 자기의 의견을 내놓지 않을 수 없었다. 때로 그는 서투른 수를 보고 머리를 저었고, 때로는 소리 질러 찬탄하고 칭찬하였다. 그 놀이를 누가 하는가는 그에게 중요하지 않았다. 출연자는 귀족주의자일 수도 공화주의자일 수도 있으며, 외국인일 수도 이탈리아인일 수도 있으며, 합법적 군주일 수도 찬탈자일 수도 있다. 명백히 이것은 놀이 자체에만 흥미를 가지고 놀이 이외의 것에는 아무 흥미도 가지고 있지 않는 사람에게는 이래도 저래도 좋은 일이다. 마키아벨리는 그의 이론에서 정치 놀이가 체스의 말들을 가지고 노는 것이 아니라 살과 피가 있는 진짜 사람들을 가지고 논다는 것, 그리고 이 사람들의 화와 복이 걸려 있다는 것을 잊어먹고 있는 듯싶다.

마지막 장에서 그의 냉철하고 편견 없는 태도가 전혀 새로운 어조로 바뀌고 있음은 사실이다. 마키아벨리는 갑자기 그의 논리적 방법의 짐을 떨쳐 버린다. 그의 문체는 더 이상 분석적이지 않고 수사적이다. 이 마지막 장이 필립포스에 대한 이소크라테스의 권고와 비교되어 온 것은 까닭 없는 일이 아니다.[2] 개인적으로 우리는 마지막 장의 감동적 어조를 그 책의 다른 부분의 냉철하고 초연한 어조보다 더 좋아할 수 있다. 그러나 마키아벨리가 이 책에서 자기의 사상을 감추고 있었으며, 거기서

---

2) L.A. Burd가 편집한 "*Il Principe*"의 p.366에 기록된 주를 참조.

말하고 있는 것은 거짓말에 지나지 않았다고 보는 것도 잘못일 것이다. 마키아벨리의 저서는 성실하고 정직하였다. 그러나 그것은 정치 **이론**의 의미와 과제에 대해서 그가 품고 있었던 생각에 의거한 것이었다. 그와 같은 이론은 기술하고 분석하는 것이 아닐 수 없었으나 비판하거나 찬양할 수는 없다.

지금까지 아무도 마키아벨리의 애국심을 의심하지 않았다. 그러나 우리는 철학자와 애국자를 혼동해서는 안 된다. ≪군주론≫은 한 정치 사상가의, 그리고 매우 과격한 사상가의 저작이었다. 근대의 많은 학자들은 마키아벨리의 이론의 과격성을 망각하거나 혹은 적어도 경시하기 쉽다. 그의 이름을 모든 비난에서 씻으려고 노력하는 중에 그들은 그의 저작을 모호하게 하였다. 그들은 무해무독한 그러나 동시에 어지간히 평범한 마키아벨리를 그렸다. 실제의 마키아벨리는 훨씬 더 위험한, 그 성격이 아니라 그 사상이 위험한 존재였다. 그의 이론을 완화하는 것은 곧 그것을 그르치는 것이다. 온화한 혹은 미온적인 마키아벨리 상은 참된 역사적 상이 아니다. 그것은 "악마 같은" 마키아벨리라는 생각과 꼭 같은 정도로 역사적 진실에 반대되는 "관례적인 꾸민 이야기"다. 그 인간 자체는 타협을 몹시 싫어하였다. 정치적 행동의 판단에서 그는 우유부단과 주저를 거듭 경계하였다. 로마의 정치 생활에서 모든 고식적 수단이 회피된 것이야말로 로마의 위대함과 영광이었다.3) 오직 약소 국가들만이 그 결단에 있어서 언제나 주저하는데, 뒤늦은 결단은 언제나 가증스럽다.4) 사실, 인간이란 대체로 전적으로 선하거나 전적으로 악하게 되는 일이 거의 없다. 하지만 바로 이 점에서 진정한 정치가, 위대한 정치가는 보통 사람과 다르다. 그는 엄청나게 큰 범죄들로부터 물러서지 않을 것이다. 그는 많은 선행을 할지도 모르나 사태가 달라져서 달리 행동해야 할 때에는 "눈부시게 극악무도하게" 될 것이다.5) 여기서 우리는 판에 박

---

3) *Discourses*, Bk. 2, 23장.
4) 같은 책, Bk. 2, 15장 ; Bk.1, 38장.

힌 마키아벨리의 음성이 아니라 진정한 마키아벨리의 음성을 듣는다. 그리고 비록 마키아벨리의 모든 권고가 오직 "공공의 이익"만을 목적 삼는 것이었다 하더라도, 누가 이 공공의 이익을 판정하는가? 분명히 군주 자신 이외의 다른 누구도 아니다. 그리고 그는 언제나 그것을 자기의 사적인 이익과 동일시하게 마련이고, **내가 곧 국가이다**(L'état c'est moi)란 격률을 따라 행동할 것이다. 더구나 공공의 이익이 마키아벨리의 저서에서 권고된 모든 것을 정당화할 수 있다면, 즉 사기와 기만, 중죄 및 잔인에 대한 핑계로 이용될 수 있다면, 그것은 공공의 해악과 도저히 구별될 수 없다.

하지만 마키아벨리 같은 위대하고 고귀한 정신의 소유자가 어떻게 "눈부신 극악무도"의 옹호자가 될 수 있었던가 하는 것은 인류 문명의 역사에 있어서 여전히 큰 수수께끼의 하나이다. 그리고 이 수수께끼는 ≪군주론≫을 마키아벨리의 다른 저술들과 비교해 볼 때 우리를 더욱 어리둥절하게 한다. 이 다른 저술들에는 ≪군주론≫에서 내놓은 견해와 아주 모순되어 보이는 점이 많이 있다. 그의 ≪논의≫에서 마키아벨리는 철저한 공화주의자로서 말하고 있다. 로마의 귀족과 평민 사이의 투쟁에서 그의 동정은 분명히 민중의 편에 있다. 그는 민중이 들떠 있고 변덕스럽다고 하는 비판에 대하여 민중을 변호한다.[6] 또 공공의 자유는 귀족들의 수중에서보다 평민들의 수중에서 더 잘 지켜질 수 있다고 선언한다.[7] 그는 귀족(gentiluomini), 즉 아무 것도 하지 않고 소유지로부터의 수익으로 부유하게 사는 사람들에 대하여 매우 경멸하는 어조로 말하고 있다. 그런 사람들은 어느 공화국에서나 혹은 어느 국가에서나 매우 해롭다고 그는 선언한다. 그러나 더욱 해로운 자가 있으니, 그것은 소유지 외에 요새와 성을 가지고 있는 제후이다. 이들은 또한 이들에게 충성을 다

---

5) 같은 책, Bk. 1, 27장.

6) 같은 책, Bk. 1, 58장.

7) 같은 책, Bk. 1, 4, 5장.

하는 가신들과 하인을 거느리고 있다. 나폴리 왕국, 로마냐 및 롬바르디아에는 이런 두 가지 부류의 사람들이 득실거렸다. 그리하여 이 지방들에는 공화국이나 혹은 자유로운 형태의 정부가 있을 수 없었다. 그것은 이런 종류의 사람들이 모든 자유로운 제도에 대한 불구대천의 원수였기 때문이다.8) 이 모든 것을 고려할 때 민중은 군주보다 더 현명하고 더 견실하다고 마키아벨리는 선언한다.9)

≪군주론≫에서는 이러한 확신을 거의 들을 수 없다. 여기서는 체자레 보르지아의 매력이 매우 강하여 모든 공화주의적 이상을 완전히 가리우고 있는 것 같다. 체자레 보르지아의 방법들은 마키아벨리의 정치적 성찰의 숨은 중심이 된다. 그의 사상은 어쩔 수 없이 이 중심에 이끌린다. 마키아벨리는 이렇게 말한다.

> 이 대공의 몸가짐과 행동을 철저히 살필 때 나는 거기서 비난할 만한 것을 하나도 찾을 수 없다. 도리어 나는 그와 같은 몸가짐과 행동을, 남의 무력이나 재력으로 지배자가 된 모든 사람들이 모방할 모범으로서 제안하여 왔고 또 여기서도 다시 제안한다. 이것은 그가 위대한 정신과 원대한 계획을 가졌으면서도 그가 처한 상황에서 달리 행동할 수 없었기 때문이다. 그리고 그가 이 계획들을 성취하지 못한 것은 전적으로 그의 부친이 갑자기 죽은 것과 이 중대한 위기에 그 자신이 병들게 된 절망적인 상태에 기인하는 것이었다.10)

마키아벨리가 체자레의 어떤 것을 비난하고 있다 해도, 그것은 그의 성격이 아니다. 그가 비난하는 것은 체자레의 무자비함, 잔인함, 배신 및 강탈이 아니다. 이 모든 것에 대하여 그는 비난의 말을 한마디도 하지 않고 있다. 그가 체자레에게서 비난하는 것은 그 정치적 경력에 있어서

---

8) 같은 책, Bk. 1, 55장.
9) 같은 책, Bk. 1, 58장.
10) *The Prince*, 7, 13장 참조. Farneworth trans., p.247, p. 304 참조.

의 단 하나의 중대한 과오에 대해서이다. 즉 그의 불구대천의 원수인 율리우스 2세가 알렉산더 6세 사후에 교황으로 선출되는 것을 그가 그냥 두었다는 사실에 대해서이다.

앙기앵 대공이 나폴레옹 보나파르트에게 처형된 후, 탈레랑이 "그것은 범죄 이상이다, 그것은 과오이다!"(C'est plus qu'un crime, c'est une faute!)라고 한탄했다는 이야기가 있다. 만일 이 일화가 사실이라면, 탈레랑은 과연 마키아벨리의 ≪군주론≫의 참된 제자답게 말한 것이라고 하지 않을 수 없다. 마키아벨리의 모든 판단은 정치적이고 도덕적인 판단이다. 그의 생각에는 정치가에게서 못마땅하고 용서할 수 없는 것은 그 범죄가 아니라 그 과오다.

공화주의자가 발렌티노 대공(大公)을 그의 영웅이나 모델로 삼을 수 있었다는 것은 매우 이상스럽게 보인다. 왜냐하면 체자레 보르지아 같은 통치자 밑에서 이탈리아 공화국들과 이 자유로운 제도들이 어떻게 될 것인가가 매우 염려되기 때문이다. 그러나 마키아벨리의 사상 속에 있는, 겉으로 보이는 이 모순을 설명해 주는 두 가지 이유가 있다. 그 하나는 일반적인 것이요, 다른 하나는 특수한 것이다. 마키아벨리는 자기의 모든 정치사상이 전적으로 현실주의적인 것이라고 확신하고 있었다. 하지만 그의 공화주의를 연구할 때 우리는 이 정치적 현실주의를 거의 찾아볼 수 없다. 그의 공화주의는 실제적인 것이라기보다 훨씬 "학문적인" 것이요, 행동적인 것이라기보다 오히려 관상적(觀想的)인 것이다. 마키아벨리는 도시 국가인 피렌체를 위하여 성실하고 충성스럽게 봉사하였다. 그는 국무 장관으로서 메디치 집안과 싸웠다. 그러나 메디치 집안의 세력이 회복되었을 때 그는 자기의 지위가 그대로 유지되기를 바랐다. 그는 새 통치자들과 더불어 무사히 지낼 수 있도록 최대의 노력을 기울였다. 이것은 쉽게 이해할 수 있는 일이다. 마키아벨리는 그 어떤 정치적 강령으로도 맹세하지 않았다. 그의 공화주의는 완고하고 비타협적인 단호한 공화주의가 아니었다. 그는 귀족주의적인 정부를 대뜸 수락할 수 있었다. 왜냐하면 그는 결코 천민 정치, 즉 민중의 지배를 권하지 않았기 때문이다. 민중의 소리를 하느님의 음성과 같다고 본 것은 까닭 없는 일이 아니라고 그는 선언한다.11) 그러나 한편 어떤 공화국에 새로운 제도들을 세우거나 낡은 제도들을 전혀 새로운 기초 위에 재건하는 것은 한 사람의 일이 아닐 수 없다고 확신하고 있다.12) 대중은 머리가 없으면 아무 힘도 없다.13)

하지만 마키아벨리는 로마의 평민들을 찬양하기는 했지만, 근대 국가의 시민들의 자치 능력에 대해서는 똑같은 믿음을 가지고 있지 않았다. 르네상스의 다른 많은 사상가들과는 달라서, 그는 옛날 사람들의 생활을 회복할 희망을 품지 않았다. 로마 공화국은 로마 사람의 덕 위에 세워져 있었는데, 이 덕은 이제 완전히 없어지고 말았다. 옛 정치 생활을 부활시키려는 기도는 마키아벨리에게는 헛된 꿈으로 보였다. 그의 정신은 날카롭고 맑고 냉철한 정신이었고, 콜라 디 리엔찌와 같은 광신자와 열광자의 정신이 아니었다. 15세기의 이탈리아의 생활에서 마키아벨리는 그의 공화주의적 이상을 고무해 주는 아무것도 보지 못했다. 애국자로서 그는 자기의 동포 시민에 대한 가장 강렬한 동정을 느꼈으나, 철학자로서 그는 이들에 대하여 매우 혹독하게 판단하였다. 그의 감정은 멸시에 가까웠다. 다만 북쪽에서만 그는 아직 자유 애호와 옛 덕의 몇몇 흔적을 찾아볼 수 있었다. 그는 말하기를 북쪽의 국민들은 어느 정도 구제되어 왔는데, 이것은 그들이 프랑스 사람, 이탈리아 사람, 혹은 스페인 사람의 태도, 즉 세상의 부패를 배우지 않았기 때문이라고 한다.14) 그 자신의 시대에 대한 이 판단은 철회할 수 없는 것이었다. 마키아벨리는 이것이 누구에게 의문시될 수 있다는 것조차 용납하지 않았다. 그는 다음과 같

---

11) *Discourses*, Bk. 1, 58장.

12) 같은 책, Bk. 1, 9장.

13) 같은 책, Bk. 1, 44장.

14) 같은 책, Bk. 1, 55장.

이 말한다.

> 만일 나의 이 여러 논의에서 내가 옛날을 지나치게 찬양하고 우리들 자신의 시대를 비난하고 있다고 하면, 내가 그릇된 생각을 가진 사람들에 끼이지 않을지 나도 모르겠다. 그런데 정말 그 옛날의 훌륭함과 오늘날의 부패가 명약관화하지 않았던들, 나는 내가 말해야할 것을 훨씬 조심스럽게 말해 나가지 않으면 안 될 것이다. … 그러나 사태는 아주 명백하여 모든 사람이 그것을 보아 알고 있기 때문에 나는 대담하게 내가 생각하는 모든 것을 자유스럽게 말하려 한다. 이와 같이 함은 나의 글들을 혹시 읽게 될 청년들의 마음이 현대의 여러 본을 피하고 또 기회가 왔을 때에는 언제나 옛 사람들이 세운 본을 따를 준비가 되어 있게 하려는 때문이다.15)

마키아벨리는 결코 새로운 군주국(principati nuovi), 즉 근대의 전제 정치를 특별히 좋게 여기지는 않았다. 그는 이것들의 모든 결함과 악을 보지 않을 수 없었다. 하지만 근대 생활의 상황과 조건 아래서는 그에게는 이 악들이 불가피한 것으로 보였다. 마키아벨리가 개인적으로는, 새로운 국가들의 통치자들에게 그가 권한 조치들의 대부분을 증오했을 것이라는 데 대하여는 의심의 여지가 없다. 그는 여러 가지 말로, 이 조치들이 가장 잔인하여 비단 모든 그리스도교인의 비위에 거슬릴 뿐더러 또한 모든 개화한 행위 규칙에도 어긋나는 것이며, 또 누구나 이것들을 피하여 인류에게 그토록 해독을 끼치면서까지 왕이 되느니보다 차라리 야인의 생활을 해나가라고 우리에게 일러주고 있다. 그러나 그는 매우 특징적으로 보태어 말하기를, 덕의 공명정대한 길을 굳게 지켜 나아가려 하지 않는 사람은 누구나 자기 자신을 보전하기 위하여 악의 길로 들어가지 않으면 안 된다고 한다.16) **케사르든가 무(無)이든가** 사적인 무해무독한 생활을 해나가든지, 혹은 정치계에 들어가서 권력 쟁취를 위해 투

---

15) 같은 책, Bk. 2, 서문. Thomson trans., p. 191.
16) 같은 책, Bk. 1, 26장.

쟁하여 가장 무자비하고 과격한 수단으로 그 권력을 유지하든가 해야 한다. 이 두 가지 길 밖에는 다른 길이 없다.

그러나 마키아벨리의 "부도덕주의"를 논할 때 우리는 이 말을 현대적 의미에서 이해해서는 안 된다. 마키아벨리는 인간의 행동을 "선악을 초월한"입장에서 판단하지 않았다. 그는 도덕을 경멸한 것이 아니라, 사람들에게 좋은 것이 아니라고 생각했다. 만일 그가 회의론자였다고 하면 그의 회의는 철학적 회의이기보다 오히려 인간적 회의였다. 이 뿌리 깊은 회의, 인간성에 대한 이 깊은 불신은 그의 희극 ≪만드라골라≫ (*Mandragola*)에서 그 최선의 증거를 찾을 수 있다. 희극 문학의 이 걸작은 그 시대 사람들에 관한 마키아벨리의 판단을, 그의 모든 정치적 및 역사적 저술보다도 더 잘 드러내고 있다. 그는 자기 자신의 세대와 자기 자신의 나라에 대해서 아무 희망도 품을 수 없었다. 그리고 그의 ≪군주론≫에서 그는 사람들의 깊은 도덕적 타락에 대한 이 확신을 국가의 통치자들의 마음속에 넣어 주려고 하였다. 이것은 그의 정치적 예지의 가장 중요한 부분이었다. 사람을 다스리는 데 필요한 첫째조건은 인간을 이해하는 것이다. 그리고 인간의 "본래의 선"이란 환상을 가지고 있는 한 우리는 절대로 인간을 이해할 수 없을 것이다. 그런 생각은 매우 인도적이고 인정 있는 생각일 수 있다. 그러나 정치 생활에 있어서는 그것은 하나의 어리석은 일이 될 수밖에 없다. 마키아벨리는 시민 정부에 관해서 저술한 사람들이 제 1원리로 삼았고 또한 모든 역사가가 똑같이 증명하고 있는 것은, 국가를 세우고 그 통치에 알맞는 법률을 만들려 하는 사람은 누구나 모든 사람이 그 천성에 있어 악하며, 기회만 있으면 반드시 그 마음의 본래의 타락을 드러내리라는 것을 예상하지 않으면 안 된다는 것이라고 말하고 있다.[17]

이 타락은 법률로 고쳐질 수 없고, 힘으로 고쳐지지 않으면 안 된다. 법률은 정녕 어느 나라에나 없을 수 없지만, 통치자는 다른 더 확실한 수

---

17) 같은 책, Bk. 1, 3장.

단을 강구하지 않으면 안 된다. 새로운 국가이건 오래된 국가이건 혹은 신구 혼합국가이건, 하여튼 모든 국가의 최선의 기초는 좋은 법률과 좋은 무력이라고 마키아벨리는 말한다. 그러나 좋은 법률은 무력이 없으면 아무 힘이 없기 때문에, 그리고 한편 좋은 무력은 언제나 법률에 그 합당한 무게를 주기 때문에 나는 여기서 법률에 관하여는 더 논하지 않고 다만 무력에 관해서 말하려 한다.18) 심지어 "성자들", 종교적 예언자들도 국가의 통치자가 되자마자 언제나 이 원칙을 따라 행동하였다. 그렇지 않았을 때 그들은 처음부터 실패하였다. 사보나롤라가 그의 목적을 달성하지 못한 것은, 그의 사명을 옳게 여긴 사람들로 하여금 그 확신을 굳게 가지게 할 힘도 없었고 또 그 사명을 부인한 사람들로 하여금 그가 옳다는 것을 믿게 할 힘도 가지고 있지 못했기 때문이다. 그러므로 무력을 가지고 있는 예언자들은 모두 그 사업에 성공했는데, 그와 같은 무력이 없는 사람들은 패배하고 멸망당하고 말았다.19)

물론 마키아벨리는 악하고 잔인한 통치자보다 선하고 현명하고 고결한 통치자를 훨씬 좋게 여긴다. 네로보다는 마르쿠스 아우렐리우스를 좋아한다. 그러나 만일 누가 오직 이러한 선하고 공정한 통치자들만을 문제 삼는 책을 쓴다면, 그 책 자체는 훌륭하겠지만 많은 사람이 그 책을 읽지는 않을 것이다. 그런 종류의 군주는 예외요, 일반적으로 흔히 있는 것이 아니다. 어떤 군주에게 있어서 신의를 지키고 성실하게 산다는 것이 얼마나 칭찬할 만한가 하는 것은 누구나 인정하는 바이다. 그러나 형편에 따라서는 군주는 이와 반대되는 기술, 즉 간책과 배신의 기술을 배우지 않으면 안 된다.

군주는 경우에 따라 사람뿐만 아니라 또한 짐승을 닮는 방법을 알아야 한다. 이것은 옛날 저작가들이 어렴풋이 우리에게 시사한 것이다. 이 저작가들은

---

18) The Prince, 12장.
19) 같은 책, 6장.

아킬레우스와 이 밖의 고대의 여러 군주들이 켄타우로스족의 케이론에게 보내어져서 그의 손으로 양육되었다는 것을 전해주고 있다. 이것은, 이 군주들의 스승이 반인반수(半人半獸)이기 때문에 이들이 이 두 가지 성질을 다 모방할 수 있도록 가르쳐질 수 있었으며, 또 두 성질 가운데 하나가 없으면 오래 지탱할 수 없다는 것을 말하려는 것이다. 이렇듯 군주에게는 때로 짐승처럼 행동하는 방법을 배우는 것이 필요하므로, 그는 사자와 여우를 그의 모범으로 삼아야 한다. 왜냐하면 사자는 함정과 올가미에서 자기 몸을 지킬 만한 교지(狡智)를 가지고 있지 못하며, 여우는 이리와 더불어 싸울 만한 힘을 가지고 있지 않기 때문이다. 그러므로 그는 여우가 되어 함정을 알아낼 수 있어야 하며, 또 이리떼를 무서움에 떨게 하기 위해서 사자가 되지 않으면 안 된다.[20]

이 유명한 직유는 극히 특징적이고 시사적이다. 마키아벨리는 군주의 스승이 반드시 야수이어야 한다는 것을 말하려 하지는 않았다. 하지만 그는 야수적인 일들을 하지 않으면 안 되며, 이러한 일들에 직면하여 그것들을 직시하는 일과 그것들을 그 당연한 이름으로 부르는 일에 있어 주저하지 말아야한다. 인간성만으로는 정치가 안 된다. 정치는 그 최선의 것도 어디까지나 인간성과 야수성의 중간물이다. 그러므로 정치학의 스승은 이 두 가지를 이해하지 않으면 안 된다. 곧 반인반수가 되어야 한다.

마키아벨리 이전의 그 어떤 정치적 저술가도 이와 같이 말하지 않았다. 여기서 우리는 그의 이론과 그의 모든 선구자들 ―중세의 저술가들만이 아니라 또한 고전적 저작가들― 의 그것 사이에 명백하고 또 지울 수 없는 차이가 있음을 본다. 파스칼은 말하기를, 갑자기 그리고 뜻밖에 책 한 권 전체의 의미를 분명하게 해주는 몇 마디 말이 있다고 한다. 그런 말을 찾게 되면 그때 우리는 그 책의 성격에 관해서 다시 더 무슨 의심을 품지 않는다. 이때 모든 애매함이 사라진다. 군주의 스승은 **반수반인**(un

---

[20] 같은 책, 18장, 앞의 책, II, 340.

mezzo bestia e mezzouomo)이어야 한다는 마키아벨리의 말은 그와 같은 종류의 것이다. 그것은 돌연한 섬광 속에, 그의 정치 이론의 본성과 목적을 드러내어 밝혀 준다. 정치 **생활**이란 것이 때에 따라 범죄와 모략과 무도한 짓으로 가득 차 있다는 것을 의심한 사람은 지금까지 아무도 없었다. 그러나 마키아벨리에 앞서 이러한 범죄의 **기술**(art)을 가르치고자 한 사람은 한 사람도 없었다. 이러한 일들은 실지로 행해지기는 했으나 가르쳐지지는 않았다. 마키아벨리가 교활과 배신과 잔인의 교사가 될 것을 약속했다는 것은 예전에는 들어 보지도 못한 일이었다. 그리고 그는 이 가르침에 있어 철저하였다. 그는 주저하거나 타협하지 않았다. 그는 통치자들에게 이르기를, 잔인한 일들은 필요한 것이므로 신속히 또 무자비하게 행해지지 않으면 안 된다고 한다. 이 경우에 그리고 오직 이 경우에만, 잔인한 일들이 바람직한 성과를 올릴 것이다. 즉 그것들은 **잘 사용된 잔인**(crudeltà bene usate)이 될 것이다. 잔인한 조처를 연기하거나 완화하는 것은 아무 소용없는 일이다. 그것은 단숨에 그리고 인간의 감정을 전혀 돌보지 않고 단행되지 않으면 안 된다. 왕위를 얻은 찬탈자는 어떤 남자나 여자도 그의 방해가 되도록 내버려 두어서는 안 된다. 그는 합법적 통치자의 모든 가족을 멸절시켜야 한다.21) 이 모든 것은 수치스러운 일이라 할 수 있다. 그러나 정치 생활에 있어서 우리는 "미덕"과 "악덕" 사이에 선명한 금을 그을 수 없다. 이 두 가지는 가끔 자리를 바꾼다. 모든 것을 다 고찰할 때 우리는 다음과 같은 것을 발견한다. 즉 매우 덕이 있어 보이는 어떤 것이 실지로 행동으로 옮겨졌을 때 군주를 파멸로 이끄는 데 반하여, 악덕하다고 여겨진 다른 것들이 유익하다는 것을 발견한다.22) 정치에 있어서는 모든 것이 그 자리를 바꾼다. 즉 공

---

21) *Discourses*, Bk. 3, 4, 30장 ; The Prince, 3장 참조. "획득한 나라들을 확실하게 보유하려면, 그 나라들을 다스리던 군주의 일족을 멸절시키는 것으로 족하다."(a possederli sicuramente basta avere spenta la linea del principe che li dominava.)

22) *The Prince*, 15장.

정이 부정이요, 부정이 공정이다.

마키아벨리를 연구하는 현대 학자로서 그의 저작을 아주 다른 각도에서 보는 이가 몇몇 있음은 사실이다. 이들은 마키아벨리의 저작이 결코 과격한 혁신이 아니었다고 말한다. 그것도 결국 흔해 빠진 것이요, 누구나 다 잘 아는 유형의 저작의 하나였다. 이들은 《군주론》도 갖가지 제목으로 왕들을 교육하기 위하여 저술되어 온 무수히 많은 책들 가운데 하나에 지나지 않는다고 단언한다. 중세와 르네상스의 문헌에는 이와 같은 논설이 가득하였다. 800년에서 1700년 사이에는 왕에게 "그 큰 임무에 밝으려면" 어떻게 행동해야 하는가를 가르치는 수천 권의 책이 있었다. 누구나 《왕의 임무에 관하여》(*De officio regis*), 《군주의 교육에 관하여》(*De institutione principum*) 《군주의 통치에 관하여》(*De regimine principum*)를 알고 또 읽고 있었다. 마키아벨리는 그저 이 긴 독서 목록에 하나의 새로운 항목을 첨가했을 뿐이다. 그의 책은 결코 독특한 것이 아니다. 오히려 전형적인 책이었다. 《군주론》에는 참으로 새로운 것이란 없다. 사상에 있어서나 문체에 있어서나 새로운 점은 없다.[23]

그러나 이러한 판단에 대해서 우리는 반증하는 두 증인을 불러올 수 있다. 이 두 증인은 마키아벨리 자신과 그의 독자들이다. 마키아벨리는 자기의 정치적 견해의 독창성을 깊이 확신하고 있었다. 그는 《논의》의 서문에 다음과 같이 썼다. "자연이 내 속에 불어넣은 욕구, 즉 만인에게 공통된 이익을 제공한다고 내가 생각하는 것은 무엇이든 두려움 없이 손을 대려는 욕구에 고무되어, 나는 이전에 아무도 지나간 이가 없으므로 나를 곤란에 빠뜨릴지도 모를 길에 들어선다. 그러나 이 길은 내 노력을 우애의 정신으로 판단하는 사람들로부터의 감사의 말을 나로 하여금 듣게 할 것이다."[24] 이 희망은 실망당하지 않았다. 마키아벨리의 독자들은

---

23) A.H.Gilbert, *Machiavelli's "Prince" and Its Forerunners. "The Prince" as a Typical Book "de Regimine Principum"* (Duke Univ. Press, 1938).

그와 같이 판단하였다. 그의 저작은 학자나 정치학도들에게만 읽힌 것이 아니다. 그것은 훨씬 더 널리 읽혔다. 근대의 대정치가로서 마키아벨리의 책을 모르고 또 그것에 마음이 끌리지 않은 사람은 하나도 없다. 그 독자들과 찬양자들 가운데 우리는 카테리나 데 메디치, 카알 5세, 리슐리외, 스웨덴의 크리스티나 여왕, 나폴레옹 보나파르트의 이름을 찾아볼 수 있다. 이 독자들에게 이 책은 그저 한 권의 책에 불과한 것이 아니었다. 그것은 그들의 정치적 행동에 있어서의 안내자요 샛별이었다. ≪군주론≫의 이와 같은 깊고 영속적인 영향은, 만일 그 책이 주지되어 있는 유형의 저작의 한 표본에 지나지 않는 것이라면, 도저히 이해될 수 없는 것이다. 나폴레옹 보나파르트는 모든 정치적 저술 가운데 오직 마키아벨리의 저작들만이 읽을 만한 가치가 있는 것이라고 말하였다. 우리는 리슐리외, 카테리나 데 메디치, 나폴레옹 보나파르트가 토마스 아퀴나스의 ≪군주의 통치에 관하여≫, 에라스무스의 ≪그리스도교인 군주의 교육≫ (*Institutio principis Christiani*) 혹은 페늘롱의 ≪텔레마끄≫ (*Télémaque*) 같은 저술을 열심히 연구한 사람들이었다고 생각할 수 있는가?

  그러나 ≪군주론≫과 ≪군주의 통치에 관하여≫ 같은 다른 모든 저작 사이의 뚜렷한 대조를 밝히기 위해서는 개인적 판단에 의거할 필요가 없다. 마키아벨리의 견해들과 그 이전의 모든 정치적 저술가들의 그것 사이에 진정한 큰 차이가 있었다는 것을 증명하는 다른 더 좋은 이유가 여럿 있다. 물론 ≪군주론≫에도 그 선구자가 없지는 않다. 어떤 책치고 그렇지 않을 것인가? 우리는 그 속에서 다른 저작가들과 비슷한 점을 많이 찾을 수 있다. 버트의 판본에는 이러한 비슷한 점의 대부분이 주의 깊게 수집되고 주해되고 있다. 그러나 문자상의 유사성이 반드시 사상의 유사점들을 증거하는 것은 아니다. ≪군주론≫은 그 주제에 대한 이전에 있었던 저작가들의 그것과는 전혀 다른 "시상적 풍토"에 속한다. 이 차

---

24) Thomson trans., p. 3.

이는 두 마디 말로 기술될 수 있다. 재래의 논설들, ≪왕과 통치에 관하여≫(De rege et regimine), ≪왕의 교육에 관하여≫(De institutione regis), ≪왕권 및 왕의 교육에 관하여≫(De regno et regis institutione)는 교훈적인 논설들이었다. 이것들은 군주의 교육을 위한 것이었다. 마키아벨리는 이와 같은 일을 하려는 야심도 희망도 가지지 않았다. 그의 책은 전혀 다른 문제들에 관심을 두고 있었다. 그것은 다만 군주에게 어떻게 권력을 얻을 것과 또 곤란한 상황 속에서 어떻게 그 권력을 유지할 것인가를 일러 줄 따름이다. 마키아벨리는 **새로운 군주국의** 통치자들, 즉 체자레 보르지아 같은 사람들이 "교육"의 손쉬운 대상이 된다는 것을 가상할 만큼 유치하지 않았다. 마키아벨리 이전에 그리고 그 이후에 **임금의 거울**이라 자칭한 책들에서는 군왕이 마치 거울에서처럼 자기의 근본적 의무와 책임을 들여다보게 되어 있었다. 그러나 마키아벨리의 ≪군주론≫의 그 어디에서 이런 것을 찾아 볼 수 있는가? 도대체 그의 책자에는 "의무"란 말 자체가 없는 듯하다.

정치의 기술

그러나 ≪군주론≫이 도덕적 내지 교훈적 논문이 아니기는 해도, 그렇다고 하여 그것이 부도덕한 책이라 할 수는 없다. 이 두 가지 판단은 모두 똑같이 그릇된 것이다. ≪군주론≫은 도덕적인 책도 아니고 부도덕한 책도 아니다. 그것은 그저 하나의 기술적인 책일 따름이다. 기술적인 책에서 우리는 윤리적 행위나 선악의 규칙을 찾지 않는다. 무엇이 유용하고 혹은 무익한 것인가를 배우면 그만이다. ≪군주론≫ 속에 있는 모든 말은 이런 식으로 읽히고 해석되어야 한다. 이 책은 통치자에 대한 도덕적 교훈을 전혀 내포하고 있지 않으며, 또 그로 하여금 죄와 악행을 범하라고 권하고 있지도 않다. 그것은 특별히 "새로운 군주국들"에 관심을 두며 또 이것들을 위한 것이다. 그것은 이것들에게 모든 위험으로부터 자기를 보호하는 데 필요한 모든 충고를 주려 한다. 이 위험들은 분명히, 보통 흔히 있는 국가, 즉 교회적 군주국 혹은 세습군주국을 위협하는 위험들보다 훨씬 더 크다. 이 위험들을 피하려면 통치자는 비상한 수단을 쓰지 않으면 안 된다. 그러나 재앙이 이미 정치 체제를 파먹기 시작한 후에 구제책을 강구하는 것은 때늦은 일이다. 마키아벨리는 정치가의 기술과 노련한 의사의 그것을 즐겨 비긴다. 의학적 기술은 세 부분, 즉 진단, 예후(豫後) 및 치료를 포함한다. 이것들 가운데 가장 중요한 것은 올바른 진단이다. 적절한 시기에 질환을 인식하는 것이 그 결과들을 예방할 수 있게 하는 데 있어 가장 중요한 일이다. 만일 이 일에 실패하면 치료는 힘들게 된다. 마키아벨리는 다음과 같이 말한다.

> 의사들이 여러 가지 소모열에 관해서 말하고 있는 바와 같이, 그 초기에 병을 고치는 것이 어려운 일은 아니지만, 그것을 발견하는 것이 어렵다. 그런데 이것들을 일찍감치 발견하고 치료를 해두지 않으면, 시일이 경과하는 데 따라 발견하기는 쉬우나 그 치유가 힘들게 된다. 국가의 일도 이와 마찬가지다. 어떤 정부에도 일어날 수 있는 여러 가지 재앙과 혼란을 예견하는 것은 총명하고 지모 있는 사람만이 할 수 있는 일인데, 이와 같이 여러 재앙과 혼란이 예견되어 있을 때에는 이것들을 막아내기가 쉽다. 그러나 이것들이 자라고 커서 그 악폐가 누구에게나 명백할 정도로 되면, 그때에는 이것들을 억누르기에 충분한 구제 수단을 거의 찾을 수 없다.[25]

마키아벨리의 모든 권고는 이런 정신에서 해석되어야 한다. 그는 서로 다른 여러 형태의 정부를 위협하는 가능한 위험들을 예견하고 이것들에 대한 대책을 강구한다. 그는 통치자에게, 권력을 잡고 유지하고 내부의 알력을 피하고 음모를 예견하고 막으려면 어떻게 해야 할 것인가를 알

---

25) *The Prince*, 3장, 앞의 책, Ⅱ, 200이하.

려 준다. 이 모든 권고는 "가언명법(假言命法)", 혹은 칸트의 말로 하면 "숙달의 명법"이다. 칸트는, "여기에는 목적이 이성적이고 선한가 그렇지 못한가의 문제가 없고 다만 목적을 달성하기 위해서는 무엇을 해야 하는가 하는 것만이 문제다. 의사로 하여금 그의 환자를 완전히 건강케 하는 교시 사항과 독살자에게 어떤 사람을 확실히 죽이게끔 하는 교시 사항은, 이 점에서 볼 때 동등한 가치를 지니고 있다. 왜냐하면 이것들은 제각기 그 목적을 완전히 실현시키는 데 이바지하기 때문이다"26)라고 말한다. 이 말은 그대로 마키아벨리의 태도와 방법을 기술하고 있다. 그는 절대로 정치적 행동들을 욕하거나 칭찬하지 않는다. 그는 단순히 이것들의 기술적(記述的) 분석을 행하고 있을 따름이다. 마치 의사가 어떤 병의 징후들을 기술하는 것처럼 그러한 분석에서 우리는 기술의 진실성 여부에만 관심을 가지며, 거기서 말해지고 있는 것들에는 관심이 없다. 최악의 일들에 관해서도 정확하고 훌륭한 기술이 행해질 수 있다. 마키아벨리는 마치 화학자가 화학적 반응을 연구하는 것처럼 정치 행동을 연구하였다. 자기의 실험실에서 강한 독약을 만드는 화학자가 그 결과들에 대해서 책임이 없음은 확실하다. 노련한 의사의 수중에서 극약은 사람의 생명을 살릴 수 있고 살인자의 수중에서 그것은 사람을 죽일 수 있다. 이 어느 경우에나 우리는 화학자를 칭찬하거나 욕할 수 없다. 그가 그 극약을 만드는 데 필요한 모든 과정을 우리에게 가르쳤다면, 그리고 또 그 화학적 처방을 우리에게 알려 주었다면 자기의 할 일을 다한 것이다. 마키아벨리의 《군주론》은 위험스럽고 해로운 것을 많이 내포하고 있다. 그러나 그는 이것들을 과학자의 냉철함과 초연한 태도를 가지고 보고 있다. 그는 자기의 정치적 처방을 내어놓는다. 누가 이 처방들을 사용할지, 또 이 처방들이 선한 목적을 위하여 사용될지 혹은 악한 목적을

---

26) Kant, *Fundamental Principles of the Metaphysics of Morals*. English trans. T.K. Abbott, *Kant's Critique of Practical Reason and Other Works on the Theory of Ethics*, 제6판(New York and London : Long-mans, Green & Co., 1927), p. 32 참조.

위하여 사용될지는 그가 관여할 바가 아니다.

 마키아벨리가 새로이 도입하고자 한 것은 하나의 새로운 정치 과학만이 아니라 또한 하나의 새로운 정치 **기술**이었다. 그는 "국가의 기술"(art of the state)에 관해서 최초로 말한 근대 저작가였다. 그와 같은 기술의 관념이 매우 오래된 것임은 사실이다. 그러나 마키아벨리는 이 낡은 관념에다가 전혀 새로운 해석을 가하였다. 플라톤 당시부터 모든 위대한 정치 사상가들은 정치를 한갓 일상적인 일로 볼 수 없다는 것을 강조하여 왔다. 우리들의 정치행동을 이끌어가는 데에는 일정한 규칙이 있지 않으면 안 된다. 즉 정치의 기술이 있어야 한다. 대화편 ≪고르기아스≫에서 플라톤은 그 자신의 국가 이론을 소피스트들-프로타고라스, 프로디코스, 고르기아스-의 견해에 맞세웠다. 이 사람들은 우리에게 우리의 정치적 행위에 대한 많은 규칙을 주었다고 그는 말하였다. 그러나 이 모든 규칙에는 철학적 의의와 가치가 없다. 왜냐하면 이것들은 주요한 점을 보지 못하고 있기 때문이다. 이것들은 특별한 경우들로부터 추상된 것이요 또 특수한 목적들에 관심을 두고 있다. 이것들에는 "기술"(technē)의 본질적 성격이 빠져 있다. 여기서 우리는 플라톤의 기술과 마키아벨리의 국가의 기술(arte dello Stato) 사이의 본질적이고 지울 수 없는 차이를 파악한다. 플라톤의 기술은 마키아벨리의 의미에 있어서의 "기술"(art)이 아니다. 그것은 보편적 원리들에 기초를 둔 인식(epistēmē)이다. 이 원리들은 이론적이기만 한 것이 아니라 또한 실천적인 것이요, 논리적이기만 한 것이 아니라 또한 윤리적인 것이다. 이 원리들에 대한 통찰이 없으면 아무도 참된 정치가가 될 수 없다. 혹 어떤 사람은, 오랜 경험에 의하여 정치적인 일에 관하여 올바른 견해를 품게 되었기 때문에 스스로를 정치 생활의 모든 문제에 대한 전문가라고 생각할 수 있다. 그러나 이것이 그를 진정한 통치자가 되게 하지는 못한다. 또 그로 하여금 확고한 판단을 가지게 할 수도 없다. 왜냐하면 그는 "원인의 이해"를 전혀 하지 못하고 있기 때문이다.[27]

플라톤과 그 후계자들은 법치 국가의 이론을 세우려고 애썼다. 마키아벨리는 이 특별한 면을 억압하고 감소시킨 이론을 도입한 최초의 사람이었다. 그의 정치 기술은 법치 국가에나 비법치 국가에나 한결같이 들어맞도록 되어 있었다. 그의 정치적 지혜의 태양은 합법적 군주와 찬탈자 혹은 전제 군주에게, 의로운 통치자와 불의한 통치자에게 똑같이 빛난다. 그는 나라 일에 관한 그의 견해를 이들 모두에게 자유롭게 또 아낌없이 주었다. 우리는 이러한 태도로 인하여 그를 비난할 필요가 없다. 만일 우리가 《군주론》을 짧은 공식으로 요약하고자 한다면, 19세기의 위대한 역사가의 말을 끌어오는 것이 아마도 가장 좋은 방법일 것이다. 《영국 문학사》의 서문에서 이뽈리뜨 뗀느는 선언하기를, 역사가는 인간 행동에 관하여 말함에 있어 마치 화학자가 화학적 화합물에 관하여 말하듯 말하지 않으면 안 된다고 한다. 악덕과 미덕은 유산염 혹은 설탕 같은 생성물이고, 우리는 이것들을 동일한, 냉철하고 초연한 과학적 정신을 가지고 다루지 않으면 안 된다. 이것이야말로 바로 마키아벨리의 방법이었다. 정녕 그는 자기의 개인적 감정, 정치적 이상, 민족적 갈망을 품고 있었다. 그러나 그는 이것들이 그의 정치적 판단에 영향을 끼치는 것을 용납하지 않았다. 그의 판단은 과학자의 그것이요 또 정치 생활의 기술자의 그것이었다. 만일 우리가 《군주론》을 달리 읽는다면, 만일 우리가 이 책을 정치 선전가의 저작으로 본다면, 우리는 문제 전체의 요점을 놓치게 된다.

마키아벨리의 정치 철학에 있어서의 신화적 요소 : 운명

마키아벨리의 정치 과학과 갈릴레오의 자연 과학은 하나의 공통 원리 위에 기초를 두고 있다. 이것들은 자연의 제일성(齋一性)과 동질성의 공

---

27) Plato, *Republic*, 533B ; 이 책 6장 p.104 참조.

리에서 출발한다. 자연은 언제나 동일하며, 자연의 모든 사건은 동일한 불변의 법칙들을 따른다. 이것은 물리학과 우주론에서, "보다 높은" 세계와 "보다 낮은" 세계 사이의 구별을 파괴하는 데까지 이르게 한다. 모든 물리적 현상은 동일한 수준에 있다. 만일 우리가 낙하하는 돌의 운동을 기술하는 공식을 얻었다고 하면, 우리는 이것을 지구를 도는 달의 운동과 또 가장 먼 곳에 있는 별들에 대해서도 적용할 수 있다. 정치에서도 이와 마찬가지로, 우리는 모든 시대가 동일한 근본적 구조를 가지고 있음을 발견한다. 한 시대를 아는 사람은 모든 시대를 안다. 구체적인 현실 문제에 직면한 정치가는 언제나 역사에서 유사한 경우를 발견할 것이며, 또 이것과 비교함으로써 올바로 행동할 수 있게 될 것이다. 과거를 아는 것은 든든한 안내자를 얻음과 같다. 과거의 사건에 대한 명철한 통찰을 가지게 된 사람은 현재의 문제를 다룰 줄 알게 되며 또 미래의 일에 대비할 수 있게 된다. 그러므로 군주에게는 역사의 전례(前例)들을 소홀히 하는 것보다도 더 큰 위험이 없다. 역사는 정치의 열쇠이다. 마키아벨리는 그 저서의 처음에서 다음과 같이 말한다.

> 군주나 국가가 얻은 새로운 지배권에 관하여 말함에 있어, 나는 극히 뛰어난 인물들의 예를 인용하려 하는데, 누구든지 내가 이렇게 하는 것을 이상하게 여겨서는 안 된다. 왜냐하면 인간이란 일반적으로 남이 지나간 길을 밟아가고 또 남의 행동을 흉내내는 경향이 있기 때문이다… 현인은 언제나 가장 본받을 만한 위인들이 지나간 길을 따르지 않으면 안 된다. 그렇게 해서 그 위인들만큼은 못 된다 하더라도 얼마간 그들을 닮을 수는 있게 된다.[28]

하지만 역사의 영역에서 이 유사성에는 그 일정한 한계가 있다. 물리학에서 우리는 언제나 동일한 원인이 반드시 동일한 결과를 생기게 한다는 원리를 가지고 논의할 수 있다. 절대적 확실성을 가지고 미래의 사건,

---

28) *The Prince*, 6장, 앞의 책, II, 223 이하.

가령 일식이나 월식을 예언할 수 있다. 그러나 인간 행동의 문제에서는 이 모든 것이 갑자기 의문시되는 듯싶다. 우리는 어느 정도 미래를 예측할 수 있으나, 그것을 예언하여 맞출 수는 없다. 우리의 기대와 희망은 좌절되고, 우리의 행동은 그것이 비록 최선을 다해서 계획된 것이라 할지라도 소기의 결과를 얻을 수 없다. 어떻게 이 차이를 설명할 수 있는가? 우리의 정치 영역에서 보편적 결정론의 원리를 포기해야 하는가? 여기서는 여러 가지 일이 계산될 수 없고 정치적 사건에는 필연성이 도무지 없으며, 인간적 및 사회적 세계는 물리적 세계에 반하여 한갓 우연에 의하여 지배된다고 말해야 하는가?

 이것은 마키아벨리의 정치 이론이 해결하지 않으면 안 되었던 큰 수수께끼들 가운데 하나였다. 이 문제에 있어서 그는 자기의 정치적 **경험**이 그의 일반적인 과학적 원리와 더불어 크게 다름을 발견하였다. 경험은, 최선의 정치적 충고도 가끔 무효하다는 것을 그에게 가르쳤다. 여러 가지 세상일은 제 갈 길을 달리며 또 우리들의 모든 소원과 목적을 꺾는다. 가장 교묘하고 깜찍한 계략도 실패할 수 있으며, 또 갑자기 그리고 기대했던 바와는 달리 사건들의 진행에 의하여 제지될 수 있다. 인간의 일들의 이 불확실성은 모든 정치 과학을 불가능케 하는 듯싶다. 여기서 우리는 변화무상하고 불규칙하고 변덕스러운 세계 속에 살고 있다. 이 세계는 추정과 예측의 모든 노력을 무시한다.

 마키아벨리는 이 이율배반을 매우 명료하게 보았으나, 이것을 해결할 수는 없었으며, 또 이것을 과학적으로 표현할 수조차 없었다. 그의 논리적이고 합리적인 방법은 이 점에 이르러 그를 떠났다. 그는 인간의 일들이 이성에 의하여 다스러지지 않으며, 따라서 이성의 말로 이것들을 완전히 기술할 수는 없다는 것을 인정하지 않으면 안 되었다. 우리는 또 다른 하나의 힘, 반신화적인 힘에 의지하지 않으면 안 된다. "운명"은 만물의 지배자인 양 보인다. 그리고 모든 사물 가운데 운명은 가장 변덕스러운 것이다. 그것을 어떤 규칙에 환원하려는 기도는 모두 실패할 수밖에 없다. 만일 운명이 정치 생활에 불가결한 요소라고 한다면, 정치 과학을 바라는 것은 어리석은 일이다. "운명의 과학" 운운함은 말 자체가 모순이다.

여기서 마키아벨리의 이론은 결정적으로 중대한 점에 이르렀다. 하지만 마키아벨리는 이성적 사고의 이 외견상의 결함을 받아들일 수 없었다. 그의 정신은 명석하기만 하지 않고 또한 매우 정력적이고 끈기 있는 정신이었다. 만일 운명이 인간의 일들에 있어서 주도적인 역할을 맡고 있다고 하면, 철학적 사상가는 이것을 이해하지 않으면 안 된다. 이 때문에 마키아벨리는 그의 ≪군주론≫에 새로이 한 장을, 그 책 가운데 가장 진기한 한 장을 넣지 않을 수 없었다. 운명이란 무엇이며, 그것이 의미하는 바는 무엇인가? 우리들 자신의 여러 가지 인간적 힘, 즉 인간의 지능과 의지에 대해서 그것은 어떤 관계를 가지고 있는가?

마키아벨리는 결코 이 문제를 가지고 씨름한 르네상스 시대의 유일한 사상가는 아니었다. 왜냐하면 이 문제 자체는 그 당시의 모든 사상가들에게 익히 알려져 있었기 때문이다. 그것은 르네상스의 모든 문화 생활에 침투하였다. 예술가들과 학자들 및 철학자들은 이 문제에 대한 답을 얻으려고 열심히 생각하였다. 르네상스 시대의 문학과 시에서 이 주제는 거듭 나타나고 있다. 그때의 미술에서 우리는 운명의 무수한 상징을 본다.[29] 체자레 보르지아의 초상이 있는 메달의 뒤쪽에는 그러한 상징이 있었다.[30] 그러나 마키아벨리의 문제 **취급** 솜씨는 다시 한번 그의 위대한 독창력을 입증한다. 그의 우세한 관심을 따라 그는 사적 생활의 각도 대신 공적 생활의 각도에서 문제에 접근한다. 운명은 그의 역사 철학의

---

[29] 자세한 설명은 나의 저서 *Individuum und Kosmos in der Philosophie der Renaissance*, "Studien der Bibliothek Warburg"(Leipzig : B.G. Teubner, 1927), X, 77~129의 3장 "Freiheit und Notwendigkeit in der Philosophie der Renaissance" 참조.

[30] 이 메달의 복사가 Mrs. D.E. Muir, *Machiavelli and His Times* (New York : E.P.Dutton and Co., 1936), p.150에 있다.

한 요소가 된다. 한때는 이 민족을, 또 다른 때에는 다른 민족을 전면에 등장시키고 그 민족에게 세계의 지배권을 주는 것은 바로 이 운명의 힘이다. 마키아벨리는 그의 ≪논의≫ 제2권의 서문에 모든 시대를 통하여 세계는 항상 매우 흡사한 양상을 드러내어 왔다고 말한다. 어느 시대에나 세계 안에는 거의 동일한 선악의 비례가 있었다. 그러나 이 선과 악은 때때로 그 자리를 바꾸어, 한 제국에서 다른 제국으로 옮아갔다. 한때 앗시리아에 정착한 듯이 보인 덕은 나중에 그 자리를 메디아로 옮기고, 그곳에서 다시 페르시아로 그리고 최후에 로마인들 사이에 이르러 그들 속에 정착하였다. 태양 아래 아무것도 정지해 있지 않으며 또 영원히 이러할 것이다. 고진감래에 흥진비래라, 악이 있으면 선이 따르고, 선 다음엔 악이 온다. 그리고 이것들은 피차 원인이 된다. 하지만 그렇다고 해서 인간은 그의 투쟁을 포기해야 할 것이 아니다. 정적주의(靜寂主義)는 활동적 생활의 치명상인데, 이 활동적 생활이야말로 인간에게 가치 있는 유일의 생활이다. 르네상스는, 그 여러 감정과 사상에 있어서 점성술의 강한 압력 아래 있었다. 피코 델라 미란돌라 한 사람만을 제외하고는 르네상스의 어떤 사상가도 이 압력을 피하거나 극복할 수 없었다. 피치누스와 같은 위대하고 고상한 정신을 가진 사람의 생활도 아직은 미신적인 점성술적 공포로 차 있었다.31) 마키아벨리도 점성술적 상념들에서 완전히 벗어날 수 없었다. 그도 그의 시대와 동시대 사람들과 같은 방식으로 생각하고 말하였다. 그는 ≪논의≫에서 말하기를, 우리는 어떤 큰 불운이 어떤 국가에 생기기 전에 대체로 언제나 그 불운이 점장이나 혹은 계시나 또 혹은 하늘의 징조에 의해서 예시되었다는 것을, 고대사와 현대사의 많은 예에서 본다고 하였다. 그는 이 사실의 설명에 대한 그의 무지를 고백한다. 그러나 사실 자체는 부인되지 않고 있다.32) 그럼에도

---

31) Cassirer, 앞의 책, pp. 105 이하 및 *Journal for the History of Ideas*, III, Nos. 2 and 3 (1942), 123~144 and 319~346을 참조. 점성술에 대한 피치노의 태도에 관해서는 P.O.Kristeller, *The Philosophy of Marsilio Ficino* (New York : Columbia Univ. Press, 1943), pp. 310 이하 참조.

불구하고 마키아벨리는 어떤 종류의 숙명론에도 굴복하지 않는다. **현인은 별들을 잘 다스린다**(Sapiens vir dominabitur astris)란 격언은 르네상스 시대에 자주 인용되었다.33) 마키아벨리는 이 격언을 새로이 해석하였다. 별들의 적의 있는 영향을 극복하는 데에는 지혜 이외에 힘과 의지력이 필요하다. 운명의 힘은 크고 헤아릴 수 없으나, 항거할 수 없는 것은 아니다. 만일 그것이 항거할 수 없는 것으로 보인다면, 이는 자기 자신의 힘을 사용하지 않는 사람, 즉 너무 겁이 많아서 운명에 반항하여 무기를 들지 못하는 사람의 잘못이다.

> 내가 알거니와, 이 세상의 여러 가지 일이 신의 섭리나 운명에 의해 지배되고 있어서 인간의 지혜는 이것들을 어찌할 수 없다고 생각하는 사람들이 많이 있었고 또 지금도 얼마간 있다. 그래서 이들은 추리하기를, 이것들에 관해서 머리를 쓰지 않고 만사를 우연이 좌우하는 대로 내버려두는 것이 제일 좋다고 한다…이 일을 가끔 깊이 생각할 때, 나 자신도 거의 그렇게 생각한다. 그러나 우리들의 자유 의지가 절대적으로 지배되지는 않도록 운명은 우리의 행동의 절반의 방향을 떠맡고 나머지 절반은 대체로 우리들 자신의 지배에 맡기고 있는 듯싶다.

> 운명은 격류에 비길 수 있다. 격류가 둑을 넘어 흐를 때에는 거기 항거하는 모든 것을 부순다. 그러나 이것이 우리를 낙담시켜, 날씨가 좋을 때에 둑을 쌓고 고랑을 파며 또 이 밖에 필요한 준비를 하지 못하게 해서는 안 된다. 이와 같은 준비를 해야만, 물이 불었을 때 그 흐름을 전적으로 막을 수는 없다 하더라도 적어도 여러 갈래로 그 흐름을 나누어 흐르게 하고 또 그 흐름의 맹위를 얼마간은 가라앉힐 수 있다.34)

---

32) *Discourses*, Bk. 1, 56장 참조.

33) J. Burckhardt, *Die Kultur der Renaissance in Italien*. English trans. S.G.C. Middlemore (New York : Oxford Univ. Press, 1937), p.269 참조.

34) *The Prince*, 25장, 앞의 책, II, 411 이하.

이것은 한갓 비유적으로, 즉 시적으로 혹은 신화적으로 말해지고 있다. 하지만 이 신화적 표현의 껍데기 밑에서 우리는 마키아벨리의 사상을 결정하고 또 지배하고 있는 경향을 찾아볼 수 있다. 왜냐하면 여기서 말하고 있는 것은 운명의 상징의 **세속화** 이외의 다른 아무 것도 아니기 때문이다. 중세 문학에서도 이 상징은 잘 알려져 있었다. 그러나 마키아벨리에게서 그것은 독특한 의미의 변화를 입었다. 중세의 체계에서 운명이 맡았던 역할의 고전적 표현은 단테의 ≪지옥편≫의 유명한 한 구절에서 찾아볼 수 있다. 단테에게 운명의 참된 본성과 기능을 가르치고 있는 것은 베르길리우스이다. 베르길리우스는 단테에게 설명하기를, 사람들은 운명을 마치 독립해 있는 존재인 양 보는 습관이 있다고 한다. 그러나 그런 생각은 그저 인간의 우둔의 소치일 따름이다. 운명이 행하는 것은 그 어느 것이나 그 스스로 행하는 것이 아니라 보다 높은 힘을 대신하여 행하고 있는 것이다. 사람들은 자기가 운명의 혜택을 받고 있는 동안은 그것을 찬양하고, 운명에게 모욕을 당하자마자 곧 운명을 욕한다. 이 두 가지 태도는 모두 어리석은 짓이다. 운명은 욕할 수도 없고 예찬할 수도 없는 것이다. 왜냐하면 운명은 그 스스로의 힘을 가진 바 없고, 그저 보다 높은 한 원리의 대행자에 지나지 않는 것이기 때문이다. 운명은 신의 섭리의 지배 아래서만 행동하며, 이 신의 섭리가 그녀에게 인간 생활에서 행할 임무를 배정하는 것이다. 그러므로 운명은 인간의 판단보다 훨씬 우월하여 비난과 찬양에 동하지 않는다.[35] 이 그리스도교적 요소는 마키아벨리의 기술에서 제거되고 있다. 그는 그리스와 로마 및 이교(異教)의 생각으로 되돌아간다. 하지만 다른 한편으로 그는 특별히 현대적인 사상과 감정의 새 요소를 도입한다. 운명이 세계의 지배자라는 생각은 옳다. 그러나 그것은 진리의 절반일 따름이다. 인간은 운명에 예속되어 있지 않다. 그는 바람과 물결의 지배 아래 있지 않다. 그는 자기의 행로를 선택하고 조종하지 않으면 안 된다. 만일 그가 이 의무를 수행하는

---

[35] Dante, *Inferno*, Ⅶ, 67 이하 참조.

데 실패하면 운명은 꾸짖고 또 그를 버리고 떠난다.

≪군주론≫25장에서 마키아벨리는 운명의 힘에 반항하는 이 위대한 부단의 싸움에 대한 전략적 규칙들을 설명하고 있다. 이 규칙들은 매우 복잡하여, 이것들을 올바로 사용하기는 쉬운 일이 아니다. 왜냐하면 이것들은 서로 배타적인 것으로 보이는 두 요소를 내포하고 있기 때문이다. 이 싸움에서 자기의 터전을 잘 지키고자 하는 사람은 자기의 성격 속에 반대되는 두 성질을 결합시키지 않으면 안 된다. 그는 소심하여야 하며 또 용기가 있어야 한다. 조심성이 있어야 하는 동시에 대담해야 한다. 오직 이와 같은 역설적인 결합에 의해서만 승리를 얻기를 바랄 수 있다. 언제나 한결같이 따라야 할 똑같은 방법은 없다. 이 순간에는 자기를 방어해야 하고 다음 순간에는 모든 것을 감행해야 한다. 우리는 시시각각으로 그 모습을 바꾸는 프로테우스처럼 되지 않으면 안 된다. 이와 같은 재주를 갖춘 사람은 극히 드물다.

> 아무리 현명한 사람일지라도, 모든 변화에 자기 자신을 완전히 적응시킬 수는 없다. 왜냐하면 어떤 사람이 자기의 천성 속에서 강력한 경향을 이루고 있는 것에 반대되는 행동을 할 수가 없고, 또 혹은 어떤 한 가지 생활 노선을 따라 이전에 언제나 성공해 온 사람이 그 노선을 버리고자 마음먹는 일이 쉬운 일이 아니기 때문이다. 그러므로 냉철하고 꼼꼼히 생각하는 사람은 시세를 따라 기운차게 또 신속하게 행동해야만 될 때에도 그와 같이 할 줄 모르므로 결국 망하기가 일쑤이다. 시세에 순응하여 자기의 행동을 바꾸는 사람은 운명이 자기를 버리고 떠났다고 불평할 아무 이유도 가지지 않을 것이다.[36]

운명과 바꾸려는 사람은 모름지기 두 가지 방법을 다 알지 않으면 안 된다. 방어전과 공격전을 알아야 하며, 또 돌연히 그리고 뜻밖에 이것에

---

36) *The Prince*, 25장, 앞의 책, II, 414.

서 저것에로 또 저것에서 이것으로 바꾸지 많으면 안 된다. 개인적으로 마키아벨리는 공격으로 나아가는 것을 더욱 좋아하고 있다. 그는, "수줍은 것보다는 대담한 것이 좋다. 왜냐하면 운명은 여자와 같은 것이어서 여자를 손아귀에 넣으려는 기사처럼 달래고 다루지 않으면 안 되기 때문이다"37)라고 말한다.

　이와 같은 운명 이론을 전개하는 마키아벨리는 그 책의 앞장(章)의 저자와는 아주 다른 사람처럼 보인다. 여기서 우리가 발견하는 것은 그에게서 계속 보아 오던 명료하고 논리적인 방식이 아니라 오히려 상상적이고 수사적인 방식이다. 그럼에도 불구하고 이 운명의 이론에는 철학적 중요성이 없지 않다. 그것은 한갓 기분 전환이 아니라 오히려 작품 전체와 연결되어 있다. 마키아벨리는 그의 독자에게 운명에 대한 투쟁에 있어서 물질적인 무기만을 의지하는 것이 충분하지 못하다는 것을 확신시키려 하고 있다. 확실히 그는 이 무기들을 과소평가하지 않는다. 그의 저서 전체를 통하여 그는 군주에게 전술을 소홀히 하지 말라고 훈계하였다. 군주는 그의 모든 생각과 주의와 열성을 전술에 기울여야만 한다.38) 만일 그의 무기가 좋으면 그는 세상의 평판을 염려할 필요가 없다. 그는 언제나 **두려워하게 하는 한 미움을 받아도 괜찮다**(Oderint dum metuant)39)라는 원칙을 가지고 행동할 수 있다. 만일 그가 잘 무장되어 있고 또 좋은 동맹자들을 가지고 있으면, 그는 모든 위험을 견디어 낼 수 있다. 또 그의 무기가 존경받을 만한 동안은 언제나 이와 같이 할 수 있음을 자신할 수 있을 것이다.40) 여기서 마키아벨리는 군국주의의 투사로서 말하고 있다. 심지어 우리는 그에게서 철저한 군국주의의 최초의 철학적 옹

---

37) 같은 책, 앞의 책, II, 416.

38) 같은 책, 16장.

39) 같은 책, 17장 : "만일 이 두 가지 가운데 하나를 택할 수밖에 없다면, 자기를 사랑하게끔 하는 것보다는 자기를 무서워하게끔 하는 것이 더 안전하다."

40) 같은 책, 11장.

호자를 볼 수 있다. 그는 전술에 관한 특별한 논문을 하나 썼는데, 거기에서 그는 기술적 문제의 자세한 것을 많이 다루고 있다. 가령 외국인 용병을 쓰는 데 수반되는 위험, 모든 시민에 대한 군대 복무의 요구, 기마대와 포병대에 대한 보병대의 우월 같은 것을 논하고 있다. 하지만 이 모든 것은 다만 전기적(傳記的) 흥미를 돋울 뿐이고 체계적 흥미를 돋우지는 못한다. 그의 ≪전술론≫(*Dell' Arte della Guella*)에서 마키아벨리는 그저 단순한 아마추어로서 말할 수 있었을 뿐이다. 이 분야에서의 그의 경험은 빈약하고 불충분하였다. 몇 해 동안 피렌체의 민병대의 지휘관이었던 사람이 전술을 아주 썩 잘 논하고 또 그 분야의 전문가처럼 판단할 수는 없었다. 그의 저작 전체에 비할 때 이 요소는 그 양에 있어 무시해도 좋을 듯이 보인다. 그러나 훨씬 더 중요한 또 하나 다른 것이 있었다. 마키아벨리는 전혀 새로운 **유형**의 전략, 즉 물리적인 무기 대신에 정신적인 무기에 기초를 둔 전략을 발견하였다. 그 이전에 다른 어떤 저작가도 이런 전략을 가르친 바 없다. 그것은 두 요소의 혼합물이었다. 즉 명석하고 냉철하고 논리적인 정신의 창작이요, 또 나라 일에 있어서의 풍부한 개인적 경험과 인간의 본성에 대한 깊은 식견 두 가지를 다같이 이용할 수 있었던 사람의 창작이었다.

제13장 스토아주의의 재생과 "자연법적" 국가 이론

사회계약설

 15세기와 16세기는 현대 세계를 분만하는 고통의 시대였다. 인간 문화의 모든 부문, 즉 종교, 예술, 철학에서 하나의 새로운 정신이 일어나 그 힘을 발휘하기 시작하였다. 그러나 이 정신은 아직 혼돈한 상태에 있었다. 르네상스 시대의 철학은 새롭고 생산적 충동에 있어 풍부하였으나, 또한 가장 큰 모순들로 가득차 있었다. 현대 정신은 그 진로를 모색하기 시작했다. 그러나 아직 이것을 이해하지는 못했다. 경험적 관찰에 대한 큰 재능과 함께 온갖 "신비학"이 성행하였고 마법, 연금술, 점성술이 최고의 존경을 받았다. 조르다노 브루노는 코페르니쿠스 체계의 최초의 철학적 대변자였다. 그는 흔히 근대 과학의 선구자요 순교자라 일컬어지고 있다. 그러나 그의 저작을 연구해보면 이와는 아주 다른 모습을 보게 된다. 마법에 대한 그의 신앙은 굳으며, 또 그의 논리는 라이문두스 룰루스의 ≪큰 기술≫(*Ars magna*)의 모방이다. 다른 부문에서처럼 여기서도 모든 것이 아직 불확정한 상태에 있었다. 즉 철학 사상은 그 자체 내부에서 분열되고, 또 반대되는 여러 방향으로 나아가고 있다.
 17세기의 위대한 과학자들과 철학자들은 이 혼란에 종지부를 찍은 최초의 사람들이었다. 이들의 업적은 두 개의 위대한 이름, 즉 갈릴레오와 데카르트로 집약될 수 있다. 갈릴레오는 과학과 철학의 과제에 대한 일반적 언명을 가지고서 그의 자연 현상의 연구를 시작하였다. 그는 선언하기를, 자연은 신비에 싸여 있지 않으며 또 뒤얽혀 있지도 않고 복잡한 것도 아니라고 하였다. 철학은 바로 우리들의 눈앞에 언제나 놓여 있는 우주라는 저 광대한 책 속에 적혀 있다. 그러나 인간의 정신은 이 책을 해독하고 해석하는 방법을 배우지 않으면 안 된다. 그것은 수학적 언어로 적혀 있으며, 그 문자는 일상적인 감관 지각의 대상이 아니라 삼각형, 원, 이 밖의 기하학적 도형들이다. 우리가 이 기하학적 언어를 파악하는 데 실패하면, 우리는 이 자연이라는 책의 단 하나의 단어도 이해할 수 없다.[1] 데카르트의 물리학은 많은 점에서, 특별한 현상들의 설명에 있어서나 또 운동 법칙에 대한 일반적인 생각에 있어서나 갈릴레오의 견해에 반대되는 것이다.[2] 그러나 그것은 동일한 철학 정신의 소산이다. 물리학은 인간 지식의 특수 부문이 아니다. 그것은 포괄적이고 보편적인 과학, 즉 배열하고 측량할 수 있는 모든 것을 다루는 **보편학**(Mathesis universalis)의 주요 부분이다. 데카르트는 그의 보편적 회의에서 출발하였다. 이 회의는 회의주의적인 것이 아니라 방법론적인 것이었다. 그것은 철학적 진리의 새로운 세계의 "아르키메데스의 점", 곧 고정되어 있는 부동의 중심이 되었다. 이렇게 해서 데카르트 및 갈릴레오와 더불어 "명석하고 판명한 관념들"의 새시대가 시작되었다. 갈릴레오의 "두 개의 새로운 과학"과 데카르트의 기하학적 및 논리적 분석의 강하고 밝은 빛 속에서 르네상스의 신비학들은 사라져가고 있었다. 발효의 시대에 이어 성숙의 시대가 찾아왔다. 근대 정신은 자기의 창조적 에네르기를 자각하

---

[1] Galileo, *Il saggiatore*, "Opere"(Edizione nazionale, Tipografia di G.Barbéra, Florence, 1890~1909), VI, 232. 전20권. 갈릴레오의 자연관을 자세히 논한 것은 E. Cassirer, *Individuum und Kosmos in der Philosophie der Renaissance*, Studien der Bibliothek Warburg(Leipzig : B.G. Teubner, 1927), pp. 165 이하, 177 이하 참조.

[2] 갈릴레오의 물리학과 데카르트의 물리학의 관계는 A. Koyré, *Études Galiléennes*, III, "Galilée et la loi d'inertie"(Paris : Hermann, 1940)에 훌륭하게 설명되어 있다.

게 되었으며, 자기 자신을 형성하고 이해하기 시작하였다. 서로 갈라져서 어울리지 않는 르네상스의 여러 경향은 이리하여 하나의 우월한 지적 세력에 의하여 함께 묶여졌다. 이 경향들은 다시는 고립되고 분산되지 않고 하나의 공통된 중심으로 향하였다. 데카르트의 철학에서 근대 정신은 이를테면 성년에 도달하였다. 그것은 모든 전통적 개념과 외부의 권위에 대하여 자기의 입장을 주장하고 자기의 권리를 지켰다.

  그러나 자연계가 인간의 정신에 대하여 투명하게 되었다 하더라도, 이와 같은 일이 전혀 다른 분야에서도 가능하였던가? 만일 인식이 **수학적** 인식을 의미한다면, 그 어떤 **정치 과학**을 바랄 수 있는가? 이러한 과학은 그 개념과 이상 자체가 언뜻 보아 한갓 유토피아인 듯싶다. 철학이 기학학적 문자로 적혀 있다고 하는 갈릴레오의 말은 자연에 대해서는 적용될 수 있으나, 인간의 사회적 및 정치적 생활에는 통하지 않는다. 이 후자는 수학적 용어로 기술되고 설명될 수 없다. 그것은 정동과 격정의 생활이다. 추상적 사고의 한갓된 노력은 그 어떤 것이나 이 정열들을 지배하고 이것들에다 일정한 한계를 주고 또 이것들을 이성적인 목적으로 향하게 할 수 없는 것으로 보인다.

  그러나 17세기의 사상가들은 이 명백한 장애 앞에 굴하지 않았다. 그들은 모두 철저한 합리주의자들이었다. 그들은 인간 이성의 힘에 대한 무한정의 믿음을 가지고 있었다. 이 점에 있어서 우리는 가지각색의 철학파 사이에 그 어떤 차이도 찾아볼 수 없다. 홉스와 후고 그로티우스는 17세기의 정치 사상에 있어서 대립하는 두 극이었다. 그들은 이론적 전제와 정치적 요구에 있어서 일치하지 않지만, 그럼에도 불구하고 그들은 똑같은 사고방식과 논의방식을 따른다. 그들의 방법은 역사적이고 심리적인 것이 아니라 분석적이고 연역적이다. 그들은 인간의 본성과 국가의 본성으로부터 자기들의 정치적 원리들을 도출한다. 그리고 이렇게 하면서 그들은 다같이 갈릴레오의 위대한 역사적 전례를 따르고 있다. 후고 그로티우스는 한 편지에서 갈릴레오의 저작에 대해서 최대의 찬양을 표현하고 있다.3) 이것은 홉스에게 있어서도 마찬가지이다. 그의 철학의 맨 처음부터 그의 큰 야심은 물체에 관한 갈릴레오의 이론에 비길 만한-명료성, 과학적 방법 및 확실성에 있어서 비등한-정치 이론을 새로 만들어 내는 것이었다. 그로티우스는 그의 저서 ≪전쟁과 평화의 법에 관하여≫ (*De jure belli et pacis*)의 서론에서 이와 똑같은 확신을 표명하였다. 그에 의하면 "정치의 수학"을 발견하는 것이 결코 불가능한 일이 아니다. 인간의 사회 생활은 지리멸렬하고 우연한 사실들의 한갓 무더기가 아니다. 그것은 어느 수학적 명제 못지않게 객관적 타당성이 있고 또 확실한 증명을 할 수 있는 판단들에 기초를 두고 있다. 왜냐하면 그것들은 우연한 경험적 관찰에 의존하지 않고, 보편적이고 영원한 진리의 성격을 지니고 있기 때문이다.

이 점에 있어 17세기의 모든 정치 이론은, 아무리 그 목표와 수단이 달랐다 해도 하나의 공통된 형이상학적 배경을 가지고 있다. 형이상학적 사상이 명확히 신학적 사상보다 우위를 차지하고 있다. 그러나 수학의 도움이 없으면 형이상학은 무력한 것이 되고 말 것이다. 이 두 분야 사이의 경계선은 거의 알아볼 수 없게 된다. 스피노자는 윤리학의 체계를 기하학적 방법으로 전개하고, 라이프니쯔는 더욱 극단으로 달린다. 그는 서슴지 않고 그의 **보편 과학**(Scientia generalis)과 **보편 기호학**(Characteristica universalis)의 일반 원리를 구체적이고 특별한 정치 문제에 적용시킨다. 폴란드의 왕위를 차지하려는 모든 경쟁자들 가운데 누가 최선의 자격을 가지고 있느냐 하는 문제에 대한 의견을 말해 달라는 청을 받았을 때, 라이프니쯔는 자기의 논점-스타니슬라우스 레티진스키의 선출-을 격식에 맞는 이론 전개에 의하여 증명하려 하였다.4) 라이프니쯔의 제자 크

---

3) H. Grotius, *Epistolae*, No. 654(Amsterdam, 1687), p.266 ; 더 자세한 것은 E.Cassirer, "Wahrheitsbegriff und Wahrheitsproblem bei Galilei", *Scientia* (Milano, 1937. 10), p.188 참조

4) G. W. Leibniz, *Historisch-politische und staatswissenschaftliche Schriften* ed. O. Klopp (Hanover, 1864 이후), II, 100이하 참조

리스찬 볼프는, 그의 스승의 전례를 따라, 최초의 엄밀한 수학적 방법에 의하여 자연법에 관한 교과서를 썼다.5)

그러나 여기서 정치 사상의 앞으로의 발전에 있어 매우 중요한 또 하나 다른 문제가 생겼다. 정치적 진리나 윤리적 진리를 수학적 진리와 동일한 방식으로 증명하는 일이 가능하며 또 필요하기조차 하더라도, 도대체 어디서 우리는 그러한 증명의 **원리**를 찾을 수 있는가? 만일 정치학에 "유클리드의" 방법이 있다면, 이 분야에서도 우리가 논쟁의 여지가 없고 또 절대로 확실한 어떤 공리들과 공준들을 가지고 있다고 가정하지 않으면 안 된다. 그리하여 이 공리들을 찾아내어 공식화하는 것이 모든 정치 이론의 첫째 목표가 되었다. 우리에게는 이것이 매우 어렵고 복잡한 문제로 보일 수 있다. 그러나 17세기의 사상가들은 그렇게 느끼지 않았다. 그들의 대부분은 문제가 제기되기도 전에 벌써 해결되어 있다고 확신하였다. 우리는 인간의 사회 생활의 제1원리들을 추구할 필요는 없다. 이것들은 오래전에 벌써 발견되었다. 이것들을 재주장하고 재규정하기만 하면, 다시 말하여 이것들을 논리적 언어로, 명료하고 판명한 관념들의 언어로 표현하기만 하면 된다. 17세기의 철학자들에 의하면 이 과제는 적극적인 것이기보다 오히려 소극적인 것이다. 지금까지 이성의 밝은 빛을 흐리게 해온 구름을 쫓아 버리는 것, 즉 우리의 모든 선입견과 편견을 씻어 버리는 것이 우리가 할 일의 전부이다. 스피노자는 말하기를, 이것은 이성이 자기 자신과 또 자신에게 반대되는 것을 비추는, 다시 말하면 진리와 거짓을 모두 발견하는 특별한 힘을 가지고 있기 때문이라고 한다.

17세기의 정치적 합리주의는 스토아학파의 관념들의 소생이었다. 이 과정은 이탈리아에서 시작하여 얼마 안 가서 유럽 문화 전체에 퍼졌다. 신(新)스토아주의는 빠른 속도로 이탈리아로부터 프랑스로, 프랑스에서

---

5) G. Wolff, *Jus gentium methodo scientifica pertractatum* (Halle, 1749, 개정판, Oxford : Clarendon Press ; London : Humphrey Milford, 1934).

네덜란드로, 또 영국과 아메리카에 있는 여러 식민지로 진출하였다. 이 당시의 가장 유명한 정치적 저서들은 스토아주의의 정신의 분명하고 완연한 자국을 보여준다. 이 책들은 학자들이나 철학자들에 의해서만 연구되지 않았다. 피에르 샤롱의 ≪지혜에 관하여≫(*De la sagesse*), 뒤 배르의 ≪공공의 재해 속에서의 인내와 위안에 관하여≫(*De la constance et consolation ès calamitez publiques*), 유스투스 립시우스의 ≪항심에 관하여≫(*De constantio*)나 ≪스토아학파의 철학과 자연학≫(*Philosophia et physiologia Stoica*) 같은 저작들은 윤리적 지혜를 위한 일종의 일반 신도용 일과 기도서가 되었다. 이 책들의 영향이 어찌나 컸던지 실제적인 정치 문제의 분야에 있어서까지도 그 영향을 느낄만하였다. 왕자들과 왕녀들의 교육에서 중세의 논저들, 즉 ≪왕과 통치에 관하여≫ 혹은 ≪군주의 교육에 관하여≫ 등은 이 근대적 논저들에 의해 대체되었다. 가령 스웨덴의 크리스티나 여왕의 최초의 선생들은 여왕이 정치 문제를 처음 배우는 데 있어서 립시우스와 고전적인 스토아학파의 저작가들을 구하는 것이 최선의 방법이라고 생각하였다.6)

토마스 제퍼슨은 1776년에 미국 독립 선언을 기초하라는 친구들의 청을 받았을 때 다음과 같은 유명한 말로 그 글을 시작하였다. "우리는 다음과 같은 진리들을 자명한 것으로 믿는다. 즉 모든 사람은 평등하게 지어졌으며, 남에게 넘겨 줄 수 없는 몇 가지 권리를 그들의 창조자로부터 나면서부터 받았으며, 또 이 권리 가운데는 생명, 자유, 그리고 행복의 추구가 있다. 이 권리들을 보전하기 위하여 사람들 가운데 여러 정부가 세워져 있으며, 이 정부들은 피통치자의 동의에서 그 정당한 권력을 얻는다." 제퍼슨이 이 글을 적었을 때 그는 자기가 스토아 철학의 언어를 말하고 있다는 것을 도무지 알지 못하였다. 이 언어는 당연한 것으로 여겨질 수 있었다. 왜냐하면 립시우스와 그로티우스의 시대 이래 그것은

---

6) E. Cassirer, "Descartes und Königin Christian von Schweden", *Descartes* (Stockholm : Bermann-Fischer, 1939), pp. 177~278 참조.

모든 위대한 정치 사상가의 상식이 되어 있었기 때문이다. 이 사상들은 다시 더 분석할 수 없고 증명할 필요가 없는 근본적 공리로 여겨졌다. 왜냐하면 그것들은 인간의 본질과 인간 이성의 성격 자체를 표현한 것이었기 때문이다. 미국의 독립 선언은 그보다 훨씬 더 위대한 하나의 사건, 즉 17세기의 이론가들에게서 찾아볼 수 있는 지적 독립 선언에 의하여 선행되었고 또 준비되었다. 이성이 인간의 사회 생활을 다스리는 그 힘과 그 요구를 처음으로 선언한 것은 바로 여기에서였다. 이성은 신학 사상의 감시로부터 그 자신을 해방시켰고 그 자신의 권리를 주장할 수 있었다.

미국의 권리 장전과 프랑스의 인권 및 시민권 선언에서 그 절정에 달한 위대한 지적 운동의 역사는 그 자세한 부분에 이르기까지 샅샅이 연구되어 왔다. 우리는 지금 이 역사의 모든 사실을 완전히 소유하고 있다고 여겨진다. 그러나 사실들을 아는 것만으로는 충분하지 못하다. 우리는 이 사실들을 이해하려하지 않으면 안 되며, 그것들의 이유를 탐구하지 않으면 안 된다. 그런데 이유들은 결코 명백하지 않다. 아직까지 이 문제는 만족할 만한 답을 얻은 것으로 보이지 않는다. 2000년 동안이나 알려져 있었고 또 진작부터 논의되어오던 관념들이 갑자기 전혀 새로운 빛 속에서 보여지게 된 것은 어찌된 일인가? 왜냐하면 스토아 사상의 영향은 단절된 적이 없이 계속되어 왔기 때문이다. 우리는 그것을 로마의 법학과 교회의 교부들과 스콜라 철학에서 더듬어 볼 수 있다.7) 그러나 이 모든 것은 당시 즉각적인 실제적 효과보다도 오히려 이론적 관심을 가지게 하고 있었다. 이 사상의 큰 흐름의 막대한 실제적 의의는 17세기, 18세기에 이르기까지는 나타나지 않았다. 이때 이후로 인간의 자연적 권리들에 대한 이론은 다시는 추상적인 윤리적 교설에 그치지 않고 나아가 정치 행동의 주요 원인들 가운데 하나가 되었다. 어떻게 이 변화가 생겼는가? 무엇이 스토아의 낡은 관념들에 생기와 새로움, 지금까지 볼

---

7) 이 책, 8장, pp. 149 이하 참조.

수 없었던 힘, 현대 정신과 현대 세계의 형성을 위한 중요성을 주었는가? 표면적으로 보면 이 현상은 아주 역설적으로 보인다. 그것은 17세기의 일반적 성격에 관해서 우리들 누구나가 가지고 있는 의견에 모순되는 것인 듯싶다. 만일 이 시대의 특징을 이루고 또 이 시대 전체의 독특한 점으로 볼 수 있는 그 어떤 특질이 있다면, 그것은 이 시대의 지적 용기요, 또 사상의 과격성이다. 데카르트의 철학은 하나의 일반적 요청에서 출발하였다. 모든 사람은 누구나 한 번은 자기가 전에 배운 모든 것을 잊어버리지 않으면 안 된다. 모든 권위를 거부하고 전통의 힘을 무시하지 않으면 안 된다. 이 데카르트의 요구는, 하나의 새로운 논리학과 인식론, 수학과 형이상학, 물리학과 우주론을 생기게 했다. 그러나 17세기 **정치** 사상은 얼핏 보면 이 새로운 데카르트 철학의 이상에 영향을 받지 않은 것처럼 보인다. 그것은 전혀 새로운 길에 들어서지 않고 있다. 도리어 그것은 오래된 전통을 계승하고 있는 듯이 보인다. 이 같은 사실을 어떻게 설명할 수 있는가? 분명히 17세기 문명의 일반적 배경은 그리스-로마 문화의 그것과 같지 않았다. 지적·종교적·사회적 및 경제적 조건들은 크게 달랐다. 그 어떤 진지한 사상가가 이 시대의 문제들, 즉 근대 세계의 문제들을 2000년 전에 생긴 용어들을 가지고 말하며 또 그때 생긴 개념들을 가지고 생각함으로써 해결하려고 할 수 있었을까 ?

 이중의 이유가 이 사실을 설명해 준다. 여기서 중요한 것은 스토아 철학의 이론의 내용이라기보다 오히려 이 이론이 근대 세계의 윤리적 및 정치적 혼란 속에서 수행하지 않으면 안 되었던 그 기능이다. 이 기능을 이해하려면 르네상스와 종교 개혁으로 말미암아 조성된 새로운 조건들로 되돌아가지 않으면 안 된다. 르네상스와 종교 개혁에 의하여 성취된 모든 위대하고 부인할 수 없는 진보는 반면에 혹심하고 회복할 수 없는 손실에 의해 상쇄되었다. 중세 문화의 통일과 내적 조화는 해체되어 있었다. 확실히 중세 시대는 깊은 갈등으로부터 자유롭지 않았다. 교회와 국가 간의 투쟁은 한번도 그친 일이 없었고, 논리적·형이상학적 및 신학적 문제들에 관한 논쟁은 끝이 없어 보였다. 그러나 중세 문명의 윤리적 및 종교적 기초는 이 논쟁들에 의하여 심한 영향을 받지 않았다. 실재론자와 유명론자, 합리주의자와 신비가, 철학자와 신학자, 이들은 모두 한 번도 의문시된 일이 없는 하나의 공통된 기반을 가지고 있었다. 15세기와 16세기 이후에 이 기반은 흔들리게 되었고 또 예전의 견고함을 다시 얻을 수가 없었다. 사물들의 전반적인 질서에서의 정당하고 확고하고 분명한 위치를 모든 것에 주고 있었던 존재의 제층적 연쇄는 파괴되었다. 태양 중심설은 인간에게서 그 특권적 지위를 빼앗았다. 인간은, 이를테면 무한한 우주 안의 유랑객이 되었다. 교회 내부의 분열은 그리스도 교리의 기초를 위태롭게 하고 무너지게 했다. 종교계나 윤리계나 고정된 한 중심을 가지고 있는 것 같지 않았다. 17세기를 통하여 신학자들과 철학자들은 아직도 그와 같은 중심을 다시 찾을 희망을 품고 있었다. 이 시대의 가장 위대한 사상가들 가운데 한 사람은 쉬지 않고 이 문제와 씨름하였다. 라이프니쯔는 그리스도교의 여러 교파들의 재통합을 위한 한 신앙 형식을 찾아내려고 상당히 진지한 노력을 기울였다. 그러나 이 모든 기도는 헛수고였다. 교회 자체 내에서도 예전의 "보편성"(catholicity)이 회복될 수 없다는 것이 명백하게 되었다. 만일 참으로 보편적인 윤리나 종교의 체계가 있다면, 그것은 모든 국민, 모든 신조, 모든 교파에 의하여 용납될 수 있는 원리에 기초를 두어야만 했다. 그런데 오직 스토아주의만이 이 과제를 감당할 수 있는 것처럼 보였다. 그것은 "자연" 종교와 자연법 체계의 기초가 되었다. 스토아 철학은 우주의 형이상학적인 수수께끼를 푸는 데 있어 인간을 도와줄 수는 없었다. 그러나 그것은 보다 크고 보다 중요한 약속, 곧 인간에게 그 윤리적 존엄성을 회복시켜 준다는 약속을 내포하고 있었다. 그것은, 이 존엄성은 상실될 수 없다고 주장하였다. 왜냐하면 이 존엄성은 어떤 교리상의 신조나 그 어떤 외부의 계시에 의존하지 않기 때문이다. 이 존엄성은 무엇보다도 도덕적 의지에, 즉 인간이 자기 자신에게 돌리는 가치에 깃들어 있다.

이것이야말로 자연적 권리 이론이 근대 세계에 제공해야 할 크고 가치 있는 봉사였다. 이 이론 없이는 완전한 도덕적 무정부 상태에서 빠져 나올 길이 전혀 없어 보였다. 보쉬에는 17세기의 가장 위대한 신학자들 중의 한 사람인데, 내적 통일과 오랜 힘을 지닌 가톨릭교회의 전통을 아직 대표하고 있다. 그러나 그도 역시 온갖 적응을 꾀하지 않으면 안 된다. 그리스도교의 교리가 새 시대에, 즉 루이 14세의 세계에서 유지되려면 이 적응들은 불가피하였다. 루이 14세는 그리스도교의 보호자이자 수호자로 칭찬을 받고 숭앙되었다. 그는 가장 **그리스도교적인 왕**(rex Christianissimus)이라 불리었다. 그러나 그의 궁정은 그리스도교의 낡은 이상이 성행하고 지속될 수 있는 곳은 아니었다.

루이 14세 시대(Siècle de Louis XIV)의 숨은 알력은 얀센 주의(Jansenism)와 제수이트주의(Jesuitism) 사이의 투쟁에서 갑자기 표면화되었다. 얼핏 보면 이 투쟁의 참 의미와 의의를 파악하는 것은 극히 어렵다. 현대의 독자가 성 아우구스티누스에 관한 얀센의 저작을 연구한다고 하면, 그는 어떻게 이와 같은 책이 저렇듯 가장 맹렬한 격정의 폭풍우를 일으킬 수 있었는지 도무지 이해할 수 없을 것이다. 스콜라 신학의 저작, 가장 난해하고 애매한 교리 문제를 다루고 있는 저작이 어떻게 도덕적 및 사회적 질서 전체를 뒤흔들고 또 프랑스의 공공 생활에 그토록 굉장한 영향을 끼칠 수 있었는가?

17세기 프랑스 문학의 가장 위대한 책 가운데 하나를 읽을 때 우리는 이 물음에 대한 답을 발견한다. 그의 ≪시골 친구에게 보내는 편지≫(*Lettres provinciales*)에서 파스칼도 교리 신학의 가장 미묘한 문제를 논하는 일에서 시작한다. 즉 "충분한" 은혜와 "효험 있는" 은혜 사이의 구별, 하느님의 계명을 지키려는 인간 의지의 "진정한" 힘과 "근사한" 힘 사이의 구별에서 시작하고 있다. 그러나 이 모든 것은 서론일 따름이다. 돌연히 그리고 뜻밖에 파스칼은 그의 문제와 그의 전술을 바꾼다. 그는 또 하나 다른 측면으로부터 그리고 훨씬 더 공격하기 쉬운 점으로부터 그의 반대자들을 공격한다. 그는 제수이트의 도덕 체계의 애매성과 사악함을 탄핵한다. 파스칼은 신학자로서 말하지 않았다. 그의 정신은 신학적 정신이기보다 오히려 논리적이고 수학적인 정신이었다. 그러므로 그는 제수이트의 도덕 신학을 비난하는 것으로 만족할 수 없었다. 그는 숨은 동기들, 논리적 동기와 도덕적 동기를 모두 찾지 않으면 안 되었다. 제수이트의 결의론(決疑論)의 저자들을 자극하여 책을 쓰게 하고 또 보급시킨 것은 무엇이었는가? 파스칼에 의하면 이 질문에 대해서는 한마디로 답할 수 있다. 제수이트들은 전투적 교회(Ecclesia militans)의 회원이었다. 최대의 노력으로 그들은 교황과 가톨릭교회의 절대적 권위를 유지하려고 분투하였다. 이 목적을 위해서는 어떤 대가도 비싸 보이지 않았다. 그런데 근대 세계에서는, 즉 루이 14세의 세기에는 엄격하고 준엄한 낡은 그리스도교 이상들은 있을 자리가 없었다. 그것들은 희생되지 않으면 안 되었다. 새로운 도덕, 즉 제수이트의 누그러진 도덕(morale relâchée)은 교회를 살릴 수 있는 유일한 수단으로 보였다. 그리고 가톨릭 교회는 제수이트 저자들에게 있어 그리스도교와 동일한 것이었으므로, 이 새로운 도덕은 또한 그리스도교를 구출할 수 있는 유일한 수단으로 보였다. 이러한 것들이 파스칼의 날카롭고 냉혹한 논리적 분석에 의하여 폭로된 제수이트의 체계의 전제들이었다. 제수이트의 도덕은 제수이트의 정책의 필연적 결과임이 밝혀졌다.

파스칼은 다음과 같이 선언하였다.

그들의 목적은 도덕을 부패시키는 것이 아닙니다. 그렇게 하는 것은 그들이 의도하는 바가 아닙니다. 그러나 도덕을 개혁하는 것이 그들의 유일한 목적이었던 것도 아닙니다. 이것은 좋지 못한 정책일 것입니다. 그들의 의도는 다음과 같습니다. 즉 그들은 자기들 자신을 아주 좋게 보고 있으므로, 그들의 명망이 도처에 퍼지고 또 그들이 모든 사람의 양심을 다스리는 것은 유익한 일이요 또 어느 정도 절대로 필요하다고 믿고 있습니다. 그리고 복음 속에 있는 엄격한 격률들이 어떤 사람을 쉽게 지배하는 경향이 있으므로, 사정이 허락할 때에는 언제나 그 격률들을 이용합니다. 그러나 이 격률들이 대다수의 사람들의 견해와 일치하지 않으므로, 모든 사람에게 만족을 준다는 구실 아래 이런 사람들에게서는 이 격률들을 철회합니다. 그러므로 온갖 부류의 사람들과 모든 나라의 사람들을 다루지 않으면 안 되는 형편상, 이 모든 다양성에 대응할 수 있도록 여러 층의 결의론자를 두는 것이 필요합니다. …그들은 뛰어난 소수의 사람들을 위해서는 소수의 결의론자를 두고, 방종을 좋아하는 다수의 사람들을 위해서는 또한 다수의 방종한 결의론자들로 하여금 봉사케 하고 있습니다. 이와 같이 해서 그들은 **그럼직한 의견의 교설**을 가지고 온 지구 위에 퍼져 나갔는데, 이 교설은 이 모든 무질서의 원천이요 근거입니다. …왜냐하면 그들은 이것을 조금도 숨기지 않기 때문입니다,…오직 한 가지 다른 것은, 그들이 자기들의 인간적이고 정치적인 사려를 신적이고 그리스도교적인 사려인양 내세운다는 점입니다. 마치 전통의 뒷받침을 받는 신앙이라고 해서 모든 시대와 모든 장소에서 언제나 하나요 동일하며 또 불변하는 것은 아닌 것처럼, 또 종교의 규례에 복종해야 할 인간의 편의에 오히려 종교의 규례가 굴복하는 것이 종교의 역할인 것처럼 말입니다.8)

이것은 신학적 저작가들을 대립하는 두 진영으로 나눈 넓고 깊은 틈이었다. 일단 이 틈이 분명하게 드러나자 그것을 메우는 일은 불가능하였다. 파스칼의 ≪시골 친구에게 보내는 편지≫의 간행 후에는 절충과 타협이 전혀 불가능하였다. 오직 한 가지 길밖에 남지 않았다. 인간은 그의 도덕적 행위에서 대립하는 두 가지 가운데 하나, 즉 얀센주의의 엄격하고 준엄한 요구와 제수이트 체계의 느슨함 가운데 하나를 선택하지 않으면 안 되었다. 그런데 이 알력에 있어서 **철학**의 위치는 어떠했는가? 갈릴레오와 데카르트의 동시대인들이 성 아우구스티누스의 은혜와 자유 의지의 교설에 되돌아갈 것을 기대할 수 있었던가? 17세기의 철학,

---

8) Pascal, *Lettres provinciales*, V. English trans. (New York : J.Leavitt ; Boston : Crocker & Brewster, 1828), pp.69~71.

즉 "명석하고 판명한 관념들"의 철학이 "충분한" 은혜와 "효험 있는" 은혜, "수반하는" 은혜와 "효과 있는" 은혜를 나누는 스콜라 철학의 구분으로 되돌아갈 수 있었던가? 혹은 휴머니스트요 도덕적 철학자인 후고 그로티우스 같은 위대하고 고상한 정신이 제수이트의 누그러진 도덕에 굴할 수 있었던가? 이 두 가지 길은 다같이 불가능하였다. 그러나 17세기의 철학적 사상가들에게는 "도덕 **신학**"이 필요하지 않았다. 그들은 심지어 그러한 신학의 개념 자체가 어떤 의미에서 용어상 모순이라고 확신하였다. 그것은 그들이 스토아 철학의 인간 이성의 "자율성"(αὐτάρκεια)의 원리를 받아들이고 있었기 때문이다. 이성은 자율적이고 자립적이다. 그것은 외부의 도움을 전혀 받지 않아도 된다. 그것은 이러한 도움이 제공된다 하더라도 이것을 받아들일 수조차 없다. 그것은 스스로의 길을 찾아야 하며 또 그 스스로의 힘을 믿지 않으면 안 된다.

이 원리는 모든 자연권 이론의 모퉁이돌이 되었다. 그것은 후고 그로티우스에 의하여 그의 저술 ≪전쟁과 평화의 법에 관하여≫의 서론에서 고전적으로 표현되었다. 그로티우스는 말하기를, 전능한 존재의 의지도 도덕의 원칙들을 변경시킬 수 없고, 혹은 자연법에 의하여 보증된 근본적 권리들을 폐기할 수 없다고 하였다. 이 자연법들은, 설사 우리가-불가능한 일이지만-하느님이 없다고 혹은 하느님이 인간의 일에 관여하지 않는다고 주장한다 하더라도 그 객관적 타당성을 유지할 것이다.9)

17세기의 정치 철학의 합리적 성격은, 그 제 1원리들을 분석하는 대신 그 일반적 방법을 볼 때 더욱 명료하게 된다. 사회 질서의 원리들의 문제에 관하여는 절대주의의 체계들-보댕 혹은 홉스의 체계-과 대중의 권리들 및 인민의 주권의 옹호자들 사이에 날카로운 대립이 있다. 그러나 이 두 진영은 아무리 서로 싸운다 하더라도, 한 가지 점에서 일치하고 있다. 그들은 동일한 근본적 가설에 돌아감으로써 그들의 논점을 증명하려 한다. 국가 계약설은 17세기에는 정치 사상의 자명한 공리가 된다.

---

9) Grotius, *De jure belli et pacis*, "Prolegomena", sec. 11.

우리의 문제의 역사에 있어서 이 사실은 커다란 결정적 일보가 된다. 왜냐하면 우리가 이 견해를 채택하여 법적 및 사회적 질서를 자유로운 개인적 행위로, 피통치자의 자발적인 계약적 복종으로 환원시키면, 모든 신비는 사라져 버리기 때문이다. 계약보다 덜 신비적인 것은 하나도 없다. 계약은 그 의미와 결과들을 충분히 의식하는 가운데 맺어져야 한다. 그것은 관련된 모든 사람들의 자유로운 동의를 전제로 한다. 국가의 기원을 그런 곳에서 찾을 수 있다고 한다면, 국가는 완전히 명료하고 이해할 수 있는 사실이 된다.

이 합리적 해결책은 결코 **역사적** 해결책으로 이해되지는 않았다. 여러 사회계약설에서 설명된 바와 같은 국가의 "기원"이 우리에게 그 시초들에 대한 통찰을 주었다고 가정할 만큼 유치한 사상가는 거의 없었다. 우리는 명백히 국가 처음으로 출현한 인류 역사상의 어떤 확정된 순간을 정할 수 없다. 그러나 이 역사적 지식의 결핍은 사회 계약의 이론가들에게 문제되지는 않는다. 그들의 문제는 분석적인 것이지 역사적인 것이 아니다. 그들은 "기원"이란 말을 논리적 의미에서 이해하지 연대적 의미에서 이해하지 않는다. 그들이 찾고 있는 것은 국가의 시초가 아니라 그 "원리" 즉 그 **존재 이유**이다.

홉스의 정치 철학을 연구해 보면 이것이 특별히 명료하게 된다. 홉스는 갖가지 사회 계약설을 낳은 일반적 정신의 전형적인 예라 할 수 있다. 그의 결론들은 결코 일반적으로는 받아들여지지 않았다. 그것들은 반대를 샀다. 그러나 그의 방법은 가장 강력한 영향을 끼쳤다. 그리고 이 새로운 방법은 홉스의 논리학의 소산이었다. 홉스의 정치적 저작들의 철학적 가치는 그것들이 다루는 문제보다는 오히려 논의와 추리의 형식에 있다. 홉스는 그의 저서 《물체론》의 처음의 여러 장에서 그의 일반적 인식론을 전개한다. 인식이란 제1원리들, 혹은 그의 말을 빌면 "제1원인들"을 탐구하는 것이다. 어떤 사물을 이해하려면 그것의 본성과 본질을 정의하는 일에서 시작하지 않으면 안 된다. 일단 이 정의가 발견되면 그 사물의 속성들이 엄밀히 연역적인 방법으로 이끌어 내어질 수 있다. 그러나 정의는 그 대상의 어떤 특별한 성질을 지적함으로써 만족하는 한 적절한 것이 못 된다. 참된 정의는 "발생적" 혹은 "인과적" 정의이어야만 한다. 이러한 정의는 비단 어떤 한 사물이 **무엇인가** 하는 물음만이 아니라 또한 **왜 그러한가**라는 물음에도 대답하지 않으면 안 된다. 오직 이와 같이 함으로써만 우리는 참된 통찰에 이를 수 있다. 홉스는, "발생이 없는 곳엔, 다시 말하면 발생이 문제되지 않는 곳엔 참된 철학적 인식이 없다"10)고 말한다. 그러나 이 "발생"은 홉스에게 있어서 물리적인 혹은 역사적인 과정으로 이해되지는 않는다. 심지어 기하학의 분야에서도 홉스는 발생적 내지는 인과적 정의를 요구한다. 기하학의 대상들이 충분히 이해되려면, 그것들은 구성되지 않으면 안 된다. 명백히 이 구성의 행위는 정신적 과정이요, 시간적 과정이 아니다. 우리가 찾고 있는 것은 이성에 있어서의 기원이지 시간에 있어서의 기원이 아니다. 우리는 기하학의 대상들을 그것들의 기본적 요소들로 분해하고 또 종합적인 사고 과정에 의하여 그것들을 재구성하려 한다. 동일한 원리가 정치적 대상들에도 들어맞는다. 홉스가 자연의 상태로부터 사회적 상태로의 변천을 기술하고 있다 하더라도, 그는 국가의 경험적 기원에 관심이 있는 것이 아니다. 문제의 핵심은 사회적 및 정치적 질서의 역사가 아니라 그 타당성이다. 유일한 문제는 국가의 역사적 근거가 아니라, 그 법적 근거이다. 그리고 이 법적 근거의 문제에 대해서 사회 계약설은 답을 내리는 것이다.

홉스의 이론은, 통치자와 백성 사이의 법적 유대가 일단 맺어지면 풀릴 수 없다고 하는 역설적 주장에 이르러 그 절정에 달한다. 개인들이 모든 권리와 자유를 포기하기로 하는 복종의 약조는 사회 질서를 생기게 하는 필요한 전제 조건이요 제1보이다. 그러나 그것은 어떤 의미에서 또한

---

10) Hobbes, *De corpore*, Pars 1, cap. 1, sec. 3 ad 8, "Opera Philosophica quae Latine scripsit" ed. W. Molesworth (London : Bohn, 1839), I, 9.

마지막 단계이다. 이때 이후로 개인들은 다시는 독립적 존재로서 존재하지 않는다. 그들은 그들 자신의 의지를 전혀 가지지 않는다. 사회의 의지는 국가의 통치자와 하나가 되어 버린다. 이 의지는 제약을 받지 않는다. 절대 군주 외에 혹은 그 위에 다른 권력이란 없다.[11] 명백히 이것은 사회 계약의 일반 개념에 의하여 증명되거나 정당화될 수 없는 근거 없는 가정이다. 왜냐하면 스토아 철학의 자연권의 교설과 결합되었을 때 이 개념은 정반대되는 결과로 나아갔기 때문이다. 개인들이 서로 간에 또 통치자와 더불어 협약을 맺으면 오직 자기들 자신을 위해서만 행동할 수 있었다고 하는 것이 분명하였다. 그들은 절대적으로 엄격하고 불변하는 질서를 창조할 수 없었으며, 또 그들의 후손을 구속할 수 없었다. 그리고 그 당시의 세대의 입장에서도 모든 권리를 무조건적으로 또 절대적으로 포기하고 통치자에게 맡긴다는 것은 불가능한 일이었다. 양보하거나 포기할 수 없는 권리가 적어도 **하나** 있었으니, 그것은 곧 인격에 대한 권리다. 이 원리를 논하는 가운데 17세기의 정치학에 가장 큰 영향을 준 저자들은 홉스의 결론들을 거부하였다. 그들은 이 위대한 논리가에게 그 용어 자체가 모순된 것이라고 비난하였다. 만일 어떤 사람이 그의 인격을 포기할 수 있다면, 그는 도덕적 존재이기를 그치고 말 것이다. 그는 생명 없는 한 물건이 될 터인데, 어떻게 그러한 물건이 자기 자신에게 의무를 지울 수 있겠는가? 어떻게 그것이 약속을 하며 사회적 계약을 맺을 수 있겠는가? 이 근본적 권리, 즉 인격에 대한 권리는 어떤 의미에서 다른 모든 권리를 포함한다. 자신의 인격을 유지하고 발전시키는 것은 하나의 보편적 권리이다. 그것은 어떤 개인의 변덕이나 환상에 의해 좌우될 수 없으며 따라서 한 개인에게서 다른 개인에게로 양도될 수 없다. 그러므로 모든 세속적 권력의 법적 근거인 통치 계약은 그 고유한 한계들을 지니고 있다. 인간이 자유로운 행위자의 지위를 포기하고 자기 자신을 노예화할 수 있는 **복종 계약**(pactum subjectionis)이란 있을 수

---

11) Hobbes, *De cive*, cap. 5~7 ; *Leviathan*, cap. 17~19.

없다. 왜냐하면 그러한 권리 포기의 행위에 의하여 인간은 그의 본성과 본질을 이루는 성격 자체를 포기하게 되며, 그 인간성을 잃어버리게 되겠기 때문이다.

제14장 계몽주의 철학과 낭만주의 비판자들

　정치 사상의 발전에 있어서 18세기 즉 계몽주의의 시대는 가장 다산적인 시대들 가운데 하나였다. 그 이전에 정치 철학이 그와 같이 중요하고 결정적인 역할을 한 적은 한 번도 없었다. 그것은 이제 다시는 하나의 특수한 부문으로 여겨지지 않았으며 오히려 모든 지적 활동의 초점이었다. 다른 모든 이론적 관심은 이 목표를 향하였고 또 이 목표에 집중되었다. 루소는 그의 ≪고백록≫에서 다음과 같이 쓰고 있다.

> 내가 준비한 여러 가지 저작 가운데 오랫동안 내 머릿속에 있었고, 가장 좋아해서 시작했고, 내 일생을 바쳐 몰두하고 싶어했고, 또 내 명성을 보증하리라 스스로 생각한 것은 나의 ≪정치 제도론≫(*Institutions Politiques*)이었다. … 나는 모든 것이 근본적으로 정치와 관련이 있다는 것, 그리고 아무리 진보한 국민이라 하더라도 그 정부의 본성이 그 국민을 형성한 대로 있는 것이지, 그와 달리 있을 수 없다는 것을 알게 되었다.[1]

　하지만 모든 정치 문제에 대한 이와 같은 강렬한 관심에도 불구하고 계몽주의의 시대는 새로운 정치 철학을 발전시키지 않았다. 가장 유명하고 유력한 저자들의 저서를 연구할 때 우리는 그 속에 아주 새로운 학설이 하나도 없음을 보고 놀란다. 똑같은 사상들이 거듭 되풀이되고 있는데,

---

1) J.J.Rousseau, *Confessions*, Bk. 9(Everyman's Library, New York ; E.P.Dutton & Co., 1931), Ⅱ, 55.

이 사상들은 18세기가 만들어 낸 것이 아니다. 루소는 역설로 말하기를 좋아했으나, 정치를 논함에 있어서는 이와 전혀 다른 매우 진지한 어조로 말하고 있다. 정치철학의 목표와 방법에 대한 루소의 생각이나 파기할 수 없고 양보할 수 없는 인권에 관한 그의 이론 가운데 로크, 그로티우스 혹은 푸펜도르프의 책들에서 그와 비슷한 것 및 모범이 되는 것을 찾을 수 없는 것이란 거의 없다. 루소와 그 동시대인들의 진가는 이와는 다른 한 분야에 있다. 그들은 정치 **이론**보다는 정치 **생활**에 더 많은 관심을 가지고 있었다. 그들은 인간의 사회 생활의 제1원리들을 증명하기를 원하지 않고 그것들을 확인하고 응용하기를 원했다. 정치 문제에 관한 한 18세기 저자들이 독창적인 일을 하려는 의도를 가진 일은 한번도 없었다. 사실 그들은 이 분야에서의 독창성을 아주 미심쩍게 여겼다. 이 시대의 대변자였던 프랑스 백과 전서파들은 그들이 **체계의 정신**이라 부른 것에 대하여 항상 경계하였다. 그들은 17세기의 위대한 체계들, 즉 데카르트, 스피노자, 라이프니쯔의 체계들과 경쟁하려는 야심을 품지 않았다. 17세기는 형이상학적 세기로서 자연의 형이상학과 도덕의 형이상학을 창조하였다. 계몽주의의 시기는 이 형이상학적 사변에 대한 흥미를 잃었다. 그의 온 정력은 또 하나의 다른 점에 집중되었는데, 그 정력은 사색적인 것이기보다 오히려 행동적인 것이었다. "관념들"은 더 이상 "추상적 관념"으로 여겨지지 않았다. 그것들은 큰 정치 투쟁을 위한 무기로 변하였다. 이 무기들이 새것이냐 아니냐는 한번도 문제되지 않았고 다만 그것들이 유효한가의 여부가 문제였다. 그리고 대부분의 경우 가장 낡은 무기가 가장 좋고 가장 강력한 무기임이 드러났다.

대백과 전서의 집필자들과 미국 민주주의의 창건자들, 즉 달랑베르, 디드로, 제퍼슨 같은 사람들은 그들의 관념들이 새로운 것인가 아닌가 하는 물음을 도저히 이해하지 못했을 것이다. 그들은 모두 이 관념들이 어떤 의미에서 세계만큼이나 오래된 것이라고 확신하였다. 이것들은 언제나 어디에나 있었고, 누구나가 믿어 온 것이라 여겨졌다. "이성은 어떤 풍토에나 맞는다"라고 라 브뤼예르는 말하였다. 제퍼슨은 1825년 5월 8일에 헨리 리에게 보낸 편지에 다음과 같이 썼다.

> 독립 선언의 목적은, 지금까지 아무도 생각하지 못한 새로운 원리나 새로운 이론을 찾아내려는 것이 아니었으며, 또 그저 지금까지 아무도 말하지 않은 것들을 말하려 한 것도 아니었습니다. 다만 인류 앞에 그 주제에 대한 상식을 그들의 찬동을 얻을 수 있을 만큼 쉽고 확고한 말로 진술하려 한 것입니다… 원리나 감정의 독창성을 목표삼지도 않고, 또 전에 누가 쓴 것을 베끼지도 않으면서, 그것이 미국정신의 표현이 될 것과, 또 이 표현에다가 시대가 요구하는 독특한 어조와 정신을 줄 것을 원하였습니다.[2]

그러나 미국 독립 선언과 프랑스 인권 및 시민권 선언에서 세워진 원리들은 그저 일반 대중의 감정을 표현하기만 한 것이 아니었다.[3] 이 원리들이 또한 이 시대의 가장 깊은 사상가, 즉 순수 이성의 비판자에 의하여 주장되고 굳혀진 사실만큼 18세기 문화의 내적 통일에 있어서 특색 있는 일은 아마 없을 것이다.

칸트는 프랑스 혁명의 열렬한 찬양자였다. 그리고 프랑스 혁명의 대의명분이 사라진 것처럼 보였을 때에도 자기의 판단을 변경하지 않았던

---

[2] T.Jefferson, "Writings", ed. P.C.Ford(New York : G.P. Putnam's Sons, 1899), X, 343. Modern Library 판, p.719.

[3] 우리는 여기서 프랑스 인권 선언의 역사적 기원에 관한 복잡한 문제에 깊이 들어갈 필요가 없다. 옐리넥(G.Jellinek)은 1895년에 발표한 논문에서 인권 및 시민권 선언을 18세기 프랑스 철학자들의 사상의 결과로 봄은 잘못이라고 설명하려 하였다. 옐리넥에 의하면 우리는, 프랑스 혁명의 법적 및 정치적 사상의 진정한 원천을 미국의 권리 장전, 특히 버지니아주의 권리 장전에서 찾아야 한다. 다른 저자들은 이 견해를 맹렬히 부인하였다. 예를 들어 V. Marcaggi, *Les origines de la déclaration des droits de l'homme de 1789*(Paris, 1904)참조. 그러나 이 경우 선후의 문제는 대수롭지 않을 것이다. 명백한 것은 제퍼슨도 아담스도 라파이예뜨도 꽁도르세도 권리 선언에 들어 있는 사상들을 "발명"하지 않았다는 점이다. 이들은 다만 "자연법" 이론의 모든 선구자들이 품었던 확신을 표현했을 따름이다.

일은 그의 정신과 성격의 힘을 잘 보여준다. 인권 및 시민권 선언에 표명된 사상들의 윤리적 가치에 대한 그의 믿음은 끝내 흔들리지 않았다. 그는 다음과 같이 말하였다.

> 그와 같은 사건은 사람들의 중요한 행위들 혹은 악행들로 성립하는 것이 아니다. 이러한 행위들 혹은 악행들로 말미암아, 지금까지 위대했던 것이 사람들 가운데 하찮은 것이 되고, 혹은 지금까지 하찮았던 것이 위대하게 되었으며, 또…한때 영광스러웠던 정치적 조직체들이 사라지고 그 대신에 다른 것들이 땅에서 솟아나듯 나타나기는 했어도 말이다. 이와 같은 행위들로 저 사건이 성립하는 것은 절대로 아니다! …우리가 살아서 보게 된 저 독창성 있는 국민의 혁명은 성공할지도 모르고, 실패할지도 모른다. 그것은 아주 참혹한 일들과 포악한 일들로 가득 차 있으므로, 의인은 비록 그가 그 혁명을 운수 좋게 수행할 자신이 있다 하더라도, 절대로 그와 같이 비싼 대가를 치르고서 그 실험을 다시 해볼 것을 결정하지는 않을 것이다. 그러나 이 모든 것에도 불구하고 그와 같은 혁명은 모든 목격자들의 마음속에 감격에 가까운 공감을 자아낸다…인류 역사에 있어서의 그와 같은 현상은 결코 잊혀질 수 없다. 왜냐하면 그것은 보다 나은 것을 바라고 원하는 경향과 기질이 인간의 본성 속에 있음을 증명하고 있기 때문이다. 이보다 나은 것은 어떤 정치가도 이전의 사건들의 경과를 미루어 예언할 수 있었던 적이 한번도 없었다는 것이다.[4]

18세기의 정신은 흔히 "주지주의적"(主知主義的) 정신이라 기술되고 있다. 그러나 만일 "주지주의"가 냉정하고 추상적인 태도, 실제적 사회적 정치적 생활의 현실적 문제들로부터의 초탈을 의미하는 것이라면, 이보다 더 부적절하고 그릇된 기술은 다시 있을 수 없다. 그러한 태도는 계몽주의의 사상가들에게 전혀 낯선 것이었다. 그들은 모두 후에 칸트가

---

4) I.Kant, *Der Streit der Fakultäten*(1798), sec. 2, "Werke", ed. E.Cassirer, VII, 397 이하, 401.

"실천 이성의 우위"라고 한 원리를 받아들였을 것이다. 그들은 이론적 이성과 실천적 이성 사이의 명확한 구분을 결코 인정하지 않았다. 그들은 사색을 생활로부터 분리시키지 않았다. 이론과 실천, 사상과 생활 사이의 조화는 다른 어느 때보다도 18세기에 더욱 완전했다고 할 수 있다. 모든 사상은 즉시 행동으로 옮겨졌으며, 또 모든 행동은 일반적 원리들에 종속하고 이론적 기준들을 따라 판단되었다. 18세기의 문화에 그 힘과 내적 통일을 준 것은 바로 이 특성이었다. 문학과 예술, 과학과 철학은 하나의 공통 중심을 가지고 있었으며 또 동일한 목표를 향하여 서로 협조하였다. 이런 까닭에 이 시대의 위대한 정치적 사건들이, 그와 같은 일반적 열광으로 환영되었던 것이다. 꽁도르세는 다음과 같이 썼다. "그것들(타고난 절대적 권리들)이 철학자들의 저술에 그리고 모든 의인들의 가슴에 살아 있다는 것만으로는 충분하지 않다. 무식하거나 연약한 사람들도 위대한 국민의 선례에서 그것들을 읽지 않으면 안 된다. 미국은 이와 같은 선례를 우리에게 주었다. 미국 독립 선언은 그토록 오랫동안 잊혀져 있었던 저 신성한 권리들의 소박하고 숭고한 표현이다."[5]

이 모든 위대한 성취가 갑자기 의문시된 것은 어찌된 일인가? 어찌하여 19세기가 되자 전 세대의 모든 철학적 및 정치적 이상을 공격하고 또 공공연히 멸시하게 되었는가? 이 물음에 대해서는 쉬운 답이 있는 것 같다. 프랑스 혁명은 나폴레옹 전쟁의 시기에 종결되었다. 처음의 열광 다음에 온 것은 깊은 환멸과 불신이었다. 벤자민 프랭클린은 프랑스 혁명의 초기에 쓴 여러 편지의 하나에서, 불가침의 인권이라고 하는 관념은 마치 불이 금에 대해서 작용하는 것처럼 작용하리라는 희망 즉 "파괴하지는 않고 순화하리라"는 희망을 표현한 바 있었다. 그러나 이와 같은 낙관적 희망은 온통 좌절되는 듯싶었다. 프랑스 혁명의 모든 큰 약속은 이행되지 않은 채로 있었다. 유럽의 정치적 및 사회적 질서는 완전히 붕

---

[5] Condorcet, *De l'influence de la révolution d'Amérique sur l'Europe* (1786), 1장, "Oeuvres complétes"(Brunswick : Vieweg ; and Paris : Henrichs, 1804), XI, 249.

괴될 위험이 있어 보였다. 에드먼드 버크는 1793년의 프랑스 헌법을 "무정부 상태의 법전"이라 불렀으며, 양도할 수 없는 권리들이라고 하는 이론은 그에게 있어 "폭동에의 초대장이요 또 무정부 상태의 영속적 원인"이었다.6) 메스트르는 그의 저서 ≪교황론≫(*De lapapauté*)에서 다음과 같이 썼다. "인간의 이성이 인간을 인도하는 힘이 없음은 명백히 입증되었다. … 그러므로 사람들이 뭐라 말하든 일반적으로 권위에서 출발하는 것이 좋다."

이와 같은 것들이 우리가 19세기 초의 수십 년 동안에 보는 사상들의 전적인 급속한 변화의 명백한 이유들이다. 그러나 이 반동을 한갓 정치적인 것으로만 보는 것은 충분하지 않다. 그것은 좀 더 깊은 다른 이유들을 가지고 있다. 계몽주의의 철학에 대하여 투쟁을 시작한 그리고 이 싸움의 최초의 선구자들이었던 독일의 낭만주의자들은 정치 문제에 가장 큰 흥미를 가졌던 것이 아니다. 그들은 딱딱한 정치적 사실들의 세계에 사느니보다 오히려 "정신"—시와 예술—의 세계에 살았다. 물론 낭만주의는 자연, 예술 및 역사학만이 아니라 또한 정치 철학도 가지고 있었다. 그러나 이 분야에 있어서 낭만주의의 저자들은 명석하고 조리가 선 이론을 한 번도 발전시키지 못하였으며, 또 그들의 실제적 태도에 있어서 시종일관하지도 못하였다. 프리드리히 슐레겔은 때로는 보수적 사상을 옹호하고 또 때로는 자유주의 사상을 옹호하였다. 그는 공화주의에서 군주주의로 전향하였다. 어떤 낭만주의 저자에게서나 명확하고 확정되고 의심할 여지없는 정치사상의 체계를 찾는 것은 불가능한 일로 보인다. 대부분의 경우, 그들의 사상은 극과 극 사이를 왔다 갔다 하고 있다.

그러나 낭만주의와 계몽주의 사이의 논쟁에는 지극히 중요한 두 가지가 있다. 첫째는 역사에 대한 새로운 흥미요, 둘째는 신화에 대한 새로운

---

6) C.G.Haines, *The Revival of Natural Law Concepts*(Cambridge, Mass. : Harvard Univ.Press, 1930), p.65 참조.

견해와 평가이다. 첫째 문제에 대해서 모든 낭만주의 저자들의 슬로건이 되고 거듭 되풀이해서 부르짖어지던 표어는 계몽주의의 시대가 전혀 비역사인 시대였다고 하는 것이었다. 사실들을 조용히 또 공평하게 분석해 보면 이 견해를 옳다 할 수 없을 것이다. 역사적 사실들에 대한 관심이 계몽주의 사상가들과 초기 낭만주의자들에게 있어서 똑같은 것이 아니었음은 사실이다. 이들은 서로 다른 각도에서 이 문제에 접근하였고 또 이 문제를 서로 달리 전망하였다. 하지만 그렇다고 해서 18세기의 철학자들이 역사적 세계를 보지 못했다고 할 수는 없다. 도리어 이 철학자들이야말로 처음으로 역사 연구에 과학적 방법을 도입한 사람들이었다. 그들은 그 후에 수집된 막대한 양의 사료(史料)를 아직 가지고 있지 많았으나, 역사적 지식의 중요성에 대한 명료한 통찰을 가지고 있었다. 흄은 18세기의 영국 문화를 논하면서 "나는 이 시대가 역사적인 시대요, 또 이 국민이 역사적민 국민이라고 믿는다"라고 말하였다. 흄, 기번, 로버트슨, 몽떼스끼외, 볼떼르 같은 사람들을 역사에 대한 이해가 없었던 사람들이라고 비난할 수는 없다. 볼떼르는 그의 ≪루이 14세 시대≫(*Siècle de Louis XIV*)와 ≪풍습론≫(*Essai sur les moeurs*)에서 새로운 현대적 유형의 문명사를 창조하였다.7)

그러나 18세기와 19세기의 역사관 사이에는 한 가지 근본적인 차이점이 있다. 낭만주의자들은 과거를 과거 자체 때문에 사랑한다. 그들에게 있어 과거는 하나의 사실일 뿐더러 또한 가장 높은 이상들 가운데 하나이다. 이 과거의 이상화와 정신화는 낭만주의 사상의 가장 두드러진 특징들 중의 하나이다. 무엇이든 우리가 그 기원을 찾자마자 그것은 이해할 수 있고 정당화할 수 있고 합법화할 수 있는 것이 된다. 이러한 정신적 태도는 18세기 사상가들과는 전혀 무관한 것이었다. 이들이 과거를 돌이켜 보았다고 하면, 그것은 이들이 보다 나은 장래를 준비하기를 원

---

7) 더 자세한 것은 E.Cassirer, *Die Philosophie der Aufklärung*(Tübingen : Mohr, 1932), 5장, "Die Eroberung der geschichtlichen Welt", pp. 263~312 참조.

했기 때문이다. 인류의 장래, 새로운 정치 질서와 사회 질서의 대두가 그들의 큰 과제이자 진정한 관심사였다. 이 목적을 위해서 역사 연구가 필요한 것이지 역사 연구 자체가 목적은 아니다. 역사는 우리에게 많은 것을 가르칠 수 있으나, 그것은 다만 무엇이 있었는가를 가르칠 수 있을 따름이지 무엇이 있어야만 하는가를 가르칠 수는 없다. 그 판단을 잘못이 없고 결정적인 것으로 받아들이는 것은 이성의 위엄에 대한 범죄일 것이다. 만일 역사가 과거의 찬미, **구체계**(ancien régime)의 시인을 의미하는 것이라면, 그것은 "대백과 전서"의 "철학자들"의 생각에 처음부터 정죄되어 있다. 그것은 진정한 윤리적 가치를 지니고 있지 않기 때문에 그들로서는 이론적 흥미를 가질 수 없는 것이었다. 실천 이성의 우위의 원리에 의하면 이 두 가지는 상관적이어서 분리될 수 없는 것이었다. 그 반대자들에게 주지주의라 하여 아주 빈번하게 비난받은 18세기 사상가들은 결코 역사를 그저 지적 호기심을 만족시키기 위하여 연구하지는 않았다. 그들은 역사를 행동의 지침, 미래의 보다 나은 인간 사회의 상태로 그들을 인도할 수 있는 나침반이라고 보았다. 18세기의 어떤 저자는 다음과 같이 말하였다. "우리는 우리의 조상을 덜 찬미하였으나 우리의 동시대인들을 더 사랑하였으며, 또 우리의 자손들에 대하여는 더욱더 많은 것을 기대하여 왔다."[8] 뒤끌로가 말한 바와 같이, 우리의 역사 지식은 "예기된 경험" 이상의 것일 수 없고 또 이보다 더 나은 것일 수도 없다.[9]

이것은 계몽주의 시대와 독일 낭만주의 사이의 진정한 차이요 깊은 틈이었다. 프랑스 혁명 폭발 전야 혹은 그 직후에 쓰인 한 정치 팜플렛에서 우리는 다음과 같은 글을 읽는다. "우리는 고대의 기념비들보다도 더

---

8) Chastellux, *De la félicité publique*, II, 71 ; Carl L. Becker, *The Heavenly City of the Eighteenth Century Philosophers* (New Haven : Yale Univ. Press, 1932), pp. 129~130에서 인용함.

9) Becker, 같은 책, p.95 참조.

오래된 든든한 지침을 가지고 있다. 이 지침은 어디에나 있으며 또 모든 사람이 소유하고 있다. 그것은 곧 우리들의 사상을 다스리는 이성, 우리의 감정을 인도하는 도덕, 그리고 자연법이다."[10] 그러나 낭만주의자들은 정반대되는 원리에서 출발하였다. 이들은 모든 역사적 시기가 각기 그 자신의 권리를 가지고 있으며 또 그 자신의 기준을 따라서 평가되어야 한다고 말할 뿐 아니라, 또한 더욱 극단적인 주장을 하였다. "역사법학파"의 창시자들은 역사야말로 법의 원천이요 참 기원이라고 선언하였다. 역사 위에는 어떠한 권위도 없다. 법률과 국가는 인간에 의하여 "만들어질" 수 없다. 이것들은 인간 의지의 산물이 아니며, 따라서 이 의지들의 관할 아래 있지 않다. 이것들은 이른바 개인들이 타고났다고 하는 권리들에 매여 있지도 않고 그것들에 의하여 제한되어 있지도 않다. 인간은 언어, 신화, 혹은 종교를 지어낼 수 없는 것과 꼭 마찬가지로 법률을 지어낼 수 없다. 사비니에 의하여 처음 생각되고 그의 제자들과 선봉자들의 저작에서 발전된 역사법 학파의 원리들에 의하면 인간문화는 자유롭고 의식적인 인간 활동의 소산이 아니다. 그것은 "보다 높은 필연성"에서 비롯한다. 이 필연성은 형이상학적인 것이요, 무의식적으로 활동하고 창조하는 자연적 정신이다.

이 형이상학적인 생각에 의하여 신화의 **가치**는 완전히 변한다. 계몽주의의 모든 사상가들에게는 신화가 야만적인 것, 혼란한 관념들과 엉뚱한 미신들의 이상야릇한 무더기, 그저 괴이하기만 한 것이었다. 신화와 철학 사이에는 접촉점이 도무지 있을 수 없었다. 신화가 끝나는 곳에서 철학이 시작한다. 마치 솟아오르는 태양 앞에 어둠이 사라지듯이. 이 견해는 낭만주의 철학자들에게 나아가자마자 근본적으로 변한다. 이 철학자들의 체계에 있어서 신화는 최고의 지적 관심의 주제가 될 뿐 아니라

---

[10] *Des États-Généraux et principalement de l'esprit qu'on doit y apporter*, par Target (Paris, 1789), F. Klövekorn, *Die Entstehung der Erklärung der Menschen-und Bürgerrehte*, "Historische Studien", XC (Berlin : E. Ebering, 1911), 31, 224, n. 23에서 인용함.

또한 경외와 숭배의 주제가 된다. 그것은 인류 문화의 주요 원인으로 여겨진다. 예술, 역사 및 시는 신화에서 비롯한다. 이 근원을 간과하거나 무시하는 철학은 천박하고 불충분한 것이라고 선언된다. 셸링의 체계의 주요 목표의 하나는 신화에다가 인류 문명에 있어서의 그 올바르고 합당한 자리를 주는 것이었다. 우리는 그의 저작에서 자연, 역사 및 예술의 철학과 함께 처음으로 **신화의 철학**을 발견한다. 마침내 그의 모든 관심은 이 문제에 집중되는 성싶다. 신화는 철학 사상의 대립자가 되는 대신 그 동맹자가 되고, 또 어떤 의미에서는 그 극치가 되었다.

 이 모든 것은 역설적으로 보일지 모른다. 그러나 그것은 낭만주의 사상의 원리 자체의 필연적 결과이다. 셸링은 다만 독일의 젊은 세대 전체의 공통된 확신을 표현했을 따름이다. 그는 낭만주의 시의 철학적 대변자가 되었다. 시의 원천으로 되돌아가려는 깊은 소원이 신화에 대한 낭만주의의 관심을 설명해 준다. 시는 하나의 새로운 언어, 즉 개념이나 "명석하고 판명한 관념"들의 언어가 아니라 상형 문자나 신비롭고 신성한 상징들의 언어를 말할 줄 알아야만 한다. 노발리스의 ≪하인리히 폰 오프터딩겐≫(*Heinrich von Ofterdingen*)에서 말해진 언어는 바로 그런 언어였다. 칸트의 비판적 관념론에 대하여 노발리스는 그 자신의 "마법적 관념론"을 대립시켰다. 그리고 이 새로운 유형의 관념론이야말로 철학과 시의 열쇠라고 셸링과 프리드리히 슐레겔은 생각하였다.

 이것은 일반적인 사상사에 있어서 새로운 일보였다. 그것은 철학 사상보다도 오히려 정치 사상의 앞으로의 발전에 대해서 훨씬 더 중대한 영향을 끼치게 된 가장 중요한 결과들을 잉태하고 있던 일보였다. 철학에 있어서 셸링의 영향은 헤겔의 체계의 출현으로 말미암아 견제되고 또 얼마 안 가서 빛을 잃었다. 신화의 역할에 대한 그의 생각은 하나의 에피소드로 그치고 말았다. 그렇지만 현대 정치에서 볼 수 있는 신화의 복권과 찬미로 이끌어갈 수 있었던 길이 준비되었다.

 하지만 낭만주의 정신이 이후의 발전에 대해서 책임이 있다고 보는 것은 옳지 못한 일일 것이다. 최근의 문헌에서는 낭만주의가 20세기 신화의 최초의 가장 풍부한 원천이었다고 하는 견해가 가끔 발견된다. 많은 저자들에 의하면 그것이 "전체주의 국가"의 개념을 산출하였고, 또 나중의 온갖 침략적 제국주의를 준비하였다.11) 그러나 이렇게 판단하면 주요하고 참으로 결정적인 면을 잊기 쉽다. 낭만주의 저자들의 "전체주의적" 견해는, 그 기원과 의미에 있어서 **문화적인** 것이었지 정치적인 것이 아니었다. 그들이 동경하던 세계는 인간 문화의 세계였다. 그들은 결코 세계를 정치화하려 하지 않았고 다만 "시화"(詩化)하려 하였다. 인간 생활의 모든 영역, 예를 들어 종교, 역사, 심지어는 자연 과학에 "시적 정신"이 스며들게 하는 것이 낭만주의 운동의 최고 목표라고 슐레겔은 선언하였다.12) 대부분의 낭만주의 저자들과 마찬가지로 슐레겔은 정치의 세계에서보다 "학문과 예술의 신적인 세계"에서 더욱 마음이 편하였다. 낭만주의적 국가주의에 그 특별한 색채와 성격을 준 것은 바로 이런 태도였다. 확실히 낭만주의 시인들과 철학자들은 열렬한 애국자였으며, 또 그들 가운데 많은 사람이 비타협적인 국가주의자였다. 그러나 그들의 국가주의는 "제국주의적"인 유형의 것이 아니었다. 그들이 염려한 것은 보존하는 것이지 정복하는 것이 아니었다. 그들은 모든 정신력을 한껏 발휘해서 독일적 성격의 독특성을 유지하려 하였으나, 결코 그것을 다른 국민에게 강요하고 뒤집어씌우려 하지는 않았다.

이것은 독일 국가주의의 역사적 기원의 필연적 결과였다. 이 국가주의는 헤르더에 의하여 창조된 것인데, 18세기의 모든 사상가와 시인들 가운데 헤르더는 **개성**에 대한 가장 예리한 감각과 가장 깊은 이해를 소유

---

11) 예를 들어, P.Viereck, *Metapolitics. From the Romantics to Hitler* (New York : A.A. Knopf, 1941) 참조. 또 A.O. Lovejoy의 논문, "The Meaning of Romanticism for the Historian of Ideas"와 Leo Spitzer와 그의 재미있는 토론, *Journal of the History of Ideas*, 제2권, No.3(1941)과 제5권, No.2(1944) 참조.

12) F. Schlegel, "Gespräch über die Poesie", *Prosaische Jugendschriften*, ed. J. Minor, 제2판 (Vienna : Carl Konegen, 1906), II, 338이하 참조.

하고 있었다. 이 개성주의는 낭만주의 운동의 가장 뚜렷하고 두드러진 특성들 가운데 하나가 되었다. 낭만주의자들은 절대로 문화 생활의 특수하고 특정한 형식들, 즉 시, 예술, 종교 및 역사를 "전체주의" 국가에 희생시킬 수 없었다. 그들은 개인들과 민족들의 생활을 특징짓는 무수하게 많고 또 미묘한 모든 차이에 대하여 깊은 경의를 품고 있었다. 이 차이들을 느끼고 또 즐기는 것, 온갖 형태의 국민 생활에 대해서 공감하는 것이야말로 그들에게 있어서는 역사적 지식의 진정한 목적이요 최대의 매력이었다. 그러므로 낭만주의자들의 국가주의는 결코 한갓 배타주의가 아니었다. 그것은 이와는 정반대되는 것이었다. 그것은 진정한 세계주의와 양립할 수 있을 뿐더러 그것을 전제로 하는 것이었다. 헤르더에게 있어 각 민족은 전 세계의 전체적 조화 속의 한 개별적 목소리일 따름이었다. 그가 집성한 민요집에는 독일, 슬라브, 켈트 스칸디나비아, 리투아니아, 터키 등 모든 민족의 노래가 들어 있다. 그리고 낭만주의 시인들과 철학자들은 헤르더와 괴테의 후계자들이였다. 괴테는 세계 문학이란 말을 처음으로 사용했는데, 이 말은 모든 낭만주의 작가가 아주 좋아하는 말이 되었다. 슐레겔은 극예술에 관한 강의에서 모든 시대의 극문학을 전 세계적으로 개관하였으며, 또 이것들을 똑같은 사랑과 똑같은 편견 없는 공감을 가지고 다루었다.

 이 문학적 세계주의는 하나의 새로운 종교적 세계주의에 의하여 제한되고 또 강화되었다. 초기 낭만주의자들은 중세가 하나의 보편적인 종교적 이상에 의하여 한데 뭉쳐 있었다는 사실에서 중세 문화의 최대의 장점을 보았다. 여기서는 그리스도교가 아직은 분열되지 않은 하나의 전체였다. 그리스도교 사회는 하느님에 의하여 다스려지고 전 세계적인 교회와 전 세계적 제국이라고 하는 상관된 두 질서에 의하여 대표되는 하나의 신비적 공동체였다. 낭만주의 작가들은 이 인류의 황금시대로 되돌아갈 것을 간절히 바랐다. 이 점에 있어서 그들은 그들의 문화적 이상과 종교적 이상을 그들 자신의 나라에 국한시키는 것을 생각할 수 없었다.

그들은 독일의 통일만이 아니라 또한 유럽의 통일을 위해서도 힘썼다. 노발리스는 《그리스도교 세계 또는 유럽》이란 소론에서, 하나의 그리스도교가 유럽 대륙에 자리잡고, 하나의 큰 관심이 이 넓은 정신적 제국의 가장 먼 변경들을 연결시키고 있었던 아름답고 빛나던 시절을 찬미하였다.13) 낭만주의 신학자들 가운데 가장 위대한 사람이었던 슐라이어마허는 더욱 극단으로 달렸다. 그가 그의 《종교 강연》(Reden über die Religion)에서 전개하고 옹호한 보편적 종교는 온갖 신앙과 예배를 모두 포용한다. 예전의 모든 "이단"이 이 종교적 이상 속에 포함될 수 있었다. "무신론자" 스피노자는 슐라이어마허에 의하여 "위대하고 성스러운 스피노자"라 불리었다. 참으로 종교적인 감정에 대해서는 교리상의 모든 차이가 대수롭지 않은 것이라고 슐라이어마허는 선언하였다. 종교는 사랑인데, 그것은 "이것" 혹은 "저것"에 대한, 혹은 유한하고 특별한 어떤 대상에 대한 사랑이 아니라 우주에 대한, 무한자에 대한 사랑이다.

이것은 나아가 낭만주의적 국가주의의 성격을 설명해 준다. 이 국가주의 역시 사랑의 산물이었고, 후에 나온 그렇게도 많은 형태의 국가주의처럼 증오의 산물이 아니었다. 프리드리히 슐레겔의 "시에 관한 대화"(Gespräch über die Poesie)에서 사랑은 모든 낭만주의 시의 원리 자체라고 선언되었다. 그것은 마치 참된 시의 행마다 또 구절마다에 스며들어 있어야 하는 보이지 않는 매체와 같다. 시인에게는 모든 것이 보다 높고 참으로 무한한 것을 드러내어 보여주는 것일 따름이요, 영원한 사랑의 그리고 형성력 있는 자연의 거룩한 생명력의 상형 문자다.14) 초기 낭만주의자들의 여러 정치적 이상도 이와 똑같은 감정으로 가득 차 있었다. 그것들은 명확히 미적인 혹은 시적인 성격을 띠고 있었다. 노발리스는 국가에 관해서 열정적으로 말하였다. 하지만 그가 정말 찬미한 것

---

13) Novails, *Die Christenheit oder Europa*(1799), "Schriften", ed. J. Minor (Jena : Diederichs, 1907), II, 23.

14) Schlegel, 앞의 책, II, 370 이하.

은 그 물리적인 힘이 아니라 그 아름다움이었다. 그는 다음과 같이 썼다. "참된 군주는 예술가 중의 예술가다. 누구나 예술가가 되어야 하며, 모든 것은 아름다운 예술이 될 수 있다. … 군주는 무한히 다양한 한 극(劇)에 출연하고 있는데, 거기서는 무대와 대중, 배우들과 구경꾼들이 한 덩어리요, 그 자신은 그 극의 작자이자 감독이고 또 주인공이다."15)

이 시적이고 미적인 생각이 정치 생활의 문제들을 해결하는 임무를 감당할 수 없었음은 사실이다. 이 문제들이 더욱 중대하고 절박하게 되었을 때, 최초의 낭만주의 저자들이 전개한 이론은 그 지반을 그대로 지킬 수 없었다. 나폴레옹 전쟁의 시대에 독일 낭만주의의 창시자들과 개척자들은 정치 생활을 "시화"(詩化)한다는 그들 자신의 이상을 의심하기 시작하였다. 그들은 적어도 이 분야에서는 더욱 "현실주의적인" 태도가 요청되고 또 절대 필요하다고 확신하게 되었다. 많은 낭만주의 시인들은 그들이 전에 품고 있던 이상을 민족적 대의를 위하여 희생시킬 준비가 되어 있었다. 클라이스트 같은 시인들에게서 낭만주의적인 사랑은 통렬하고 화해할 수 없는 증오로 변하였다. 심지어 슐레겔도 이와 비슷하게 느꼈다. 1806년에 그는 다음과 같이 썼다. "우리의 민족적 독립과 심지어는 독일이라고 하는 이름의 존속이 그토록 심각한 위협을 받는 한, 우리들의 시는 아마도 전적으로 웅변으로 전환되지 않으면 안 될 것이다."16) 그러나 극소수의 낭만주의자들만이 이 권고를 따랐다. 심지어 그들의 극단적인 국가주의에 있어서도 그들은 인류 문화에 대한 그들의 보편적 이상들을 부인하거나 포기하지는 않았다.

---

15) Novalis, *Glauben und Liebe*, sec. 33, "Schriften", II, 162.

16) A.W. von Schlegel, *Letter to Fouqué*, "Sämtliche Werke", ed. E. Böcking (Lepzig : Weidmann, 1846), VIII, 145 참조.

제3부
20세기의 신화

제15장 준비 : 칼라일 • 262
제16장 영웅 숭배에서 인종 숭배로 • 310
제17장 헤 겔 • 341
제18장 현대의 정치적 신화의 수법 • 378

제15장 준비 : 칼라일

영웅 숭배에 관한 칼라일의 강연

　토마스 칼라일이 1840년 5월 22일에 "영웅, 영웅 숭배 및 역사에 있어서의 영웅적인 일에 관하여"(On Heroes, Hero Worship and the Heroic in History)란 강연을 시작했을 때 많은 저명한 인사들이 참석하였다. "런던 사교계의 인사들"이 이 연설자의 말을 들으려고 모여들었다. 여러 차례에 걸친 그 강의는 일종의 센세이션을 일으켰다. 그러나 이 사회적 사건이 큰 정치적 결과들을 낳으리라고는 아무도 예측하지 못하였다. 칼라일은 빅토리아 조(朝)의 영국인들에게 말했다. 그의 청중은 약 200명 내지 300명이었고 또 "지위와 지식 정도에 있어서 귀족적인" 사람들이었다. 칼라일이 그의 한 편지에서 말하고 있는 바와 같이, "사제들과 또 온갖 종류의 사람들이 참석하였으며, 새로운 것을 듣고 크게 놀라고 또 크게 기뻐하는 것 같았습니다. 그들은 크게 웃고 또 박수갈채하였습니다."[1] 그러나 확실히 청중 가운데 아무도 이 강연에서 표명된 사상이 위험천만한 폭발물을 내포하고 있다고는 꿈에도 생각하지 못했다. 칼라일 자신도 그렇게 느끼고 있지 않았다. 그는 결코 혁명가가 아니었다. 오히려 보수주의자였다. 그는 사회적 및 정치적 질서를 안정시키기를 원했

---

1) 칼라일의 강연에 관해서는 A.MacMeehan이 그가 편찬한 책(Boston : Ginn & Co., 1891)에서 상세히 설명한 바 있다. *The Correspondence of Thomas Carlyle and Ralph Emerson, 1834-1872* (Boston 1894), 전2권, Ⅰ, 293 이하도 참조.

고, 또 이와 같은 안정화를 위해서는 영웅 숭배보다도 더 좋은 수단을 권장할 수 없다는 것을 확신하고 있었다. 그는 결코 새로운 정치적 복음을 설교하려 하지 않았다. 그에게는 영웅 숭배가 인간의 사회적·문화적 생활에 있어서 가장 오래된 그리고 가장 공고한 요소였다. 그는 영웅 숭배를 "세계 경영에 대한 영원한 희망"이라고 보았다. "사람들이 예전에 세운 모든 전통, 조직, 신조, 사회는 사라져 버릴지라도 이것은 남으리라 … 그것은 마치 북극성처럼, 자욱한 연기와 먼지의 구름을 뚫고 또 온갖 폭우와 대화재를 뚫고 빛난다."[2]

그러나 칼라일의 강연으로 말미암아 생긴 결과는 그 강연자의 기대와는 거리가 먼 것이었다. 칼라일이 지적한 바와 같이 근대 세계는 세 번의 큰 혁명을 겪었다. 처음에는 루터의 종교 개혁이 있었고, 다음에 퓨리턴 혁명, 그리고 최후에 프랑스 혁명이 일어났다. 프랑스 혁명은 바로 프로테스탄티즘의 제3막이다. 이 제3막을 종막이라 해도 괜찮을 것이다. "왜냐하면 사람들은 저 야만적인 과격 공화주의(Sans-culottism)보다 더 낮은 데는 내려갈 수 없기 때문이다."[3] 칼라일이 이렇게 말했을 때, 그는 그 강연에서 제창한 바로 그 사상이 하나의 새로운 혁명의 시작이었음을 알지 못했다. 백년 후 이 사상은 정치 투쟁에서의 가장 유력한 무기로 변하였다. 빅토리아 조에서는 아무도 칼라일의 이론이 20세기에서 맡게 될 역할을 예측할 수 없었다.

최근의 저술들에는 칼라일의 견해를 우리들 자신의 정치적 문제들과 결합시키려는―즉 그를 미래의 "파시즘의 행진"에 가장 크게 기여한 사람들 가운데 하나로 보려는―강한 경향이 있다. 1928년에 리만은 ≪칼라

---

2) *On Heroes, Hero Worship and the Heroic in History*, Lect. 6, p. 195. Centenary판., V, 202. 나는 이 강연들을 Longman's English Classics의 H.D. Gray판(New York : Longmans, Green & Co., 1896)에서 인용한다. 칼라일의 다른 저작들은 Centenary판, "The Works of Thomas Carlyle" 전30권에서 인용한다. 이 판은 처음에 H.D.Trail(London : Chapman & Hall, 1831 이후)에 의하여 출판되고, 후에 다시 미국의 신판(New York : Charles Scribner's Sons, 1900)이 나왔다.

3) *On Heroes*, Lect, 6, p.229. Centenary 판, V, 237.

일의 영웅이론·그 근원, 발전, 역사 및 칼라일의 저작에 대한 영향≫ (*Carlyle's Theory of the Hero. Its Sources, Development, History, and Influence on Carlyle's Work*)4)을 썼다. 이것은 한갓 역사적인 분석이었다. 그 후에 나온 다른 연구들에서는 칼라일이 대체로 국가 사회주의 즉 나치즘의 이데올로기 전체에 대해서 책임이 있다고 주장되었다. 히틀러가 권력을 잡은 뒤 그리어슨은 그가 3년 전에 "칼라일과 영웅"(Carlyle and the Hero)이라는 제목으로 강연했던 것을 ≪칼라일과 히틀러≫란 새 제목으로 출판하였다. 그는 다음과 같이 말한다. "나는 그것에다가 환유적인 새 표제를 붙이고 싶은 생각을 항상 가지고 있었다. 이것은 최근에 독일에서 일어나고 있는 사건들이, 칼라일이 주로 생각했던 바와 같은 영웅의 출현을 실현시키는 혹은 적어도 가능케 하는 조건들을 잘 보여주고 있기 때문이다. 이 사건들은 또한 종교적 및 정치적 감정도 잘 보여주고 있는바 …이 감정은 영웅을 권력의 자리로 밀어 올리는 물결을 일으키고 있다."5) 훨씬 뒤에 그리고 전혀 다른 "사상적 풍토"에서 발전된, 정치 영도력에 관한 저 모든 사상을 칼라일에게 돌리는 것은 자연스러울 뿐더러 또 거의 불가피한 일인 것 같았다. 세이예르는 현대 제국주의의 철학과 계보를 연구한 많은 책과 논문을 줬는데, 1939년에 칼라일에 관한 책을 한 권 더 썼다. 그는 칼라일의 저작들에서 "미적 신비주의"의 모든 특징과 "인종적 신비주의"의 최초의 흔적들을 발견하며, 그리고 나중에는 프리드리히 대왕에 관한 저서에서 프로이센 군국주의의 공공연한 옹호를 발견한다. "그가 인생의 교훈들과 인간성의 참 성격에 관하여 심사숙고하는 가운데, 왕당주의(Toryism)에 접근할수록 더욱 정치가들과 군인을 지고자로부터 보냄을 받은 자들 축에 넣었다. 이것은 독일 낭만주의의 심정 깊숙이 있는 프로이센의 경향이었다."6) 그리하여 칼라

---

4) Durham, N.C., Duke Univ. Press.

5) H.F.C.Grierson, *Carlyle and Hitler* (Cambridge : England, Univ. Press, 1933).

6) E.Seillière, *Un précurseur du National-Socialisme : L'actualité de Carlyle*

일의 낭만주의의 이 프로이센화는 그로 하여금 정치적 지도자들을 신성화하고 힘과 정의를 동일시하는 데 나아가게 한 최후의 결정적 전진이었다.7)

칼라일의 이론이 끼친 영향들을 이와 같이 기술한 것에는 많은 진리가 들어 있다. 그럼에도 불구하고 나에게는 그것이 문제를 지나치게 단순화한 것으로 보인다. 칼라일의 "영웅"관은 그 의미에 있어서나 또 역사적 전제들에 있어서나 매우 복잡하다. 그의 이론을 완전히 정확하게 보려면, 칼라일의 성격, 그의 생애, 또한 그의 저작을 형성한 여러 가지로 다르고 가끔 모순되는 모든 요소를 살피지 않으면 안 된다. 칼라일은 체계적 사상가가 아니었다. 그는 논리가 정연한 역사 철학을 세우려 하지도 않았다. 그에게 있어 역사는 결코 체계가 아니었으며, 오히려 하나의 큰 파노라마였다. 전기에 관한 에세이에서 그는 선언하기를, 역사는 무수한 전기들의 정수라 하였다.8) 그러므로 칼라일의 저작을, 하나의 전체로 간주된 역사적 과정의 명확한 철학적 구성이라고 보는 것, 혹은 명확한 정치적 계획이라고 보는 것은 근거가 불확실하고 환상적인 일이다. 그의 교설들에 관하여 성급하게 결론을 내리는 대신 우리는 먼저 이 교설들의 밑바닥에 있는 동기들을 이해하려 하지 않으면 안 된다. 이 동기들에 대한 명확한 통찰이 없으면, 그의 사상들 가운데 대부분은 아닐지라도 그 많은 부분은 언제까지나 막연하고 애매한 채로 있을 것이다. 칼라일의 역사관과 정치관은 언제나 그 자신의 개인적 경력에 의거하고 있는 바, 그것은 체계적 내지 방법론적인 것이기보다 오히려 전기적인 것이다.

의심할 것 없이 칼라일은 그의 강연에서 "영도력"이란 관념을 그 가장 극단적인 귀결들에까지 발전시켰다. 그는 역사적 생활 전체를 위인들의

(Paris : Éditions de la Nouvelle Revue Critique, 1939), p. 173.

7) 같은 책, pp. 203 이하.

8) "Biography"(1832), *Critical and Miscellaneous Essays*, III, 46, Centenary판, 28권.

생활과 동일시하였다. 위인들이 없으면 역사도 없다. 거기엔 정체만이 있겠는데, 정체는 곧 죽음이다. 사건들의 한갓 계기(繼起)만으로는 역사가 이루어지지 않는다. 역사는 행위들과 행동들로써 성립하며, 행위자가 없으면, 즉 위대하고 직접적이고 인격적인 충돌이 없으면 아무런 행위도 있을 수 없다. 칼라일은 외쳤다. "영웅 숭배는, 가장 고결하고 신에 가까운 형태의 사람에 대한 충심으로부터의 무한한 경배요 복종이요 열광이다. 그것은 바로 그리스도교 자체의 맹아가 아닌가?"9) 이 생각은 어떤 의미에서 그의 인생 철학과 역사 철학 전체의 알파와 오메가, 즉 처음과 나중이었다. 그는 그의 최초의 저작에서 벌써 이와 비슷하게 말하였다. 그는 ≪의상 철학≫에서 다음과 같이 말한다. "왕은 신권으로 다스린다고 신학자들이 말한 것은 참으로 옳다. 왕은 자기 속에 하느님으로부터의 권위를 지니고 있다. 절대로 인간이 그에게 그 권위를 주지는 않는다. 나의 통치자가 될 사람, 그의 뜻이 나의 뜻보다 훨씬 높은 그 사람은 하늘에서 나를 위하여 선택되었다. 하늘이 선택한 사람에 대한 그와 같은 순종 이외에 다른 어떤 자유가 있다고 생각할 수 없다."10)

이것은 단순히 어떤 독단적 종교에 대해서나 맹목적인 신앙을 가질 수 없게 된, 따라서 하느님에 대한 숭배를 인간에 대한 숭배로 대체하려고 한 신학자의 말로 보인다. 중세의 위계제도(hierarchy)는 현대의 "영웅제도"(hero-archy)로 변했다. 칼라일의 영웅은 변형된 성자 즉 세속화된 성자다. 그는 사제나 예언자가 아니어도 좋다. 그는 시인일 수도 있고 임금일 수도 있고, 문인일 수도 있다. 그러나 이러한 현세적인 성자들이 없으면 우리는 살 수 없다고 칼라일은 선언한다. 만일 영웅 제도가 사멸한다고 하면 우리 세계 전체에 대해서 절망할 수밖에 없다. 속계(俗界)와 영계(靈界)에 주재자, 참된 주재자가 없으면 나는 무정부 상태밖에 아무것도 가능하지 않다고 보는데, 이 무정부 상태는 모든 사물 가운데 가장

---

9) *On Heroes*, Lect. 1, p. 11. Centenary 판., V, 11.

10) *Sartor Resartus*, Bk. 3, 7장, Ⅰ, 198.

가증한 것이다.11)

그러나 도대체 영웅이란 무엇인가? 영웅을 알아볼 수 있는 어떤 기준이 없을 수는 없다. 우리는 영웅적인 사람들을 알아낼 수 있는, 즉 순금을 비금속으로부터 가려내는 어떤 기준을 가지지 않으면 안 된다. 물론 칼라일은 종교의 역사에 참 예언자와 거짓 예언자가 있고 또 정치 생활에 진짜 영웅과 가짜 영웅이 있다는 것을 알고 있다. 참 예언자와 거짓 예언자, 진짜 영웅과 가짜 영웅을 알 수 있는 그 어떤 기준이 있는가? 신적 이념을 대표하는 영웅들이 있는가 하면 자칭 영웅들이 있다. 이것은 인류 역사에서 필연적이고 불가피한 특성이다. 이것은 대중이, 칼라일의 말로 하면 "시종들"이 그들 자신의 영웅들을 가져야만 하기 때문이다.

> 신뢰할 만한 사람들을 알라. 아아, 이것은 현재 우리들에게는 아직 거리가 매우 먼 일이다. 오직 성실한 사람만이 성실을 인지할 수 있다. 영웅만 있으면 되는 것이 아니라, 또한 그에게 적합한 세계가 있어야 한다. 그것은 **시종**들의 세계는 아니다 … 시종의 세계는 가짜 영웅에 의해 다스려져야 한다 …그 세계는 그의 것이요, 그는 그 세계의 것이다. 요컨대 두 가지 가운데 하나가 있을 따름이다. 즉 우리는, 참된 통치자요 우두머리인 영웅을, 우리가 그를 볼 때에 더 잘 알아보는 것을 배우든가, 비영웅적인 인간에 의해 영구히 다스려지든가 할 것이다.12)

이 모든 것은 명료하고 오해의 여지가 없다. 칼라일이 18세기와 계몽주의의 철학자들의 것으로 보는, 정치 생활에 관한 "기계적인" 이론들보다도 그가 더 증오하고 싫어하는 것은 없다. 그러나 그의 정신주의에도 불구하고 그는 정치 문제에 있어서는 수동적 복종의 가장 단호한 옹호자들 가운데 한사람이 된다. 칼라일의 정치 이론은, 그 근저에 있어, 변장

---

11) *On Heroes*, Lect. 4, p. 120. Centenary 판., V, 124.
12) 같은 책, Lect. 6, p. 209. Centenary 판, V, 216 이하.

되고 변형된 캘빈주의라 해도 무방하다. 참된 자발성은 선택된 소수의 사람을 위해서만 있다. 다른 사람들은 즉 버림받은 대중은 이 선택된 자, 즉 통치자로 태어난 자들의 뜻에 복종하지 않으면 안 된다.

그러나 우리는 여기까지에서 수사적인 답을 볼 뿐, 철학적인 답은 볼 수 없다. 칼라일의 모든 전제를 받아들인다 하더라도 주된 문제는 아직 답해지지 않은 채 남아 있다. 물론 칼라일에게서, 그가 영웅이란 말로 무엇을 이해하는지 그 분명한 정의를 기대하는 것은 너무 큰 기대일 것이다. 그러한 정의는 논리적이어야 할 터인데, 칼라일은 모든 논리적 방법에 대하여 매우 경멸하면서 말한다. 논리는 절대로 현실의 비밀에 침투할 수 없다. 건전한 오성은 논리적이고 논증적인 것이 아니라 직관적이다. "옛 스콜라 철학자들을 생각해 보라. 또 진리를 향한 그들의 편력을 생각해 보라. 거기엔 가장 충실한 노력, 끊임없는 꾸준한 운동, 또 때로는 위대한 자연적 활력이 있다. 다만 진보가 없다. 그것은 한 수족을 다른 수족에 대해서 평형시키는 기묘한 재주부림일 따름이다 … 기껏해야 뱅뱅 도는 회교승처럼 얼마간 유쾌하고 날쌔게 선회하되 결국 출발한 곳에 되돌아가서 끝나고 말았다."13) 논리는 좋은 것이지만, 그러나 최선의 것은 아니다. 논리로써는 인생을 이해하지 못할 것이며, 더구나 인생의 최고의 형태인 영웅적 인생을 이해할 수 없을 것이다. "무엇이든 그것을 안다는 것, 그 진리 속에 깊이 들어간다는 것은 언제나 하나의 신비적 행위이다. 최선의 논리도 그 표면에서 맴돌 수 있을 뿐이다."14) "이런 일들을 **이론화**하려는 것은 아무 유익도 없는 일이다. 그것들은 **정리화**되고 도식화될 것을 거부하는 것들이다. 논리는 그것들에 대하여 **논의할 수 없다**는 것을 스스로 깨달아야 한다."15)

그러나 만일 인식이 그 본성과 본질에 있어서 신비적인 행위라고 하면,

---

13) "Characteristics", *Essays*, III, 6.
14) *On Heroes*, II, 56, Centenary 판, V, 57.
15) 같은 책, I, 25. Centenary 판, V, 26.

그것을 남에게 전달하는 것, 그것을 우리들 인간 언어의 빈약한 상징들로써 표현하는 것은 소망 없는 시도인 듯싶다. 특히 이 전달이 일련의 공개 강연에서, "런던 사교계의 인사들"에 대한 강연에서 행해지지 않으면 안 되는 경우에 더욱 그러하다. 어떻게 칼라일은 이 곤란을 극복하였는가? 어떻게 거의 불가능한 이 일을 해결할 수 있었는가? 그는 그의 근본적 주장을 예증할 수 있었을 뿐 증명할 수는 없었다. 이 예시가 생생하고 인상적인 것이었다는 것은 인정되어야 한다. 그는 언제나 역사를 무미건조한 교과서로 보지 않고 하나의 화랑으로 보았다. 우리는 역사를 한갓 개념들만 가지고서는 이해할 수 없고, 오직 초상화들에 의해서만 이해할 수 있다. 칼라일은 그의 강연에서 인류 역사의 전 분야를 다루려 하였다. 그는 인류 문명의 최초의 미개한 단계로부터 그 당시의 역사와 문학까지 논하였다. 이 모든 것은 한데 결합하여 하나의 큰 직관이 되지 않으면 안 된다. 이러한 종합은 오성에 의해서는 절대로 이루어질 수 없고 보다 높은 다른 힘들을 요한다. "우리의 논리적, 계량적 능력이 아니라 우리의 상상적 능력이야말로 우리들 위에 군림하는 왕이다. 이것이야말로 우리를 하늘로 이끌어가는 사제요 예언자이며, 혹은 우리를 지옥으로 이끌어가는 마법사요 요술장이라고 말할 수 있다."16)

이 상상의 능력을 칼라일은 그의 강연에서 십분 활용하였다. 그의 말투는 그야말로 우리를 하늘로 인도하는 예언자의 그것이요, 또 우리를 지옥으로 인도하는 요술장이의 그것이다. 그의 서술에서 이 두 방향은 가끔 전혀 구별되지 않는다. 그는 선언하기를, 오성은 실로 그대의 창이지만, 상상은 건전한 혹은 병든 색채 감각의 망막을 가지고 있는 그대의 눈이라 하였다.17) 그는 이보다 앞서 쓴 한 에세이에서, 비범한 사람들은 우리가 그것을 통해서 자연의 감추인 길들을 더욱 깊이 들여다보는 신비스러운 창들이라고 말하였다."18) "신비스러운 창"이 하나씩 칼라일의

---

16) *Sator Resartus*, Bk. 3, 3장, Ⅰ, 176.
17) 같은 책, Ⅰ, 177.

강연을 듣는 사람들에게 열렸다. 그는 오직 실례들을 들면서만 말할 수 있었다. 그는 영웅이란 **무엇인가** 하는 물음에 대답할 아무런 의무도 느끼지 않았다. 다만 **누가** 위대한 영웅적인 사람들이었던가를 밝히려 하였다. 그의 목록은 길고 다채롭다. 하지만 그는 영웅의 성격에서 그 어떤 종차(種差)도 인정하지 않는다. 이 성격은 하나요 나뉠 수 없으며, 언제나 동일하다. 북유럽의 오딘으로부터 영국의 사무엘 존슨에 이르기까지, 그리스도교의 신적인 창시자로부터 볼떼르에 이르기까지, 영웅은 혹은 이런 모양으로 혹은 저런 모양으로 숭배되어 왔다.19)

이 방법에 의하여 칼라일의 영웅은 프로테우스처럼 어떤 모양이든 취할 수 있게 되었다. 새 강연마다 그는 새 얼굴을 우리에게 보여준다. 그는 신화적인 신으로, 예언자로, 사제로, 문인으로, 왕으로 나타난다. 그에게는 한계가 없다. 또한 그는 어떤 특별한 활동 영역에도 국한되어 있지 않다.

> 근본적으로 위인은, 자연의 손에서 나왔을 때, 언제나 똑같은 종류의 것이다. 오딘, 루터, 존슨, 번즈, 나는 이들 모두가 본래 같은 종류의 사람임을 드러내려 한다 … 나는 참으로 위대한 사람이란 어떤 것인가 하는 그 개념에 있어서 온갖 종류의 사람이 그러한 인간일 수 있다고 생각하고 있음을 고백한다 … 나는 미라보 같은 사람이 위대한 불타는 가슴을 가지고, 그 가슴속에 불을 가지고, 또한 그 속에서 터져나올 듯한 눈물을 가지고 노래와 비극과 시를 써서 만인의 가슴에 감동을 줄 수 없었으리라는 것을 이해할 수 없다. 그의 인생 행로와 교육은 바로 그 길로 그를 인도하였다.20)

이것은 무척 역설적인 주장이었다. 아무리 강한 상상력이라 할지라도

---

18) "Peter Nimmo, a Rhapsody."

19) *On Heroes*, Lect. 1, p. 14이하. Centenary 판, V, 15.

20) 같은 책, Lect. 2, 41이하, Centenary 판, V, 43 ; Lect. 3, 76이하, Centenary판, V, 78이하.

오딘 같은 신화적인 신과 칼라일이 "병적이고 흥분하기 잘하고 경련적인 사람"21)이라 기술한 루소 같은 사람 사이에 동일성을 발견하는 데는 얼마간의 곤란이 없을 수 없다. 또 우리는 현학자이자 교사인 사무엘 존슨에 관하여 아무리 잘 생각해도 ≪신곡≫(*Divina commedia*)이나 셰익스피어 극의 작가가 될 수 있으리라고는 생각할 수 없다. 그러나 칼라일은 그 자신의 웅변의 물결에 휩쓸렸다. 그는 그의 모든 영웅에 대해서 똑같은 열정을 기울여 논하였다. 위인들에 대한 그의 "초월적 찬양"22)에 있어서 그는 모든 균형 감각을 잃는 듯하다. 우리들의 낮은 경험적 세계의 차이들은 거의 망각되었고, 전혀 종류가 다른 역사적 인물들이 동일한 수준에 놓였다.

그의 전 생애를 역사 연구에 바친, 그리고 이 분야에서 진정한 권위를 가지고 있었던 칼라일 같은 저작가에 있어서 이 태도는 무척 놀라운 일이었다. 그러나 우리는 그가 그 강연을 하게 된 특별한 환경을 잊어서는 안 된다. 칼라일의 문체는 언제나 철학적이기보다 연설조였다. 그러나 한갓 수사적인 수단을 이 강연들에서보다도 더 충분히 사용한 일은 앞서 한번도 없었다. 비평의 기술의 대가인 그는, 진정한 웅변과 일상적인 수사학을 분간하는 방법을 썩 잘 알고 있었다. 웅변술과 수사학 사이의 차이에 있어서 우리는 다른 어디에서나 마찬가지로 자연스러운 것이 인위적이고 기교적인 것보다 우수하다는 것을 발견한다고 선언하였다. 웅변가는 모든 사람을 설복하고 매료하지만, 어떻게 해서 그렇게 하는지는 모른다. 수사가는 자기가 모든 사람을 설복하고 매료했어야만 한다는 것을 증명할 수 있다. "그리하여 이것은, 요컨대 지능이 진리를 찾는 데로 향하건 혹은 진리를 남에게 잘 전달하는 데로 향하건, 지성의 모든 형식에 타당하다."23) 그러나 이때에는 칼라일이 이 계율을 잊어 버렸다. 아

---

21) 같은 책, Lect. 5, 178, Centenary 판, V, 184.
22) 같은 책, Lect. 1, 11. Centenary 판, V, 11.
23) "Characteristics", *Essays*, III, 7.

마 그는 그의 수사적인 말투에 매우 예민하였던 것으로 보이는 청중의 태도에 무의식적으로 영향을 받았다. 그는 "신분과 지성에 있어서 귀족적인" 특별한 공중에게 말했던 것이다. 그는 자신의 말을 조심스럽게 다루지 않으면 안 되었다. 그는 효과를 노렸고, 또 언제나 그 효과들에 대해서 확신을 가졌다. 그는 청중을 사로잡아 그들의 관심을 증가시키고 자극하려 하였다. 그는 이일에 성공하였다. 오직 극소수의 사람만이, 그 가운데도 그에게 가장 가까운 친구의 한 사람이자 가장 유능한 비평가였던 존 스튜어트 밀만이 명료한 비판적 판단을 했던 것으로 보인다. 칼라일이 벤담의 학설을 논하면서 가장 너절하고 가장 그릇된 인간관이라고 단정했을 때, 밀은 그 자리에서 일어나 연설자의 말을 중단시키고 그 기술에 대하여 항변하였다. 그러나 대부분의 청중의 반응은 이와 전혀 달랐다. "영웅론"의 강연은 칼라일의 최후 최대의 공적 승리가 되었다. "훌륭한 사람들이 숨을 죽이고 앉아 있거나, 선의를 표시하느라고 박수갈채하였다."24)

칼라일 자신은 아주 비판적이어서 이 성공에 속지 않았다. 그는 결코 자신의 강연의 중대한 결함들에 대해서 어둡지 않았다. 그는 이 결함들을 매우 준열하게 평가하였다. "내가 지금까지 쓴 것 가운데 이처럼 나를 불쾌하게 하는 것은 없다. 이것들은 **새로운** 것이란 전혀 가지고 있지 않으면, 나에게 **낡지** 않은 것을 하나도 가지고 있지 않다. 그 말투는, 그 비슷한 강연에서 가능한 한 저조한 것이 되지 않을 수 없다."25) 그러나 나중에 그 강연이 책으로 출판되어 나왔을 때에도 이와 똑같은 비난을 받게 마련이었다. 칼라일을 크게 숭배한 어떤 사람은 칼라일의 걸작들에 비하여 《영웅론》은 "거의 보잘 것 없는" 것이라고 선언하였다.26) 그러

---

24) 칼라일이 Margaret Carlyle과 동생 Dr. John Carlyle에게 보낸 편지를 참조. J.A.Froude, *Thomas Carlyle. A History of His Life in London* (New York : Charles Scribner's Sons, 1908), Ⅰ, 155 이하 참조.

25) Froude, 앞의 책, Ⅰ, 167 참조.

26) MacMeehan, 앞의 책, pp. xxxv 이하 참조.

므로 영웅 숭배에 대한 칼라일의 **사상들**을 이 책만으로 판단하는 것은 온당한 일이라 할 수 없다. 이 점에서는 그가 전에 쓴 저작들이 훨씬 더 훌륭하였다. 확실히 《의상 철학》은 그의 문체의 모든 장점만이 아니라 또한 모든 단점을 가지고 있다. 그것은 기이하고 기괴한 언어로 씌어져 있다. 그것은 올바른 작문의 모든 규칙을 어기고 또 무시하고 있다. 그러나 그것은 그 한마디 한마디가 모두 성실하다. 그것은 칼라일의 인격을 잘 드러내고 있다. 불행히도, 그의 가장 잘 알려진 그리고 가장 큰 영향을 끼친 책이 된 영웅 숭배에 관한 책에서 그는 확신시키느니보다 오히려 설복하기 위해서 많이 애썼다. 그는, 영웅이란 "보편적 인간"이라 선언하였다. 그러나 사무엘 존슨이나 존 녹스의 경우에서뿐만 아니라 심지어 루터나 크롬웰의 경우에 있어서도, 이 보편성을 증명하는 것은 힘든 일이었다. 칼라일의 과장들과 모순들은 명백하다. 그러나 우리는 이 모순들을 너무 강조해서는 안 된다. 칼라일만한 역사가는 참된 역사적 방법에 대한 그자신의 생각에 의하여 판단 받을 것을 요구할 수 있다.

> 역사에 있어서의 예술가는 역사에 있어서의 직공과 구별될 수 있다. 왜냐하면 다른 모든 영역에서와 마찬가지로 여기에도, 예술가들과 직공들이 있기 때문이다. 전체를 보는 눈을 가지지 못하고 또 하나의 전체가 있다는 것을 느끼지 못하면서 한 부문에서 기계적으로 일하는 사람들이 있고, 또 가장 비천한 부문을 전체의 이념으로써 채우고 또 높이며, 그리고 오직 전체 안에서만 부분이 참으로 인식될 수 있음을 늘 알고 있는 사람들이 있다. 이 두 종류의 사람들의 방법과 의무는, 역사에 관해서 전혀 다르지 않을 수 없다.[27]

칼라일이 말하는 "전체"는 형이상학적 전체가 아니라 개별적 전체다. 그는 나중에 실존 철학이라 일컬어진 철학적 태도의 고전적 증인이다. 우리는 그에게서 키에르케고르, 그리고 헤겔의 체계에 대한 그의 공격에

---

27) "On History", *Essays* II 90.

의하여 대표되는 사상의 유형의 모든 특징을 발견한다. 그는 어떤 사상가의 개념들만을 알고서는 그 사상가를 거의 알지 못한다고 선언한다. 우리는 그 이론을 이해하고 음미할 수 있기 전에 먼저 그 인간을 알지 않으면 안 된다. 독일 낭만주의 작가들, 특히 야코비에게서 칼라일은 생철학(Lebensphilosophie)이란 말을 빌었다.

> 오직 머리(오성)에서만 나오는 형이상학과 이 밖의 추상 과학에서는 그럴 수 있을지 모르나, … 또한 성격(Gemüt)에서 우러나오고 또한 성격에 호소하는 생철학은 성격 자체가 알려지고 보여질 때까지는, 즉 저자의 세계관(Weltansicht)과 어떻게 그가 능동적으로 또 수동적으로 그러한 세계관에 도달했는가가 명백하게 될 때까지는, 한마디로 그의 전기가 철학적·시적으로 씌어지고 읽혀질 때까지는 그 의의를 얻을 수 없다.28)

이 방침을 따라 칼라일은 ≪의상 철학≫에서 전개한 "의복에 관한 철학"의 기술을 갑자기 중단하고, 전기의 온갖 자세한 일들을 삽입하였다. "로맨스"라는 장에서, 그는 이른 청년기의 연애 사건을 이야기하고 있다. 그는 자기의 "불세례"라고 본 커다란 지적 위기로 이야기를 끌고 간다. 이것은 한갓 기분 전환이 아니었다. 그것은 작가로서 또 사상가로서의 칼라일의 방법의 필연적 요소였다. 그는 어떤 철학적 체계와 그 수립자 사이에 경계선을 그을 것을 거부하였다. 그가 철학이라 부른 것은 언제나 자서전적 요소를 내포하는 것이었다. 칼라일이 그의 신생(新生), 그의 도덕적 및 철학적 생활의 시작을 기술하고 있는 ≪의상 철학≫의 장면의 진실성에는 조금도 의심의 여지가 없다. "나는 그것을 잘 기억하며 또 그 사건이 회상되는 곳으로 곧장 갈 수 있었다. … 바로 이 시간부터 내 정신적 신생 혹은 불세례가 시작되었다고 생각된다. 아마 나는 그 후 곧 한 인간이 되기 시작하였다."29)

---

28) *Sactor Resartus*, Bk, 1, 11장, Ⅰ, 59.

철학적 체계들은 대체로 서로 다른 두 가지 유형에 속한다. 그것들은 혹은 경험적 방법을 따르고 혹은 합리적 방법을 따르며, 또 혹은 귀납적 방법을 따르거나 연역적 방법을 따른다. 혹은 사실들에 기초를 두고 혹은 선험적인(a priori) 원리들로부터 끌어내어진다. 그것들을 판단하려면 경험적 자료의 연구에서 출발하든가 일반적 진리들의 분석에서 출발하지 않으면 안 된다. 하지만 칼라일의 경우에는 이 두 가지 방법의 어느 것도 우리로 하여금 그의 철학의 성격에 대한 참된 통찰로 나아가게 할 수 없다. 그의 철학은 경험적 철학도 아니고 또 사변적 체계도 아니었다. 그는 절대로 "생철학" 이상의 것을 내어놓으려 하지 않았으며, 또 결코 그의 철학을 그의 개인적 경험으로부터 분리시키려 하지 않았다. 도대체 일반적 체계로서의 형이상학에서 그는 하나의 영구한 병 이외의 다른 아무것도 볼 수 없었다. 어느 시대에나 똑같은 문제들이, 즉 죽음과 영생, 악의 기원, 자유와 필연의 문제들이 새로운 형태로 나타났다. 때때로 우리들 자신을 위하여 우주에 관한 어떤 일반 원리를 형성하려는 시도가 반복되지 않을 수 없다. 그러나 그 모든 시도는 실패하게 마련이다. "무한에 관한 어떤 일반 원리를 유한자가 완전히 내놓을 수 있는가?" 철학의 한갓 존재와 필연성은 하나의 악이다. 인간은 우주의 수수께끼들을 풀기 위하여 태어나지는 않았다. 그가 할 수 있는 것, 그리고 그가 마땅히 해야 할 일은 자기 자신과 자기의 운명 및 자기의 의무들을 이해하는 것이다. 그는 마치 자연의 중심에 서 있다. "그의 한가닥 시간은 영원에 둘러싸여 있고, 손바닥만한 그의 공간은 무한에 둘러싸여 있다. 어떻게 그가 스스로 나는 무엇이며, 어디서 왔으며 어디로 갔는지 묻지 않고 있을 수 있으랴?"30) 먼저 이 모든 물음에 대한 칼라일의 답을 알지 않으면 그의 철학의 그 어떤 부분이나 혹은 인간의 역사적 및 사회적 생활에 관한 그의 이론들이 그 어떤 것도 이해할 수 없다.

---

29) 같은 책, Bk, 2, 7wkd, Ⅰ, 135.
30) "Characteristics", *Essays*, Ⅲ, 25.

칼라일의 이론과 개인적 배경

칼라일의 사상과 데카르트의 사상은 별로 관련이 없다. 그것들은 그 귀결에 있어서나 원리에 있어서 정반대로 다르다. 그들은 **지적 세계**의 서로 다른 반구에 속한다. 그럼에도 불구하고 철학에의 개인적 접근이라는 점에서 공통점을 가지고 있다. 양자 모두, 철학은 확신에서가 아니라 회의에서 시작한다고 주장한다. 회의는, 그 자체로 두려워할 것이 아니다. 그것은 우리의 지적 생활에 있어서 파괴적인 요소가 아니라 도리어 건설적인 요소이다. 형이상학에는 그것이 없을 수 없다. 그러나 윤리학은 형이상학과 같지 않다. 인간의 윤리적 생활은, 그가 어떤 의미에서 형이상학의 유일하게 가능한 입각점인 이 "무관심의 중심"에 머물기를 그칠 때 시작된다. 인간은 "영속적 부정"(Everlasting No)에다가 "영속적 긍정"(Everlasting Yes)을 대립시키는 법을 알지 않으면 안 된다. 칼라일은 그의 청년 시절을 회고하면서 다음과 같이 말하고 있다.

> 아무 희망도 품지 않았으므로, 나에게는 어떤 일정한 공포도 없었다. …그런데 매우 이상하게도 나는 끊임없는, 막연한, 초조한 공포 속에 살았다. 무엇에 대한 공포인지는 몰랐으나 하여튼 무섭고 무기력하게 하고 불안하게 하는 것이었다. …이런 기분에 싸여서, 아마 가장 비참한 사람이었다. …갑자기 나에게 한 생각이 떠올랐다. 그리고 나는 스스로 물었다. 너는 무엇을 무서워하고 있는가? 무엇 때문에 너는 겁쟁이처럼 밤낮 훌쩍거리며, 또 움츠리며 떠는가? 비열한 동물아! 네 앞에 있는 최악의 총체는 무엇인가? 죽음이냐? 오냐, 죽음도 좋다. 지옥의 격통도, 또 악마와 인간이 너에게 가할지 모를, 앞으로 가할, 혹은 가할 수 있는 모든 것도 좋다! 너에겐 용기가 없는가? 너는 무엇이든지 견딜 수 없는가? …그렇다면 그것이 내게 오게 하라. 그것에 부딪쳐 그것을 당해 내련다!" 이렇게 생각하고 있을 때, 나의 온 심령 위를 한 줄기의 불같은 것이 획 지나갔다. 그리고 나는 비열한 공포를 나에게서 영원히

떨쳐 버렸다. 나는 굉장한 힘을 얻어 강하게 되고 하나의 정신, 거의 하나의 신이 되었다. 그 시간부터 내 비참한 성품은 변하였다. 그것은 공포나 흐느껴 우는 비애가 아니라 분개요, 불타는 눈동자를 가진 단호한 도전이었다.31)

칼라일이 그 후기의 생애와 저작에서 이 "영속적 긍정"의 새 복음을 선포했을 때, 그는 언제나 괴테의 이름을 언급하기를 한 번도 잊지 않았다. 이 위대한 모범이 없었더라면 그 자신의 길을 찾을 수 없었으리라고 그는 선언하였다. 괴테의 ≪빌헬름 마이스터≫(*Wilhelm Meister*)는 그에게, "회의는 어떤 종류의 것이든 오직 행동에 의해서만 제지될 수 있다"는 것을 확신시켰다.32) 사변적 사고가 아니라 행동이, 형이상학이 아니라 윤리학이 회의와 부정을 극복하는 유일한 수단이다. 오직 이 길을 통해서만 우리는 부인과 파괴의 학문에서 긍정과 건설의 학문으로 넘어갈 수 있다."33) 이러한 "재건의 학문"을 칼라일은 괴테에게서 발견하였다. 그러나 그에게 최고의 찬탄을 불러일으키고 관심의 초점이 되었던 것은 시인 괴테가 아니었다. 그는 괴테에 관하여 언제나 위대한 시인으로서보다는 오히려 위대한 사상가로서 말하였다. 그는 심지어 칸트의 시대에, 괴테를 "우리 시대 최대의 사상가"라고 부르기까지 하였다.34) 칼라일은 괴테에 관한 그의 두 번째 논문에서 다음과 같이 말하였다. "우리가 괴테에게서, 엄밀한 의미로 우리시대에 있어서 철학이 한 인간이라 부를 수 있는 작가의 가장 뛰어난 예를 발견한다고 말한다면, 우리는 우리가 말하려는 것에 더욱 접근한다. 그는 귀족적인 인간도 아니고 평민적인 인간도 아니며, 자유주의자도 아니고 노예도 아니며, 불신자도 아니고

---

31) *Sartor Resartus*, Bk. 2, 8장, Ⅰ, 134 이하.
32) *Past and Present*, Bk. 3, 11장, Ⅹ, 198. 칼라일이 번역한 *Wilhelm Meisters Lehrjahre*, Bk. 5, 16장, ⅩⅩⅠⅠⅠ, 386 참조.
33) *Sartor Resartus*, Bk. 1, 3장, Ⅰ, 14.
34) "Diderot", *Essays*, Ⅲ, 248.

헌신적 신자도 아니다. 그는 이 **모든** 것의 가장 훌륭한 점을 순수하게 결합시켜 가진 '순수한 보편적 인간'이다." 그는 문학을 빛낸 사람으로서만이 아니라 또한 여러 가지 점에서 그의 시대의 스승이요 모범으로서 우뚝 서있다.35) 그에게 있어 으뜸가는 능력, 다른 모든 능력의 기초가 되는 능력은 지성, 곧 깊고 힘있는 통찰력이었다. "하나의 완성된 인간 : 미뇽의 셈세한 감수성과 거친 열광이 메피스토펠레스의 경멸에 찬 세계 조소와 어울릴 수 있다. 다방면인 인생의 각 방면은 그것이 응당 얻어야 할 것을 그에게서 얻는다."36)

문학 비평의 관점에서 볼 때 이 성격 규정은 일면적인 것으로 보일지 모른다. 모든 서정시인들 가운데 최대의 서정시인이 칼라일에 의하여 위대한 교사, 현인 그리고 교훈하는 시인으로 변화되어졌다. 그럼에도 불구하고 칼라일이 괴테의 작품을 이러한 각도에서 본 것은 하나의 큰 진전이었다. 여기서 그는 괴테의 최초의 독일인 사도들을 능가하였다. 확실히 낭만주의 작가들 즉 노발리스, 프리드리히 슐레겔, 티크는 칼라일보다도 훨씬 더 괴테의 시의 매력에 마음이 끌렸다. 그러나 이들은 그의 윤리적 이상들에는 공감하지 않았다. 이들은 심지어 이 이상들에서 시인 괴테에 대한 끊임없는 위험을 보았다. 괴테가 ≪빌헬름 마이스터의 수업시대≫(*Wilhelm Meisters Lehrjahre*)를 간행하기 시작했을 때, 이 낭만주의 작가들은 이구동성으로 찬탄하고 열광하였다. 그런데 저술이 진척하여 교훈적 의도가 전면에 나타났을 때, 즉 괴테가 교육에 관한 그의 이상들을 전개하기 시작했을 때, 그들은 크게 실망하였다. 노발리스가 지금까지 "지상에 있어서의 시 정신의 화신"(den Statthaiter des poetischen Geistes auf Erden)이라 불러 오던 사람 즉 괴테는 갑자기 시의 길을 버린 것처럼 보였다. 그는 인간 생활의 가장 평범하고 시취(詩趣) 없는 측면을 찬양했다. 한편 괴테의 작품은 또한 이와 반대되는 비

---

35) "Goethe", *Essays*, Ⅰ, 248.

36) "Death of Goethe", *Essays*, Ⅱ, 382.

난도 받을 수 있다. 괴테의 친구이면서 독일 비평가들 중 가장 위대한 사람이었던 헤르더는 ≪빌헬름 마이스터의 수업 시대≫의 처음 여섯 권에 있는 도덕적 분위기에 전적으로 공명할 수 없었다. 마리안네나 필리네 같은 인물들은 그에게 있어 견딜 수 없는 인물들이었다. 그는 이 책에서 위대한 시인에게 합당치 않다고 생각되는 도덕적 무관심주의와 방종을 보았다.37)

이 두 가지 오류를 모두 꿰뚫어본 것은 칼라일의 큰 장점이었다. 근대 문학사의 역설의 하나는, 이 퓨리턴이 괴테의 도덕적 성격의 해석자 및 옹호자가 된 일이었다. 칼라일의 종교적 및 문화적 배경을 생각해 보면 이것은 쉬운 일이 아니었다. 분명히 괴테의 관념과 칼라일의 관념 사이에는 아무런 일치점도 없었다. 후자는 모든 독단적 종교를 집어치웠으나 결코 그의 캘빈주의적 신조를 완전히 버리지는 않았다. ≪빌헬름 마이스터≫에 있는 많은 것이 그의 비위에 맞지 않았을 터이다. 제임스 존스톤에게 보낸 한 편지에서 그는 그 이야기에 나오는 "연기자들과 음탕한 여배우들"에 대해서 혐오감밖에 느끼지 않았다고 고백하였다.38) 그러나 얼마 후 그는 이 도덕적 주저를 극복했는데, 이것은 그가 전체에 대한 열쇠를 발견했기 때문이다. 그는 괴테를 이해하기 시작하였고, 이것은 그로 하여금 그 자신과 그의 초년 시절의 큰 위기를 더욱 잘 이해하게 하였다. 그는 나중에 그의 ≪회상록≫에 다음과 같이 썼다. "괴테에게 무한한 은혜를 입고 있음을 나는 그때 느꼈으며, 지금도 또한 느끼고 있다. … 그가 그 나름대로 나보다 앞서 험준하고 거친 길을 여행했음을 나는 알았다. 그는 최초의 현대인이다."39) 그 자신은 "베르테르주의의 한복판에, 죽음의 쓸쓸함과 어두움의 한가운데 있었다."40)

---

37) R. Haym, *Herder* (Berlin : R. Gaertner, 1880), II, 618이하 참조.

38) 1823년 9월 21일의 편지. *Early Letters*, ed. Charles E. Norton (Macmillan & Co., 1886), p. 286 참조.

39) C.E. Norton (ed.), *Reminiscences* (Everyman's Library, London : M. Dent & Sons ; New York : E.P. Dutton & Co., 1932), p.282.

칼라일은 ≪빌헬름 마이스터의 편력시대≫(*Wilhelm Meisters Wanderjahre*)의 부제-체념한 사람들(*Die Entsagenden*)-를 올바른 의미에서 해석한 최초의 근대 비평가였다. 그는 괴테의 작품에서 체념을 보았다. 그러나 그에게 있어 이 체념은 동시에 최고의 윤리적 긍정이었다. 그것은 부정이 아니라 재건이었다. 인간의 불행을 한탄하는 것은 한갓 감상주의라고 그는 선언하였다. "바이런 같은 천재는 분노하여 일어나, 자기가 '행복하지' 않다는 것을 너무나 확실히 느끼고서, 흥미가 있을 수 있는 한 조각의 뉴스인 양 매우 격렬한 말로 그것을 선언한다. 그것은 분명히 그를 매우 놀라게 했다. 사람들은 한 인간이자 시인이 길가에서 그와 같은 소식을 선포하는 것을 보기를 좋아하지 않는다."41) 인간의 불행은 그의 위대성에서 온다. 그것은 인간 속에 있는 무한한 것의 가장 확실한 증거요, 인간은 그 모든 간지(奸智)를 가지고서도 이 무한을 유한 밑에 파묻을 수 없다. 칼라일은 여기서 파스칼의 말투로 말하고 있다. "인생의 분수는 분자를 늘리느니보다는 오히려 분모를 줄임으로써 그 값을 늘릴 수 있다. 아니, 내 대수(代數)가 나를 속이지 않는 한, **하나**를 **영**으로 나누면 **무한**이 나온다. 그렇다면 품삯에 대한 네 요구를 영으로 하라. 그러면 세계를 네 발 아래 두게 될 것이다. …내 바이런을 덮고 네 괴테를 펴라."42)

인간의 활동에 대한, 인간의 실천적 생활과 실천적 의무들에 대한 이 강조는 칼라일의 철학에 있어서의 비낭만주의적인 특징이다. 그는 그의 관념들에 있어서나 사고 양식에 있어서나 또 표현에 있어서나 전형적인 낭만주의자였다. 그러나 그의 인생 철학은 다른 낭만주의 작가들과는 크게 다른 것이었다. 그의 관념론은 실천적 관념론이었지 마술적 관념론이

---

40) J.Reay Greene (ed.), *Lectures on the History of Literature* (New York : Charles Scribner's Sons, 1892), pp. 192 이하.

41) *Past and Present*, Bk. 3, 4장, X, 154.

42) *Sartor Resartus*, Bk. 2, 9장, Ⅰ, 152 이하.

아니었다. 그는 노발리스에 관한 에세이에서 시간과 공간을 모든 착각적 현상 가운데 가장 심각한 것이라고 말하였다. 그것들은 외적인 것이 아니라 내적인 것이다. 그것들은 인간의 정신적 존재의 한갓 형식들이다.[43] 그러나 인간 인식의 이 착각적인 성격은 우리가 행동의 영역과 우리의 윤리적 생활에 접근하자마자 사라진다. 오직 이 영역에서만 우리는 공고하고 흔들리지 않는 터 위에 선다. 모든 회의와 모든 이론적 "유아론"(唯我論)은 극복된다. 우리는 참된 현실에 도달했고, "의무의 무한한 본성"을 깨달았다.[44] 도대체 형이상학은 수수께끼를 풀 수 없다. 우리는 한갓 사변에 의하여 회의론의 마력을 깨뜨릴 수 없다. "본래의 형이상학자가 힘써 일하고 있는 일, 즉 부정으로부터 확신을 얻어 보려는 일보다도 더 무익한 노력은 없다. … 형이상학적 사변은 부정이나 혹은 무에서 시작하므로, 또한 무로 끝나지 않을 수 없다. 그것은 자기 자신을 만들어 내고 삼키면서 끝없는 소용돌이를 돌 수밖에 없다."[45]

현실이 근본적으로 윤리적 성격을 띠고 있다고 하는 이 확신은 칼라일의 낭만주의에 이중의 영향을 끼쳤다. 그것은 그의 사상을 변화시켰을 뿐만 아니라 그의 문체도 변화시켰다. ≪의상 철학≫에서 칼라일은 낭만주의적 문체의 모든 특징을 일부러 모방하였다. 장 파울은 그의 위대한 모범이 되었다. 그의 글은 모든 논리적 규칙을 무시하고 있는 듯이 보였다. 그것은 기괴하고 공상적이고 지리멸렬하였다. 하지만 칼라일의 성질과 기질에 맞지 않았던 낭만주의적 문체의 일면이 있다. 우리는 그에게서 장 파울의 괴이한 해학을 발견하지만 낭만주의적 풍자를 찾아볼 수는 없다. 칼라일은 장 파울 프리드리히 리히터에 관한 그의 첫 에세이에서 다음과 같이 썼다. "저 풍자의 능력, 만화화의 능력은 가끔 해학의 이름으론 통하나, 사실은 주로 대상의 어떤 표면상의 왜곡 혹은 전도로 성

---

43) "Norvails", *Essays*, II, 24이하.
44) *On Heroes*, Lect. 2, p. 73, Centenary 판, V, 75.
45) "Characteristics", *Essays*, III, 27.

립하며, 기껏해야 폭소로 끝나는 것이요, 리히터의 해학과 조금도 닮은 데가 없다…그것은 해학의 빈약한 단편일 따름이다. 달리 말하면 그것은 혼이 없는 신체와 같다. 도대체 그것이 무엇을 지니고 있다 해도 그 생명은 거짓되고 인위적이고 비이성적인 것이다."46) 칼라일은 풍자적일 수 없었다. 그는 항상 아주 진지하게 말하였다. 그는 《영웅 숭배》에 관한 강연에서 이렇게 말하였다. "미라보나, 나폴레옹이나, 번즈나, 크롬웰이나, 이 밖에 또 어떤 사람이나 무슨 일을 할 만한 사람은 무엇보다 먼저 그 일에 성실한 사람이다. …이 우주는 그에게 있어 두렵고 놀라우며, 생명처럼 현실적이고 죽음처럼 현실적이다… 어느 순간치고 화염의 이미지가 그에게 눈부시게 빛나지 않는 때라곤 없다. 부인할 수 없이, 저기, 바로 저기에 있다! -나는 이것을 위인에 대한 나의 근본적 정의로 삼고자 한다."47)

대부분의 낭만주의 작가에게는 칼라일의 이론의 이 측면은 도저히 이해할 수 없는 것이었을 것이다. 프리드리히 슐레겔이 그의 소설 《루친데》(Lucinde)에서 참으로 낭만주의적인 생활이 어떤 것인가를 묘사했을 때, 그의 기술은 무위의 찬양으로 끝을 맺었다. 무위는 흔히 하나의 악이라 하여 비난받지만, 사실은 최고의 덕 가운데 하나다. 그것은 시적 우주관에의 실마리이자 모든 상상적 생활의 매체다. 칼라일은 언제나 슐레겔에 대하여 공감을 가지고 말하였다. 그러나 이 이론보다도 그의 성격과 원적에서 더 먼 것은 없었다. 그는 스스로를 신비가라 불렀으나, 그 신비주의는 결코 그를 그 어떤 정적주의로도 이끌어가지 않았다. 그것은 경건한 명상에 기초하고 있는 것이 아니었다. "덕, 위르-투스(Vir-tus), 사내다움, **영웅성**은 …무엇보다도 용기요 **행하는** 능력이다."48) "노동이 인생이다. …정확하게 말하여, 노동으로 얻는 지식 외에 다른 지식은 없다.

---

46) "Jean Paul Friedrich Richter" *Essays*, Ⅰ, 16이하.

47) *On Heroes*, Lect. 2, p. 44, Centenary 판, Ⅴ, 45.

48) 같은 책, Ⅵ, 210. Centenary 판, Ⅴ, 218.

나머지는 모두 아직 지식의 가설이다. 즉 우리가 그것을 실제로 해보고 확정시킬 때까지는 학교에서 논의될 성질의 것이요, 구름 속을 떠도는 것이요, 끝없는 논리의 소용돌이를 빙빙 돌고 있는 것이다."49) 칼라일의 지상 명령은 생산하라, 생산하라! "비록 가장 보잘 것 없는 것일지라도, 그것을 생산하라, 하느님의 이름으로! …오늘이라고 불리어지고 있는 동안 일하라. 밤이 오면 아무도 일할 수 없을 것인즉."50)

이 말은, 칼라일의 저작들에 있는 다른 많은 말들과 마찬가지로 괴테에게서 직접 인용된 것이다.51) 노발리스나 슐레겔에게서가 아니라 괴테에게서, 칼라일은 그의 명구-일하는 것이 곧 기도다(Laborare est orare)-가 확증되는 것을 발견할 수 있었다.52) 그에게 있어 괴테는 스핑크스의 수수께끼를 푼 근대 세계의 오이디푸스였다. 그는 다음과 같이 말하였다. "우리의 관점에서 볼 때, 괴테는 그리스도교가 생긴 이래 우리가 목격한 가장 혼란되고 분열된 시대의 엇갈리고 충돌하고 있는 요소들의 통합자이자 승리적인 화해조정자로서 우리 위에 우뚝 서 있다."53)

괴테는 그의 ≪잠언과 성찰≫의 하나에서 이렇게 말한다. "어떻게 우리는 우리 자신을 아는 것을 배우는가? 결코 사변에 의해서가 아니라 행동을 통해서이다. 네 의무를 다하도록 힘쓰라. 그러면 그 즉시로 네게 무슨 가치가 있는지 알 것이다." "그런데 네 의무는 무엇이냐? 그날 그날 해

---

49) *Past and Present*, Bk. 3, 11장, X, 197이하.

50) *Sartor Resartus*, Bk. 2, 9장, Ⅰ, 157.

51) *West-Oestlicher Divan*, "Buch der Sprüche" 참조.
"Noch ist es Tag, da rühre sich der Mann! Die Nacht tritt ein, wo niemand wirken kann."

52) 칼라일이 괴테에게 보낸 1827년 4월 15일의 편지 참조 : "만일 내가 어두움을 벗어나 얼마만이라도 빛이 있는 곳에 이르렀다면, 만일 내가 나 자신과 나의 의무들과 목적을 조금이라도 안다면, 이것은 다른 무엇보다도 당신의 저작들을 연구함으로써 그리된 것입니다." C.E.Norton (ed.), *Correspondence between Goethe and Carlyle*. (London : Macmillan & Co., 1887), p.7.

53) "Goeth's Works", *Essays*, Ⅱ, 434.

야 할 일이 곧 네 의무니라."54) 이 격률은 칼라일에게 인생에 관한 참 형이상학, 그의 "인생 철학"의 핵심이 되었다. 한갓 이론적 행위로서의 자기 성찰은 "틀림없이 병의 징후다. … 거기엔 자기 추구가 있는데, 이것은 우리가 지내온 길을 측정하기 위하여 쓸데없이 뒤돌아다보는 것이다. 한편 오직 한 가지 중요한 일은 계속해서 앞으로 걸어가며, 더욱더 전진하는 것이다."55) 이 목적을 위해서는 "그날 그날 해야 할 일"을 알면 된다. "가장 가까이 있는 일"을 수행하면 충분하다. "네게 가장 가까이 있는 의무, 그것이 의무라고 네가 알고 있는 의무를 행하라! 네 둘째 의무는 이때 이미 명료하게 될 것이다 … 너는, 매우 놀랍게도, ≪빌헬름 마이스터≫에 나오는 로타리오처럼, 네 아메리카가 여기 있지 않으면 다른 아무 데도 없다는 것을 발견한다."56) "우리의 업적은 그 속에서 정신이 자기의 타고난 모습을 처음으로 들여다보는 거울이다. 그러므로 **너 자신을 알라**고 하는 불가능한 교혼은 어리석은 것이다. 그것은 **네가 무슨 일을 할 수 있는가를 알라**고 하는 부분적으로 가능한 교훈으로 옮겨질 때까지는 아무 소용도 없다." 57)

이 적극적이고 활동적인 인생관은 필연적으로 우리의 자연관에 반영된다. 이 두 문제는 서로 밀접하게 얽혀 있다. 이것들은 하나의 동일한 문제의 다른 측면들일 따름이다. 인간은 언제나 자기 자신에 대한 이미지를 따라 자연의 이미지를 형성한다. 만일 그가 자기 자신 속에 있는 독창적이고 창조적인 힘을 보지 못한다면, 자연 역시 그에게 한갓 수동적인 것, 죽은 메카니즘이 된다. 칼라일에 의하면, 이것이 프랑스 백과 전서파들과 18세기 "철학자들"의 운명이었다. 그들의 자연 이론은 그들의

---

54) "Goethe, *Maximen und Reflexionen* herausgegeben von Max Hecker, "Schriften der Goethe-Gesellschaft", Band 21, Nos, 442, 443(Weimar : Verlag der Goethe-Gesellschaft, 1907), 93

55) "Characteristics", *Essays*, III, 7이하.

56) *Sartor Resartus*, Bk. 2, 10장, I, 156.

57) 같은 책, Bk. 2. 8장, I, 132.

인간 이론의 에누리 없는 짝이었다. 돌바끄의 ≪자연의 체계≫(*Système de la nature*)와 라 메뜨리의 ≪인간 기계론≫(*L'homme machine*)은 밀접한 친근 관계가 있다. 이것들은 동일한 회의적, 파괴적, 부정적 정신을 표현하고 있다. 이 철학의 참 영웅은 파우스트 곧 활동적이고 노력하는 사람이 아니라, 메피스토 곧 "항상 부정만 하는 정신"(der Geist der stets verneint)이다. 메피스토의 격언은 볼떼르의 "그런 것을 믿어서는 안 된다"(N'en croyez rien)와 동일한 것이다. "그가 가지고 있는 날카롭고 모든 소식에 정통한 지성은 대리인의 지성이다. 그것은 반박할 수는 있으나 확언할 수는 없다. 스라소니의 눈을 가지고 그는 한눈에 가소로운 것, 못마땅한 것, 좋지 못한 것을 알아챈다. 그러나 장엄한 것, 고상한 것, 가치있는 것에 대해서는 그의 늙은 모친처럼 눈이 어둡다"[58]

사실 인간이 그 자신의 위대성을 보지 못하게 된 후에 어떻게 자연의 위대성을 찾을 수 있겠는가? 그 자신은 이제 더 이상 살아 있지 않고 한갓 자동 기계에 불과할 때, 어떻게 자연 속에서 위대한 생명력을 볼 수 있겠는가? 한편 우리가 우리 자신 속에서 발견한 역동성은 새로운 자연관에 대한 실마리가 된다. 자연은 외부의 기계적인 힘들에 의하여 움직여지는 큰 엔진이 아니다. 그것은 무한자의 상징이요, 옷자락 곧 "하느님의 무한한 겉옷"이다. 이것이 바로 칼라일이 ≪의상 철학≫에서 전개하는 "옷의 철학"의 핵심이다. "덧없이 지나가는 모든 것은 하나의 그림자일 따름이다"(Alles Vergängliche ist nor ein Gleichnis)-눈에 보이는 것은 모두 상징이다. 이 위대한 통찰 앞에서 죽은 자연의 환상은 사라진다. "자연의 체계! 아무리 넓은 시야를 가진 가장 현명한 사람에게도 자연은 언제나 아주 무한한 깊이를 가지고 있다." 그것은 우리가 그것을 프로크루스테스의 침대 같은 우리의 빈약한 낱말들과 과학적 개념들에다가 틀어넣어 보려고 애쓰는 한 이해될 수 없고 불가사의하다. 우리는 "자연이란 책"에 관해서 말할 수 있을지 모른다. 그러나 "그 책은 하늘 나라의

---

[58] "Goeth's Helena", *Essays*, I, 157.

상형 문자로, 즉 참으로 성스러운 글자로 적혀 있으며, 예언자들도 이 책의 이 줄 저 줄을 띄엄띄엄 읽을 수 있으면 다행이다."59) 우리는 이 참된 종합적 자연관을 18세기의 분석적 자연관에 맞세우지 않으면 안 된다. 이렇게 할 때, 그리고 오직 이렇게 할 때에만, 우리는 저 "열려 있는 신비"를 이해할 것이다.60) 우리는 이제 다시는 자연계를 "질색할 죽음의 기계"로 보지 않을 것이며, 또한 그 속에서 "거대한 물방아의 단조로운 소음-물방아 목수나 가루 빻는 사람이 없는 물방아의 소음"을 듣지 않을 것이다.61)

 이 모든 것에서 칼라일은 괴테의 사상들을 그대로 되풀이하고 또 다른 말로 옮기고 있는 듯이 보인다. 하지만 한편, 그는 결코 이 사상들을 본래의 진정한 의미에서 받아들일 수는 없었다. 그가 퓨리턴의 신앙을 버린 후에도 그에게는 괴테의 저작에서 그가 발견할 수 있었던 것보다도 더 인격적인 신성과 무한자의 이상이 필요했다. 칼라일의 저술에는 괴테의 종교의 모든 이교적인 면을 억제하고 감소시키려는 끊임없는 경향이 있다. 그 자신의 종교는 도덕적 종교였고 자연 종교가 아니었다. 영웅 숭배에 관한 처음의 여러 강연에서 그는 서로 다른 형태의 다신교를 아주 공정하게 평가하려 했다. 위대한 자연력들을 숭배하는 것은 종교사에 있어서 최초의 불가피한 단계였다고 그는 말하였다. 그러나 그는 무의식적으로 다신교의 성격 자체를 수정하지 않고서는 이 단계를 이해할 수조

---

59) Sartor Resartus, Bk. 3, 8장, Ⅰ, 205이하.

60) On Heroes, Lect. 3, p. 78. Centenary 판, Ⅴ, 80. Goethe, Gedichte(Weimar ed.), Ⅲ, 88참조.
"자연 관찰에 있어서는
언제나 한 가지 일도 모든 일인 양 여겨
아무것도 안에 없고 아무것도 바깥에 없다.
내부가 곧 외부인즉
그러므로 지체 없이
거룩한 열려 있는 신비를 파악하라."

61) "Novails", *Essays*, Ⅱ, 33 ; Novails, *Lehrlinge zu Sais* 참조.

차 없었다. 게르만 신화의 최고신인 오딘은 그에게 있어 그저 한 인간, 위대한 왕 혹은 사제가 되었다. 우리는 오딘을 한 자연력의 인격화로 생각해서는 안 되며, 정말 사람으로 생각하지 않으면 안 된다. 그는 무엇보다도 먼저 한 교사였다. 그는 북유럽의 사람들을 위하여 "이 우주의 스핑크스 같은 수수께끼"를 풀지 않았던가? 생존은 "그로 말미암아 의미가 뚜렷하게 되고 아름다운 가락을 띠게 되었으며, 그는 처음으로 인생을 활기 있게 하였다. 우리는 이 오딘을 북유럽 신화의 기원이라 할 수 있다. 이 최초의 북유럽 사상가가 이 세상에 살고 있었을 때의 이름이 오딘이었든 혹은 다른 어떤 것이었든 말이다."62)

이것은 이교(異敎)에 대한 칼라일의 개인적 반응이었으며, 그의 이 반응은 괴테의 그것과 크게 다르다. 괴테는 가끔 자기 자신을 "철저한 이교도"라 불렀으며, 또 빙켈만에 관한 에세이에서 빙켈만의 이교주의의 해석자 및 옹호자가 된 바 있었다.63) 칼라일은 이제 전통적 의미에서의 "유신론자"가 아니었다. 그러나 비록 그에게 인격적인 신이 필요없었다 할지라도, 적어도 하나의 인격적 영웅은 필요했다. 자연력의 숭배는 그에게 있어 근본적으로 이해하기 어려운 것이었다. 그는 괴테의 "세 가지 경외"의 이설, 즉 우리들의 주위와 위와 아래에 있는 모든 것을 숭배한다는 생각에 깊은 감명을 받았다. 그러나 그는 괴테의 "이교적 종교"와 자기 자신의 종교적 확신들이 비교되는 것을 절대로 용납할 수 없었다. 그에게는 그러한 종교가 기껏해야, "언제나 굉장한 이 우주에 대하여 두려움과 놀라움을 품고 그 스스로를 여는 어린애 같은 인간의 사상"이요, 자연의 신성을 인정하는 미숙하고 유치한 태도였다.64)

엑케르만의 ≪괴테와의 대화≫(*Gespräche mit Goethe*)를 보면 괴테의 종교적 견해와 칼라일의 그것 사이의 근본적 차이를 보여주는 매우 적

---

62) *On Heroes*, Lect. 1, p.21. Centenary 판, V, 22.
63) Goethe, *Winckelmann und sein Jahrhundert* (Weimar ed.), XLVI, 25이하.
64) *On Heroes*, Lect. 1.

절한 구절이 하나 있다. 그는 그리스도교의 계시가 근거로 삼고 있는 갖가지 원전들 사이에는 몇 가지 명백히 서로 맞지 않는 점과 또 모순되는 점까지 있다고 선언하면서 이야기를 시작한다. 그렇지만 우리는 4 복음서 모두를 완전히 진짜라고 볼 수 있다. 이것들에는 예수의 인격에서 흘러나온 위대성이 반영되어 있다. 그는 계속해서 이렇게 말한다.

누가 나에게 네 본성 속에 그를 곧 예수를 진심으로 경외하는 생각이 있는가고 묻는다면, 나는 물론 그렇다고 말할 것이다. 나는 도덕의 최고 원리의 신적 현현인 그 앞에 엎드려 절한다. 만일 누가 나에게 네 본성 속에 태양을 경외하는 마음이 있는가고 묻는다면, 나는 다시 물론 그렇다고 말할 것이다. 왜냐하면 태양은 최고 존재의 현현이요, 우리들 땅의 아들들이 볼 수 있도록 허락된 것 가운데 가장 힘있는 것이기 때문이다. 나는 그 속에 있는 하느님의 빛과 생산력을 경배한다. 우리는 이것으로 말미암아 살고 움직이며 또 존재한다. 비단 우리뿐만이 아니라, 또한 모든 식물과 동물이 우리와 함께 그러하니라.65)

칼라일은 결코 이와 같이 느끼거나 말하지 않았다. 그리스도에 대한 경외를 태양 경배와 동일한 수준에 둔다는 것은 그에게는 모독으로 보였다. 하지만 칼라일이, 그의 종교적인 생각들과 이상에 있어서 괴테의 저작에 동조할 수 없었던 또 하나의 더 강한 이유가 있었다. "나는 하느님을 믿는다!"고 괴테는 그의 ≪잠언≫의 하나에서 말하고 있다. "이와 같이 말함은 참 훌륭한 일이요, 가치 있는 일이다. 그러나 하느님을, 그가 자기 자신을 드러내는 그 곳에서 또 그때에 알아보는 것이야말로 지상에서의 유일한 참 복락이다."66) 이런 생각을 따라서, 괴테는 자기 자신을

---

65) Eckermann, Conversations with Goethe (1832. 3. 11). English trans. by J. Oxenford (Everyman's Library, London : J.M.Dent & Sons ; New York : E.P. Dutton & Co., 1930), p. 422.

66) Goethe, *Maximen und Reflexionen*, No.809, p.179.

동시에 "범신론자", "다신론자" 및 "유신론자"라고 선언하였다. 그는 "나는 자연 탐구자로서는 범신론자요, 예술가로서는 다신론자요, 윤리적 생활에 있어서는 일신론자이다"67)라고 말했다.

"자연이 그 천태 만상 속에
오직 한 하느님을 계시하듯,
넓은 예술 세계엔
영원한 하나의 마음이 살고 있다 ;
그것은 곧 진리의 마음인바.
오직 아름다움으로 단장하며
한참 빛나는 한낮의
높은 밝음을 고요히 바라본다."68)
(Wie Natur im Vielgebilde
Einen Gott nur offenbart ;
So im weiten Kunstgefilde
Webt ein Sinn der ew'gen Art ;
Dieses ist der Sinn der Wahrheit
Der sich nur mit Schönem schmückt
Und getrost der höchsten Klarheit
Hellsten Tags entgegenblickt.)

하지만 신의 현현에 대한 이 기술에는 빠진 것이 하나 있었다. 괴테는 자연과 예술을 논하였으나, 역사를 논하지는 않았다. 그는 결코 역사를 자연이나 예술과 동일하게 평가할 수 없었다. 그는 역사를 신의 직접적인 계시로 보지 않았다. 그는 역사를 인간적인 것, 너무나 인간적인 것으로 보았다. 괴테에게는 역사적 지식이 자연에 관한 우리의 지식보다 훨

---

67) 같은 책, No. 807, p. 179.
68) Goethe, "Künstler-Lied", Aus den *Wanderjahren*.

씬 못한 것이었다. 자연은 하나의 큰 무한한 전체다. 역사는 기껏해야 인간 생활의 흩어진 조각들을 우리에게 줄 따름이다. 괴테는 다음과 같이 말한다. "문헌은 단편들 가운데 또 단편이다. 말해진 것 가운데 극히 적은 것이 씌어졌고 씌어진 것 가운데 극히 적은 것이 남았다."69) 비록 모든 사료가 그대로 보존되었다 하더라도 역사에 관해서 우리가 무엇을 알겠는가? 우리가 역사적 "사실"이라 부르는 것은, 대부분의 경우 한갓 전설이다. 저작가마다 그의 취미, 그의 공감과 반감, 그의 국민적 편견을 따라 역사적 사건들과 인물들에 대한 그 자신의 이그러진 이미지를 우리에게 준다.70) 칼라일은 역사를 이렇게 신통치 않게 보고 또 휘의적으로 논할 수 없었다. 그는 역사에서, 자연이나 예술에서보다도 더욱 "하느님의 보이는 옷자락"을 보았다. 그에게 있어 위인들은 저 신적인 묵시록의 말하고 또 행동하는 영감적 본문이었으며, 이 묵시록의 한 장은 한 시대씩 완결되어 있고, 또 몇몇 사람들에게 역사라 명명되고 있다. 이 영감적 본문들에 대하여, 수적으로 더 많은 그저 재주만 있는 사람들은 의미를 밝히는 주석가일 따름이다. "내 연구의 대상은 영감받은 분문들 자체다!"라고 그는 외쳤다.71) 참된 역사가에게 있어 역사는, 괴테가 ≪파우스트≫(*Faust*)에서 말한 것처럼, "쓰레기통이나 헛간"(ein Kehrichtfass und eine Rumpelkammer)이 아니다. 그는 그저 과거를 이야기할 줄 아는 능력만 가지고 있지 않고, 과거를 다시 살리고 현전시킨다. 진정한 역사가는 걸리버의 요술쟁이처럼 말하며 행동한다. 그는 "화려한 과거를 우리가 들여다보고 마음대로 자세히 살펴볼 수 있게끔" 되살아나게 한다.72) 칼라일은 괴테의 저작에서 이와 같은 견해를 뒷받침해 주는 것을

---

69) *Maximen und Reflexionen*, No.512, P.111.

70) 더 자세한 것은 E.Cassirer, *Goethe und die geschichtliche Welt* (Berlin, B. Cassirer, 1932) 참조.

71) *Sartor Resartus*, Bk. 2, 8장, Centenary 판, Ⅰ, 142.

72) "Schiller", *Essays*, Ⅱ, 167 참조.

찾아볼 수 없었다. **역사가**로서 그는 새로 시작하지 않으면 안 되었다. 즉 자신의 길을 발견하고 닦지 않으면 안 되었다. 그리고 이 목적을 위하여, 그는 그의 "생철학"을 완전히 변화시키지는 않는다 하더라도 수정하지 않으면 안 되었다. 그로 하여금 영웅 숭배와 역사에 있어서의 영웅적인 것에 관한 이론으로 나아가게 한 것은 바로 이 수정이었다.

칼라일의 이론과 그의 역사관의 형이상학적 배경

마치 괴테가 자연과 예술의 영역에서 그를 인도해 준 것처럼 역사의 미로에서 그를 인도해 줄 수 있는 안내자를 칼라일이 찾고 있었을 때, 그는 어디서 이러한 안내자를 찾을 수 있었던가? 이 일을 감당할 수 있는 것으로 보인 사람이 있었다면, 그것은 다름 아닌 헤르더였다. 그러나 헤르더가 칼라일의 사상에 결정적 영향을 준 증거는 하나도 없다. 그러나 칼라일이 처음부터 깊은 관심과 강한 찬탄의 느낌을 가졌던 다른 한 사상가가 있었다. 독일 문학의 현상에 관한 초기의 한 논문(1827년)에서, 그는 피히테에 대하여, 냉철하고 웅대하고 철석같은 정신이요 마치 타락한 사람들 가운데 우뚝 서있는 대 카토(an elder Cato)와도 같다고 말하였다. 그토록 강건한 지성, 그토록 조용하고 고상하고 중후하고 확고한 심령은 루터 이래 철학적 토론에 참가한 적이 없었다. 우리는 그의 의견들을 받아들이거나 거부할 수는 있다. 그러나 사상가로서의 그의 성격을 대수롭지 않게 평가하는 것은 오직 그를 잘 알지 못하는 사람만이 할 수 있는 일이다. 그는 우리들 자신의 시대보다 훨씬 좋은 시대에만 보통 사람들 틈에 끼는 사람들 중의 하나다.[73]

이와 같이 판단할 때 칼라일은 피히테의 형이상학을 거의 생각하지 않았다. 피히테가 그의 ≪지식학≫(*Wissenschaftslehre*)에서 전개한 그의

---

[73] "State of German Literature", *Essays*, Ⅰ, 77.

형이상학 체계의 최초의 논술은 가장 난해한 철학적 문헌들 중의 하나다. 칼라일은 이것을 잘 연구하고 완전히 이해할 수가 없었을 것이다. 그가 읽은 것은 대체로 피히테의 통속적 저서, ≪학자의 본질≫(*Das Wesen des Gelehrten*), 그리고 아마도 ≪인간의 사명≫(*Die Bestimmung des Menschen*) 및 ≪현대의 특징≫(*Die Grundzüge des gegenwärtigen Zeitalters*)이었다. 여기서 그는 피히테의 형이상학 전체를 발견할 수는 없었다. 그러나 그는 당대를 가리켜 "모든 진리에 대하여 눈을 딱 감은 시대, 완전하고 무제한한 방탕의 시대, 완성된 죄악의 상태"라고 말한 "대 카토"를 발견하였다.[74] 온 관심이 도덕적 문제에 집중되어 있었던 사상가로서의 칼라일은 이와 같은 판단에 깊은 감명을 받았을 것임에 틀림없다. 피히테가 우리들의 현대 세계의 불치의 병이라고 기술한 것에 대한 치료약을 발견하는 것은 가능했던가?

그러나 칼라일은 스승에 대한 제자로서뿐만 아니라 또한 "정신적 아버지"[75]에 대한 아들처럼 은혜를 입었다고 느낀 사람에 대해서 불충실하게 되지 않고서 피히테의 견해들을 받아들일 수 있었는가? 괴테의 인생 철학과 피히테의 인생 철학을 조화시키는 것은 가능한 일이었던가? 분명히 그것들은 같은 유형의 것이 아니다. 피히테의 "주체적 관념론"은 그 원리 자체, 괴테의 "객체적 관념론"과 더불어 전혀 양립할 수 없는 것이었다. 그러나 칼라일은 이 차이를 깨닫고 있지 않았던 것 같다. 그의 정신은 논리적이고 추론적인 정신이 아니고 직관적인 정신이었다. 그는 전혀 여러 원천들로부터 마음대로 빌어 오는 한갓 절충주의자는 아니었지만, 자기의 윤리적 및 종교적 요구들에 들어맞게 할 수 있는 한도 내에서는 어떤 이론이든지 쉽게 받아들였다.

---

74) Fichte, *Grundzüge des gegenwärtigen Zeit alters*. English trans. W. Smith, *The Popular Works of Johann Gottlieb Fichte*, 제4판(London : Trübner & Co., 1889), II, 17. Lect. 2참조.

75) *Correspondence with Goethe* (1827. 4. 15) 참조.

그런데 이 점에 있어서 피히테와 괴테의 견해 사이에는 하나의 일치점이 있었다. 칼라일은 "어떤 종류의 회의든지 오직 행동에 의해서만 끝나게 할 수 있다"고 한 괴테의 말을 거듭 언급하고 있다. 그는 이 근본적 주장을 또한 피히테에게서도 찾아볼 수 있었다. 피히테의 ≪인간의 사명≫은 세 권으로 나뉘어져 있다. 제1권은 "회의", 제2권은 "인식", 제3권은 "신앙"이란 제목으로 되어 있다. 피히테에 의하면 인식은 결코 한갓 이론적 행위가 아니다. 논리적 추리에 의해서는, 즉 우리의 논증하고 추리하는 능력에 의해서는 우리는 결코 실재와 진리를 파악하기를 바랄 수 없다. 이것들의 본질 속에 파고 들어갈 수 없다는 것은 더 말할 나위도 없는 일이다. 이 방법은 오직 우리를 철저한 회의주의로 이끌어갈 수 있을 뿐이다. 만일 이것이 진리에 들어가는 유일한 문이라면 우리는 영원히 꿈 속에서 살도록 운명지어져 있다. 우리가 물질 세계라고 부르는 것은 그림자 같은 존재를 가지고 있을 따름이다. 그것은 비자아(Non-Ego)를 "정립하는" 자아의 소산이다. 그러나 이 그림자의 세계를 넘어서 그 저편으로 우리를 인도해 주는 다른 한 길이 있다. 명백하고, 확실하고, 동요시킬 수 없고, 또 아무 의심도 용납하지 않는 오직 하나의 현실은 우리의 도덕적 생활의 현실, 즉 한갓 "이론적" 현실이 아닌 "실천적" 현실이다. 여기서 그리고 오직 여기서만, 우리는 견고한 터 위에 서는 것이다. 도덕 법칙, 정언명법의 확실성은 우리에게 주어진 최초의 것이요, 다른 모든 인식의 조건이자 기초다. 우리의 지성으로써가 아니라 우리의 의지로써 우리는 현실을 파악한다.

피히테의 ≪인간의 사명≫에서 정령은 다음과 같이 말한다.

그대가 전에 믿은 현실, 그대에게서 독립하여 존재하는 물질 세계, 그대가 그 노예될 것을 두려워한 물질 세계는 사라졌다. 왜냐하면 이 물질 세계 전체는 오직 인식을 통해서만 솟아오르며, 또 그 자체 우리의 인식이기 때문이다. 그러나 인식은, 바로 그것이 인식이기 때문에 현실이 아니다. …그대는 지금 한갓 현상 저편에 있는 참된 그 무엇, 그리하여 아주 제거되어 버린 것과는 다른 또 하나의 현실을 추구하고 있는데, 이것은 참으로 옳은 일이라고 나는 생각한다. 그러나 그대는 헛되이 그대의 인식을 통해서 이 현실을 창조하거나 혹은 그대의 오성에 의하여 그것을 파악하려고 힘쓴다. 만일 그대가 그것을 이해하는 다른 기관을 가지고 있지 않다면, 그대는 절대로 그것을 찾지 못할 것이다. 그러나 그대는 그와 같은 기관을 가지고 있다. …그저 아는 데 그치지 않고 나아가 그대의 앎을 따라 행하는 것이 그대의 사명이다…그대 자신에 대한 쓸데없는 명상을 위해서나 열렬한 감정에 파묻히기 위해서 그대가 여기 있는 것은 아니다. 행동하기 위하여 그대는 여기 있다. 그대의 행동이 그리고 그대의 행동만이 그대의 가치를 결정한다.[76]

이 모든 것은 칼라일의 저작에서 반복되고 또 가끔 피히테의 말 그대로 표현되고 있다. "내가 가지고 있는 그것이 아니라 내가 행하는 그것이 내 왕국이다"[77]라고 그는 말한다. "지식? 일하는 데 있어 좋다고 생각되는 지식, 이것에 그대는 집착하라. 왜냐하면 자연 자신도 그것을 좋게 여기며 그것을 옳다고 하기 때문이다."[78] 만일 확고하고 의심할 여지없는 지식이 있다면 그것은 외부 세력에 속하지 않고 우리의 내적 생명에 속하며, 이 내적 생명의 부동의 중심, 곧 우리들 자신의 의식에 속한다. 장 파울의 말을 인용하면서 칼라일은 이렇게 말한다.

나는 내 자아의식의 탄생을 경험한 그때의 마음속의 사건을 절대로 잊지 않을 것이다. 나는 이 사건이 일어난 시간과 장소를 지금도 분명히 말할 수 있다. 아주 어렸을 때의 일인데, 어느 날 오전 나는 옥외에 서서 왼편에 있는 장작더미를 바라보고 있었다. 그때 돌연히 "나는 나다"(Ich bin ein Ich)란 생

---

76) Fichte, *Bestimmung des Menschen*, "Sämtliche Werke", ed. J.H. Fichte, II, 246 이하. *Popular Works*, I, 404~406.
77) *Sartor Resartus*, Bk. 2, 4장, I, 96.
78) *Past and Present*, Bk. 3, 11장, X, 198.

각이 번개처럼 하늘로부터의 섬광처럼 떠올랐고, 그 후로도 번득이는 빛 속에 줄곧 떠오르곤 하였다. 그때 나는 처음으로 또 영원히 내 자아를 가졌고, 그 자체를 보았다.79)

그런데 이 "자아"란 무엇인가? "나, 곧 '나'라고 말할 수 있는 것(das Wesen, das sich Ich nennt)은 누구인가?"80) 어떻게 그리고 어디서 우리는 그것을 찾을 수 있는가? 분명히 그것은 물건들 가운데 한 물건이 아니다. 즉 과학적 방법으로 발견되고 기술될 수 있는 대상이 아니다. 그것은 계산되고 측정될 수 없다. 그것은 물리적인 물건처럼 "주어져" 있지 않다. 그것은 "행해져"야만 한다. 피히테가 말한 바와 같이, 그것은 사실(Tatsache)이 아니라 사행(事行, Tathandlung)이다. 사실이 아니라 행위이다. 이 행위의 수행이 없으면 우리들 자신에 대한 인식 따라서 그 어떤 외부 현실에 대한 인식도 불가능하다.

이 모든 것으로써 칼라일은 괴테의 저작에서 찾지 못한 것을 찾았다. 그가 거듭 인용한 피히테의 ≪학자의 본질≫은 역사적 세계에 대한 그의 생각에 철학적 기초를 주었다. 피히테에 의하면 역사적 세계는, 자연의 대우주에 포함되고 또 어떤 의미에서 그 속으로 사라져 버리는 한갓 부산물 내지 이차적 현상이 아니다. 그의 체계에서는 자연과 역사의 관계가 역전되었다. 우리가 자연 현상만을 문제 삼는 한, 우리는 진리를 찾을 수도 없고 "절대자"를 파악할 수도 없다고 피히테는 선언하였다. 자연 철학의 가능성 자체가 피히테에 의하여 강하게 부인되었다. 셸링이 그의 자연 철학을 전개했을 때, 피히테는 이를 선험적 관념론의 운동에 대한 큰 반역이라 하여 비난하였다. 피히테는 그의 학생들에게 행한 두 번째 강의에서 말하기를, 자연 철학이란 명칭을 가진 철학에 의하여 눈이 어두워져 길을 잃지 않도록 스스로 조심하라고 하였다. 이 철학은 진

---

79) "Jean Paul Friedrich Richter Again", *Essays*, Ⅱ, 111.
80) *Sartor Resartus*, Bk. 1, 8장, Ⅰ, 41.

리로 향하는 일보 전진이기는커녕 오히려 이미 널리 퍼진 낡은 과오로 되돌아가는 것이다.81)

역사와 "정신적" 세계를 참으로 "절대적인 것", 아니 오직 하나 "절대적인 것"으로 보는 이 생각에서 칼라일은 그의 영웅주의와 영웅 숭배의 이론에 대한 최초의 결정적인 추진력을 발견하였다. 피히테는 그에게 영웅 숭배의 **형이상학** 전체를 마련해 줄 수 있었다.

우리는 피히테의 체계의 일반적 묘사로 만족하지 않으면 안 된다.82) 그것은 "주체적" 관념론의 체계라 할 수 있다. 그러나 "주체적"이란 말은 언제나 애매하고 오해를 일으키기 쉽다. 이 말은 확정과 한정을 요한다. 피히테의 "선험적 주체", 비자아를 정립하는 자아는 경험적 주체가 아니며, 또 그 전의 철학 체계들에서 볼 수 있는 여러 가지 유형의 주체성과 일치하지도 않는다. 그것은 데카르트의 논리적 주체도 아니고 버클리의 심리적 주체도 아니다. 그것은 이것들과 다른 한 질서, 순전히 윤리적인 질서에 속한다. "자연"의 영역보다는 오히려 "목적들"의 영역에, "존재"의 영역보다는 오히려 "가치들"의 영역에 속한다. 최초의 근본적 실재, 우리가 "실재적"이라고 부르는 다른 모든 것의 조건이 되며 전제가 되는 것은 도덕적 주체다. 우리는 이 주체를 사변, 명상, 혹은 증명 같은 논리적 과정들에 의해서가 아니라 우리의 자유로운 **의지**의 행위에 의하여 발견한다. 피히테의 철학에서 데카르트의 공리 <나는 생각한다, 그러므로 나는 있다>(Cogito, ergo sum)는, <나는 뜻한다, 그러므로 나는 있다>(Volo, ergo sum)란 공리로 바뀐다. 그러나 피히테는 "유아론자"도 아니고, 자기 중심주의자도 아니다. "자아"는 자유로운 행위에 의하여, 즉 근원적인 사행에 의하여 그 자신을 발견한다. 활동이야말로 그것의 참

---

81) Fichte, *Über das Wesen des Gelehrten*, "Sämtliche Werke", Ⅵ, 363 이하. *Popular Works*, Ⅰ, 224이하.

82) 피히테의 *Wissenschaftslehre*를 세밀하게 분석한 것으로는 E. Cassirer, *Das Erkenntnisproblem* (Berlin, B. Cassirer, 1920), 제3권 참조.

본질이자 의미이다. 그러나 그것은 행동을 가할 어떤 재료가 없으면 행동할 수 없다. 그것은 그 행동의 터전으로서의 "세계"를 요구한다. 그리고 이 세계에서 그것은 행동하고 일하는 다른 주체들을 발견한다. 그것은 이것들의 권리들과 근원적 자유를 존중하지 않으면 안 된다. 그리하여 그것은 타자들에게 활동의 여지를 주기 위하여 그 자신의 활동을 제한하지 않으면 안 된다. 이 제한은 외부의 권력에 의하여 우리에게 강요되는 것이 아니다. 그 필연성은 물리적 사물의 그것이 아니고 도덕적 필연성이다. 도덕 법칙, 곧 참된 절대자를 따라 우리는 다른 주체들과 협동해야 하며 또 하나의 사회 질서를 건설해야 한다. 우리가 그것에 의하여 우리 자신을 찾는 자유로운 행위는 다른 또 하나의 행위, 즉 그것에 의하여 우리가 자유로운 다른 주체들을 인정하는 행위에 의하여 완성된다. 이 인정의 행위는 우리의 제일의 근본적 의무이다.

그러므로 의무와 책임은, 우리가 "실재적" 세계라 부르는 것의 요소들이다. 우리의 세계는, 감각적 형태로 나타난 우리의 의무의 재료이다. "우리의 세계는 우리의 의무의 감성화된 소재다. 우리의 의무야말로 모든 사물 가운데 참으로 실재적인 것이요 또 모든 현상의 참된 원료이다. 우리로 하여금 그 실재성을 믿도록 강요하는 강제는 다름 아닌 도덕적 강제이다. 이것은 자유로운 존재에 대해 가능한 유일한 강제이다."[83]

하지만 우리의 도덕적 세계의 이 큰 건물에는 아직 모퉁이돌이 없다. 피히테의 철학은 실재의 기본적 요소, 즉 실재를 형성하고 있는 재료와 물질이 인간의 도덕적 에네르기라고 하는 공리에서 출발한다. 그러나 어디서 우리는 이 에네르기를 찾아볼 수 있는가? 어떤 사람들은 너무 약하여 도저히 그들 자신을 자유의 이념으로 이끌어 올릴 수 없다. 그들은 자유로운 인격이 어떤 것이며 또 무엇을 의미하는지 알지 못한다. 그들은 자기들이 인격적이고 자립적인 존재와 가치를 가지고 있다는 것, 즉

---

[83] Fichte, Über den Grund unseres Glaubens an eine göttliche Weltregierung, "Sämtliche Werke", V, 185.

자기들이 "'나'라고 말할 수 있는 존재"임을 깨닫지 못한다.84) 다른 한편, 우리는 도덕적 에네르기, 즉 "나"의 의식이 그 충만한 힘을 발휘하고 있는 다른 사람들을 발견하다.

역사적 및 문화적 세계를 논할 때 우리는 이 근본적 차이를 염두에 두지 않으면 안 된다. 18세기의 철학자들은 철저한 개인주의자들이었다. 그들은 **이성**의 평등에 대한 그들의 맹신에서 인간의 평등한 **권리**라 하는 그들의 교설을 끌어내었다. 데카르트는 그의 ≪방법 서설≫을 다음과 같은 말로 시작하였다. "양식은 세상에서 가장 공평하게 분배되어 있는 것이다. 누구나 그것을 충분히 가지고 있다고 생각하므로, 다른 모든 일에 있어서는 만족할 줄 모르는 사람들도, 자기가 가지고 있는 이상으로 양식을 가지고 싶어 하지는 않으니 말이다." 피히테는 이런 생각을 버렸다. 그의 후기 저작에서, 그는 이성의 평등에 대한 주장을 한갓 주지주의적 편견이라 보았다. 이성이 실천 이성 즉 도덕적 의지를 의미한다면, 그것은 결코 평등하게 분배되어 있지 않다. 그것은 어디서나 발견될 수 있는 것이 아니다. 그것은 실제에 있어 소수의 위대한 인격 속에 집중되어 있다. 이들 속에서 역사적 과정의 참 의미는 그 자체를 그 충만하고 비교할 수 없는 힘을 가지고 드러낸다. 이들은 "영웅들"이요, 인류 문화의 최초의 개척자들이다. 피히테는 다음과 같이 묻는다.

> 그렇다고 하면, 현대 유럽의 나라들로 하여금 현재와 같이 사람이 살 만한 모양을 가지게 하고 문명인들의 거주지답게 만든 사람은 누구였던가? 역사가 이 물음에 답해 준다. 그것은 숲속에 사는 겁 많고 정처 없는 사람들을 교화하여 개화한 생활을 하게 하는 것이 하느님의 뜻이라고 믿고서 …인적 없는

---

84) Fichte, *Erste Einleitung in die Wissenschaftslehre*, "Sämtliche Werke", Ⅰ, 434 이하."Was für eine Philosophie man wähle, hängt sonach davon ab, was man für ein Mensch ist … Ein von Natur schlaffer … Charakter wird sich nie zum Idealismus erheben" (우리가 어떠한 철학을 선택하는가는 우리가 어떠한 인간인가 하는 데 달려 있다. 천성이 유약한 사람은 절대로 관념론을 품을 만큼 높여질 수 없다.)

광야로 나아간 경건하고 거룩한 사람들이었다…원시적인 종족들을 통일하고, 대립하고 있는 종족들을 법률의 지배 아래 들어가게 한 것은 누구였던가? …그들을 이 상태로 유지시키고, 또 현존 국가들을 내부의 혼란에 의한 붕괴 혹은 외부 세력에 의한 파괴로부터 보호한 사람은 누구였던가? 그들이 어떤 이름을 지녔든지 자기의 시대보다 훨씬 앞선 사람들은 영웅이었으며, 또한 물질적 및 정신적 힘에 있어 주위의 사람들보다 뛰어난 거인들이었다.[85]

나는 칼라일이 피히테의 이 형이상학설을 그 모든 상세한 점까지 받아들였다고는 말하지 않는다. 아마 그는 피히테의 선험적 관념론의 체계를 그 완전한 의미와 의도에서 이해할 수는 없었을 것이다. 그는 이 관념론의 이론적 전제와 그것이 의미하는 것들을 분명히 파악하고 있지 않았다. 피히테는 형이상학자로서 말하였고, 칼라일은 심리학자 및 역사가로서 말하였다. 피히테는 논증에 의하여 확신하게 하려 하였고 칼라일은 대체로 독자와 청중의 감정에 호소함으로써 만족하였다. 그는 단순히, 영웅 숭배가 인간의 본성 속에 있는 근본적 본능이며, 만일 이것이 전적으로 말살되면 인류를 절망에 빠뜨릴 것이라고 선언했던 것이다.[86]

우리의 역사적 및 체계적인 분석의 결과들을 돌이켜봄으로써 우리는 이제 칼라일의 영웅 숭배론의 의미와 영향을 더 잘 판단할 수 있는 자리에 서게 된다. 아마 다른 어떤 철학적 이론도 정치적 영도의 현대적 이상들로의 길을 준비하는 데 있어 이보다 더 많은 일을 하지는 않았을 것이다. 제왕, 사람들의 지배자로서의 영웅이 "사실상 우리에게는 영웅주의의 **모든** 형태의 요약이다"라고 칼라일은 분명히 또 단호하게 선언하지 않았던가? "사제이건, 교사이건 우리가 한 인간 속에 깃들인다고 상상할 수 있는 세속적 혹은 영적 존엄성을 지닌 어떤 것이건, 여기서 구

---

85) Fichte, *Grundzüge des gegenwärtigen Zeitalters*, Popular Work, Ⅱ, 47 이하. Lect. 3참조.
86) *Sartor Resartus*, Bk. 1, 10장, Ⅰ, 54참조.

현되어 우리를 **지휘**하고 항상 실제적 교훈을 주며, 날마다 시간마다 우리가 무엇을 해야 할 것인가를 우리에게 일러 준다."87) 이것은 분명하고 솔직하게 말해졌다. 현대의 파시즘 옹호자들은 여기서 그들의 기회를 놓치지 않았으며 칼라일의 말들을 쉽사리 정치적 무기로 전환시킬 수 있었다. 그러나 그의 이론에서 나온 모든 귀결들로 해서 칼라일을 비난하는 것은 역사적 객관성의 모든 규칙에 어긋나는 일이라 하겠다. 이 점에서 나는 이 문제에 관한 최근의 문헌에서 내가 발견하는 판단을 받아들일 수 없다.88) 칼라일이 "영웅주의" 혹은 "영도력"이란 말로써 생각한 것은 결코 우리가 현대의 파시즘 이론들에서 보는 것과 똑같은 것이 아니다. 칼라일에 의하면 참 영웅과 가짜 영웅을 쉽게 분간할 수 있는 두 가지 기준이 있는바, 곧 "통찰력"과 "성실성"이다. 칼라일은 절대로 거짓말이 큰 정치 투쟁에 있어서 필요하고 정당한 무기라고 생각하거나 말할 수 없었다. 만일 어떤 사람이, 만년의 나폴레옹처럼 거짓말을 하기 시작한다면, 그는 즉시로 영웅이기를 그친다. "나폴레옹 시대의 '전황 공보 (戰況公報)처럼 거짓말이다'라는 말이 속담이 되었다. 그는 가능하다면 무슨 핑계든지 대었다. 이를테면, 적을 속이는 데 필요했다든가, 자기의 부하 병사들의 사기를 유지하는 데 필요했다든가 등으로 핑계를 대었다. 대체로 핑계란 있을 수 없다… 거짓말은 **무**다. 그대는 무에서 어떤 것을 만들 수는 없다. 결국 만드는 것은 **무**요, 게다가 공연히 수고만 하는 것이다."89) 칼라일이 그의 영웅들을 논할 때 언제나 그의 첫째 관심은 그이 온갖 기만을 경멸했다는 사실을 우리에게 확신시키는 것이었다. 마호멧이나 크롬웰 같은 사람들을 거짓말장이라고 논하는 것보다도 더 큰 과오는 있을 수 없다. "벌써부터, 크롬웰의 허위성을 주장하는 이 이론이 나에게는 믿을 수 없었던 것임을 고백하려 한다. 아니, 나는 다른 어떤

---

87) *On Heroes*, Lect. 6, p. 189. Centenary 판, V, 196.

88) 앞에 있는 각주 5 참조.

89) *On Heroes*, Lect. 6, p. 230. Centenary 판, V, 238.

위인에 대해서도. 이와 같은 것을 믿을 수 없다."[90] "나는 다른 어떤 것도 그보다는 빨리 믿을 것이다. 만일 여기서 협잡이 그토록 늘어나 시인 된다면, 우리는 도대체 이 세상을 어떻게 생각해야 할지 도무지 알 수 없다."[91]

칼라일의 이론을 후에 나온 여러 가지 유형의 영웅 숭배로부터 구별케 하는 또 하나 다른 면이 있다. 그가 그의 영웅들에게서 가장 찬탄한 일은 감정의 성실성뿐만 아니라 또한 사상의 명석성이다. 위대한 행동력과 위대한 의지력은 언제나 지적 요소를 내포하고 있다. 의지와 성격의 힘은, 그와 맞먹는 사상의 힘이 없으면 무력한 것이 되고 만다. 이 두 요소간의 균형은 참영웅의 두드러진 특징이다. 그는 사물들 가운데서 사는 사람이지, 사물들의 겉모양 가운데서 사는 사람이 아니다. 남들은 공식과 풍문 가운데를 다니며 거기 머무는 데 만족하는 반면, 영웅은 자기 자신의 넋과 실재의 사물들로 더불어 홀로 있다.[92] 칼라일은 신비가로서 말했으나, 그의 신비주의는 한갓 비합리주의가 아니었다. 그의 모든 영웅들-예언자들, 사제들, 시인들-은 동시에 깊고 진정한 사상가로서 기술되고 있다. 칼라일의 기술에서는, 신화의 신인 오딘도 한 "사상가"로 나타난다. "북유럽 최초의 '천재'라 그를 불러야 한다! 무수한 사람이, 바로 동물들이 느끼는 것 같은 말 없는 막연한 경이를 품고 이 우주에서 살다가 지나갔다. 혹은 인간만이 느끼는 고통스럽고, 소득없이 탐구하는 경이를 품고 살다가 죽었다. 드디어 위대한 사상가, **독창적인** 인간, 선견자가 나와 그가 형성하고 말한 사상으로 만인의 잠자는 능력을 일깨워 사색할 수 있게 하였다. 바로 이런 것이 언제나 사상가 곧 정신적 영웅의 길이다."[93] 사상은 만일 그것이 깊고 진실하고 진정한 것이라면, 기

---

90) 같은 책, Lect. 6, p. 203이하, Centenary 판, V, 211.
91) 같은 책, Lect. 2, p. 43. Centenary 판, V, 44.
92) 같은 책, Lect. 2, p. 53. Centenary 판, V, 55 ; Lect. 4, 125, Centenary 판 V, 128.
93) 같은 책, Lect. 1, p. 21. Centenary 판, V, 21.

적을 행하는 힘을 지니고 있다. ≪의상 철학≫에서 칼라일은 "사상의 대마술"에 관하여 말하고 있다. "나는 그것을 마술이라 명명한다. 왜냐하면 지금까지 모든 기적이 그것에 의하여 행해졌고, 앞으로도 무수한 기적이 그것에 의하여 행해지겠기 때문이다."[94] 이 "사상의 마술"이 없으면 시도 매우 빈약한 것이 되고 말 것이다. 왜냐하면 시에서 사상의 유희밖에 보지 않는 것은 매우 불충분한 시관이기 때문이다. 단테, 셰익스피어, 밀턴 및 괴테는 위대하고 심원하고 진정한 사상가였다. 그리고 이것은 그들의 시적 사상의 가장 풍부한 원천들 가운데 하나였다. 사상 없는 상상은 메마른 것이다. 그것은 한갓 그림자와 착각 이외에는 아무것도 산출할 수 없다. 칼라일은, "근본에 있어 지성을 충분히 가진다는 것은, 모든 사람에게 있어서 그렇듯 시인의 첫째가는 자질이다"[95]라고 말했다.

그러므로 칼라일의 이론에 있어서, 영웅의 성격을 이루는 것은 인간 속에 있는 모든 생산적이고 건설적인 힘의 희귀하고 다행한 결합이다. 그러고 이 모든 힘 가운데 **도덕적인** 힘이 최고의 지위를 차지하며 또 압도적인 역할을 맡는다. 그의 철학에서 "도덕성"은 부인과 부정의 세력에 대한 긍정의 세력을 의미한다. 참으로 중요한 것은 긍정된 것보다도 오히려 긍정의 행위 자체와 이 행위의 강도이다.

여기서도 칼라일은 괴테에게서 좋은 말을 찾을 수 있었다. 괴테는 그의 자서전에서, 그가 젊었을 때 친구들이 그를 어떤 특별한 신조로 개종시키려 했고, 그는 이들의 노력을 줄곧 물리쳤다는 것을 얘기하고 있다.

신앙에서는 모든 것이 믿는다고 하는 사실에 의존하며, 무엇을 믿는가는 전혀 중요치 않은 것이라고 나는 말하였다. 신앙은 현재와 미래에 대한 깊은 안전감이다. 그리고 이 확신은 무한하고 전능하고도 헤아려 알 수 없는 존재에 대한

---

94) *Sartor Resartus*, Bk. 2, 4장. Ⅰ, 95이하.
95) *On Heroes*, Lect. 3, p. 102, Centenary 판, Ⅴ, 105.

신뢰에서 솟아난다. 이 신뢰의 확고함이 가장 중요한 점이다. 이 존재를 우리가 어떻게 생각하는가 하는 것은 우리들의 다른 능력 혹은 심지어 환경에 의존하는 것이요, 전혀 개의할 바가 못 되는 것이다. 신앙이란 누구나가 힘이 미치는 데까지 완전히 자기의 감정, 자기의 오성, 자기의 상상을 기꺼이 쏟아 붓는 거룩한 그릇이다.96)

여기에는 칼라일이 캘빈주의 교리에 대한 정통 신앙을 버린 후의 그 자신의 종교적 감정이 알뜰하게 표현되어 있다. 영웅에 관한 강연에서 그가 역설한 것은 종교적 감정의 종류가 아니라 그 강도(强度)였다. 강도의 정도가 그에게는 유일한 기준이었다. 그러므로 그는 단테의 가톨리시즘과 루터의 프로테스탄티즘에 대하여, 또 북유럽의 옛 신화와 이슬람교 혹은 그리스도교에 대하여 똑같은 공감을 가지고 말할 수 있었다. 칼라일이 단테에게서 가장 찬탄한 것은 그 강렬함이었다. 단테는 하나의 넓은 보편적 정신으로서가 아니라, 오히려 좁고 심지어 종파적인 정신으로서 우리 앞에 나타난다고 그는 말하였다. 단테는 세계만큼 넓어서가 아니라 세계의 깊이만큼 깊기 때문에 세계적으로 위대하다. "단테만큼 강렬한 존재는 다시 없다."97)

하지만 칼라일은 언제나 이 보편적이고 포용적인 종교의 이상을 따라 살 수는 없었다. 그의 마음속에는 어떤 본능적 공감 혹은 반감이 남아 있어서 그의 판단을 좌우하였다. 이것은 18세기에 대한 그의 태도에서 특별히 명료하게 된다. 칼라일이 짧은 말로 이 역사적 과정의 성격을 기술하려 했을 때 그는 이것을 "불신앙에 대한 신앙의 싸움"98)이라 하였다. 괴테는 그의 ≪서동시집≫에 대한 주해에서 다음과 같이 말한 바 있다.

---

96) Goethe, *Dichtung und Wahrheit*, Buch XIV. English trans. John Oxenford (Boston : S.E. Cassino, 1882), II, 190.

97) *On Heroes*, Lect. 3, p. 90. Centenary 판, V, 92.

98) 같은 책, Lect. 6, p. 197. Centenary 판, V, 204.

세계 역사와 인류 역사의 특별하고 가장 깊은 주제, 다른 모든 주제가 거기 종속하는 주제는 어디까지나 불신앙과 신앙의 알력이다. 어떤 형태로든 신앙이 우세한 모든 시대는, 그 당대의 사람들과 그 후대의 사람들에 대하여 찬란하게 빛나며 심정을 높이며 많은 열매를 맺는다. 이와 반대로, 어떤 형태로든 불신앙이 반갑지 않은 승리를 유지하는 모든 시대는, 비록 잠시 동안 거짓 광휘로 빛날지라도 후대의 사람들의 눈에서 사라진다. 이것은 아무도 소득 없는 일을 연구하는 짐을 지려 하지 않기 때문이다.[99]

칼라일은 디드로에 관한 그의 글의 끝머리에 이 말을 전적으로 찬성하면서 인용하였다.[100] 그러나 그는 이 말을 괴테와 꼭같은 의미에서 이해하지는 않았다. "신앙" 혹은 "불신앙"에 대한 그의 생각은 매우 다른 것이었다. 괴테에 의하면 인류 역사 속의 모든 생산적 시대는 으레 신앙의 시대로 여겨지지 않으면 안 된다. 이 용어는 신학적 의미나 특정한 종교적 의미를 가지고 있지 않고, 단순히 소극적인 힘에 대한 적극적인 힘의 우세를 표현한다. 그러므로 괴테는 결코 18세기를 불신의 시대라 논할 수 없었다. 그도 역시 대백과 전서 속에 표현된 일반적 경향에 대해서 강렬한 개인적 혐오를 느꼈었다. 그는 자서전에서 다음과 같이 말한다.

백과 전서파들을 언급하는 말을 들을 때나, 이들의 많은 저술 가운데 한 권을 펼쳐 볼 때에는 언제나, 마치 큰 공장 안에서 무수히 돌아가고 있는 실구릿대와 베틀 사이를 거닐고 있는 듯이 느낀다. 거기에선 들리는 것이라고는 삐걱삐걱하는 소리와 덜컥덜컥하는 소리뿐이요, 또 그 모든 기계적인 움직임은 우리의 눈과 귀를 온통 얼떨떨하게 하며, 그 각 부분이 복잡하게 서로 얽혀 있는 설비는 잘 알아보기가 힘들고, 또 옷가지를 만드는 데 필요한 모든 과정을 생각하기가 퍽 골치 아픈 일이기도 하다. 그리하여 우리는 우리의 등에 걸

---

[99] Goethe, *Noten und Abhandlungen zu besserem Verständnis des West Oestlichen Divan*, "Werke"(Weimar 판), Ⅶ, 157.

[100] *Essays*, Ⅲ, 248.

치고 있는 바로 이 옷이 진절머리가 나도록 싫은 생각이 든다.101)

하지만 이러한 감정에도 불구하고, 괴테는 결코 계몽주의의 시기를 비생산적인 시대로 생각하거나 말하지 않았다. 그는 볼떼르를 가혹하게 비판하였다. 그러나 그의 저작에 대하여는 깊이 찬탄하고 있음을 언제나 공언하였다. 괴테는 디드로를 천재로 보았으며, 또 그 ≪라모의 조카≫(Neveu de Rameau)를 번역하였으며 그의 ≪회화론≫(Essai sur la peinture)을 편찬하고 주석하였다.102)

이 모든 것은 칼라일에게 있어 용납할 수 없는 것이요, 또 이해할 수조차 없는 일이었다. 역사가로서는 칼라일이 괴테보다 즘 나은 위치에 있었다. 역사적 문제들에 대한 그의 관심은 훨씬 더 강하였고, 사실들에 대한 그의 지식은 훨씬 더 포괄적이었다. 하지만 한편 그는 오직 그의 개인적 경험의 견지에서만 역사를 이해할 수 있었다. 그의 "인생 철학"은 그의 역사적 저술에의 실마리였다. 청년 시절의 큰 위기에 그는 부정과 절망에서 긍정과 재건으로 나아가는, 즉 "영속적 부정"에서 "영속적 긍정"으로 나아가는 길을 찾았다. 그때 이후 그는 인류 역사 전체를 이와 동일한 방식으로 생각하고 해석하였다. 한 퓨리턴인의 상상에서, 역사는 하나의 큰 종교극-선의 세력과 악의 세력 사이의 영구한 충돌-이 되었다. "현재와 과거의 모든 참된 사람들은 하느님의 총수 아래 동일한 적, 즉 암흑과 악의 제국에 대항해서 싸우기 위하여 같은 군대에 입대한 병사들이다."103) 그러므로 칼라일은 결코 역사를 그저 "논술할" 수는 없었다. 그는 성인으로 추앙하거나 파문하거나 해야만 했다. 그는 극구 찬양하거나 매도해야만 했다. 그가 그리는 역사적 초상들은 매우 인상적이

---

101) Goethe, *Dichtung und Wahrheit*, Bk. 11, English trans., 앞의 책, II. 82.

102) "Werke"(Weimar 판), XIV, 1~322. 더 자세한 것은 E. Cassirer, "Goethe the und das achtzehnte Jahrhundert", *Goethe und die geschichtliche Welt* (Berlin : B. Cassirer, 1932) 참조.

103) *On Heroes*, Lect. 4, p. 117. Centenary 판, V, 120.

다. 그러나 우리는 이것들에서, 우리가 다른 위대한 역사가들의 저작에서 찬탄하는 저 섬세한 색조를 찾아볼 수 없다. 그는 언제나 흑백으로 그린다. 그리고 그의 견지에서 볼 때 18세기는 처음부터 정죄되어 있었다. 괴테가 "빛의 보편적 원천"[104]이라 평한 볼떼르는 칼라일에게는 어디까지나 암흑의 정신이었다. 만일 우리가 칼라일의 기술을 믿는다면, 볼떼르는 상상력이 전혀 없는 사람이요, 따라서 생산성이 전혀 없는 사람이었다. 18세기 전체는 아무것도 만들어 낼 것이 없다. 인간의 미덕들 가운데 어느 하나도, 인간의 능력의 어느 하나도 18세기로 인한 것은 없다. 이른바 "철학자들"은 오직 비판하고 논쟁하고 조각조각으로 쪼개는 일을 할 수 있었을 따름이었다. 루이 15세의 시대는 "고상함도 높은 덕도 없고, 재능을 훌륭하게 발휘하지도 못한 시대였다. 그것은 천박한 명석성, 우아, 자부, 회의, 온갖 **빈정거림**의 시대였다."[105]

이와 같이 판단함에 있어 칼라일은 단순히 낭만주의 저작가들의 전례를 따랐다. 그러나 그는 점점 더 열광적인 증오를 가지고 말하였다. 프리드리히 슐레겔 같은 사람도 18세기가 부족한 점도 않았지만 재능 있는 사람도 많았던 시대였음을 도저히 부인할 수 없었을 것이다. 여기서 칼라일은 역사가나 문학 비평가로서가 아니라 신학적 열광자로서 말하였다. 그는 백과 전서파들의 저작을 "파리의 반그리스도교회의 사도 행전 및 서한들"이라 기술하였다.[106] 그는 계몽주의의 문화적 생활 속에 있는 적극적 요소를 전혀 보지 못하였다. 가장 무서운 불신은 자기 자신에 대한 불신이다. 우리는 18세기의 사상가들, 대백과 전서의 저자들을 불신의 연고로 비난할 수 있는가? 오히려 이와 반대되는 과오, 즉 그들 자신의 능력과 인간 이성 일반의 힘에 대한 과신의 연고로 그들을 비난하는

---

104) Eckermann, *Conversations with* Goethe (1928. 12. 16) ; English trans. John Oxenford (앞의 각주 65 참조), p. 286.
105) "Voltaire", *Essays*, Ⅰ, 464 이하.
106) "Diderot", 같은 책, Ⅲ, 177.

것이 훨씬 더 정확한 일일 것이다.

한편 프랑스 혁명의 이상들에 대한 칼라일의 혐오 속에서 어떤 명확한 정치적 내지 사회적 계획을 본다는 것은 거의 불가능한 일이다. 비록 그가 나중에는 그 자신의 시대의 사회 문제들에 더욱 관심을 가지게 되었지만, 그의 관심은 언제나 사회적인 것이기보다 오히려 전기적인 것이었다. 그의 주된 관심사는 개개의 인간들이었고 시민 정부나 사회 생활의 형태들이 아니었다. 최근의 저작들에서처럼 그와 생시몽주위를 결부시키려는, 혹은 그의 저서에 사회학적 역사관이 들어 있다고 보려는 시도들은 모두 공연한 일이다.107) 에르네스뜨세이예르는 그의 저서 ≪칼라일의 현실성≫(*L'actualité de Carlyle*)에서, 앞서 자기가 제국주의의 철학에 관한 큰 저작에서 연구한 많은 사상가들의 그룹에 칼라일도 속한다는 것을 증명하려 하였다.108) 다른 저작가들은 칼라일을 "영국 제국주의의 아버지"라 기술하였다.109) 하지만 칼라일의 견해들, 심지어 식민정책에 관한 그의 견해들110)과 영국 제국주의의 다른 형태들 사이에는 분명하고 의심할 여지가 없는 차이가 있다. 칼라일의 국가주의도 독특한 색채를 띠고 있었다. 그는 한 민족의 진정한 위대성을 그 도덕적 생활과 지적 성취들의 강도 및 깊이에서 보았지 그 정치적 희구들 속에서 보지

---

107) Mrs. L. Mervin Young, *Thomas Carlyle and the Art of History* (Philadelphia, Univ. of Pennsylvania Press, 1939), Hill Shine, *Carlyle and the Saint-Simonians* (Baltimore : The Johns Hopkins Press, 1941) 참조. 이 책들을 비판한 것으로는 R. Wellek, "Carlyle and the Philosophy of History" Philological Quarterly, XXIII, No.1 (1944. 1) 참조.

108) E. Seillière, *La philosophie de l'impérialisme* (Paris : Plon-Nourr it et Cie., 1903~1906), 전 4권 참조.

109) G. von Schulze-Gaevernitz, *Britischer Imperialismus und englischer Freihandel* (Leipzig : Duncker & Humblot, 1906) ; Gazeau, *L'impérialisme anglais*를 참조. 이 기술이 부정확하다는 것은 C.A. Bodelson, *Studies in Mid-Victorian Imperialism* (Copenhagen and London : Gylden dalske Boghandel, 1924), pp. 22~32에서 밝혀진 바 있다.

110) 이 점에 대해서는 Bodelsen, 앞의 책 참조.

않았다. 그는 매우 솔직하고 대담하게 말하였다. 셰익스피어에 관하여 말하면서 그는 귀족적인 청중에게 다음과 같이 물었다.

> 우리는 스트래트퍼드의 그 농부보다 오히려, 우리의 국토에서 우리가 지금까지 만들어 낸 어느 영국인이든 어느 백만의 영국인이든 버리지 않을까요? 아무리 높고 귀한 사람들이 떼지어 있다 해도 우리는 이들을 위하여 그를 팔지는 않을 것입니다. 그는 지금까지 우리가 해놓은 것 중 가장 웅장한 것입니다. 외국에서의 우리의 명예를 위하여, 우리 영국을 더욱 빛나게 하는 것으로서 셰익스피어 대신에 버리지 않을 어떤 물건이 있습니까? 자 생각해 보십시오 만일 외국 사람들이 우리에게 묻기를, 당신들 영국인은 당신네 인도 제국을 버리렵니까, 혹은 당신네 셰익스피어를 버리렵니까, 인도 제국을 한번도 안 가져 본 것이 좋습니까, 셰익스피어를 한 번도 안 가져 본 것이 좋습니까 한다면 어떻게 대답할까요? 이것은 참으로 중대한 문제입니다. 관직에 있는 사람들은 물론 관료적으로 대답할 것입니다. 그러나 우리는 다음과 같이 대답하지 않을 수 없는 것이 아니겠습니까? 인도 제국이야 있든 없든 우리에겐 셰익스피어가 없어서는 안 됩니다! 인도 제국은 언제든 사라질 것입니다. 그러나 이 셰익스피어는 사라지지 않을 것이며 영원히 우리와 함께 있을 것입니다. 우리는 셰익스피어를 버릴 수 없습니다.111)

이것은 20세기의 제국주의 및 국가주의와는 크게 다른 것으로 들린다. 아무리 우리가 칼라일의 영웅 숭배론에 반대한다 하더라도, 이와 같이 말한 사람을 현대 국가 사회주의의 사상 및 이상들의 옹호자라고 비난해서는 안 될 것이다. 칼라일이 서슴지 않고 "힘은 정의다"라고 말했음은 사실이다. 그러나 그는 언제나 이 "힘"이란 말을 물리적인 의미로보다는 오히려 도덕적인 의미로 이해하였다. 영웅 숭배는 언제나 그에게 있어 도덕적인 힘에 대한 숭배였다. 그는 가끔 인간의 본성에 대해서 깊은 불신을 가지고 있는 듯이 보인다. 그러나 그는 "인간은 결코 자기 자

---

111) *On Heroes*, Lect. 3, pp. 109 이하. Centenary 판, V, 113.

신을 야수적인 힘에 전적으로 내어 맡기지 않고, 오히려 항상 도덕적 위대성에 내어 맡긴다"112)고 생각하고 주장할만큼 인간성에 대해 신뢰하고 있고 또 낙관적이다. 만일 우리가 그의 사상의 이 원리를 무시하면, 우리는 역사, 문화, 정치적 및 사회적 생활에 대한 그의 생각 전체를 파괴하는 것이다.

---

112) "Characteristics", *Essays*, III, 12.

제16장 영웅 숭배에서 인종 숭배로

고비노의 《인종 불평등론》

과거 수십 년 동안의 정치 투쟁에서 영웅 숭배와 인종 숭배는 아주 밀접하게 연합하고 있었기 때문에, 이 두 가지는 그 관심과 경향에 있어 거의 동일한 것으로 보였다. 정치적 신화들이 현재의 형태와 세력으로 발전한 것은 이 연합으로 말미암은 것이다. 그러나 이론적 분석에서는, 이 두 세력의 연합에 속아서는 안 된다. 이것들은 발생적으로나 체계적으로나 결코 동일한 것이 아니다. 이것들의 심리적 동기, 역사적 기원, 그 의미와 목적은 똑같은 것이 아니다. 이것들을 이해하려면 이것들을 분리시키지 않으면 안 된다.

19세기 후반에 이 두 사상 경향의 주요한 대표자가 된 저작가들을 연구하면 이 차이를 쉽게 확신할 수 있다. 이 저자들 사이에는 공통점이라고는 전혀 없다. 왜냐하면 칼라일의 영웅 숭배에 관한 강연과 고비노의 《인종 불평등론》(*Essai sur l'inégalité des races humaines*)은 어떤 의미에서 전혀 성질이 다른 것이기 때문이다. 이 두 책은 사상과 지적 경향과 그리고 문체에 있어서 닮은 데가 없다. 스코틀랜드의 퓨리턴과 프랑스의 귀족 사이의 관심의 완전한 일치란 있을 수 없었다. 이들은 크게 다른 도덕적·정치적·사회적 이상을 바라보고 있었다. 이들의 사상이 나중에 공통된 목적을 위해서 사용될 수 있다는 사실이 이 차이를 말소하지는 않는다. 영웅 숭배가 그 본래의 의미를 잃어 버리고 인종 숭배와 혼합되었을 때. 그리고 이 두 가지가 모두 동일한 정치적 계획에서 없어서는 안 될 부분이 되었을 때. 그것은 새로운 일보 전진이요, 가장 중대한 결과를 낳는 일보 전진이었다.

고비노의 저서의 의도를 파악하는 데 있어서도 역시, 이 나중의 정치적 경향들이 그 저서에 이미 나타나 있었다고 보아서는 안 된다. 이 나중의 경향들은 저자가 의도한 바와 전혀 상관없는 것이다. 고비노는 정치적 팜플렛을 쓰려고 한 것이 아니라 역사적 및 철학적 논문을 쓰려고 하였다. 그는 결코 그의 원리들을 정치적 및 사회적 질서의 재건이나 혁신에 적용하려고 하지 않았다. 그의 철학은 활동의 철학이 아니었다. 그의 역사관은 숙명론적이었다. 역사는 일정하고 냉혹한 법칙을 따른다. 우리는 사건의 진로를 변경시키기를 바랄 수 없다. 우리가 할 수 있는 것은 그것을 이해하고 받아들이는 것뿐이다. 고비노의 책은 강한 운명애(運命愛, amor fati)로 가득차 있다. 인류의 운명은 처음부터 예정되어 있다. 인간의 그 어떤 노력도 이것을 돌이킬 수 없다. 인간은 자기의 운명을 바꿀 수 없다. 그러나 한편, 인간은 동일한 물음을 거듭 묻지 않을 수 없다. 비록 그가 자신의 운명을 지배할 수 없다 하더라도 그는 적어도 자기가 어디서 왔으며 어디로 가는가를 알고 싶어 한다. 이 욕망은 근본적이고 소멸시킬 수 없는 인간 본능들 중의 하나이다.

고비노는 자기가 이 문제에 대한 새로운 해결책을 발견했을 뿐더러 또한 이 오래된 수수께끼를 해결하는 데 있어 참으로 성공한 최초의 사람이라고 확신하고 있었다. 그 이전의 모든 종교적 및 형이상학적 해답은 그에 의하여 불충분한 것이라 선언되었다. 왜냐하면 그것들은 모두 인류 역사에 있어서 가장 중요한 것, 즉 본질적 요인을 보지 못했기 때문이다. 이 요인에 대한 통찰이 없으면 역사는 어디까지나 하나의 봉함된 책이다. 그러나 이제 이 봉함은 뜯기고 인류의 생활과 인류 문명의 신비는 들추어내어졌다. 이것은 인종들의 도덕적 및 지적 차이의 **사실이** 명백하기 때문이다. 아무도 이것을 부인하거나 무시할 수 없다. 그러나 지금까지 전혀 알려져 있지 않고 있었던 것은 이 사실의 의의와 그 막대한 중요성이다. 이 중요성이 명료하게 이해될 때까지는 모든 인류 문명사가는 암흑 속을 더듬고 있다.

역사는 과학이 아니라 다만 주관적 사상들의 집성체일 따름이며, 조리 있는 체계적 이론이기보다는 오히려 하나의 희망적 관측이다. 고비노는 자신이 이러한 사태에 종지부를 찍었다고 자랑하였다. "문제는 역사를 자연 과학과 동일한 부류에 속하게 하고 역사로 하여금…이런 종류의 지식의 모든 정확성을 가지게 하고, 끝으로 역사로 하여금 편파적 재판권에서 벗어나게 하는 것인데, 정치적 당파들은 오늘날까지 이 편파적 재판권의 변덕을 역사에 덮어씌우고 있다."[1] 고비노는 일정한 정치적 강령의 옹호자로서가 아니라 한 과학자로서 말했으며, 또 자신의 연역들이 틀림없는 것이라 생각하였다. 그는 역사가 무수한 헛수고 끝에, 그의 저작에서 성숙하게 되고 성년기에 도달했다고 확신하였다. 그는 자기 자신을 제2의 코페르니쿠스, 즉 역사적 세계의 코페르니쿠스로 보았다. 일단 우리가 이 세계의 참 중심을 발견하면 모든 것이 변한다. 우리는 다시는 사물들에 관한 단순한 의견들에 관심을 가지지 않고 사물 자체 속에서 살며 움직인다. 우리의 눈은 볼 수 있고, 우리의 귀는 들을 수 있고, 우리의 손은 만져 볼 수 있다.[2]

그러나 고비노의 저서의 독자는 누구나 이 웅장하고 거대한 계획과 이것이 실지로 행해진 것을 비교할 때 깊은 실망을 금할 수 없다. 과학사에 있어서 이토록 높은 목적이 그렇듯 불충분한 수단으로 추구된 예는 아마 달리 없을 것이다. 고비노가 극히 다양한 원천들로부터 방대한 자료를 수집한 것은 사실이다. 그는 역사가로서뿐만 아니라 언어학자, 인

---

1) Gobineau, *Essai sur l'inégalité des races humaines*, 제2판(Paris : Firmin Didot), "Conclusion générale", II, 548. 전 2권.

2) 같은 책, II, 552.

류학자 및 민속학자로서 말하였다. 하지만 우리가 그의 논의들을 분석하기 시작할 때 우리는 그것들이, 대부분의 경우 극히 약한 것임을 발견한다. 높고 자랑스러운 건물은 매우 작고 부서지기 쉬운 터전 위에 세워져 있다. 고비노의 저서의 최초의 프랑스 비평가들은 즉시로 그의 역사적 방법의 근본적 결함들을 보았다.3) 심지어 고비노의 추종자들과 신봉자들도 그의 이른바 "과학적" 증명 속에 있는 결함과 명백한 오류를 솔직하게 인정하지 않으면 안 되었다. 쳄벌린은 고비노의 "어린애 같은 박식"에 대해 운운하였다. 사실 그는 모든 것을 아는 것처럼 보인다. 그에게 있어 역사는 전혀 비밀을 가지고 있지 않다. 그는 역사의 일반적 진로를 알 뿐만 아니라 그 모든 세부도 알며 또 가장 복잡한 문제에 대해서도 답할 수 있다고 느끼고 있다. 그는 사물들의 가장 먼 기원에 파고들어가며, 또 모든 것을 그 참된 조건들과 그 정당한 위치에서 본다. 그러나 결정적으로 중대한 점, 즉 그의 주장의 경험적 증거에 이르자마자 고비노의 《불평등론》의 약점은 뚜렷이 드러난다. 그는 사실들을 가장 독단적인 방식으로 다루고 있다. 그의 주장을 뒷받침하는 것으로 보이는 모든 것은 대뜸 인정된다. 한편 그의 주장을 부정하는 듯한 예들은 완전히 무시되거나 적어도 경시되고 있다. 그에게는 19세기의 위대한 역사가들이 가르친 비판적 방법이 전혀 없다.

그의 논의 방식과 추리 방식의 구체적인 예를 몇 가지 들기로 한다. 그의 가장 확고한 확신들 가운데 하나는 백인종이 문화적 생활을 건설하는 의지와 힘을 가진 유일의 인종이라고 하는 것이다. 이 원리는 인종들 간의 근본적 차이를 주장하는 그의 이론의 모퉁이돌이 되었다. 흑인종과 황인종은 아무런 생명도, 아무 의지도, 그들 자신의 아무런 에너지도 가지고 있지 않다. 이들은 그 주인들의 수중에 있는 죽은 물질이요, 보다 높은 인종에 의하여 움직여지지 않으면 안 되는 무기력한 집단이다. 한

---

3) 예를 들어 Quatrefage의 논문, "Du croisement des races humaines", *Revue des deux mondes*(1857. 3.1) 참조.

편 고비노는 백인종의 영향이 미치지 않은 것으로 보이는 세계의 몇몇 지역에 인류 문명의 명확한 흔적들이 있다는 사실을 전적으로 간과할 수는 없었다. 어떻게 그는 이 장애를 극복하였는가? 그의 답은 매우 간단하다. 교리 자체는 확고하게 세워져 있다. 그것은 어떠한 의심이나 어떠한 예외도 불허한다. 만일 우리의 증거가 이 교리를 확인하는 데 부족하다든가, 혹은 우리의 증거가 교리와 모순된다면, 역사가는 모름지기 이 증거를 완전케 하고 정정하지 않으면 안 된다. 그는 사실들을 두들기고 늘려 미리 생각된 도식에 들어맞게 하지 않으면 안 된다.

고비노는 우리의 역사적 지식의 부족을 가장 대담한 가정(假定)들로써 메우는 데 있어 조금도 주저하지 않는다. 가령 중국에는 아주 옛날에 크게 발달한 문화생활이 있었다. 그러나 한편, 두 열등 인종 즉 니그로와 황인종은 거친 천이요 무명이요 양모에 지나지 않는 것으로서, 백인종이 이것 위에 그들 자신의 우아한 명주실을 짰다는 것은 아주 확실한 일이므로[4] 중국 문화는 중국인이 만든 것이 아니었다고 하는 결론이 불가피하다. 우리는 그것을 인도에서 이주해 온 외래 종족, 즉 중국에 침입하여 이를 정복하고 중앙 왕국과 중화 제국의 기초를 닦은 크사트리야족의 소산으로 보지 않으면 안 된다.[5] 서반구에서 볼 수 있는 매우 오래된 문화의 흔적에 있어서도 이와 마찬가지이다. 아메리카의 원주민들이 그들 자신의 노력으로 문명의 길을 찾을 수 있었다고 하는 것은 불가능한 가정이다. 고비노에 의하면 아메리카 대륙의 인디안족은 독립된 인종을 이루고 있지 않다. 그들은 흑인종과 황인종의 혼합물일 따름이다. 어떻게 이 보잘것없는 잡종들이 그들 자신을 다스리고 조직할 수 있었겠는가? 흑인종들이 그들 자신들끼리만 투쟁하는 동안은, 또 황인종들이 그들 자신의 좁은 테두리 안에서 움직이는 동안은 아무런 역사도, 아무런 발전도 불가능하였다. 이 투쟁들의 결과는 전혀 비생산적이었으며 인류 역사

---

[4] *Essai*, "Conclusion générale", Ⅱ, 539.
[5] 같은 책, Bk. 3, 5장, Ⅰ, 462이하.

에 아무런 자국도 남길 수 없었다. 이와 같은 것이 아메리카, 아프리카의 대부분 및 아시아의 상당히 많은 지역에서 볼 수 있는 현상이다. 그러나 우리가 역사와 문화를 발견할 때에는 언제나 또 어디서나 백인을 찾아 보도록 주의하지 않으면 안 된다. 그를 찾게 될 것은 확실하다. 왜냐하면 그가 거기 있는 것과 또 그의 활동은, 그저 연역적인 추리 과정에 의하여, 즉 "역사는 오직 백인종들과의 접촉에서만 생긴다"6)고 하는 고비노의 이론의 제1원리에서 추론될 수 있기 때문이다.

고비노는 서반구의 발견 이전에 백인종과 아메리카 토인종 사이에 어떤 접촉이 있었다는 데 대하여 아무런 증거도 없다는 것을 인정한다. 그러나 이 사실은 아 프리오리한 일반 원리에 의하여 긍정될 수 있다.

> 현재 지상에 살고 있는 혹은 지금까지 살아 온 많은 민족들 가운데 오직 열 족속만이 완전한 사회의 위치에까지 올라갔다. 나머지 민족들은 마치 유성들이 태양의 주위를 돌듯 얼마간 독립적으로 이 민족들의 인력에 끌려 그 주위를 돌아왔다. 만일 이 열 개의 문명 속에 백인종들이 가한 충격으로 말미암지 않은 생명의 요소가 한 가지라도 있다면, 만일 이들과 섞인 열등한 민족에서 오지 않은 죽음의 씨가 하나라도 있다면, 이 책이 의거하고 있는 이론 전체는 그릇된 것이다.7)

고비노는 그의 결론들에 대하여 절대적인 확신을 가지고 있었다. 그의 자신감은 무한하였다. 그는 자기의 증명들이 "금강석처럼 불후불멸"의 것이라 선언하였다. 그는 외치기를, 선동적인 관념의 독사 같은 이빨도 절대로 이 논쟁할 여지없는 증명들을 물어뜯을 수 없다고 하였다. 그러나 이 이른바 금강석 같고 논쟁할 여지없는 증명들의 참 성격을 보는 것

---

6) 같은 책, Bk. 4, 1장, Ⅰ, 527.

7) 같은 책, Bk. 1, 16장, Ⅰ, 220, A. Collins의 영역(London:William Heinemann; New York : G.P. Putnam's Sons, 1915), p.210에서 인용하였음. 이 영역본은 여섯 권의 고비노 저서 가운데 첫번째 저서만을 포함한다.

은 쉬운 일이다. 그것들은 부당 전제(petitio principii) 이외의 다른 아무 것도 아니다. 만일 논리학의 교과서에서 이 오류의 두드러진 예가 하나 필요하다면 고비노의 저작을 선택하는 것이 제일 좋을 것이다. 그의 사실들은 언제나 그의 원리들과 일치한다. 왜냐하면 만일 역사적 사실들이 없을 때에는 이것들을 그의 이론들에 따라 꾸며 내고 만들어 내고 있기 때문이다. 그리고 그 동일한 사실들이 그 이론의 진실성을 증명하기 위하여 거듭 사용되고 있다. 확실히 고비노는 그의 독자들을 속이려 하지 않았으나, 줄곧 자기 자신을 속였다. 그는 아주 성실하고 아주 순진하였다. 그는 한번도 그의 이론 전체가 의거하고 있는 순환논법을 깨닫지 못하였다. 그는 학자요 또 철학자로서 말하였다. 그러나 그는 한번도 그의 원리들을 합리적 방법으로 발견했다고 주장하지는 않았다.

그에게는 개인적 감정이 언제나 논리적 혹은 역사적 논의보다 더 나은 것이었고 더 설득력이 있는 것이었다. 그리고 이 감정들은 매우 명료하고 거리낌 없는 것이었다. 그는 오래된 귀족 가족에 속하였고 또 지나친 긍지로 차 있었는데, 이 긍지는 끊임없이 창피를 당하고 있었다. 그는 고귀한 인종의 일원이었기 때문에, 그가 몹시 역겨워한 부르주아 체제의 너절한 조건들 아래 살지 않으면 안 되었다. 그에게는 자기의 세습 계급의 견지에서 생각하는 것이 자연스러울뿐더러 어떤 의미에서는 하나의 도덕적 의무였다. 세습 계급은 그에게 있어 국가나 개인보다 훨씬 더 높고 더 귀한 현실이었다. 그의 저서에는 그는 아리안족의 브라만들이 카스트(세속계급)의 가치와 그 절대적 중요성을 처음으로 이해하고 확립하였다고 하여 이들을 찬양하였다. 이들의 솜씨는 참으로 천재적인 솜씨요, 이들의 심원하고 독창적인 관념은 인류의 진보를 위해 매우 새로운 길을 텄다. 프랑스 귀족 계급의 권리들을 증명하기 위하여 고비노는, 18세기에 블랭빌리에가 제창하고 옹호한 바 있고 또 프랑스 봉건 제도 이론의 기반이 된 바 있는 교설로 되돌아갔다. 몽떼스끼외는 블랭빌리에의 저서를 분석하는 가운데 그것을 "제3신분(즉 서민계급)에 대한 음모"라 기술하였다. 불랭빌리에는 프랑스가 하나의 동질적 전체라는 것을 극력 부정하였다. 그 국민은, 근본적으로 전혀 공통점이 없는 두 인종으로 나누어질 수 있다. 이 두 인종은 공통된 언어를 사용한다. 그러나 그들은 공통된 권리도 또 공통된 기원도 가지고 있지 않다. 프랑스 귀족 계급은 게르만 계통의 침입자요 정복자인 프랑크족의 핏줄을 이었고, 일반 대중은 피정복자의 계급, 즉 독립적 생활에 대한 모든 권리를 잃은 노예 계급에 속한다. 이 이론의 옹호자들 가운데 한 사람은 다음과 같이 말하였다. "오늘날 참 프랑스인은 귀족 계급과 그 열렬한 지지자들이요, 이들은 자유인들의 자손이다. 예전의 노예들 그리고 상전들에 의하여 주로 노동에 사역된 모든 인종들은 제3신분의 조상이다."[8]

이 모든 것은 고비노에 의하여 열렬히 받아들여졌다. 그러나 그는 더 크고 또 훨씬 더 어려운 과제를 자기 자신에게 부과하였다. 그는 프랑스 역사의 좁은 한계 안에 자기 자신을 국한시킬 수 없는 한 철학자로서 인류 문명을 논하였다. 우리가 프랑스 국민에게서 보는 것은 보다 더 일반적인 과정의 한 예요 한 징후일 따름이다. 프랑스 역사는 이를테면 축소하여 그린 초상화다. 그것은 문화 과정 전체를 작은 규모로 축소하여 그린 형상을 보여준다. 귀족과 평민 사이의, 정복자와 노예 사이의 알력은 인류 역사의 영원한 테마이다. 이 알력의 본성과 그 이유를 이해하는 사람은 인간의 역사적 생활에 대한 실마리를 찾은 것이다.

고비노의 이론의 이 출발점은 대뜸 영웅 숭배와 인종 숭배 사이의 깊은 차이를 보여준다. 이 두 가지는 인류 역사에 대한 크게 다르고 심지어는 반대되는 생각을 표현하고 있다. "역사의 의미 전체는 전기적인 것이 아닌가?"라고 칼라일은 물었다. 그리고 그는 이 물음에 대하여 서슴지 않고 긍정하는 답을 내렸다. 개인들에 대한 이러한 관심은 고비노의 저서

---

[8] 더 자세한 것은 A. Thierry, *Considérations sur l'histoire de France*, 제 5판(Paris, 1851), 2장, 또한 E. Seillière의 저서, *Le Comte de Gobineau et l'aryanisme historique* (Paris : Plon-Nourrit et Cie., 1903)의 서론 참조.

에 전혀 없다. 그의 설명 전체는 고유 명사를 언급함이 없이 전개되고 있다. 칼라일의 책을 읽으면 새로운 위인, 즉 종교적·철학적·문학적·정치적 천재가 등장할 때마다 인류 역사의 새로운 장이 시작된다는 인상을 받는다. 예컨대 종교적 세계의 성격 전체가 마호멧이나 루터의 출현으로 말미암아 완전히 바뀌었으며, 또 정치적 세계와 시의 세계는 크롬웰이나 단테 및 셰익스피어에 의하여 혁신되었다. 새로운 영웅들은 다 "신적 이념"과 동일한 하나의 보이지 않는 큰 힘의 새로운 화신이다. 역사적 및 문화적 세계에 대한 고비노의 기술에서 이 신적 이념은 사라져 버렸다. 그도 역시 낭만주의자요 신비가다. 그러나 그의 신비주의는 훨씬 현실주의적인 유형의 것이다. 위인들은 하늘로부터 오지 않는다. 그들의 온 힘은 땅에서 생긴다. 곧 그들이 뿌리를 내리고 있는 출생지의 흙속에서 생기는 것이다. 위인들의 최선의 성질들은 그들의 인종의 성질들이다. 그들 자신의 힘으로는 아무것도 할 수 없었다. 그들은 그들이 속하고 있는 인종의 가장 깊은 여러 힘의 구현일 따름이다.

 이러한 의미에서 고비노는, 개인들이 다만 "세계정신의 대행자들"에 지나지 않는다고 하는 헤겔의 말에 동의할 수 있었다. 그러나 고비노가 그의 책을 썼을 때 시대는 변하고 있었다. 고비노와 그의 세대는 더 이상 고원한 형이상학적 원리들을 믿지 않았다. 그들에게는 좀더 뚜렷한 어떤 것, 즉 "우리의 눈으로 볼 수 있고 우리의 귀로 들을 수 있고 우리의 손으로 만져 볼 수 있는" 그 무엇이 필요했다. 새 이론은 이 모든 조건을 충적시키는 듯하였다.

 사실상 이것은 하나의 크고 명백한 장점이었다. 여기엔 19세기 후반에 도처에서 느낄 수 있었던 하나의 결핍을 메울 수 있는 그 무엇이 있었다. 인간은 결국 형이상학적 동물이다. 그 "형이상학적 요구"는 소멸시킬 수 없는 것이다. 그러나 19세기의 위대한 형이상학 체계들은 이제 다시는 이 물음들에 대해서 명료하고 이해할 수 있는 답을 줄 수 없었다. 이 체계들은 너무나 복잡하고 까다롭게 되었으므로 거의 알아들을 수 없었다.

고비노의 저서는 이와는 전혀 달랐다. 확실히 인류 역사에 있어서의 근본적이고 지배적인 힘으로서의 인종에 대한 그 자신의 이론은 아직 철저히 형이상학적이다. 그러나 고비노의 형이상학은 자연 과학임을 주장하였고, 또 가장 단순한 종류의 경험에 기초를 두고 있는 듯이 보였다. 누구나가 형이상학적 연역의 긴 연쇄를 따라 생각해 나아갈 수 없으며, 또 누구나가 헤겔의 ≪정신 현상학≫(Phänomenologie des Geistes)이나 ≪역사 철학≫(Philosophy of History)을 연구할 수는 없다. 그러나 누구든지 자기의 인종과 혈통의 언어를 이해하거나, 혹은 이해한다고 믿는다. 형이상학은 맨 처음부터 의심할 수 없고 흔들리지 않는 보편적 원리를 추구하였으나 그 희망은 줄곧 좌절되었다. 고비노에 의하면 이것은 형이상학이 그 전통적인 주지주의적 태도에 머물러 있는 한 불가피한 일이었다. 이른바 "보편자"(universals)와 이것들의 실재성의 문제는 철학사 전체를 통하여 토론되어 왔다. 그러나 철학자들이 한번도 깨닫지 못한 것은, 진정한 "보편자"를 사람들의 사고 속에서 찾을 것이 아니라 오히려 그의 운명을 결정짓는 실체적인 세력들 속에서 찾아야 한다는 사실이었다. 이 모든 세력 가운데 인종은 가장 강하고 가장 확실한 것이다. 여기서는 우리가 하나의 사실을 가지는 것이지 한갓 관념을 가지는 것이 아니다.

뉴턴은 물질적 우주 전체를 설명할 수 있는 물리적 세계의 한 근본적 사실을 발견하였다. 그는 인력 법칙을 발견하였다. 그러나 인간의 세계에서는, 모든 물건이 끌려들어가는 공통된 중심이 아직 알려져 있지 않았다. 고비노는 자기가 이 문제의 해결을 발견했다고 확신하였다. 그리고 그는 이와 동일한 감정을 독자들의 마음속에 집어넣었다. 여기엔 처음부터 강하고 이상한 매력을 가진 하나의 새로운 유형의 이론이 있었다. 어떤 사람이 자신의 인종의 힘을 부인하거나 거역하는 것은 어리석은 일이다. 그것은 마치 한 물질적 입자가 인력에 항거하려 드는 것과 똑같이 어리석은 일이다.

"전체주의적 인종"의 이론

 인종이 인류 역사에 있어서의 중요한 요인이라는 것, 서로 다른 인종들이 서로 다른 형태의 문화를 건설해 왔다는 것, 이 형태들이 동일한 수준에 있지 않다는 것, 이것들이 그 성격에 있어서나 그 가치에 있어서나 여러 모로 차이가 있다는 것-이 모든 것은 일반적으로 인정되어 있는 사실이다. 몽떼스끼외의 ≪법의 정신≫(*Esprit des Lois*) 이래 이 차이들의 자연적 조건들까지 주의 깊게 연구되어 왔다. 그러나 고비노가 관심을 가졌던 것은 이 주지의 문제가 아니었다. 그의 문제는 훨씬 더 일반적이고 어려운 것이었다. 그는 인종이 역사적 세계의 **유일한** 주인이요 지배자라는 것, 다른 모든 세력은 그 심부름꾼이요 위성이라는 것을 증명하지 않으면 안 되었다. 전체주의 국가라고 하는 우리의 현대적 관념은 고비노가 전혀 알지 못한 것이었다. 만일 그가 이것을 알고 있었다면 그는 이것에 대하여 맹렬히 항변하였을 것이다. 심지어 애국심도 그에게는 한갓 우상이요 편견이었다. 하지만 아무리 모든 국가주의적 이상에 반대하고 있다 하더라도, 고비노는 간접적으로 전체주의 국가의 이데올로기를 만들어 내는 데 있어 가장 큰 공헌을 한 저작가의 그룹에 속한다. 후에 나온 여러 전체주의 국가관으로의 길을 닦은 것은 바로 이 인종의 전체주의였다.
 우리의 현재의 문제의 견지에서 볼 때 이것은 고비노의 이론에 있어서의 가장 중요하고 흥미있는 면 가운데 하나다. 그러나 내가 보는 한, 이 점은 아직 이 주제에 관한 문헌에서 그 가치만큼 취급을 받지 못하고 있다. 고비노의 이론은 가능한 모든 각도에서 분석되고 비판되어 왔으며, 또 철학자들, 사회학자들, 정치가들, 역사가들, 인류학자들이 이 토론에 참여하여 왔다.9) 그러나 내 생각엔 고비노의 이론의 가장 중요한 요소는 인종에 대한 찬미 자체가 아니다. 자기의 조상, 가문 및 혈통을 자랑스럽게 여기는 것은 인간의 자연적 성격이다. 만일 그것이 편견이라면 그것은 매우 일반적인 편견이다. 그것은 반드시 인간의 사회적 및 윤리적 생활을 위험에 빠뜨리거나 그 기초를 무너뜨리는 것이 아니다. 우리가 고비노에게서 발견하는 것은 이와 전혀 다른 어떤 것이다. 그것은 **다른 모든 가치를 파괴하려는 기도다**. 고비노가 선포한 바 인종이란 신(神)은 시기하는 신이다. 그는 자기 이외에 숭배될 다른 신들을 용납하지 않는다. 인종은 모든 것이요, 다른 모든 세력은 아무것도 아니다. 이것들은 독립적인 의미나 가치를 도무지 가지고 있지 않다. 만일 이것들이 어떤 힘을 가지고 있다면, 이 힘은 자율적인 힘이 아니다. 그것은 이것들의 상관이자 주권자, 곧 전능한 존재인 인종에 의하여 이것들에게 위탁되어 있을 따름이다. 이 사실은 온갖 형태의 문화 생활, 즉 종교, 도덕, 철학과 미술, 국민과 국가 속에 나타나 있다.

 이 주장을 증명함에 있어 고비노는 매우 방법론적으로 논의를 전개해 나아갔다. 그의 이론의 기술(記述)은 언제나 명료하고 조리가 있다. 고비노의 저작과 칼라일의 저작을 비교하기만 하면 이 두 저자 사이의 큰 차이를 잘 알 수 있다. 칼라일의 ≪의상 철학≫에서는 모든 것이 기이하고 익살스럽고 종잡을 수 없고 산만하다. 고비노의 ≪불평등론≫은 이와 정반대이다. 고비노의 문체는 상상적이고 열정적이지만, 까다롭거나 전후 모순된 데가 없다. 그가 받은 프랑스 교육의 영향은 그대로 남아 있었다. 그의 설명은 프랑스인의 분석적 정신의 모든 장점을 지니고 있다. 그는 서서히 그리고 차근차근 전진한다. 고비노는 억지로 전진해 갈 수 없었다. 그는 큰 장애들을 극복하고 또 많은 위대한 권위자들에게 도전하지 않으면 안 되었다. 그가 그의 목적을 달성하는 데 사용한 방법은 매우 교묘하여, 그가 비단 글을 쓰는 기술뿐만 아니라 또한 외교술에도 능란

---

9) 예를 들어 "Numéro cosacré au Comte de Gobineau", *Revue Europe* (1923.10.1) 및 "Numéro cosacré à Gobineau et au gobinisme", *La nouvelle revue française*(1934.2.1) 참조.

한 솜씨를 가지고 있음을 보여준다.

 고비노의 가장 강한 적은, 물론 인간의 기원과 종말에 관한 종교적인 생각이었다. 그의 이론이 이에 전적으로 대립한다는 것은 처음부터 명백하였다. 그의 저서의 최초의 비평가들은 대뜸 이 점을 강조하였다. 드 토크빌은 개인적으로 친한 벗이었고 고비노의 재능과 개성을 높이 평가하고 있었다. 그러나 그가 처음 고비노의 책을 읽었을 때, 그는 고비노의 이론에 맹렬히 반대했다. 그는 고비노에게 보낸 편지에 다음과 같이 적었다. "나는 … 내가 이 학설들에 전적으로 반대되는 생각을 품고 있음을 고백합니다. 나는 그것들이 아마 그릇된 것이고, 또 확실히 유해하다고 생각합니다."10) 토크빌의 논의를 반박하는 것은 극히 힘든 일이었다. 왜냐하면 이 점에서 고비노는 단지 그의 비판자와 다투기만 하면 되는 것이 아니라 또한 자기 자신과도 싸우지 않으면 안 되었기 때문이다. 그는 열렬한 가톨릭 신자였다. 그는 그리스도교의 교리를 전적으로 받아들였고 또 교회의 권위에 순종하였다. 성서는 그에게 있어 어디까지나 영감으로 된 책이고, 그 글자 그대로의 진리가 한 번도 부정된 적이 없는 것이었다. 그러므로 그는 세계의 창조와 인간의 기원에 관한 성서적 이론을 공공연히 공격할 수 없었다. 그러나 한편, 인종들 사이의 근본적 차이에 관한 그의 주장에 대한 논의를 이 출발점으로부터 찾는 것은 불가능하였다. 그는 니그로 혹은 황인종이 백인종과 동일한 인간 가족에 속한다는 것을 인정할 수도 없었다. 우리가 이 민족들에게서 발견하는 것은 더할 나위 없이 추악한 야만성과 가장 흉악한 이기주의이다.11) 우리는 이 민족들이 백인종과 같은 혈통에서 내려왔다고 볼 수 있는가? 어떻게 몇 가지 점에서 동물보다도 훨씬 저급한 흑인종이, 반신(半神)인 아

---

10) 1853년 11월 17일의 편지, *Correspondance entre Alexis de Tocqueville et Arthur de Gobineau*, 1843~1859, publ. par L. Schemann(Paris : Plon, 1908), p.192. 토크빌과 고비노 사이의 관계에 대해서는 R.Rolland, "Le conflit de deux générations : Tocqueville et Gobineau", *Revue Europe*, No.9 (1923.10.1), pp.68~80 참조.

11) *Essai*, Bk. 2, 1장, Ⅰ, 227.

리안족과 동일한 부류에 속할 수 있는가? 고비노는 이 딜레마에서 빠져 나오려고 필사적인 노력을 하였다. 그러나 결국 그는 단념하고 있는 것으로 보인다. 그는 이 난제가, 그 자신에게만이 아니라 인간 이성 일반에 대해서도 풀릴 수 없는 것이었다고 고백한다.

> 내가 전복시킬 수 없는 학문적 권위에 대한, 또 더욱이 내가 감히 공격할 수 없었던 종교적 해석에 대한 나의 경의로 말미암아 나는 한편에서, 원초적 통일의 문제에 관하여 항상 나에게 압력을 가하고 있는 이 중대한 의문들을 그냥 내버려 두지 않으면 안 된다. … 이 중대한 문제 위에는, 물리적인 동시에 초자연적인 원인 때문에 커다란 신비스러운 어두움이 내려덮이고 있음을 감히 아무도 부정하지 못할 것이다. 이 문제를 덮고 있는 어두움의 가장 깊은 구석에는, 궁극적으로 하느님의 마음에서 나오는 원인들이 도사리고 있다. 인간의 정신은 이 원인들의 본성을 알아보지 못하면서 현존을 느끼며, 또 두려운 경의를 가지고 움츠린다.12)
>
> ……
>
> 그러한 권위에 대항하여 싸우느니보다는 어두움이 그 논점 주위를 감싸게 내버려두는 것이 낫다.13)

그러나 이것은 한갓 형식적인 굴복으로서, 고비노가 그리스도교의 윤리적 이상에 크게 대립되는 그 자신의 이론을 전개하는 것을 막지 못하였다. 그는 그리스도교의 형이상학적 진리와 문화적 가치를 확연히 구별함으로써 이 모순들을 그의 독자의 마음에서뿐만 아니라 또한 그 자신으로부터도 숨기려 하였다. 전자는 조금도 의심할 여지가 없는 것이요, 후자는 무시해도 괜찮은 것이다. 사실상 그리스도교는 인류 문명의 발달에 대해서 손톱만큼도 영향을 끼친 바 없다. 그것은 문명을 위한 능력을 창조하지도 않았고 변화시키지도 않았다.

---

12) 같은 책, Bk. 1, 11장, Ⅰ, 137이하. English trans., p.134.
13) 같은 책, Ⅰ, 120. English trans., p.117.

그리스도교는, 그것이 인간으로 하여금 보다 나은 마음과 보다 나은 몸가짐을 가지게 하는 한에서만 개화시키는 세력이다. 하지만 그것은 다만 간접적으로만 그러하다. 왜냐하면 그것은 도덕과 지성에 있어서의 이러한 개선을 이 세상의 썩을 사물들에 적용하려는 생각을 전혀 가지고 있지 않으며, 또 그것은 언제나 새로운 신자들을 양산하는 사회 상태를 그것이 아무리 불완전하더라도 언제나 만족하게 여기기 때문이다. … 만일 이 사람들의 상대가 그들의 개종의 직접적 결과로서 개선될 수 있다면, 이때 그리스도교는 확실히 그러한 개선이 이루어지도록 최선을 다할 것이다. 그러나 그것은 단 하나의 관습도 변경시키려 하지 않을 것이며, 또 확실히 한 문명에서 다른 문명으로의 그 어떤 전진도 강요하지 않을 것이다. 이는 그것이 아직 스스로 하나의 문명을 채택한 적이 없기 때문이다.14)

……

그리스도교를 지금 우리가 다루고 있는 문제에서 전적으로 제외해야 한다는 것은 당연한 일이기도 하다. 모든 인종이 동등하게 그 혜택을 받을 수 있다 해도, 그것이 사람들 가운데 평등을 주기 위해서 보내어졌을 리 없다. 그 왕국은, 글자 그대로 "이 세상에 속하지 않는다"고 말할 수 있겠다.15)

이것은 그리스도교를 최고의 위치로 높이는 것 같았으나, 이 찬양은 비싼 값을 치르지 않으면 안 되었다. 만일 우리가 고비노의 해석을 받아들인다면, 그리스도교는 인간을 그의 지상의 투쟁에서 도와주려는 의지도 힘도 가지고 있지 않다. 그것은 여전히 크고 신비스러운 세력이지만 우리 인간 세계를 움직이는 그 어떤 일도 할 수 없는 세력이다. 이 결론에서 고비노의 목적은 성취되었다. 즉 인간의 역사적 생활에서 그리스도교는 그 모든 권리를 포기하고 인종이란 새로운 신에게 절한다.

그러나 이것은 제1보에 지나지 않았다. 고비노에게는 또 하나의 다른

---

14) 같은 책, Bk. 1, 7장, Ⅰ, 64. English trans., p.65.
15) 같은 책, Ⅰ, 69. English trans., p.70.

장애, 곧 18세기의 "인도주의적" 및 "평등주의적" 이념들이 있었다. 이 이념들은 종교에 근거하고 있는 것이 아니라 하나의 새로운 유형의 철학적 윤리학에 근거하고 있었다. 그것들은 칸트의 저작 속에서 그 가장 명료한 체계적 기술을 발견하였다. 그런데 이 칸트의 저작의 모퉁이돌은 자유의 이념이었는데, 또 자유는 "자율"을 의미하는 것이었다. 이것은 도덕적 주체는 그가 자기 자신에게 주는 것 외에 다른 어떤 규칙에도 복종해서는 안 된다는 원리의 표현이다. 인간은 외부적인 목적을 위해서 사용될 수 있는 수단에 불과한 것이 아니다. 그는 그 자신 "목적의 왕국에 있어서의 입법자"이다. 이것이야말로 그의 참 존엄성, 한갓 물리적인 모든 존재를 넘어서는 특권을 구성하는 것이다.

> 목적의 왕국에서는 모든 것이 값 혹은 존엄성을 가진다. 값을 가지고 있는 것은 그 어느 것이나 다른 물건과 교환될 수 있다. 즉 그것은 다른 어떤 것에 의해서도 대체될 수 있다. 한편, 모든 값을 초월하는 것, 따라서 맞바꿀 것이 도무지 없는 것은 그 어느 것이나 존엄성을 가지고 있다. …그리하여 도덕성과, 이것을 가질 수 있는 인간성만이 존엄성을 가지고 있다.16)

이 모든 것은 고비노에게 있어 전혀 알 수 없는 소리일 뿐만 아니라, 또한 한마디로 참을 수 없는 것이었다. 그것은 그의 모든 본능과 가장 깊은 감정에 크게 어긋나는 것이었다. 아마 현대의 다른 어떤 저작가도 **거리의 격정**(Pathos der Distanz)*이라고 니체가 기술한 감정에 고비노만큼 깊이 사로잡힌 사람은 없을 것이다. 존엄성이란 개인적 우월성을 의미하는 것이며, 우리는 남을 열등한 존재로 내려다보지 않고서는 이 우월성을 의식할 수 없다. 모든 위대한 문명과 모든 고귀한 인종에 있어서

---

16) Kant, *Grundlegung zur Metaphysik der Sitten*, sec. 2, "Werke", ed. E. Cassirer, IV, 293.
   * 니체는 인간을 지배자의 덕을 지닌 고귀한 인간과 노예의 덕을 지닌 비루한 인간의 두 유형으로 나누었다. 이것은 전자가 후자와의 정신적 거리를 두고 자기를 지키려는 정열을 말한다 - 옮긴이 주.

이것은 지배적 특성이었다. "자신의 혈통과 가문을 자랑스럽게 여기는 사람은 누구나 서민과 혼혈되기를 거부하였다."17) 보편적인 윤리의 기준과 가치를 찾는 것은 어리석은 일이다. 고비노에게 있어 보편성은 속악(俗惡)을 의미하는 것이었다. 나면서부터 귀족인 그는 자기 자신을 평민들과 서민들로부터 구별함으로써만 자신의 가치를 느낄 수 있었다. 그는 이 개인적 감정을 개인적 영역으로부터 인종학과 인류학에 투사하였다.

우월한 인종들은, 그들의 발 아래 비굴하게 굽실거리는 다른 인종들과 자신을 비교함으로써만 그들이 어떤 존재이며 또 무슨 가치가 있는 존재인지를 알 수 있다. 그들의 자신감은 이 모멸과 염오의 요소가 없으면 완전한 것이 될 수 없다. 그들은 피차 내포하며 요구하는 관계에 있다. 이 견지에서 볼 때 칸트의 유명한 정언명법이란 공식은 말 자체가 모순이다. 그 격률, 즉 우리가 하고자 하는 것이 동시에 보편적 법칙이 되도록 하라는 격률은 불가능하다. 보편적 인간이 없는데 어떻게 보편적 법칙이 있을 수 있는가? 모든 경우에 타당할 것을 주장하는 윤리적 격률은 어떤 경우에도 타당하지 않다. 누구에게나 적용되는 규칙은 아무에게도 적용되지 않는다. 그것은 인간적 및 역사적 세계에서 대응하는 것이 하나도 없는 한갓 추상적인 공식이다. 이 점에서도 역시 인종의 본능은 우리의 모든 철학적 이상과 형이상학적 체계보다 훨씬 우월하다. 고비노는 "아리안"이란 말에 대한 한 어원론(語原論)을 받아들이는데, 이에 의하면 이 말은 본래 "존귀하다"는 것 이외에 다른 아무것도 의미하지 않는다. 아리안 인종의 성원들은, 인간이란 그 개인적 성질들로 인하여 존귀한 것이 아니라 그 인종의 유전질로 인하여 존귀하다는 것을 잘 알고 있었다. "우리는 개인적 명예와 존엄성을 오직 보다 높은 영주의 영지에서, 참 주권자인 인종으로부터 우리의 몫을 받음으로써만 소유한다. 스스로를 아리안족이라 칭하는 백인들은 이 칭호의 존대하고 화려한 의미를

---

17) *Essai*, Bk. 4, 3장, II, 21이하.

잘 알고 있었다. 그들은 이것에 힘껏 집착하였다."18) 한 인간은 그의 행동에 의해서가 아니라 그의 혈통에 의해서 위대하고 고귀하고 유덕하다. 우리의 개인적 업적이 받아야 할 유일한 검사는 우리들의 조상에 대한 검사다. 어떤 사람에게 그의 도덕적 가치에 대한 확신을 주는 것은 다름 아닌 그의 출생 증명서이다. 덕은 습득될 수 있는 어떤 것이 아니다. 그것은 하늘로부터의 선물이다. 더 정확하게 말하면 땅으로부터의, 즉 인종의 신체적 및 정신적 성질들로부터의 선물이다. 저급한 인종의 성원들을 "도덕적" 혹은 "이성적" 존재라고 말하는 것은 매우 낮은 도덕 감각을 드러내는 것이다. 고비노는 흑인종에 관한 그의 기술에서 말한다. "맹수도, 이 소름이 끼치는 종족들에 비하면 너무나 고상하게 보인다. 신체적으로는 원숭이들이 도덕적으로는 암흑의 혼령들이 이들과 비슷하다고 느끼지 않을 수 없다."19)

고비노가 그리스도교의 윤리적 및 종교적 이상을 논했을 때. 그는 매우 조심스럽고 겸손하게 말하였다. 비록 그는 이 이상들이 어떤 실제적 의미와 영향력을 가졌었다는 것을 부인하기는 하였으나, 이것들에 대한 깊은 존경심을 공언하지 않을 수 없었다. 그의 진정한 의견은 그가 더 이상 이와 같은 여러 가지 전통적인 망설임의 방해를 받지 않을 때 훨씬 더 명료하게 나타난다. 그리스도교에서는 아직도 찬양되고 칭송되었던 것이, 한편 그가 솔직하고 통명스럽게 말할 수 있었던 불교에서는 혹독하게 비난받고 있다. 그는 불교를 인류 역사상 최대의 도착(倒錯)의 하나로 보았다. 여기엔 가장 훌륭한 신체적 및 지적 재능과 가장 고귀한 혈통을 받아가지고 태어난 한 사람, 최고의 카스트에 속하는 왕의 아들로서 갑자기 이 모든 특권을 버리기로 결심하고 가난한 사람, 불쌍한 사람, 버림받은 사람들을 위한 새 복음의 전도자가 된 한 사람이 있었다. 고비노의 눈에는, 이 모든 것이 용서할 수 없는 하나의 죄이자 일종의

---

18) 같은 책, Bk. 3, 1장, Ⅰ, 370.
19) 같은 책, Bk. 2, 1장, Ⅰ, 227.

큰 배신이었다. 그것은, 혼혈의 위험으로부터 그 자신을 보호하는 카스트 제도를 만들어 낸 아리안 인종의 존엄성에 대한 범죄였다.

그러나 고비노의 사고 방식에서 보면 불교는 비단 도덕적인 과오였을 뿐만 아니라 또한 중대적 지적 과오이기도 했다. 그것은 감정의 도착일 뿐더러 판단의 도착이었다. 역사 철학의 모든 건전한 원리에 반대하여 불교는 존재론을 도덕 위에 세우려 했다. 그러나 사실은 도덕이야말로 존재론에 의존하는 것이다. 불교의 발전과 그 쇠퇴 및 퇴폐는, 전적으로 도덕과 이성에 근거하고 있다고 주장하는 정치적 및 종교적 교설에서 우리가 기대해야 할 것이 무엇인지를 보여주는 가장 좋은 그리고 가장 확실한 실례들 가운데 하나다.[20]

인종 본능이 아직 충만한 힘을 가지고 있었던 동안은, 그것이 다른 세력에 의하여 빗나가게 되는 일이 없이 그 스스로의 길을 걷고 있었던 동안은, 사람들은 이 과오를 쉽게 저지르지 않았다. 이것은 게르만 인종들의 경우에서 볼 수 있는 사실이다. 게르만족의 신화에서는 어떤 사람이 그의 도덕적 행위로 말미암아 구원을 받는 것이 아니었다. 낙원은 영웅들, 전사들, 귀족들에게 이들의 행위와는 아무 상관없이 열려 있었다. "고귀한 인종에 속하는 사람, 곧 참된 아리안인은 다만 그의 가문의 힘으로 발할라(Valhalla, 천당)에 들어가는 영예를 얻었다. 한편 가난한 자, 포로들, 농노들, 요컨대 혼혈 백인들, 낮은 가문의 혼혈아들은 누구나 얼음장 같은 니플츠하임(Niflzheim)의 암흑 속에 떨어졌다."[21]

이 논의의 논리적 오류를 발견하는 데는 사고의 큰 노력이 필요치 않다. 여기서 우리가 발견하는 것은 고비노의 방법의 특징인 부당 전제이다. 순환적 논의와 추리는 그의 저서 전체의 특징이다. 서로 다른 인종들을 그들의 도덕적 성질들에 따라 비교할 때 우리에게는 일정한 평가 기준이 필요하다. 어디서 우리는 이 기준을 찾을 수 있는가? 이른바 보편

---

20) 같은 책, Bk. 3, 3장, Ⅰ, 442.
21) 같은 책, Bk. 6, 3장, Ⅱ, 370.

적인 윤리적 원리들은 모두 무효하다고 선언된 바 있으므로, 우리는 특수한 체계들 가운데서 선택하지 않으면 안 된다. 그리고 명백히, 보다 고등한 인종들만이 참되고 보다 높은 가치들을 우리에게 줄 수 있다. 그들이 고상하고 좋고 유덕하다고 **부르는** 것은 이 명명에 의하여 유덕하게 **된다**. 그러므로 백인종, 특히 아리안족의 도덕적 탁월을 내세우는 주장은 순전히 동어반복이 된다. 그것은 이 인종들의 정의 자체에서 따라오는 하나의 분석 판단이다. 우리는 이들의 행동을 판단할 필요가 없다. 이 행동들은 좋은 사람들에 의하여 행해졌기 때문에 그저 좋을 수밖에 없다. 존재론은 도덕에 앞서며, 또 어디까지나 이것의 결정적 요인이다. 한 인간이 무엇을 **하는가**가 아니라 그 인간이 무엇**인가**가 그에게 그 도덕적 가치를 준다. "인간은 잘 행동함으로써 선한 것이 아니라, 그가 선할 때 다시 말하면 잘 태어났을 때 잘 행동한다." 이것은 극히 단순한 소리같이 들리지만, 동시에 굉장히 유치한 소리이기도 하다. 무척 이상스럽게도, 고비노의 이론에 큰 실제적인 힘과 영향력을 준 것은 바로 이 유치성이었다. 이 순환적 정의에 의하여 이 이론은, 어떤 의미에서 반박할 수 없는 것이 되었다. 아무도 분석 판단을 반대하는 논의를 전개할 수 없으며, 또 아무도 이것을 합리적 혹은 경험적 증명에 의하여 반박할 수 없다.

그러나 종교와 도덕의 보편적 가치들 이외에 좀더 특수한 정류의 다른 가치들이 있다. 국가와 국민은 인류 역사에 있어서의 최대의 힘이요, 인간의 사회생활의 가장 강한 추진력인 듯싶다. 그러나 이것들을 독립적인 세력으로, 즉 그 자체로 가치 있는 것으로 보는 것은 고비노의 제1원리에 어긋난다. 그는 종교적 및 도덕적 이상에 대해서와 동일한 방식으로 정치적 이상들에 도전하지 않으면 안 되었다. 우리에게는 인종주의(racism)와 국가주의(nationalism)를 연결시키는 것이 자연스러워 보인다. 우리는 심지어 이것들을 동일시하기 쉽다. 그러나 이것은 역사적 견지에서 보나 체계적 견지에서 보나 부정확한 일이다. 그것들은 그 기원에 있어서 또 그 의도와 경향에 있어서 판연히 구별된다.22) 이 구별은 고비노의 저작을 연구하면 매우 명료하게 된다. 그는 국가주의자도 아니었고 또 프랑스의 애국자도 아니었다. 그는 불랭빌리에의 주장을 받아들이고 또 되풀이했는데, 이 주장에 의하면 프랑스는 한 번도 진정한 국가적 통일을 이루어 보지 못했다. 우리가 앞서 본 바와 같이, 그것은 정복자들과 예속자들, 귀족과 평민으로 나뉘어 있는데, 이들은 동일한 수준에 있지 않으며 동일한 정치적 및 국민적 생활을 공유할 수도 없다.23) 고비노는 이 견해를 인류 역사 전체에 적용시켰다. 우리가 국민이라 부르는 것은 결코 하나의 동질적인 전체가 아니다. 그것은 혼혈의 산물이요, 이 혼혈은 세상에서 가장 위험한 일이다. 이와 같은 혼성물에 대해서 경외와 존경을 가지고 말하는 것은 인류 역사에 관한 올바른 이론의 제1원리들을 어기는 것이다. 애국심은 민주주의자들이나 선동자들에게는 하나의 미덕일 수 있다. 그러나 그것은 결코 귀족주의적 미덕은 못 되며, 또 인종은 최고의 귀족주의자다. "조국"이라 하는 우리들의 관념은 무엇인가? 그것은 아무런 물리적 혹은 역사적 실재도 해당되지 않는 한갓 낱말일 따름이다. 나라는 말하지 않으며, 생기 있는 음성으로 명령할 수 없다고 고비노는 말한다. 모든 세기의 경험은, 한갓 허구에 의하여 행해지는 전제 정치보다 더 나쁜 전제 정치는 없다는 것을 보여주었다. 이 허구들은, 그 참 본성에 있어서 무정하고, 무자비하고, 또 견딜 수 없을 만큼 거만한 요구를 한다. 고비노에 의하면 봉건 제도의 가장 큰 장점의 하나는, 이 제도 아래서 사람들이 그와 같은 우상들한테 척하면 절하는 일이 없었다는 점이다. "봉건 시대에는 조국(patrie)이란 말이 거의 쓰이지 않았다. 이 말은 갈로-로만(Gallo-Roman) 씨족들이 다시 고개를 쳐

---

22) "인종주의"와 "국가주의"의 차이를 명료하게 해명한 것이 Hannah Ahrendt, "Race-Thinking Before Racism", *The Review of Politics*, VI, No. 1(1944.1), 36~73에 있다.

23) 앞에 나온 p.282를 참조.

들고 정치의 마당에 나왔을 때 되살아난 것일 따름이다. 이들의 승리와 함께 애국심이 다시 하나의 미덕이 되기 시작하였다."24)

만일 우리가 고비노 이론의 방법론적 원칙들을 받아들인다면, 어떤 관념의 진정한 가치를 판정하는 가장 단순한 방법은 언제나 발생적 방법이다. 그 가치를 평가하려면 그 기원을 알지 않으면 안 된다. 그런데 애국심이라는 이상의 기원은 무엇인가? 이것이 아리안족의 이상이 아니라는 것은, 아리안족의 가장 훌륭하고 가장 고귀한 대표인 튜톤 인종들이 한 번도 이것을 고스란히 받아들인 적이 없었다는 사실에 의하여 증명된다. 애국심은 결코 게르만족의 미덕이 아니다. 게르만족의 세계에서는 인간이 모든 것이었고 국가는 거의 아무 의미도 없는 것이었다. 이것이 게르만족과 그 밖의 인종들-즉 그리스인, 로마인, 킴메르인의 피가 섞인 셈족 혼혈 백인-사이의 깊은 차이를 이루는 것이다. "거기서 볼 수 있는 것은 군중뿐이다. 개인은 아무것도 아니다. 그리고 그가 속하는 인종적 혼합이 더욱 복잡해짐으로써 혼란이 증가하면 그는 더욱 무색해진다."25) 유럽 문명에서는 그리스 사람들이, 폴리스에 대한 맹목적 찬양으로 말미암아 애국심이라는 그릇된 이상을 만들어 내었다. 그리스에서는 개인이 법률에 의하여 지배되었다. 편견, 즉 여론의 권위가 모든 사람으로 하여금 이 추상물을 위해서 억지로 그의 모든 성향, 그의 관념과 습관, 심지어는 그의 재산과 그의 가장 친밀한 개인적 및 인간적 관계를 희생시켰다. 그러나 그리스 사람들은 이 이상을 스스로 만들어 내지는 않았다. 그들은 이것을 셈족으로부터 얻어왔다. 결국 애국심이란 "가나안의 괴물" 이외에 다른 아무것도 아니다.26)

이와 같이 그리스 문화를 혹평한 후에, 고비노의 저서는 로마인의 생활과 문명을 비판한다. 여기서도 그는 동일한 방법을 사용한다. 그는 우리

---

24) *Essai*, Bk. 4, 3장, II, 29, n. 2.
25) 같은 책, Bk. 6, 3장, II, 365.
26) 같은 책, Bk. 4, 3장, II, 29와 31.

에게, 흔히 로마 정신의 최고의 장점이라 생각되고 있는 것은 사실은 그 고유한 약점이라는 것을 확신시키려 한다. 로마 제국은 로마법 속에 그 가장 공고한 기초를 가지고 있었다. 이 법률은 로마인이 생활을 단결시키는 유일한 힘이 되어 있었다. 그것은 집성되고, 법전으로 편찬되고, 주석되고 또 분석되었다. 끝으로 로마의 법률학은 로마 제국의 쇠퇴와 몰락 후에도 살아남았다. 고비노에 의하면 로마법의 구조 전체는 높이 찬양된 그리스의 폴리스와 아주 꼭 같은 곤경에 빠져 있었다. 그것은 하나의 생명 없는 추상물이다. 로마인들은 어쩔 수 없이 해야 할 일을 선뜻 해냈다. 그들은 가장 어울리지 않는 요소들을 결합시키는 인위적인 연줄을 창조하지 않으면 안 되었다. 이것은 오직 타협의 입법에 의해서만 할 수 있는 일이었는데, 이러한 입법은 모든 인종들의 찌꺼기들로 구성되어 있던 주민 가운데 가능한 유일한 입법이었다.27) 제도들을 찬미하는 것은 쓸데없는 일이다. 왜냐하면 그것들은 이차적이고 부수적인 가치밖에 가지고 있지 않기 때문이다. 그것들은 인민의 인종적 상태에 유래하고 또 의거한다. 이 상태가 로마법 아래서보다도 더 나쁘고 더 고약한 때는 한 번도 없었다. 인간 문화의 그 어느 분야에서나 로마는 생산적이거나 독창적인 일을 하지 못하였다. 그것은 그 자신의 것이라고는 아무것도 가지고 있지 않았다. 그 자신의 종교도, 예술도, 문학도 없었다. 모든 것을 다른 나라 사람들에게서 얻어왔던 것이다. 아우구스투스의 시대도 결코 그 자체에 있어서 위대하고 아름답고 찬양할 만한 것은 못 되었다. 오직 한 가지 로마에 관해서 좋게 말할 수 있는 것은 주어진 역사적 조건들 아래서, 즉 로마 제국의 혼합되고 서로 가장 어울리지 않는 주민들을 앞에 놓고, 가능한 유일한 해결책을 제공한 점이다. 로마 제국의 결함은 그 개개의 지배자들의 잘못이 아니라, 통어(統御)되고 또 일정한 규율 아래 있어야만 했던 잡다한 대중의 잘못이었다.28) 고비노는, "나는

---

27) 같은 책, Bk. 5, 7장 II, 260 이하.

28) 같은 책, Bk. 5, 7장 II, 249 이하.

로마의 이름의 위엄 앞에 머리를 숙이고 그와 같은 결과를 칭찬하는 데서는 거리가 멀다"29)고 말한다.

  그러나 인류 문화의 분석은 여기서 그치지 않는다. 종교, 도덕, 정치 및 법률 이외에 예술이라 하는 다른 큰 영역이 남아 있다. 우리는 이것에 동일한 원리들을 적용시킬 수 있는가? 실러는 그의 ≪인간의 미적 교육에 관한 편지≫(Briefe über ästhetische Erziehung des Menschen)에서 예술이 인간 속의 하나의 특수한 성질일 뿐만 아니라 또한 인간의 본성과 본질을 이루는 것임을 증명하려 하였다. 예술은 인간이 만드는 것이 아니라 그의 창조자가 만드는 것이다. 인간성의 분위기는 예술에 의하여 창조된다. 만일 이것이 사실이라면 모든 인종을 연결시키는 하나의 연줄이 발견되어진 셈이다. 왜냐하면 예술은 한 인종의 특권이 아니기 때문이다. 그것은 마치 의인과 악인을, 또 열등 인종과 고등 인종을 다같이 비추는 태양과 같다. 고비노는 이 사실을 부인하지 않는다. 도리어 인정하고 또 강조한다. 그리고 그의 이론에 반대되는 결론이 나올지 모르는 추론은 그에 대해서 특별한 힘을 가졌을 것임에 틀림없다. 왜냐하면 그는 예술에 대해서 깊은 관심을 가지고 있었을 뿐만 아니라, 또한 예술이 그의 생활의 가장 큰 열정의 하나였기 때문이다. 그는 시인이요 조각가였으며, 또 많은 예술 분야에 손을 대었었다. 만일 극히 중요한 이 점에서 그의 주장이 실패한다면 그는 도저히 그 주장을 그대로 내세울 수 없었다.

  딜레마에서 빠져 나오는 그의 방법은 언뜻 보아 매우 놀랍다. 그는 예술이 아리안 인종의 특별한 재질이 아님을 솔직하게 인정한다. 아리안족의 성원들만으로는 결코 위대한 예술을 낳지 못했을 것이다. 예술은 상상력의 소산인데 상상력은 참 아리안인의 특징이 아니기 때문이다. 상상력은 그의 혈관 속에 있는 낯선 핏방울이다. 왜냐하면 그것은 본래 니그로들의 것이기 때문이다. 니그로들에게 있어서는 상상력이 지배적이고

---

29) 같은 책, 같은 곳.

과잉되어 있고 또 왕성한 힘이다. 여기에 예술의 참 기원이 있다. 즉 그것은 흑인종들로부터의 유산이다. 고비노의 독자들에게 이 발견은 큰 충격을 주었을 것이 틀림없다. 그는 니그로에 관해서 최대의 멸시와 혐오로 말하지 않았던가? 그는 니그로들이 신체적 구조에 있어서는 원숭이만 못하고, 동물적 본능에 있어서는 맹수보다도 더 나쁘며, 또 도덕성에 있어서는 지옥에 있는 악령들과 같은 수준에 있다고 말하지 않았던가? 그런 피조물들이 이제 제일가는 예술가로 여겨져야 한다는 것, 다른 모든 인종은 이들의 계승자로서 이들에게 은혜를 입고 있다는 것은 참으로 하나의 큰 역설이다. 그러나 고비노는 이 역설을 회피하지 않았다.

고귀한 인종에 속하는 사람은 일단 이 기원을 알게 되면 이 위험한 유전질에 대해서 자기를 지키지 않으면 안 된다. 그는 심각한 주저 없이 이를 받아들여서는 안 되며, 또 그 매력에 넘어가서는 안 된다. 예술은 언제나 또 어디까지나 우리의 최선의 지적 및 도덕적 재질을 유혹하고 잠들게 하려는 요사스런 가수다. 우리는 그것에 귀를 기울여도 좋다. 그러나 현명한 사람은 세이레네스들에게 매혹되지 않도록 여러 가지로 조심한 오디세우스처럼 행동할 것이다. 고비노 자신은 언제나 자기 자신의 예술적 본능들에 대해서 얼마간 불신하고 있었다. 그는 이것들을 꺼림칙한 마음으로 바라보았다. 이것들은 그가 생각하는 참 아리안인에게 합당하지 않은 것들이었다. 아리안인은 예술과 더불어 합법적 결혼을 계약할 수 없으며, 예술은 그에게 있어 어디까지나 큰 유혹자 혹은 고급 창녀이지 그의 아내가 아니다.

그러나 마지막으로 한 문제가 남아 있다. 적어도 서로 다른 인종들을 결합시키는 주관적인 연줄이 하나 있지 않을까? 냉혹한 자연 법칙을 따라 열등 인종들은 영원히 "그들의 상전들 앞에서 기어다니도록" 저주받고 있다고 고비노는 선언한 바 있다. 그러나 이 상전들 자신은 이 비참한 상태에 대해서 얼마간의 이해를 가져야 하지 않을까? 고비노는 이와 같은 책무를 전적으로 부인하려 하지는 않았다. 확실히 그는 언제나 매우 거만하게 말하였으나, 한편 그는 나면서부터 귀족으로서 **귀족은 신분에 어울리는 행동을 해야 한다**(noblesse oblige)라는 것을 잘 알고 있었다. 그는 모든 "인도주의적" 이상을 부인하였으나, 이 점에서 그는 그다지 자신을 가질 수 없었다. 그의 행동은 언제나 그의 원리와 꼭 일치하지는 않았다. 우리는 이 긴장의 매우 특징적인 증거를, 유명한 유태인 학자 아돌프 프랑크에게 보낸 편지에서 발견한다. 그는 그 자신이 페르시아에 체류하고 있는 동안 테헤란의 유태인들을 부정, 억압, 박해에서 여러 차례 보호했다고 술회하고 있다.30) 그러므로 우리는 고비노를 인간적 동정, 친절, 혹은 자비심이 없는 사람이라고 비난할 수 없다. 그는 온갖 "인도적" 이상으로 되돌아갈 수도 있는 사람이었다. 그러나 그의 이론 자체는 그에게 전혀 선택의 여지를 남기지 않았다. 그의 개인적 감정은 침묵을 지켜야 했고, 그의 일반적 주장의 전개에 있어 전혀 어떤 자리도 차지할 수 없었다.

이 점에서도, 고비노와 칼라일을 비교하는 것이 매우 유익하다. 얼핏 보면 이들의 정치적 경향은 매우 닮은 듯싶다. 이들은 모두 18세기의 정치적 이상, 즉 자유, 평등, 박애의 이상의 철저한 반대자들이다. 칼라일은 영웅 숭배로 돌아가는 것 이외에 달리 이 이상들의 파괴적 영향에서 벗어나는 길을 찾을 수 없었다. 그는 영웅 숭배만이 타락과 파멸과 완전한 무정부 상태에서 우리를 구출할 수 있다고 선언하였다. 그럼에도 불구하고 칼라일의 영웅 숭배와 고비노의 인종 숭배 사이에는 근본적 차이가 있다. 전자는 결합시키고 통일하려 하며 후자는 분할하고 분리시킨다. 칼라일의 모든 영웅은 동일한 언어를 사용하며 동일한 사명을 띠고 있다. 그들은 모두 "저 신적 묵시록의 영감 받은, 말하며 행동하는 본문인바, 이 묵시록의 각 장(章)은 한 시대마다 완결되어 있으며, 또 어떤 이는 이것을 역사라 부른다." 근본적으로 위인은 자연의 품에서 막 나왔

---

30) A. Combris, *La philosophie des races du Comte de Gobineau* (Paris : F. Alcan, 1937), p.232 참조.

을 때 언제나 동일한 종류의 것이다. "나는 그들이 모두 본래 한 바탕에서 나왔음을 명백히 하고자 한다"고 칼라일은 말하였다. 그러나 고비노에게는 이와 같은 동일성이 도저히 생각할 수 없는 것이었다. 북유럽인 오딘과 셈족의 마호멧이 동일한 인간 가족에 속했었던 것처럼 말하는 것은 그에게 모독적인 일로 보였다. 그리고 보편적 정의, 만인에 대해서 동일한 정의를 운운하는 것은 과오 이상의 것이요, 하나의 도덕적 죄악이다. 칼라일은 외쳤다, "정의, 정의…이 핑계 저 핑계로 우리가 정의를 행치 못할 때 도처에서 우리에게 화 있을진저! …세계를 위하여 필요한 것은 오직 한 가지이다. 그것은 절대 없을 수 없다. 정의, 정의, 하늘의 이름으로 우리에게 정의를 달라. 그리하면 우리는 산다. 우리에게 가짜 정의, 혹은 그 대용물만이 주어지면 우리는 죽는다."31)

이 개인적 감정은 칼라일의 사회 철학에 가득 차 있다. 그는 결코 사회주의자가 아니었고 또 어디까지나 영국 왕당원이었으나, 어렸을 때부터 가난한 사람들의 처지를 자신의 처지인 것처럼 생각하여 왔었다. ≪의상철학≫에는 토이펠스드뢰크 교수가 커피숍에 앉아 있다가 갑자기 일어나 그의 큰 잔을 들고 "하느님과 악마의 이름으로 가난한 사람들을 위하여"(Die Sache der Armen in Gottes und Teufels Namen) 하면서 축배를 들자고 하는 장면이 있다.32) 그러나 고비노는 가난한 사람들에 관해서 이와 달리 말하였다. 그는, 오직 부자와 귀족만이 발할라의 영광을 누릴 수 있었던 옛 게르만족의 제도를 충심으로 찬성하였다.33) 빈궁은 천한 것이다. 아리안 인종의 게르만인은 그가 당연히 봉건 영주요 지주임으로 해서, 즉 세계의 일부분의 소유자인 까닭에 자기 자신과 세계에서의 자신의 역할에 대하여 매우 높이 평가하고 있었다.34) 이와 같은 타고난 세

---

31) *Latter-Day Pamphlets*, No.2, "Model Prison", Centenary 판, ⅩⅩ, 68.
32) *Sator Resartus*, Bk. 1, 3장, Ⅰ, 11.
33) 앞의 p.292를 참조.
34) *Essai*, Bk. 6, 3장, Ⅱ, 372.

습적 자격을 요구할 수 없었던 사람은 언제나 추방당하는 신세를 면치 못했다. 이것이 아리안 인종의 사제들에 의하여 도입된 옛 카스트의 핵심이었다.35)

고비노의 이론은 분명히 문명인의 생활권 전체를 포괄하고 그 목적을 달성하였다. 새로운 종교, 곧 인종 숭배는 확고히 세워졌다. 이제 그 어떠한 적에 대한 공포도 없다. 그리스도교는 무력하고 무능하며 불교는 도덕적 도착이요, 애국심은 가나안의 괴물이며 법률과 정의는 한갓 추상이요, 예술은 유혹자 내지 창녀요, 눌린 자에 대한 동정과 가난한 자에 대한 연민은 감상적 환상이다. 거론할 것은 모두 거론되었다. 이것은 새 원리의 승리이다.

이 조직적인 파괴 작업 후에 남은 것은 무엇인가? 고비노 자신에게 남은 것은 무엇이며, 또 그는 자기의 추종자들과 신봉자들에게 무엇을 약속할 수 있었는가? 우리는 첫째 물음에 대한 답을 고비노의 최후의 저작에서 발견한다. 1879년에 그는 그가 저술한 ≪노르웨이의 해적, 노르만디의 브레이의 정복자, 오따르-쟈알 및 그 후손의 역사≫(*Histoire d'Ottar-Jarl, pirate norvé-gien, conquérant du pays de Bray en Normandie, et de sa descendance*)36)를 간행했다. 이 책은 아마 문학사 전체에 있어서 가장 이상야릇한 것 가운데 하나일 것이다. 여기서 고비노는 인류 문명의 역사에 관심을 두지 않는다. 그의 관심은 옮겨지고 있다. 그가 알고자 하는 것은 그 **자신**의 혈통과 그 가족의 혈통뿐이다. 그는 그의 가족이 오따르-쟈알, 즉 유명한 노르웨이의 해적이요 최고신인 오딘에게서 내려온 잉링 왕족의 일원인 오따르-쟈알의 직계 자손이라는 명확한 증거를 가지고 있다고 믿고 있다. 그리고 우리는 이 책에서 인간 생활과 이간 역사에 대한 그 얼마나 편협한 견해를 발견하는 것인가! 만일 고비노가 이 책의 간행 당시 유명한 저자, 곧 ≪불평등론≫과 ≪르네상스≫(*Renaissance*)

---

35) 같은 책, Bk. 3, 1장, Ⅰ, 388.

36) Paris, Didier-Perrin, 1879.

의 저자가 아니었던들 아무도 이 책을 진지하게 취급하지는 않았을 것이다. 그는 언제나 지나친 귀족적 긍지를 가지고 말하였다. 그러나 이번에는 그의 긍지가 어리석고 우스운 것이 되었으며, 또 마침내는 과대망상이 되었다. 세계사의 철학자는 그 자신의 가족사의 철학자가 되고 말았다. 문화의 계보를 연구하는 대신 그는 다만 그 자신의 족보에 열중하고 있다. 이것은 그토록 위대한 기획의 서글픈 결말이었다. 고비노는, 역사를 하나의 정밀과학이 되게 하며 또 우리를 역사의 과정에 관한 모든 주관적 망상과 지레짐작한 견해에서 해방시킨다고 하는 큰 약속에서 출발하였다.37) 그러나 그의 저작 경력의 마지막에 이 시계(視界)는 점점 좁아졌다. 그의 감정과 사고는 한 점에 고정되었다. 그 자신의 족보에! "산들이 명동(鳴動)하여 분만하고 보니 쥐새끼 한 마리가 나왔다"(Parturiunt montes, nas-cetur ridiculus mus).

이 모든 것은 고비노의 사상의 일반적 특징을 우리에게 드러내어 준다. 그의 개인적 생활이 빈약하게 되고 그의 정신적 시계가 좁아진 것은 어떤 의미에서 그의 이론의 필연적 결과였다. 그는 아리안 인종의 우수성과 그 비길 데 없는 가치를 발견함으로써 굉장한 열광에 사로잡혔다. 이 인종이 인류 역사에 처음으로 출현한 순간을 논하는 데 이르면, 그는 그 굉장한 중요성을 기술할 만큼 힘 있는 말을 도무지 찾을 수 없다. 이것은 비단 지상의 순간에 그치는 것이 아니라 또한 우주적 순간이었으며, 또 인간들만이 볼 광경이 아니라 또한 신들과 천체들도 볼 만한 광경이었다.38) 이것은 인류 역사상 하나의 황홀한 경치요, 가장 큰 기대와 약속으로 가득 차 있는 시초인 듯싶었다. 만일 가장 고귀하고 가장 지혜롭고 또 가장 정력적인 인종인 아리안족이 큰 역사극에서의 진정한 배우라면, 인류 문명의 진보에 대해서 우리는 어떤 무제한한 희망인들 품을 수 없으랴! 이리하여 고비노의 저작은 일종의 도취, 즉 인종 숭배와 자기

---

37) *Essai*, "Conclusion générale", II, 548.

38) 같은 책, Bk. 3, 1장, I, 374 이하.

숭배의 도취에서 출발하고 있다.

 그러나 이 처음의 감정에 뒤이어 오는 것은 깊은 환멸감이다. 일종의 역변증법(逆辯證法)에 의하여 최초의 낙관적 견해는 갑자기 심각하고 돌이킬 수 없는 비관으로 전환한다. 고등 인종들은 그들의 역사적 사명을 완수하고 나서 필연적으로 또 불가피하게 그들 자신을 파멸시킨다. 그들은 세상과 밀접하게 접촉하지 않고서 세상을 다스리고 조직할 수 없다. 그러나 그들에게 있어 접촉은 위험천만한 일이요, 나쁜 영향의 영속적이고 영원한 원천이다. 그 결과는 고등 인종들에게 참화를 가져오는 것일 수밖에 없었다. 서로 다른 인종들 사이의 협동은 동서(同棲)를 의미하며, 동서는 혼혈을 의미하며, 동서는 혼혈을 의미하며, 혼혈은 부패와 타락을 의미한다. 그것은 언제나 종말의 시작이다. 인종의 순수성이 사라지면 그 힘과 조직력도 없어진다. 고등 인종들은 그들 자신이 저지른 일의 희생이 되며, 그들의 노예의 노예가 된다.

 그의 저서의 마지막에 고비노는 이 이론의 원리들로부터 일반적 결론을 끌어내었다. 그는 그의 상상 속에서 이 지상에 살 최후의 인간들의 모습을 그려 본다. 그때에는 고귀한 인종들의 타락이 완전하게 되겠고 모든 인종의 차별은 없어질 것이다. 그렇게 되면 인류 역사에 생기를 주는 원리는 그만 없어지고 말 것이다. 확실히 사람들은 평화롭게 살 것이다. 그들 사이에는 경쟁이 없을 것이나, 한편 기력도 없고 진취의 기상도 없고, 권력과 정복에의 의지도 없을 것이다. 현대의 선동가들의 평등주의적 이상들은 달성될 것이다. 그러나 인간의 생활은 그것을 가치 있게 했던 모든 것을 잃어버리고 말 것이다. 사람들은 양떼나 소의 무리와 같은 행복한 상태에서 살 것이다. 이 위대하고 흐뭇한 졸음의 시기 다음에는 무감각의 시기가 오겠고, 마지막에는 완전한 혼수의 시기가 올 것이다. 고비노는 심지어 이 여러 시기의 길이를 추산하려 들었다. 그의 판정은 힘의 시기, 곧 진정한 생명의 시기가 이미 오래전에 사라졌다고 하는 것이다. 우리는 지금 노쇠와 고갈의 상태에서 살고 있다. 인류는 아마 그

너절하고 비참한 생존을 수백 년 동안은 더 질질 끌고 갈 수 있을 것이다. 그러나 그 운명은 결정되어 있다. 그 죽음은 불가피하다.

 이것이 고비노 이론의 마지막 말이다. 그리고 이것은 실로 그의 저작 전체의 정수이다. 그의 저서의 처음 여러 문장에서 그는 이미 이 결말을 예시한 바 있다. 인종 숭배는 고비노에게 있어 최고의 숭배 형태요, 최고 신에 대한 숭배였다. 그러나 이 신은 결코 패하는 일이 없는 불멸의 신이 아니다. 이와 반대로 극히 상하기 쉬운 신이다. 심기(心氣)가 최고로 좋은 순간에도 고비노는, 장차 올 운명 곧 "신들의 황혼"의 운명을 절대로 망각할 수 없었다. 신들은 죽으려 하고 있다.(Lex dieux s'en vont)- 신들은 죽지 않으면 안 된다.

> 문명들의 몰락은 역사의 모든 현상 가운데 가장 두드러진 그리고 동시에 가장 모호한 것이다. 그것은 영혼에 공포를 일으키는 참변이지만, 언제나 그 배후에 아주 신비스럽고 거대한 그 무엇을 가지고 있기 때문에 사상가는 그것을 바라보고 연구하고 그 비밀을 찾는 일에 절대로 지루함을 느끼지 않는다. …우리는 별 수 없이 사람들의 집단마다, 아무리 이를 보호하는 사회 관계들의 조직망이 교묘하다 하더라도, 그것이 탄생하는 바로 그 날에 그 생명의 요소들 가운데 감추인 불가피한 죽음의 씨를 얻게 된다는 것을 긍정하지 않을 수 없다. 그런데 이 씨, 이 죽음의 원리는 무엇인가? 그것은 그 결과들처럼 한결같고, 또 모든 문명은 동일한 원인으로 멸망하는 것인가?39)

 이제 우리는 바로 우리의 눈앞에 해답을 본다. 결과는 비단 심각한 비관론일뿐더러 또한 완전한 부정주의와 허무주의이다. 고비노는 모든 인간적 가치를 말끔히 일소하였다. 그는 이것들을 새로운 신, 곧 인종이란 몰로크(Moloch)에게 희생 제물로 바칠 것을 결심한 바 있었다. 그런데 이 신은 죽어가는 신이었으며, 또 이 신의 죽음은 인류 역사와 인류 문명의 운명을 확정하였다. 그의 죽음은 인류 역사와 인류 문명을 그 자신의 멸망 속에 함께 말려들게 했다.

---

39) 같은 책, Bk. 1, 1장, Ⅰ, 1 이하. English trans., pp. 1이하.

제17장 헤 겔

헤겔 철학이 현대 정치사상의 발전에 끼친 영향

　헤겔 형이상학만큼 강하고 영속적인 영향을 정치 생활에 끼친 철학 체계는 지금까지 하나도 없었다. 그 이전의 모든 위대한 철학자들이 제창한 국가 이론들은, 정치사상의 일반적 진로를 결정한 바는 있으나 정치 생활에 있어서는 이렇다 할 역할을 갖지는 못했다. 그것들은 "이념" 혹은 "이상"의 세계에 속하였고, "실제의" 정치 세계에 속하지 않았다. 철학자들은 가끔 이 사실에 대해서 불평하였다. 칸트는 특별히 한 논문에서 "이론으로서는 옳은지 모르나 실제 생활에는 맞지 않는다"는 슬로건을 논박하려 하였다. 하지만 이와 같은 모든 노력은 헛된 것이었다. 왜냐하면 정치사상과 정치 생활 사이의 틈이 건널 수 없는 채로 있었기 때문이다. 정치 이론들이 열심히 토론되었고, 그래서 그것들은 공격되고 옹호되고 증명되고 논박되었다. 그러나 이 모든 것은 정치 생활의 투쟁에 대해서 혹 무슨 영향을 미쳤다 하더라도, 그 영향은 극히 적은 것이었다.
　헤겔의 철학을 연구할 때 우리는 이와 전혀 다른 상황에 부딪친다. 그의 논리학과 형이상학은 처음에 그의 체계의 가장 공고한 보루로 여겨졌다. 하지만 바로 이 측면으로부터 그의 체계는 가장 맹렬하고 위험한 공격을 받기 쉬웠다. 그리고 짧은 투쟁이 있은 후 이 공격들은 성공을 거둔 듯싶었다. 하지만 헤겔주의는 논리적 혹은 형이상학적 사상의 분야에서가 아니라 정치사상의 분야에서 부활하게 되었다. 지금까지 그 영향을 받지 않은 위대한 정치적 체계는 단 하나도 없었다. 현대의 모든 정치적 이데올로기는, 헤겔의 법철학과 역사 철학에서 처음으로 제창되고 옹호된 원리들의 힘과 지속성과 영속성을 우리에게 보여준다.

  그러나 그것은 퓌로스의 승리 같은 헛된 승리였다. 헤겔주의는 그 승리의 대가를 치르지 않으면 안 되었다. 그것은 그 행동반경을 굉장히 넓혔으나 그 통일과 내적 조화는 사라졌다. 그것은 더 이상 명료하고 동질적이고 일관된 정치 사상의 체계가 아니다. 서로 다른 학파들과 정당들이 모두 헤겔의 권위에 호소하고 있으나, 동시에 그들은 그 근본적 원리들에 대해서 서로 전혀 다르고 양립할 수 없는 해석을 하고 있다. 이 원리들은 한 철학자의 흩어진 유물이 되어 버렸다. 헤겔의 정치 이론에 대해서 우리는 실러가 《발렌슈타인》(*Vallenstein*)의 서막에서 한 말을 적용할 수 있다. "당파적 증오와 당파적 편애로 혼미하게 되어, 역사상의 그의 초상화는 바뀌어졌다." 볼셰비즘, 파시즘 및 나치즘은 헤겔의 체계를 분해하고 산산이 부수어 버렸다. 그들은 전리품의 찌꺼기에 관해서 쉴 새 없이 서로 다투고 있다. 그리고 이것은 더 이상 한갓 이론적 논쟁에 그치는 것이 아니다. 그것은 막대한 정치적 효과를 가지고 있다.

  처음부터 헤겔의 해석자들은 두 진영으로 나뉘어 있었다. 헤겔의 "우파"와 "좌파"는 끊임없이 싸웠다. 그 논쟁은, 그것이 철학의 학파들 사이의 논쟁이었던 동안은 비교적 해(害)가 없었다. 그러나 지난 몇 십 년 동안에 정세는 완전히 바뀌었다. 지금 중대한 문제가 되고 있는 것은 이전의 논쟁들과는 전혀 다른 어떤 것이다. 그것은 목숨을 건 투쟁이 되었다. 어떤 역사가는 1943년에 있었던, 러시아인들과 침입해 들어간 독일인들이 투쟁이 실제로는 헤겔 학파의 좌파와 우파 사이의 한 충돌이 아니었던가 하는 물음을 제기하였다.[1] 이것은 문제를 과장해서 말한 것으로

---

1) H. Holborn, "The Science of History", *The Interpretation of History*, ed. J.R.

보일지 모르나 진리의 핵심을 내포하고 있다.

헤겔의 철학을 연구함에 있어 우리는 사상가들의 경우에서와 동일한 방식으로 나아갈 수 없다. 플라톤의 인식론, 아리스토텔레스의 자연 철학 혹은 칸트의 윤리학설은. 이 철학자들의 주요 **결과들**을 기술하기만 하면 그 성격을 파악할 수 있게 된다. 그러나 헤겔의 체계를 논하는 데 있어서는 그와 같은 기술은 아주 불충분한 것이 되고 말 것이다. ≪정신현상학≫의 서문에서 헤겔은, "어떤 철학적 저작의 핵심이 그 목적들과 귀결들에서보다도 더 잘 표현될 수 있는 곳이 어디에 있겠는가?"라고 묻는다.

> 그리고 이 목적들과 결과들을 같은 시대에 같은 분야에서 일하는 다른 사람들이 생산한 것과 구별하는 것보다도 더 명확히 그것들을 알게 하는 방도가 다시 있는가? 하지만 만일 이러한 절차가 인식의 시초 이상의 것으로 간주되고자 한다면, 즉 그것이 어떤 철학 체계에 대한 현실적 인식으로 간주되고자 한다면, 우리는 사실에 입각하여, 이 절차가 진정한 문제를 회피하려는 계책이라고 보아야만 한다. …왜냐하면 진정한 주제가 그 목적 속에 들어 있는 것이 아니고, …또 그저 성취된 결과만이 구체적 전체가 아니라 이 결과에 도달하는 과정을 합한 것이 구체적 전체이기 때문이다. …벌거숭이 결과는 그 지도적 경향을 뒤에 남긴 체계의 시체다. …이와 같은 절차는 문제 자체를 파악하지 못하고 줄곧 주체에서 아주 떠나 있다. …가장 쉬운 일은 견고한 실질적 내용을 가진 것을 평가하는 것이고, 이보다 어려운 일은 이런 것을 파악하는 것이며, 가장 어려운 일은 평가와 파악을 다같이 하고 그것의 체계적 표현을 만들어 내는 것이다.[2]

이 어려움이 헤겔 철학에 대한 갖가지 다른 해석들을 설명해 준다. 만

Strayer(Princeton, Univ. Press, 1943), p.62참조.

[2] Hegel, *Phenomenology of Mind*, 전2권, English trans. J.B. Baillie (London : S. Sonnenschein & Co. ; New York : Macmillan, 1910, 제2판 London : George Allen & Unwin ; New York : Macmillan, 1931), I, 3 이하.

일 우리가 어떤 특수한 면을 가려낸다면, 이와 정반대되는 것을 찾는 것은 쉬운 일일 뿐만 아니라 필연적이기도 하다. 헤겔은 이러한 모순들을 두려워하지 않았다. 그는 이 모순들 속에서 사변적 사상과 철학적 진리의 참 생명을 보았다. 그는 거듭 저 유명한 원리인 동일률과 모순율을 공박하였다. 이 원리는 옳지 않다. 그것은 한갓 형식적이고 추상적인, 다라서 천박한 원리이다. 우리가 현실에서 발견하는 것은 언제나 반대물들의 동일성이다.

헤겔의 정치사상에서도 테제(정립)마다 안티테제(반정립)가 따른다. 그러므로 그의 정치 체계를 어떤 특별한 표어로 정의하는 것은 불가능한 일이다. 그는 항상 자기 자신을 **자유**의 철학자라고 주장하였다.

> 물질의 본질이 인력이라면, 정신의 실체 즉 본질은 자유라고 단언할 수 있다. 정신이 다른 속성들과 함께 또한 자유도 가지고 있다고 하는 교설에 누구나 선뜻 동의할 것이다. 그러나 철학은 정신의 모든 성질이 오직 자유를 통해서만 존재한다고 가르친다. …자유가 정신의 유일한 진리라 함은 사변적 철학의 결과이다.3)

헤겔의 반대자들은 이것이 그의 교설의 참된 기술이기보다 오히려 하나의 만화라고 확신하였다. 철학자 프리스는 선언하기를, 헤겔의 국가이론은 "학문의 화원에서가 아니라 노예 근성의 퇴비 위에서" 자란 것이라고 하였다. 모든 독일 자유주의자들이 이와 꼭같이 느끼고 또 말하였다. 그들은 헤겔의 체계를 정치적 반동의 가장 견고한 보루로 보았다. 그들의 판단에서는 헤겔이 모든 민주주의적 이상의 가장 위험한 적이었다. 루돌프 하임은 그의 저서 《헤겔과 그의 시대》에서 다음과 같이 말하였다.

---

3) *Lectures on the Philosophy of History*, English trans. J.Sibree (London : Henry G. Bohn, 1857, p. 18; 개정판 London : G. Bell & Sons, 1900).

내가 아는 한, 홉스나 필머, 할러나 슈탈이 가르친 모든 것은 헤겔이 (자신의 ≪법철학≫의) 서문에서 말한 의미에서의 현실적인 것의 합리성에 관한 유명한 말에 비하여 훨씬 편견 없는 것이다. 군주 신권설과 절대 복종은 현존하는 것을 덮어놓고 신성시하는 무서운 교설에 비하면 허물없고 무해하다.4)

그러나 여기서 우리는 하나의 큰 문제에 직면하지 않으면 안 된다. "현존하는 것을 덮어놓고" 신성시한 철학 체계가 현대 정치사상에서 가장 큰 **혁명** 세력들 중의 하나가 된 것은 어떻게 가능하였던가? 헤겔이 죽은 후, 그의 교설이 갑자기 전혀 다른 각도에서 보여지고 아주 달리 사용된 것은 어떻게 된 일인가? 프로이센 국가의 철학자는 "변증법적 마르크스주의"의 투사 마르크스와 레닌의 선생이 되었다. 헤겔 자신은 이 발전에 대해서 책임이 없다. 그는 자기의 정치 이론의 전제로부터 이끌어 내어진 귀결들의 대부분을 배척했을 것이 분명하다. 그의 성격과 개인적 성미에 있어서 그는 모든 과격한 해결책에 반대하는 사람이었다. 그는 전통의 힘을 옹호한 보수주의자였다. 관습(Sitte)은 그에게 있어 정치 생활의 기본 요소였다. 헤겔은 그의 초기 저작에서 그리스의 폴리스와 로마 공화국에 대하여 기술한 바 있는데, 여기서 그는 이 이상을 찬미하였다. 그는 언제나 이 견해를 주장하고 옹호하였다. 그는 관습 속에 나타나는 것보다도 더 높은 윤리적 질서를 인정하지 않는다.5)

여기서 우리는 헤겔의 "관념론"과 플라톤의 그것 사이의 근본적 차이를 파악한다. 플라톤은 소크라테스의 제자로서 말하였다. 그는 개인적

---

4) R. Haym, *Hegel und seine Zeit* (Berlin : R. Gaertner, 1857), p. 367. H.A. Reyburn, *The Ethical Theory of Hegel ; A Study of the Philosophy of Right* (Oxford : Clarendon Press, 1921), p. 63.

5) *Rechtsphilosophie*, § 151. English trans., *The Ethics of Hegel ; Translated Selections from his"Rechtsphilosophie"*, by J. Macbride Sterrett(Boston : Ginn & Co., 1893), p. 142. Complete English trans., *Hegel's Philosophy of Right*, trans. S.W. Dyde (London : G. Bell & Sons, 1896), p.161.

책임에 대한 소크라테스의 요구에 호소하였다. 관습과 습관은 쓸모없는 것이라 선언되었다. 우리가 참된 정치 생활의 원리들을 발견할 수 있는 것은 전통이나 관례에서가 아니다. 이 원리들은 "옳은 의견"(doxa)이 아니라 인식(epistēmē)에, 곧 소크라테스가 발견한 새로운 형태의 합리성과 도덕 의식에 기초를 두고 있다. "이성"은 헤겔에 있어서 이러한 플라톤적인 유형의 것이 아니다.

> 사실에 있어 자각적 이성의 실현이란 개념은 … 한 민족의 생활에서 현실적으로 성취된다. 이성은 여기서 유동하는 보편적 실체로서 나타나며 … 동시에 분산되어, 전혀 독립적인 많은 존재들 속에 들어간다. … 이것들은 자신들의 특수한 개별성을 포기하고 또 희생하는 사실과 이 보편적 실체가 자신들의 영혼이요 본질이라는 사실을 통해서, 자신들이 이러한 개별적인 독립적 존재들임을 의식하고 있다.[6]

그러므로 보수성은 헤겔의 윤리학설의 가장 특징적인 면 가운데 하나다. 그럼에도 불구하고 그것은 전부가 아니다. 그것은 다만 특수한 일면적 측면일 따름이고, 우리는 그것을 전체로 잘못 보아서는 안 된다. 헤겔의 정치 이론과 역사 철학에서 우리는 반대되는 두 경향의 이상한 혼합을 본다. 그는 역사적 세계의 전체를 포용하려 한다. 그는 그리스, 로마, 혹은 독일의 문화뿐 아니라 또한 동양 문화, 중국 혹은 인도도 논한다. 그가 그의 체계에서 드러내고자 하는 것은 어떤 특수한 국민의 정신이 아니라 보편적 정신 곧 세계 정신이다. "구체적 **이념**인 민족 **정신**들은 **절대적 이념** 속에 그 진리와 특성을 가지고 있다. 그것들은 세계 정신의 보좌 둘레에서 세계 정신을 실제로 실현하는 것들로서, 그 영광의 증인이요 장식으로서 서 있다. 세계 정신인 절대 이념은 다만 자기 자신에게 도달할 필요밖에 없다. 다시 말하면 그 자신의 존재와 자유의 사명에 대

---

[6] *Phenomenology of Mind*, English trans., Ⅰ, 341 이하.

한 자각적 인식에 나아갈 필요밖에 없다."[7]

하지만 그의 정치 체계와 실제 정치에 있어 헤겔은 모든 것을 포괄하는 이 과업을 감당할 수 없었다. 그 자신은, 철학자가 자기의 현재의 세계의 제약들을 피할 수 없다는 것을 언제나 강조하였다. 그리고 헤겔의 이 "현실의 세계"는 무척 좁은 세계였다. 그것은 독일과 프로이센에 결부되어 있었다. 헤겔은 독일의 애국자로서 출발하였다. 그는 자기의 시대 및 자기 자신의 나라의 문제들에 깊은 관심을 가지고 있었다. 1801년에 쓴 최초의 정치적 소책자의 하나에서 그는 독일의 헌법을 다루고 있다. 그는 독일의 정치 생활은 위험한 고비에 접근해 가고 있으며, 그 힘과 그 모든 존엄성을 잃었다고 선언하였다. 나중에 해방 전쟁이 있은 후 그는 독일의 정치 생활의 위기가 하나의 해결책을 발견했다고 확신하였다. 프로이센이 해결에 있어서 주도적 역할을 맡았었으므로 그의 모든 사상과 감정은 이때 이후로 프로이센 국가에 집중되었다. 이 모든 현실의 정치 문제를 다룰 때 헤겔은 더욱더 그의 철학적 세계주의를 제한하지 않으면 안 되었다. 그는 세계주의에서 비단 국가주의로뿐만 아니라 또한 일종의 지방주의와 배타주의로 옮아갔다. ≪법철학≫의 서문에서 그는 자기의 개인적 감정, 반감 및 성깔을 나타내기까지 하였다.

이 점에서 볼 때 헤겔의 체계의 형식은 그 직접적 내용보다 훨씬 나은 것이었다. 헤겔의 죽은 오랜 후에도 또 그의 형이상학이 붕괴된 후에도 그것은 계속해서 영향을 끼쳤다. 그것은 19세기를 통하여 정치사상의 발전에 있어서 폭발적인 세력의 하나가 되었다. 이때 이후 그것은 헤겔의 정치 이론에 영향을 준 모든 개인적이고 일시적인 조건들로부터 벗어났다. 그것은 가끔 헤겔 자신에 반대되는 작용을 하였다. 그것은 그의 가장 확고하고 가장 소중한 정치적 확신들 가운데 몇 가지에 대립되었고 또 이것들을 전복하였다. 이 과정은 실로 변증법적 방법의 일반적 성격에

---

[7] *Philosophy of Right*, § 352. Sterrett trans., pp. 210 이하. Dyde trans., pp. 345 이하.

완전히 일치한다. 사상은 언제나 이와 같은 이중의 얼굴을 보여준다. 야누스 신의 상(像)처럼 그것은 앞도 보고 뒤도 본다. 변증법적 과정에서 새로운 단계마다 그전의 모든 단계를 내포하고 보존한다. 돌연한 변화도 없고, 연속이 중단되는 법도 없다. 그러나 한편 이 보존의 행위는 필연적으로 폐기의 행위이다. 변증법적 과정에 의해서 존재하게 되는 모든 것은 그 어느 것이나 오직 **지양된 계기**(aufgehobenes Moment)로서만 그 진리와 가치를 가진다. 그것은 불가결한 요소로서 보존된다. 그러나 그 고립된 실재성은 없어진다. 모든 유한한 존재는 새롭고 더 완전한 모양들에 자리를 내어주기 위하여 소멸되지 않으면 안 된다.

하지만 이와 같은 생각은 "덮어놓고 현존하는 것을 신성시하는 것"과는 도대체 어울리지 않다. 헤겔이 그 만년에 더욱더 이 유혹에 굴복했을 때. 그는 자기 자신의 체계에 반대되는 행동을 하고 있었다. 그의 초기의 논설의 하나로서, 1802년에 씌어진 ≪자연법의 학문적 취급 방식에 대하여≫(*Über die wissenschaftlichen Behandlungsarten des Naturrechts*)에서 그는 이와 반대되는 태도를 강조하였다. 여기서 그는 세계 역사를 절대자가 쉴새없이 자기 자신과 더불어 연출하고 있는 윤리적 생활의 큰 비극이라고 기술하였다. 끊임없이 자기 자신을 객관성 속에 태어나게 하며 고통과 죽음을 겪게 하고 이 잿더미로부터 새로운 영광으로 다시 일어나는 것이 절대 정신의 운명이다. 신은 그 형상과 객관성에 있어서 이중의 성질을 가지고 있으며, 그 생명은 이 두 성질의 절대적 통일이다.[8] 명백히 이것은 한갓 보수주의나 전통주의가 아니라 이와 정반대되는 것이다.

그러므로 헤겔이 정치 이론의 참 성격을 이해하려면 보다 넓은 시야에서 문제를 바라보지 않으면 안 된다. 구체적인 정치 문제들에 관한 그 자신의 의견을 연구하는 것만으로는 충분지 않다. 이 의견들은 다만 개

---

[8] Hegel, *Schriften zur Politik und Rechtsphilosophie*, ed. G. Lasson, "Sämtliche Werke", Ⅶ(Leipzig : Felix Meiner, 1913 ; 제2판 1923), 384 이하.

인적 관심사는 될지 모르나 철학적 관심사는 되지 못한다. "의견은 내 것이다"(Die Meinung ist mein)라고 헤겔은 그 유명한 재담의 하나에서 말하였다. 여기서 중요한 것은 정치적 신조가 아니라 그의 체계에 의하여 도입된 정치 사상의 새로운 **방향**이다. 무엇보다도 중요했고 또 영속적인 흥미와 영향을 끼친 것은 헤겔이 내어놓은 특수한 해답들이기보다 오히려 문제 제기의 새로운 방식이었다. 그러나 이 점을 분명히하고 헤겔의 정치 사상을 아주 공정하게 보려면 우리의 시야를 넓혀 헤겔 철학의 제1원리로 되돌아가지 않으면 안 된다.

헤겔의 정치학설의 형이상학적 배경

종교 문제와 역사 문제는 헤겔의 학설의 두 가지 중심이다. 처음부터 이것들은 그의 철학 사상에서 가장 강하고 큰 관심사였다. 헤겔의 최초의 저술들을 연구할 때 우리는 이 두 가지 사이에 도저히 금을 그을 수 없다.9) 이것들은 서로 융합되어 나뉠 수 없는 통일을 이루고 있다. 우리는 그가 역사를 가지고 종교를 논했으며 종교를 가지고 역사를 논했다고 말함으로써 헤겔 사상의 근본적 경향을 기술할 수 있다.

그리하여 종교 사상의 가장 오래 되고 가장 어려운 문제 가운데 하나가 갑자기 새로운 모습을 띠게 되었다. 고대 및 근대의 사상가들은 신의론(神義論, theodicy)의 문제를 여러 각도에서 논하였다. 스토아학파, 신플라톤학파 및 라이프니쯔는 자연적 혹은 도덕적 악의 존재를 눈앞에 보고 신의 섭리를 변호한 바 있었다. 계몽주의의 시기에는 이 신학적 해결의 대부분이 배척되었다. 그럼에도 불구하고 이 문제는 여전히 일반적인 철학적 관심의 초점이 되어 있었다. 그것은 볼떼르와 루소 사이에 불화의 씨가 되었다. 이 논쟁에서 사용된 모든 논의는 이제 헤겔에 의하여

---

9) Hegel, *Theologische Jugendschriften*, ed. H. Nohl(Tübingen : Mohr, 1907).

낡아빠진 것이라 선언되었다. 우리는 자연적 및 도덕적 악의 "변명" 즉 정당화를 추구할 필요가 없다. 악은 한갓 우연적인 사실이 아니다. 그것은 오히려 현실의 근본적인 성격에서, 현실의 **정의**(定義) 자체에서 따라 나오는 것이다. 현실을 긍정적인 극과 부정적인 극으로 분리하는 것은 자의적이고 피상적인 일이다.

그럼에도 불구하고 신의론의 오래된 문제는 잊혀지지 않았다. 도리어 헤겔은 자기가 이 문제를 옳은 관점에서 본 최초의 사람이라고 확신하고 있다. 그에 의하면 우리는 문제를 재정의하지 않으면 안 된다. 우리는 그 종교적인 신학적 의미의 배후에서 보다 더 심원한 철학적 의의를 발견하지 않으면 안 된다. 이것은 그의 역사 철학에서 수행될 과제였다. 일반적으로 역사는 시간에 있어서의 정신의 발전이요, 자연은 공간에 있어서의 이념의 발전이다.

> 한동안 동물들, 식물들, 그리고 이 밖에 따로따로 일어나는 사건들에 나타나는 하느님의 지혜에 대한 찬탄을 공언하는 일이 유행하였다. 그러나 만일 섭리가 이와 같은 사물들과 존재 형태들 속에 나타난다고 할 수 있다면, 어찌 우주의 역사에선들 나타나지 않겠는가? 이와 같이 보는 것은 너무나 큰 일로 여겨진다. 그러나 신적 지혜 곧 이성은 큰일에 있어서나 작은 일에 있어서나 하나요 또 동일하다. 그리고 우리는 하느님을 상상하되, 그의 지혜를 큰 규모로 발휘하지 못할 만큼 너무 약한 이로 상상해서는 안 된다. … 이런 점에서, 이 문제를 다루는 우리의 방식은 신의론 -하느님이 행하시는 일의 변호-이다. 이것은 라이프니쯔가 그 나름의 방법을 가지고 형이상학적으로, 즉 일정치 않은 추상적 범주들을 가지고 시도했던 것이요, 이로써 세상에서 볼 수 있는 재앙을 이해하고 생각하는 정신이 악의 현존이라는 사실을 받아들일 수 있었다. 실로 이와 같이 조화시키는 견해가 우주의 역사에서보다도 더 절실히 요구되는 곳은 없다. 그리고 이것은 오직 그 속에서 소극적 요소가 종속되고 극복된 것으로서 없어져 버리는 적극적 현존을 인정함으로써만 달성될 수 있다.[10]

헤겔의 반대자들은 항상 역사의 이 조화화를 한갓 곡해라 선언하였다. 그들은 이것을 천박한 낙관론 이외의 다른 아무것도 아니라고 보았다. 헤겔 철학의 반대자 쇼펜하우어는, 그와 같은 낙관론은 이치에 맞지도 않을뿐더러 또한 흉악하기조차 하다고 말하였다. 그러나 이것은 분명히 헤겔의 견해를 곡해한 것이다. 헤겔은 인류 역사 속에 내재하는 여러 가지 악, 비참한 일, 잔인한 일 및 범죄를 부정하지도 않았고, 또 이 악들을 과소평가하거나 아주 없다고 우기려 하지도 않았다. 이 점에서 그는 비관론의 모든 논의를 인정하였다. 우리가 행복이라 부르는 것은 특수한 목적들의 영역에 속한다고 그는 선언한다. "자기의 형편이 자기의 특별한 성격, 의지 및 공상에 어울린다고 생각하여, 그 형편 속에서 스스로 즐거워하는 사람은 행복한 사람이다. 세계 역사는 행복의 무대가 아니다. 행복의 시기들은 이 세계 역사 속의 공백의 페이지들이다. 왜냐하면 그것들은 조화의 시기들이요, 대립이 없는 시기들이기 때문이다."11) 이 대립이 없으면 역사는 생명이 없는 것이 되며, 그 의미와 추진력을 잃는다. 인류 역사에서 우리가 찾고 즐기는 것은 인간의 행복이 아니라 그 활동이요 힘이다.

그러므로 약속된 역사적 세계의 조화화는 신의론의 종래의 모든 시도와는 전혀 다른 것이다. 그것은 물리적 및 도덕적 악의 사실을 무시하거나 제거하지 않고 오히려 강조한다. 그것은 도대체 개인의 의지가 객관적 세계에서 만족을 얻을 수 있다고 주장하지는 않는다. 이와 같은 요구는 쓸데없는 희망이라 선언된다. 현실은 우리의 개인적 희구나 욕구에 응하지 않는다. 그것은 거친 바탕으로 되어 있으며, 그 스스로의 냉혹한 법칙을 따른다. 만일 우리가 현실 세계에서 우리의 목적들이 이루어질 것을 바란다면, 그 결과는 깊은 실망일 따름이다. 우리는 이때 주관적 영

---

10) *Lectures on the Philosophy of History*, p. 16.
11) 같은 책, p.28.

역과 객관적 영역의 완전한 절연에 부딪친다. 그러나 이와 동일한 절연이, 훨씬 더 위험한 상태로, 또 하나 다른 사사의 조류에도 나타난다. 플라톤에서 칸트와 피히테에 이르는 모든 관념론 학파는 현실 세계로부터 보다 높고 보다 장엄한 질서로 도피하라고 우리에게 권유하였다. 이들은 우리의 경험적 세계에 전적으로 반대되는 한 도덕적 질서를 세웠다. 칸트는 "세계 안에서나 혹은 세계 밖에서나, 선의지(善意志) 이외에, 무조건적으로 선하다고 부를 수 있는 것은 도무지 생각할 수 없다"고 말하였다. 그러나 이 "선"의지 혹은 "도덕적"의지란 무엇을 의미하는가? 그것은 결코 특수한 의지가 아니라 보편적 의지다. 그러나 그 보편성은 어디까지나 전혀 추상적이다. 여기서 우리가 현실 세계에 대해서, 즉 인간 경험의 세계에 대해서 맞세우는 것은 형식적인 도덕적 요구다. 우리는 있는 그대로의 세계를 보지 않고 마땅히 있어야 할 세계를 보고 있는 것이다. 이것은 높고 숭고한 생각인 듯싶다. 왜냐하면 여기서 우리는 더 이상 우리의 개인적 이해에 관심을 두고 있지 않기 때문이다. 우리는 이 모든 이해를 의무의 제단 앞에 바칠 준비가 되어 잇다. 그러나 현실 세계에 적용될 때 이 도덕적 이타주의는 우리의 사사로운 욕구의 이기주의와 똑같은 환멸에 이른다. 세계의 진로는 항상 그리고 불가피하게 우리의 도덕적 요구를 좌절시킨다. 우리의 인식은 이 좌절을 받아들이지 않는다. 그런데 우리는 우리들 자신을 나무라지 않고 현실을 나무란다. 그리하여 현실로부터의 이 절연은 심지어 사물의 현존 질서를 공격하고 파괴하는 데까지 나아간다.

 헤겔은 이 파괴를 《정신 현상학》 가운데 "심정의 법칙과 자부심의 광기"라 제목을 붙인 유명한 한 장에서 기술하였다. 명백히 그는 여기서, 최고의 도덕적 이상–자유, 평등, 박애의 이상–에서 출발하여 공포 정치로 끝난 프랑스 혁명을 생각하고 있다. 프랑스 혁명에 의하여 "심정의 법칙"은 최고의 도덕적 원리라 선언되었다. 그러나 이 원리에 대립하여 하나의 현실, 즉 심정의 법칙에 모순되는 세상의 포악한 법도(法度), 그리고 이 법도 아래서 고통 받는 인류가 서 있었다. 이 현실을 공격하는 것이 최초의 주요한 과업이 되었다. "따라서 여기에는 이제 다시는 그저 어떤 쾌락을 찾기만 했던 예전과 같은 부박성(浮薄性)이 없다. 이제는 자기 자신이 뛰어난 본성을 발휘하고 인류의 복리를 실현하는 데서 쾌락을 추구하는 높은 목적의 성실성이 있을 뿐이다. … 그리하여 개인은 자기의 심정의 법칙을 성취하고 수행하고 이 법칙은 보편적 법도가 된다." 그러나 우리가 법칙을 현실 세계에 강요하기 시작하고 우리의 생각을 옮기려 하면, 우리는 가장 강력하고 맹렬한 저항에 부딪친다. 우리는 사물들의 역사적 질서 전체를 폐기하지 않고서는 이 저항을 극복할 수 없다. 그리하여 "심정의 법칙"은 건설적 원리, 즉 참된 윤리적 질서를 확인하고 확립하는 원리인 대신, 하나의 파괴적인 전복하는 원리가 된다. 프랑스 혁명은 이 파괴를 찬미하였다. "직접적이고 미숙한 본성을 드러내는 것이 우수성의 발휘 및 인류의 복리의 실현으로 간주되고 잇다." "심정의 법칙이 이 의식적 파괴의 계기를 표현할 때 … 그것은 스스로 자기 자신의 이 내적 도착이며 의식의 광란이며, 그 본질은 곧장 비본질이요, 그 현실은 곧장 비현실임을 드러내 준다."12)

　헤겔이 그의 역사 철학에서 시도한 절충은 아주 다른 유형의 사상이다. 그는 사물들의 주어진 질서를 받아들인다. 그는 이것 속에서 참된 윤리적 실체를 본다. 그는 역사적 세계의 여러 가지 악, 비참, 범죄를 없애려고 기도하지 않는다. 이 모든 것을 당연한 것이라 생각한다. 그렇지만 그는 이 험하고 잔인한 현실을 정당화하려 한다. 사변적 사상의 견지에서 볼 때 현실은 다시는 하나의 우연한 사실이나 무서운 필연으로 나타나지 않는다. 그것은 "이성적"일 뿐더러, 또한 이성의 화신이요 구현이다. 그러나 우리는 "이성"이란 말을 다시는 칸트의 "실천 이성"으로 이해해서는 안 된다. 그것은 한갓 추상적이고 형식적인 원리, 칸트의 정언명법 같은 도덕적 요구가 아니다. 그것은 역사적 세계 속에 살며 또 그것을

---

12) *Phenomenology of Mind*, English trans., Ⅰ, 359, 363.

조직하는 이성이다. " 철학이 우리에게 주어야 할 통찰은 이러하다. 즉 현실 세계는 그것이 마땅히 있어야 할대로 있으며, 참으로 선한 것-보편적인 신적이성-은 한갓 추상이 아니라, 그것 자신을 실현시킬 수 있는 생명력을 가진 원리이다. …철학은 신적 이념의 실체적 외도, 그 현실적 측면을 발견하여 그토록 경멸된 사물들의 현실성을 변명하고자 한다."[13]

그러나 어떻게 헤겔은, 자기 이전의 모든 철학 사상가들이 이성의 "실체적인 힘"을 업신여겼다고, 말할 수 있었는가? 이 사상가들의 대부분, 즉 플라톤, 아리스토텔레스, 라이프니쯔 및 칸트는 철저한 이성주의자들이 아니었던가? 그리고 어떻게 그는 위대한 종교 사상가들 -성 아우구스티누스, 토마스 아퀴나스 및 파스칼-이 "신의 섭리"의 참된 의미를 이해하지 못했다고 비난할 수 있었는가? 모든 것은 오직 헤겔의 종교 철학과 역사 철학의 독특한 경향을 염두에 둘 때에만 이해될 수 있다.

이 두 요소, 즉 역사적 요소와 종교적 요소의 결합, 상관 관계 및 상호 침투야말로 그의 철학이 주요한 테마였다. 그리고 그는 자기가 이 상호 의존 관계를 올바르게 본 최초의 사람이라고 확신하고 있었다. 플라톤에서 칸트에 이르기까지 형이상학의 역사 전체는 "감각" 세계와 "예지" 세계를 근본적으로 구별하는 것이 그 특징이었다. 철학자들은 인간의 인식이 이 두 세계에 대해서 가지는 관계에 관하여 의견을 같이 하지 않았다. 플라톤은 진리와 실재는 오직 순수한 이념(이데아)들 혹은 형상들의 세계에서만 볼 수 있는 것이라고 확신하였다. 현상 세계에서는 진리를 찾아볼 수 없다. 현상 세계에서 볼 수 있는 것은 변화무쌍한 그림자뿐이다. 그러나 칸트는 이와 반대되는 견해를 취하였다. 그는 인간의 인식을 경험 세계의 한계들 속에 국한시킨다. "나의 관념론 전체를 지배하는 근본원리는 이것이다. 곧 한갓 순수한 오성과 이성에서 얻는 사물에 대한 지식은 단지 환상 이외의 다른 아무것도 아니며 오직 경험 속에만 진리가

---

13) *Philosophy of History*, p. 38.

있다."14) 그러나 일반적으로 합의되어 있었던 것, 그리고 이전의 모든 형태의 철학적 관념론에 공통되는 것은 감각 세계(mundus sensibilis)를 예지 세계(mundus intelligibilis)로부터 가르는 경계선이 있다고 하는 것이다. 이 이원론은 형이상학적 사상의 기초였다.

그 체계가 흔히 "일원론적"이라 기술되는 위대한 형이상학적 사상가들이 있음은 사실이다. 스피노자는 하느님을 초월적 원인(causa transiens)으로서가 아니라 내재적 원인(causa immanens)으로서 논하였다. 하느님은 자연 너머 혹은 자연의 밖에 있지 않다. 하느님과 자연은 하나요 동일하다. 그러나 여기서도 형이상학적 사상의 근본적 이원론은 결코 극복되지 않고, 다만 새로운 모양으로 나타나 있을 뿐이다. 헤겔에 의하면, 우리가 스피노자의 하느님에게서 보는 것은 다만 생명이 없는 통일일 뿐이다. 그것은 아무런 차이도 아무런 변화나 다양성도 용납하지 않는 엄격하고 추상적인 일자다. 거기엔 서로 다른 두 질서-시간의 질서와 영원의 질서-사이에 하나의 깊은 틈, 건널 수 없는 심연이 남아 있다. 스피노자의 체계에서 시간은 아무런 참 실재도 가지고 있지 않다. 철학은 실재를 문제 삼기 때문에 시간은 철학의 고유한 주제가 아니다. 그것은 하나의 "상상" 양식일 따름이요, 철학적 사고나 직관의 양식이 아니다. 시간의 관념은 "불충분한" 관념이다. 헤겔은 그의 철학사에서, 스피노자의 체계를 "무신론"의 체계라고 논함은 그릇된 일이라고 말한다. 우리가 스피노자의 체계에서 발견하는 것은 이와 정반대되는 것이다. 스피노자는 하느님의 실재성이 아니라 세계의 실재성을 부정하였다. 우리는 그를 무신론자라 부를 것이 아니라 "무우주론자"(acosmist)라 불러야 할 것이다. 스피노자의 사상에서 자연의 실재성은, 이를테면 증발한다. 자연은 더 이상 자립적 의미를 지니지 않는다. 그것은 하느님의 추상적 통일에 의하여, 즉 그 자신 스스로 있고 자신에 의하여 생각되어야 할 스피노자

---

14) Kant, *Prolegomena, Kant's Critical Philosophy for English Readers*, trans. J.P. Mahaffy and J.H. Bernard, 제 3판 (London : Macmillam, 1915), II, 147.

의 실체에 의하여 흡수되고 있다. 시간은 비실체적이고 비현실적이며 또 철학적 사고를 할 만한 것이 못 되는 것이다. 왜냐하면 사물들을 영원히 모습 아래에서 보는 것이 철학적 사고의 근본적 특징이기 때문이다.

  그리스도교 철학은 이 시간 폐기와 시간 허무화에 근본적으로 반대되는 것으로 보인다. 그리스도교는 수육의 근본 교리에 기초를 두고 있다. 그런데 그리스도의 수육은 하나의 형이상학적 사실이 아니라 하나의 역사적 사실이다. 그것은 시간 속의 한 사건이요, 확연히 한 시기를 구분 짓는 일이요, 인류의 생활과 운명으로 하여금 새로운 시작을 하게 했다. 그러므로 시간은 더 이상 한갓 우연한 것으로 여겨질 수 없다. 그것은 본질적인 것이다. 모든 위대한 그리스도교 사상가들은 이 문제에 직면해야만 했다. 성 아우구스티누스는 플라톤이 세운 감각 세계와 초감각 세계, 현상 세계와 본체 세계 사이의 구별을 받아들였다. 그러나 플라톤 및 다른 모든 고대 철학자들과 달리 그는 새로운 한 면을 첨가하지 않으면 안 되었다. 그는 《신국론》(City of God)에서 하나의 역사 철학을 전개하지 않으면 안 되었다. 그는 영원한 질서와 일시적 내지 세속적 길서 사이의 관계를 확정하였다. 그는 지상의 나라(civitas terrena)를 하느님의 나라(civitas divina)에 대립시켰다. 즉 볼 수 있는 지상의 나라를 볼 수 없는 하느님의 나라에 대립시켰다. 그러나 성 아우구스티누스에 있어서도 이 두 질서를 가르는 심연은 여전히 넘어설 수 없는 것이다. 시간과 영원 사이에는 그 어떤 절충도 있을 수 없다. 인류 역사의 가치에 관하여, 성 아우구스티누스 시대 이래의 그리스도교 사상가들의 중세적 이원론은 플라톤과 아주 똑같이 판단하였다. 모든 세속적 생활은 그 원리 자체에 있어 썩은 것이다. 그 구원은 오직 큰 역사적 및 종교적 과정의 절정이 급격한 파괴에 의해서만 이루어질 수 있다. 신적 질서와 시간적 질서 사이의 절연은 그리스도교 사상에 의하여 제거될 수 없다. 그것은 그저 불가피하고 어찌할 도리가 없는 것이다. 철학은 이 사실을 받아들이지 않으면 안 된다. 파스칼이 강조한 바와 같이, 그리스도교의 하느님은 언제나 모든 철학자들에게 장애물로 남아 있을 것이다. 그는 철학적 사고가 뚫고 들어갈 수 없는 이요, 신비에 싸인 숨은 하느님이다.

헤겔은 이 신비를 드러낼 것을 시도했다. 그가 그의 역사 철학에서 우리에게 주는 것은 하나의 역설이다. 그것은 "그리스도교적 합리주의"이자 "그리스도교적 낙관론"이다. 헤겔은 오직 이 태도에 의해서만 그리스도교가 한갓 소극적 의미에서가 아니라 그 적극적 의미에서 이해될 수 있고 해석될 수 있다고 확신하였다.

> 그리스도교에서는 하느님이 자기 자신을 나타내셨다. 즉 그는 우리로 하여금 그가 무엇인지 이해할 수 있게 하셨다. 그러므로 그는 더 이상 숨어 있는, 혹은 은밀한 존재가 아니다. 그리고 이와 같이 우리에게 주어진 그를 알 수 있는 이 가능성은, 이와 같은 인식을 의무가 되게 한다. … 드디어 활동적 이성의 풍부한 소산을 이해할 수 있는 때가 오지 않으면 안 되는데, 이 이해는 세계 역사가 우리에게 주는 것이다.15)

이제 우리는 헤겔이 그가 그의 역사 철학에서 시도한 것은 "멸시된 현실"을 변호하는 것이었다고 말한 것의 의미를 이해할 수 있다. 그리스도교 사상가들은 그들의 이른바 자연의 왕국과 은혜의 왕국을 확연히 구별한 바 있었다. 칸트의 정치 체계도 "자연의 왕국"과 "목적의 왕국" 사이의 대립에서 출발한다. 이 모든 것은 헤겔에 의하여 배척된다. 그는 이 대립을 받아들이지 않는다. 그에 의하면, 참되고 사변적인 역사관은 이 구분의 인위성을 우리에게 확신시키기에 충분하다. 역사에서 "시간"과 "영원"의 두 요인은 서로 분리되어 있지 않고 서로 침투한다. 영원은 시간을 초월하지 않는다. 도리어 그것은 시간 자체 속에서 발견된다. 시간은 변화의 무대에 그치는 것이 아니다. 그것은 참된 실체성을 내포하고 있다. "철학의 주제는 일시적이고 무상해 보이는 것 속에 내재해 있는

---

15) *Philosophy of History*, pp. 15이하.

실체와, 현존하고 있는 영원한 것을 찾아내는 것이다."16) 플라톤과 달리 헤겔은 "이데아"를 천체를 초월한 공간에서 찾지 않는다. 그는 이것을 인간의 사회 생활과 정치적 투쟁들의 현실 속에서 발견한다.

> 그리하여 우리는 오직 정신의 이념에만 관심을 가지고 있고 세계 역사에서는 모든 것을 오직 이것의 나타남으로만 간주하기 때문에 우리는 과거를 살피는 데 있어 - 아무리 그 시기가 광범할지라도 - 오직 **현존하고** 있는 것만을 문제 삼아야 한다. 왜냐하면 철학은 진리를 탐구하는 것이므로 **영원히 현존하는** 것을 문제 삼아야만 하기 때문이다. 철학에 대해서는 과거의 어떤 것도 없어진 바 없다. 왜냐하면 이념은 항상 현존하며 정신은 불멸하기 때문이다. 정신에는 과거도 없고 미래도 없고, 다만 **지금**만이 있다.17)

처음부터 헤겔은 범신론자라 비난받아 왔다. 신학자로서 그를 반대한 사람들은 모두 그를 범신론자라 규정하였다. 이 규정은 전혀 근거 없는 것이 아니나, 설명과 제한을 요한다. 만인 "범신론"이 만물을 동일한 수준에 있는 것으로 보는 것을 의미한다면, 즉 존재와 가치에 본래 아무 차이도 없다는 것을 의미한다면 스피노자도 헤겔도 범신론자라 불릴 수 없다. 스피노자의 체계에는 실체와 그 양태들, 영원한 것과 일시적인 것, 필연적인 것과 우연적인 것 사이에 확연하고 선명한 구별이 있다. 이것은 헤겔에 있어서도 마찬가지다. 그는 절대로 실재와 경험적 현존을 동일시하지 않았다. 현실적인 것과 이성적인 것을 동일시한 것이 이 의미에서 해석되었을 때, 그는 이 해석을 그의 근본 사상의 완전한 곡해로 보았다.

> 우리는 … 현실 존재의 일부는 한갓 현상이요, 오직 그 일부만이 현실이라는

---

16) *Philosophy of Right*, 서문, Dyde trans., p. ⅹⅹⅴⅰⅰ.

17) *Philosophy of History*, p. 82.

것을 알 만큼의 지성을 전제하지 않으면 안 된다. 일상 생활에서는, 그 어떤 환상의 변덕이나, 오류나, 악이나, 또 악의 성질을 가진 모든 것이 타락하고 전변(轉變)하는 모든 현실 존재와 마찬가지로 제멋대로 현실이란 이름을 얻고 있다. 그러나 우리의 일상적 감정도 우연한 현존이 현실적인 것이란 이름을 얻는 것을 금하기에 충분하다. 왜냐하면 우연하다는 말로써 우리가 의미하는 것은 있을 수도 있고 있지 않을 수도 있는 어떤 것보다 큰 가치를 가지고 있지 않는 현실 존재이기 때문이다. 현실이란 용어에 관해서는 이 비판자들이 내가 어떤 의미에서 그것을 사용했는지 고려했어야 한다. 상세한 논리학에서 나는 다른 것들과 함께 현실을 다루었으며, 또 이것을 우연한 것과 정확하게 구별하였을 뿐 아니라, 또한 현실 존재와 같은 계열의 범주들 및 존재의 다른 양식들과도 구별하였다. 그런데 우연한 것도 결국 현실 존재를 가지고 있다.[18]

헤겔의 체계를 논할 때, 참으로 우리는 언제나 이 논리적 구별들을 염두에 두지 않으면 안 된다. 그는 그가 "현실"이라 부르는 것과 썩은 현실 존재(faule Existenz) 즉 쓸데없는 현실 존재라 부른 것을 확연히 구별하였다.[19] 이것이 그의 독특한 유형의 "범신론"의 특징을 이룬다. 헤겔은 스피노자주의자가 아니었다. 그는 결코 하느님을 자연과 동일시하지 않았다. 헤겔의 체계에서 자연은 독립적 존재를 가지고 있지 않다. 그것은 절대자가 아니다. 그것은 "그의 타자 속의 이념"(Die Idee in ihrem Anderssein)이다.

자연은 … 신화(神化)될 성질의 것이 아니다. 또한 해, 달, 동물들, 식물들을 인간의 행위들과 사건들보다 더 하느님의 행하신 일로 여길 것도 아니다. 자연은 그 자체로는, 그 이념에 있어서는 신적이다. 그러나 그 현실 존재에 있어서는 그 개념에 합치하지 않는다. … 그러므로 자연은 이념이 자기 자신으

---

18) *Encyclopedia of the Philosophical Sciences*, §6.
19) *Philosophy of History*, p. 38.

로부터 떨어져 나간 것으로, 즉 이 외부성이란 모양 때문에 자기 자신에게 합당치 않은 이념으로 기술되어 왔다. … 그것은 우유성과 우연에 굴복한다. 그것은 그 모든 특수한 결정에 있어서 이성에 의하여 침투될 수 없다.[20]

이념의 참 생명, 신적인 것의 참 생명은 역사에서 시작된다. 헤겔의 철학에서 스피노자의 공식, 신 즉 자연(Deus sive natura)은, 신 즉 역사(Deus sive historia)란 공식으로 바뀌었다.

그러나 이 신화는 개개의 역사적 사건에는 적용되지 않는다. 그것은 하나의 전체로 본 역사적 과정에 적용된다. "이 '이념' 혹은 '이성'이 진리요, 영원자요, 절대적으로 **힘있는** 본질이라는 것, 그것이 세계 안에서 자기를 계시한다는 것, 그리고 이 세계 안에서 그것과 그 명예와 영광 이외엔 아무것도 계시되지 않는다는 것-이것은 철학에서 증명된 바요, 또 여기서는 증명된 것으로 여겨진다."[21] 성 아우구스티누스, 비코, 혹은 헤르더 같은 이전의 철학적 혹은 신학적 사상가들도 역사를 신의 계시라고 논하였다. 그러나 헤겔의 체계에서 역사는 하느님의 한갓 나타남이 아니라 그의 실재이다. 하느님은 비단 역사를 "가지고 있을" 뿐만 아니라 그가 곧 역사다.

헤겔의 국가 이론

국가관은 역사관에서 따라 나온다. 헤겔에게 있어 국가는 역사적 생활의 일부, 특별한 영역일 뿐만 아니라 또한 그 본질이요 참 핵심이다. 그것은 알파요 오메가다. 헤겔은 우리가 국가 이외의 또 국가 이전의 역사적 생활에 관해서 말할 수 있다는 것을 부인한다.

---

20) *Encyclopedia*, § 248.

21) Philosophy of History, p. 10.

민족들은 이 목적에 다다르기 전에 오랜 생활을 해왔다. 그리고 이 시기 동안에 그들은 몇 개의 방향에서 상당한 문화를 이룩할 수 있었다. … 그러나 이토록 광범한 사건들은 역사의 테두리를 벗어나 있다. … 국가야말로 역사의 산문(散文)에 **적합할** 뿐만 아니라 또한 그 자신의 존재의 진보 자체에 있어서 역사의 산출을 내포하는 주제를 처음으로 제공하는 것이다.22)

만일 **현실**이 자연으로써가 아니라 역사로써 정의되어야 한다면, 만일 국가가 역사의 전제 조건이라면, 우리는 국가 속에서 최고의 가장 완전한 현실을 보지 않으면 안 된다. 헤겔 이전의 어떤 정치 이론도 이렇게 말하지 않았다. 헤겔에게는 국가가 "세계 정신"의 표현일 뿐만 아니라 그것의 참 화신이다. 성 아우구스티누스는 지상의 나라를 하느님의 나라의 왜곡이요 훼손으로 보았으나, 헤겔은 이 지상의 나라에서 "지상에 존재하는 신적 이념"을 보았다. 이것은 전혀 새로운 유형의 절대주의이다.

그러나 그의 목적을 달성하기 위하여 헤겔은 종래의 정치 이론들로 말미암아 생긴 장애들을 제거하지 않으면 안 되었다. 국가에 관한 자연법 이론에 대한 그의 투쟁은 일찍이 1802년에 그의 논문 "자연법의 학문적 취급 방식에 대하여"(Concerning the Scientific Modes of Treating Natural Right)에서 시작되었고 그의 모든 후기 저작에서 계속되었다. 19세기 초엽까지는 국가의 기원이 계약에 있다는 것이 일반적으로 인정된 의견이었다. 이와 같은 계약이 어떤 조건들, 법적 및 도덕적 제약에 매여 있다는 것은 확실한 결론인 듯싶었다. 이 곤란을 피하기 위하여 헤겔은 매우 대담한 수단을 쓰지 않으면 안 되었다. 그는 여러 세기 동안 통용되어 온 "도덕"의 관념 자체를 바꾸지 않으면 안 되었다. 그는 이 관념이 참된 객관적 타당성을 지니지 못한 한갓 "주관적인" 개념이라고 선언하였다.

---

22) 같은 책, pp. 62 이하 참조.

이전의 윤리 체계들, 가령 칸트나 피히테의 체계에서 이해된 의미에서의 "도덕"은 보편적 법칙임을 자부한다. 칸트는, "오직 한 정언명법이 있으니, 곧 이것이다. 오직 네 의지의 격률이 동시에 보편적 법칙이 될 수 있도록 행위하라"고 한다. 그러나 이 정언명법은 하나의 추상적이고 형식적인 법칙, 즉 개인의 의지는 구속하나 사물들의 현실에 대해서는 전혀 힘이 없는 법칙일 따름이다. 칸트의 체계에서 도덕 세계, 목적의 세계는 자연 세계, 인과의 세계에 대립한다. 우리는 두 세계의 통일을 **요청할** 수 있으나 결코 **증명할** 수는 없다. 그것은 어디까지나 헛된 욕망이다. 비록 세계는 멸해도, 정의를 행하게 하라(Fiat iustitia, pereat mundus)-이것이 이 도덕의 격률이다. 개인은 그 의무를 행함에 있어 세계를 부인하지 않으면 안 되며, 또 자기 자신을 파괴하지 않으면 안 된다. 이것은 그의 도덕적 본성이 그의 육체적 본성과 양립할 수 없고, 그의 의무가 그의 행복과 영원히 충돌하기 때문이다.

> 도덕 의식은 의무를 본질적 현실로 본다. …그러나 이 도덕 의식은 동시에 자기 앞에 자연에도 자유가 있다고 가정되어 있음을 발견한다. 그것은 자연이 그것의 현실과 자연의 현실의 통일감을 그것에 주는 데 무관심하며, 따라서 자연이 그것으로 하여금 혹은 행복하게 할 수 있으나 가끔 행복하지 않게 할 수도 있다는 것을 경험에 의하여 배운다. 그러므로 그것은 자기 자신과 현실 존재 사이에 아무런 일치가 없는 사태를 슬퍼하며 또 자기의 대상을 오직 순수한 의무의 형식으로만 가지게 하고, 이 대상과 자기 자신이 현실화하는 것을 보지 못하게 하는 부정을 슬퍼할 이유를 발견한다.[23]

헤겔의 신의론의 주요 목표 가운데 하나는 이와 같은 쓸데없는 비탄을 없애는 것이다. 그에 의하면 이러한 비탄은 윤리적 현실이 무엇이며 또 무슨 의미가 있는지를 깊이 오해한 데서 온다. 우리는 한갓 형식적인 법

---

23) *Phenomenology of Mind*, English trans., II, 611 이하.

칙 속에서 참된 윤리적 질서, 윤리적 "실체"를 찾을 수 없다. 그것은 훨씬 더 높은 의식 속에, 현실적이고 구체적인 실재 속에, 즉 국가의 생활 속에 표현되어 있다. 헤겔은 Moralität(도덕)와 Sittlichkeit(인륜)를 처음으로 확연하게 구별24)한 ≪인륜의 체계≫(*System der Sittlichkeit*)에서 이렇게 말한다. "국가는 자기 확신을 가진 절대 정신으로서, 선과 악, 수치와 비열, 궤계와 기만에 고나한 추상적 규칙들을 전혀 인정하지 않는다."

여기에는 어떤 의미에서 여러 가지 가치의 완전한 역평가, 즉 이전의 모든 기준의 전도가 있다. 이 재평가에 의하면 이제 다시는 어떤 도덕적 의무도 국가엔 없다. 도덕은 개인 의지에는 적용되나 국가의 보편적 의지에는 적용되지 않는다. 만일 국가에 그 어떤 의무가 있다면 그것은 그 자신을 보존하는 의무이다. 헤겔은 독일 헌법에 대한 그의 논문에서 다음과 같이 말한다.

> 국가의 특수한 이해가 가장 중요한 일이라고 함은, 일반적으로 인정되고 또 잘 알려져 있는 원리다. 국가는 세계 안에 거하며 세계 안에서 의식(意識)을 통하여 그 자신을 실현하는 정신이다. 한편 자연에서는 정신이 오직 자기 자신의 타자(他者)로서만, 즉 잠자는 정신으로만 자기 자신을 실현한다. … 국가를 구성하는 것은 세계를 통한 하느님의 진로이다. … 국가가 무엇인가를 생각함에 있어 우리는 특수한 국가들, 특수한 제도들을 생각할 것이 아니라 오히려 더욱 이념만을, 즉 실지로 지상에 계신 하느님만을 생각하지 않으면 안 된다.25)

이 점에서 헤겔의 교섭은 그 이전의 모든 자연법 이론뿐만 아니라 또한

---

24) 영역은 이 구별을 여러 가지로 표현하고 있다. 보통 Moralität를 "morality"라 새기고, Sittlichkeit를 "ethicality"라 새기고 있다. J.M. Sterrett, *The Ethics of Hegel* (앞의 각주 5), p. 60참조.

25) *Philosophy of Right*, § 258, Sterrett trans., p. 191 ; Dyde trans., pp. 244~247.

낭만주의의 국가 이론과도 날카로운 대조를 이룬다. 확실히 헤겔은 낭만주의로부터 깊은 영향을 받았다. 그는 낭만주의의 근본적 관념들 가운데 몇 가지를 받아들인다. 그의 일반적 역사관과 "민족정신"의 관념에 있어, 헤르더와 초기 낭만주의 저작자들의 영향은 명백하다. 그러나 그의 정치학은 전혀 다른 원리에 기초를 두고 있다. 낭만주의 사상과 그와의 관련은 소극적인 것에 지나지 않는다. 그는 "기계론적" 이론들을 배척하는데, 이것들에 의하면 국가는 사회 계약 혹은 복종 계약의 법적 유대에 의하여 결합된 개인 의지들의 집합체일 따름이다. 낭만주의의 정치적 저작가들처럼 헤겔은 국가가 "유기적" 통일을 이루고 있다고 주장한다. 이와 같은 유기체에 있어서 전체는 아리스토텔레스의 정의에 의하면 부분에 "앞선다." 그러나 이 유기적 전체의 본성에 관해서는 헤겔의 견해가 거의 모든 낭만주의 저작들로부터 갈라진다. "유기적 통일"이란 말 자체가 그에게 있어서는, 낭만주의의 진정한 철학자인 셸링이 사용한 것과 같은 의미에서 사용될 수 없다. 헤겔의 통일은 변증법적 통일, 곧 반대되는 것들의 통일이다. 그것은 가장 벅찬 긴장들과 대립들을 용납할뿐더러 요구하기까지 한다. 이 관점에서 헤겔은 셸링이나 노발리스의 미적 이상을 거부하지 않으면 안 되었다. 노발리스는 국가를 "아름다운 개인"이라고 말하였다. ≪그리스도교 혹은 유럽≫(*Christianity or Europe*)이라는 논문에서 그는 모든 그리스도교 국가가 보편적인 진정한 "가톨릭" 교회의 지도와 권위 아래 통일될 것을 꿈꾸었다.[26] 정치적 및 종교적 평화에 대한 이 이상은 헤겔의 이상이 아니었다. 그에 의하면, 정치 사상에 그의 이른바 "부정적인 것의 진지함, 고통, 인내 및 노고"[27]를 도입하는 것이 필요하다.

 정치 생활의 부정적 역할은 전쟁이라는 사실에 내포되어 잇다. 전쟁을 폐지하거나 멸절시키는 것은 정치 생활의 치명상이 될 것이다. 민족들간

---

26) 14장 각주 13을 참조.

27) *Phenomenology of Mind*, 서문, p. 17.

의 충돌이 법적 수단에 의하여 국제적인 중재 재판소에 의하여 해소될 수 있다고 생각하는 것은 한갓 유토피아주의이다. 국가들을 재판할 수 있는 집행관이란 없으며, 또 모든 국가가 인정한 권력의 힘으로 분쟁을 해결하며 불화를 조정하는 국제 연맹에 의하여 영속적 평화를 얻고자 하는 칸트의 이념은 국가들간의 합의를 전제로 하는 것인데, 이 합의는 언제나 특수한 독립적 의지에 달려 있는 것이고, 따라서 우연의 도가 높은 것이다.28) "국가들은 그 자기 유지의 관계에 있어서 특수한 의지들로서 서로 대립하고 있고 또 조약의 효력은 이 관계에 달려 있기 때문에, 그리고 국가의 특수 의지의 내용이 되는 것은 그 복리이기 때문에, 이 특수한 복리가 한 국가의 다른 국가에 대한 관계에 있어 최고의 법칙이 된다."29)

일찍이 젊은 시절부터 헤겔은 모든 "인도주의적" 이상을 거부하였다. 그는 선언하기를, "보편적 인류애"란 "김빠진 창안"에 지나지 않는다고 하였다. 현실적이고 구체적인 아무런 대상도 가지지 않는 그러한 사랑은 천박하고 부자연스러운 것이다.30) 그러한 막연한 일반성에 몰두하느니 보다는 현실적 정치 생활의 모든 고유한 결함을 받아들이는 것이 훨씬 나은 일이다.

국가마다, 비록 그 국가가 어떤 사람의 원리에 의하여 완악하다고 선언되고, 또 불완전한 것이 이것저것 인정된다 하더라도, 만일 그것이 우리 시대의 발달된 국가군에 속하는 것이라면, 언제나 그 참된 현실 존재의 본질적 요소들을 소유하고 있다. 그러나 적극적 특징을 이해하기보다는 결점을 발견하는 것이 더욱 쉬운 일이므로, 국가의 외부적 측면에 유의하는 가운데 국가 자체의 내적 조직을 간과하는 오류에 빠지기 쉽다. 국가는 예술 작품이 아니다.

---

28) *Philosophy of Right*, § 333, Dyde trans., p. 338.

29) 같은 책, § 336. Dyde trans., p. 339.

30) Hegel, *Theologische Jugendschriften* (앞의 각주 9 참조), pp. 295, 323.

그것은 세계 안에 현존하며, 따라서 선택, 우연 및 과오의 영역 안에 현존한다. 그리하여 그 성원들의 악한 행동은 여러 방면으로 그 국가를 추하게 할 수 있다. 그러나 가장 보기 흉한 인간 존재, 범법자, 불구자, 폐인도 어디까지나 살아 있는 인간 존재임에는 다름이 없다. 이 모든 결함에도 불구하고 긍정적인 것, 곧 생명은 남는다. 여기서 우리는 오직 이 긍정적인 것만을 문제 삼아야 한다.[31]

노발리스와 달리 헤겔은 국가의 아름다움이 아니라 그 "진리"에 관심을 둔다. 그리고 그에 의하면 이 진리는 도덕적 진리가 아니다. 그것은 오히려 "권력에 깃든 진리"이다. "사람들은 어리석어 … 양심의 자유와 정치적 자유에 열중한 나머지 권력에 깃든 진리를 잊어버린다." 약 150년 전인 1801년에 써진 이 말은 지금까지 그 어떤 정치적 및 철학적 저작가가 제창한 것보다도 더 명료하고 더 무자비한 파시즘의 강령을 내포하고 있다.

이 원리는 민족들과 국가들의 행동에 대해서뿐만 아니라 또한 정치적 세계의 진로를 결정하며, 역사의 진정한 창조자가 되는 예외적인 개인들에 대해서도 타당하다. 이들에게도 역시 모든 도덕적 요구가 면제된다. 이들의 행위를 우리의 관례적인 표준으로 헤아리는 것은 우스운 일이다. 헤겔의 체계에서 국가 숭배는 영웅 숭배와 결합된다. 영웅의 위대성은 그의 이른바 "미덕"과는 아무 상관이 없다. 위대성은 힘을 의미하므로 악덕도 미덕 못지않게 위대함이 명백하다. 추상적인 도덕관이 저 "심리학적" 역사 해석을 생기게 하는데, 이 역사 해석은 모든 위대한 행위와 영웅을 시시하고 너절한 심리학 동기로 환원함으로써 낮추어 보려 한다. "이것은 심리학적 시종들의 견해인바, 이들에게는 아무도 영웅이 아니다. 왜냐하면 영웅이 없어서가 아니라 그들 자신이 시종에 지나지 않는 자들이기 때문이다."[32] 이러한 역사 이해에 대해서 헤겔은 언제나 아주

---

31) *Philosophy of Right*, § 258. Sterrett trans., pp. 191 이하 ; Dyde trans., p. 247.

경멸하면서 말하고 있다.

확실히 그 자신은 대부분의 위대한 정치적 행동의 동기에 관하여 환상을 가지고 있지 않았다. 그는 결코 이 동기들을 "이상화"할 것을 시도하지 않는다. 여기서도 그는 시시한 낙관론에서 거리가 멀다. 그는 개인적 야심이 모든 위대한 정치적 행동과 관계가 있을 뿐만 아니라, 또한 대부분의 경우 진정한 추진 세력이 된다는 것을 잘 알고 있다. 이 모든 것은 이 행동들의 가치를 감소시키지 않고 도리어 증가시킨다. 인간의 열정에 대하여 비난하는 어조로 말하는 사람은 역사적 과정의 참된 성격에 대하여 스스로 자기 눈을 가리고 있는 것이다. 모든 역사적 행동을 실지로 일어나게 하며, 또 이것들을 단호하게 현존하게 하는 힘은 인간의 욕구요, 경향이요, 열정이다. 개인적 현존이 그 활동과 그 노고에서 **스스로** 만족을 얻는 것이야말로 개인적 현존의 절대 권리이다.

> 그러므로 행위자 측의 관심이 없었다면 지금까지 아무것도 성취되지 못했다고 우리가 주장하고 또 관심을 열정이라 부른다면, **열정** 없이는 세계에서 아무것도 성취되지 못했다고 절대로 단언할 수 있다. 따라서 두 개의 요소가 우리의 연구 대상이 된다. 첫째는 이념이요, 둘째는 인간의 열정들의 복합체다. 세계 역사의 광대한 천의 짜임에 있어 저것은 날(經)이요, 이것은 씨(緯)다.

추상적 도덕가들은 열정을 흉악한 면을 가진 것, 어쨌든 부도덕한 것으로 본다. 그러나 여기서도 헤겔은 마키아벨리의 덕 관념을 받아들인다. "덕"은 힘을 의미하며, 또 인간의 생활에 큰 열정보다도 더 강하고 힘있는 동기는 없다. 이념 자체는 모든 인간적 열정을 빌지 않으며 그 자체를 실현할 수 없다.

열정의 특별한 관심은 일반적 적극적 전개와 분리될 수 없다. 왜냐하면 특별

---

32) 같은 책, § 124, Sterrett trans, p.120.

하고 일정한 것에서 그리고 그것의 부정에서 보편적인 것이 결과하기 때문이다. 특수는 그와 닮은 다른 특수와 싸우며 그 결과로 얼마간의 손실이 생긴다. 대립과 투쟁에 말려들어가고 위험을 당하는 것은 일반적 이념이 아니다. 이것은 언제나 배후에 남아 있어 건드림도 상함도 입지 않는다. 이성이 열정들로 하여금 그 자신을 위하여 일하게 하는 한편, 이러한 충격을 통하여 자기의 실존을 발전시키고 있는 것은 대가를 치르고 손실을 입는 것이다. ―이것을 **이성의 교지**라 할 수 있을 것이다.33)

이 세계사관(世界史觀)에서 헤겔은 "이타주의적" 행위와 "이기주의적" 행위를 가르는 세간의 구별을 버린다. 니체의 "부도덕주의"는 새로운 것이 아니다. 그것은 이미 헤겔의 체계에서 예기되어 있었다. 헤겔은 이기주의를 걱정하지 않았다.

역사를 들여다보자마자 우리는 사람들의 행동이 그들의 욕구, 그들의 열정, 그들의 성격, 그들의 재능에서 생겨나온다는 것을 확신하게 되며, 또 그와 같은 욕구, 열정 및 관심이 행동의 유일한 원천이자, 활동 무대에 있어서의 유력한 동인(動因)들임을 믿게 된다. 이것들 가운데 자유로운 혹은 보편적인 목표, 가령 자비심이나 혹은 고상한 애국심이 발견될 수 있을 것이다. 그러나 이러한 덕과 일반적 견해는 세계와 그 소행에 비하면 하찮은 것이다. …한편 열정, 사사로운 목표 및 이기적 욕망의 충족이 행동의 가장 유효한 원천들이다. 이것들의 힘은, 정의와 도덕이 그들에게 가하는 제한들을 한 가지도 소중히 여기지 않는다는 사실에 깃들어 있다. 또 자연적 충동들이 질서와 자제, 법률과 도덕을 위한 인위적이고 지루한 규율보다도 인간에 대해서 더 직접적인 영향을 준다는 사실에 깃들어 있다.34)

헤겔은 이기주의를 걱정하지 않았다. 그는 이것을 하나의 불가피한 악

---

33) *Philosophy of History*, p. 34.
34) 같은 책, p. 21.

으로 볼뿐더러 이것을 하나의 "이상적" 원리에까지 높인 최초의 철학 사상가였다. 그는 저 신성한 이기주의(sacro egoismo)란 개념을 도입하였는데, 이 개념은 근대 정치 생활에서 아주 결정적인 재액적(災厄的) 역할을 맡아 왔다. 헤겔의 시대 이후에 중점이 옮겨진 것은 사실이다. 그 자신은 개인들을 세계 역사의 큰 인형극에서의 꼭두각시로 보았다. 그에 의하면 이 역사극의 작자와 각색자는 "이념"이요, 개인들은 "세계 정신의 대행자"35)일 따름이다. 나중에 헤겔의 형이상학이 그 영향력과 구속력을 잃었을 때 이 생각은 완전히 뒤집혀졌다. 즉 "이념들"이 오히려 진정한 "지도자"인 개인들의 앞잡이가 되었다.

헤겔의 정치 이론은 사상의 두 큰 흐름 사이의 분수령이다. 그것은 두 시대, 두 문화, 두 이데올로기의 전환점을 이룬다. 그것은 18세기와 19세기의 경계선에 서 있다. 헤겔은 어떤 사상도 자기 자신의 시대를 넘을 수 없다고 굳게 확신하였다. "철학은 그 시대가 사상 속에서 이해된 것이다. 그러므로 어떤 철학이든 그것이 그 당시의 세계를 초월할 수 있다고 공상하는 것은 마치 어떤 개인이 자기의 시대에서 뛰쳐나와 로도스섬으로 뛰어넘을 수 있다고 공상하는 것이나 다름없이 어리석은 일이다." 이것이야말로 계몽주의의 정신과 19세기의 새로운 정신 사이의 차이를 가장 특색 있게 표한 것이다. 프랑스 백과전서파들이나 칸트나 모두 그들 자신의 시대에 **반대되는** 생각을 품는 것을 두려워하지 않는다. 이들은 구체제와 투쟁하지 않으면 안 되었다. 그리고 이들은 이 투쟁에 철학이 가장 강력한 무기의 하나로서 일익을 담당해야 한다고 굳게 믿고 있었다. 그러나 헤겔은 이와 같은 역할을 철학에 할당할 수 없었다. 그는 **역사** 철학자가 되었다. 역사는 기술되고 표현될 수 있으나 철학 사상에 의하여 창조되거나 변형될 수는 없다. 헤겔의 "역사주의"는 그의 합리주의의 필연적 상관자이다. 이 두 가지는 서로 밝히고 해석한다. 이것은 헤겔의 정치 이론의 최대의 장점들 중의 하나이지만, 동시에 본질

---

35) 같은 책, p. 32.

적인 한계의 하나다. 이 이론은 순전히 사변적 사고의 소산이요 또 그 절정인 듯싶다. 그러나 이 사변의 한복판에서 우리는 언제나 현실적 정치 생활의 맥박을 느낀다. 이것은 헤겔의 모든 개념에, 이것들의 보편성에도 불구하고, 그 특별한 색채와 모습을 준다. 이전의 개념의 거의 전부가 그의 체계에서 의미의 깊은 변화를 입는다. 18세기의 모든 사상가가 세계 역사를 "자유의 의식에 있어서의 진보"라 한 헤겔의 정의를 옳다 할 수 있었을 것이다. 사실, 이 정의를 처음으로 내린 사람은 헤겔이 아니라 칸트였다.36) 그러나 "자유"란 말이나 "진보"란 말이나 또는 심지어 "의식"이란 말도 칸트의 체계와 헤겔의 체계에서 똑같은 것을 의미하지는 않았다.

헤겔이 칸트와 피히테에게 반대한 것은 이들의 관념론이 "주관적" 관념론에 지나지 않았기 때문이었다. 그에 의하면 이와 같은 관념론은 우리에게 현실의 철학이 아니라 반성의 철학(Reflexionsphilosophie)을 준다. 헤겔의 이론은 "건설적" 사고의 성과로서 찬양되고 또 비판받아 왔다. 그러나 그것은 결코 18세기의 여러 체계와 같은 의미에서 건설적인 것은 아니었다. 그것은 오히려 정관적(靜觀的)인 것이었다. 그것은 주어진 역사적 현실의 해석으로 만족하였다. 칸트는, 인간의 오성은 그저 자연 법칙을 발견할 뿐만 아니라 도리어 그 자체가 자연 법칙의 원천이라고 선언하였다. "오성은 그 아프리오리한 법칙들을 자연에서 끌어내는 것이 아니라 도리어 이것들을 자연에 준다."37) 이와 동일한 원리가 그에게서는 윤리적 사고의 분야에도 적용된다. 여기서도 인간은 하느님이나 다른 어떤 권위에 의하여 그에게 부과된 율법에 그저 복종하지 않는다. 이성적 존재마다 그 의지는 "보편적으로 입법하는 의지"이다. 이성적 존재는 자기 자신이 제정하는 법칙 이외에는 다른 어떤 법칙에도 복종하지 않는다.38)

---

36) 칸트의 논문 *Ideen zu einer allgemeinen Geschichte in weltbürgerlicher Absicht* (1784), "Werke", ed. E. Cassirer, IV, 149 이하 참조.

37) Kant, Prolegomena, § 36. Critique of Pure Reason, 제1판, p. 127 참조.

피히테에 이르러 의지의 이 자율성은 또한 최고의 형이상학적 원리가 된다.

헤겔은 칸트와 피히테의 관념론을 단순히 부정하거나 폐기하지 않았으며, 또 프랑스 혁명의 정치적 이상의 가치를 과소평가하지도 않았다. 청년 시절에 그는 이 사상에 깊은 감명을 받았다. 헤겔이 아직 튀빙겐의 신학교 학생이었을 때 그리고 프랑스 혁명의 첫 소식이 독일에 전해졌을 때, 그 자신과 그의 친구 셸링 및 휠더린은 이 소식을 열광적으로 환영하였다. 나중에 헤겔이 이 혁명의 맹렬한 반대자가 되었을 때에도, 그는 결코 공공연한 적으로서 그것을 논하지는 않았다.

이 일반적인 생각들, 즉 자연 법칙들과 옳고 좋은 것의 실체들 … 이 이성이란 이름을 얻었다. 이 법칙들의 타당성을 인정하는 것이 계몽(Eclaircissement)이란 말의 의미였다. 그것은 프랑스로부터 독일로 넘어와서 새로운 관념 세계를 창조하였다. 절대적 기준, 즉 종교적 신앙과 권리에 관한 실정법에 기초한 모든 권위를 대체하고 들어서는 절대적 기준 … 은 믿어야 하고 복종해야 할 것에 대하여 정신 자체가 내리는 판단이다. … 하지만 동일한 원리가 독일에서는, 칸트 철학에서 사변적 승인을 얻었다는 것은 주목할 만한 일이다. … 이것은 존재와 자유의 가장 심원한 깊이에 관한 굉장한 발견이다. 정신적인 것에 대한 의식은 이제 정치적 조직의 본질적 기반이요, 또 철학은 이로 인하여 지배권을 쥐게 되었다. 프랑스 혁명은 철학의 결과라고들 말했으며, 또 철학의 "세계지"(世界智, Weltweisheit)라 일컬어져 온 것은 까닭 없는 일이 아니다. 왜냐하면 그것은 사물의순수한 본질로서, 그 자신에 있어서 또 그 자신에 대해서만 진리일뿐더러 또한 세상사에 나타난 살아 있는 형식에 있어서도 진리이기 때문이다. … 권리란 관념이 갑자기 그 권위를 주장하였고 낡은 불법의 체제는 이것의 습격에 저항할 수 없었다. 그러므로 하나의 헌법이 권리란 생각에 조화되도록 제정되었고, 또 이 기초 위에 미래의 모든 입법이 행해지게 되었다. 해가 하늘에 머물고 유성들이 그 주위를 돌게 된 이후로, 인간의 현

---

38) Kant, *Fundamental Principles of the Metaphysic of Morals*, 제6판, English trans. T.K. Abbott (London : Longmans, Green & Co., 1927), pp. 50 이하 참조.

존이 그의 머리 즉 사상의 중심이 되며, 또 인간이 이것에 의하여 영감을 얻어 현실의 세계를 건설한다는 것이 자각된 적은 이제까지 한번도 없었다. … 따라서 이것은 찬란한 정신의 여명이었다. … 생각하는 존재는 모두 이 시대의 환희를 나누었다. 고매한 정동(情動)이 이때에 사람들의 마음을 분기시켰다. 정신적 열광이 온 세계에 사무쳤는데, 마치 하느님과 속세 사이의 조정이 이제 처음으로 성취된 듯싶었다.[39]

이와 같이 말할 수 있었던 사람은 단순히 정치적 반동 분자가 아니었다. 그는 프랑스 혁명의 참된 성격과 계몽주의의 모든 이상에 대한 깊은 통찰을 지니고 있었을 뿐 아니라 또한 이것들에 대하여 깊이 존경하는 마음을 품고 있었다. 그러나 그는 이 이상들을 사회적 및 정치적 세계를 조직하는 적절한 수단이라고는 생각하지 않았다.

그가 칸트, 피히테 및 프랑스 혁명에서 못마땅하게 본 것은 이들이 왕위에 앉히고 선포한 자유의 이념이 "한갓 형식적인 것"에 머물러 있었다는 점이었다. 이 "형식성"은 무엇을 의미하는가? 그것은, 사고가 그 자체를 발견하고 주장하는 가운데 동시에 현실 세계와의 접촉을 잃었다는 것을 의미한다. 현실 세계는 역사적 세계인데, 프랑스 혁명이 할 수 있었던 전부는 사물의 역사적 질서를 부정하고 파괴하는 것이었다. 그와 같은 절연은 결코 "현실적인 것"과 "이성적인 것" 사이의 참된 조정이라 생각될 수 없다. 역사적 세계에 대립시켜, 사물의 이상적인 상, 한갓 "있어야 할 것"을 그려 보는 것은 철학의 과제가 될 수 없다. 그러한 관념론은 헛되고 무익하다. 그러므로 헤겔은 "객관적" 관념론을 제창한다. 이것은 이념들이 마치 사람들의 마음속에서 도사리고 있는 양 보지 않는다. 그는 이 이념들을 현실에서, 즉 역사적 사건의 행로에서 찾는다.[40]

현실적인 실제 정치의 분야에서 이 원리는 가끔 반론의 여지가 많아 보

---

39) *Philosophy of History*, pp. 460~466.

40) 같은 책, pp. 9 이하 참조.

이는 결론에 도달하였다. 헤겔은 자기 자신을 거의 모든 것과-그것이 그 힘에 의하여 그 옳음을 증명했다고 상정하고서-화해시킬 수 있었다. 나폴레옹이 1806년에, 즉 그가 프로이센 군대를 격파한 예나의 전투가 있은 후 예나를 방문했을 때 헤겔은 이 사건에 대하여 최대의 감격을 가지고 말하였다. 그는 한 편지에 쓰기를, "나는 황제, 이 세계 정신이 말을 타고 거리를 지나가는 것을 보았다"라고 하였다. 후에 그는 이와 아주 달리 판단하였다. 나폴레옹은 패배하여 추방되었고, 프로이센은 독일에서 지배적 세력이 되었다. "세계 정신"은 정치권의 다른 부분으로 옮아갔다. 이제부터 헤겔은 "프로이센 왕국의 철학자"가 되었다. 베를린에서 교수에 임명되었을 때 그는 선언하기를, 프로이센 왕국이 "지성에 기초를 두고 있다"고 하였다.41)

그러나 헤겔을 한갓 정치적 기회주의자로 보는 것은 옳지 않은 일일 것이다. 그는 결코 더 강한 정당에만 달라붙는 지조 없는 사람이 아니었다. 앞서 지적한 바와 같이, 그는 언제나 "현실적인 것"과 "썩은 현존"만을 가진 것을 획연히 구별하였다.42) 그러나 우리는 어떻게 이 구별을 우리의 정치적 및 역사적 생활에 적용시킬 수 있는가? 어떻게 우리는 무엇이 인간 세계에서 실체적이며 혹은 우유적인지, 무엇이 현상적이고 일시적인 것이며 혹은 실재적이고 영원한 것인지를 알 수 있는가? 이 물음에 대해서 헤겔의 체계는 오직 하나의 답을 줄 수 있다. 세계 역사는 세계 심판이다. 이 최고 법정, 절대로 잘못하는 일이 없고, 취소할 수 없는 심판에 내어 맡기는 길밖에 다른 도리가 없다. "민족 정신"도 이 심판을 벗어날 수 없다.

---

41) 1818년 10월 22일에 베를린에서 있은 헤겔의 취임 연설을 참조. "Sämtliche Werke", Ⅵ, xxxv~xl, *Encyclopädie der philosophischen Wissenschaften*, ed. G. Lasson, 제2판 (Leipzig : Felix Meiner, 1905), pp.lxxi~lxxvi에 실려 있음.

42) 이 책, p. 359 참조.

한 민족의 정신은 하나의 현존하는 개체로서, 특수성 속에 그 객관적 현실성과 자기 의식을 가지고 있다. 이 특수성 때문에 그것은 제한되어 있다. 여러 국가가 서로 관련을 갖는 가운데 가지게 되는 운명과 행위는 이 정신들의 유한한 본성의 가시적 변증법이다. 이 변증법으로부터 보편적 정신, 세계 정신, 즉 무제한한 정신이 그 자신을 산출한다. 이 정신은 모든 것 가운데 가장 높은 권리를 가지며, 또 이 권리를 세계 역사의 보다 낮은 정신들에 대하여 행사한다. 세계 역사는 세계를 심판하는 법정이다.[43]

후대의 정치 사상 발전에 끼친 헤겔 철학의 영향을 연구해 보면, 그의 근본적 견해들 중의 하나가 완전히 전도되어 있음을 발견한다. 이 점에서 헤겔 주의는 현재의 문화 생활에 있어서 가장 역설적인 현상들 중의 하나다. 헤겔 주의의 운명 자체보다도 역사의 변증법적 성격을 두드러지게 잘 보여주는 예는 아마 다시 없을 것이다. 헤겔에 의하여 옹호된 원리는 갑자기 그 반대 것으로 전환되었다. 헤겔의 논리학과 철학은 이성적인 것의 승리인 듯이 보였다. 철학이 내어놓은 유일의 사상은 이성이라고 하는 단순한 생각이다. 곧 세계 역사가 우리에게 하나의 이상적 과정을 보여준다는 것이다. 그러나 인간의 사회적 및 정치적 생활에 한번도 나타난 적이 없는 가장 비이성적인 힘들을 그가 무의식적으로 풀어 놓았다는 것은 헤겔의 비극적 운명이었다. 다른 어떤 철학 체계도 파시즘과 제국주의를 준비하는 데 있어, 국가 곧 "지상에 존재하는 신적 이념"이라 하는 헤겔의 국가 이론만큼 큰일을 한 것은 없다. 심지어 역사의 모든 시대마다, 세계 정신의 진정한 대표가 되는 민족이 **하나** 그리고 오직 하나 있으며, 이 민족은 다른 모든 민족을 지배할 권리를 가지고 있다는 사상도 헤겔이 처음 표현한 것이다.

세계 정신은 그 발전 과정에 있어, 그 자신의 독특한 사명을 수행하는 과업을

---

43) *Philosophy of Right*, § 340. Dyde trans., p. 341.

각 민족에게 맡긴다. 그리하여 세계 역사에 있어서 각 민족은 번갈아 한 시대에 지배적 위치에 선다. 그리고 이와 같은 시대는 한 번밖에 있을 수 없다. 세계 정신의 발전의 현존 관계를 차지하는 이 절대 권리에 대해서 다른 민족 정신들은 전혀 아무 권리도 없고, 또 이들은 그 시대가 지나간 정신들과 마찬가지로, 이제 다시는 세계 역사에서 아무 가치도 가진 바 없다.44)

헤겔 이전에 헤겔만한 철학자로서 이와 같이 말한 사람은 한 사람도 없었다. 19세기의 처음 수십 년 동안에 국가주의적 이상이 대두해서 날로 증가하는 영향을 끼친 것을 우리는 본다. 그러나 **윤리학**의 체계와 **법**철학이 이와 같은 무자비한 제국주의적 국가주의를 옹호했을 때, 헤겔이 어떤 주어진 역사적 순간에 홀로 "세계 정의의 대행자"로 간주될 민족에 대해서 다른 민족의 정신은 "전혀 권리가 없다"고 선언했을 때, 이것은 정치 사상사에 있어서 하나의 새로운 사건이요, 원대하고 무서운 결과를 머금은 사건이었다.

그러나 헤겔의 교설과 현대의 전체주의 국가 이론들 사이의 차이가 명백하게 되는 한 점이 있다. 헤겔은 국가를 모든 도덕적 의무에서 벗어난 것으로 보았고, 또 사적 생활과 사적 행위의 문제들로부터 국가들의 행위로 나아갈 때 도덕적 규칙들은 그것들이 내세우는 보편성을 상실한다고 선언했지만, 그래도 국가가 해방될 수 없는 다른 속박이 남아 있다. 헤겔의 체계에서 국가는 "객관적 정신"의 영역에 속한다. 그러나 이 영역은 이념의 자기 실현에 있어서의 한 요소 혹은 계기에 지나지 않는다. 변증법적 과정에 있어서 그것은 다른 한 영역에 의하여 초월된다. 이 영역은 헤겔의 언어에서 "절대 이념"의 왕국이라 불린다. 이념은 세 계기, 곧 예술, 종교 및 철학으로 자기 자신을 발전시킨다. 국가가 이 최고의 문화재를 그 자신의 목적을 위한 한갓 수단으로 취급할 수 없다는 것은 명백한 일이다. 이것들은 이것들 자체에 있어서 존중되고 장려되어야 할 목적들이다. 이것들은 국가를 떠나서 고립된 존재를 가지고 있지 않음이

---

44) 같은 책, § 347, Sterrerr trans., 209. Dyde trans., pp. 343 이하.

사실이다. 왜냐하면 인간은 사회적 생활을 조직하지 않고서 이것들을 발전시킬 수는 없기 때문이다. 그럼에도 불구하고 문화적 생활의 행태들은 고립된 의미와 가치를 지니고 있다. 이것들은 외부의 지배권 밑으로 들어갈 수 없다. 국가는 헤겔이 말한 바와 같이, "유한의 영토 위에" 머문다.45) 헤겔은 예술, 종교 및 철학을 여기에 종속시킬 수 없었다.

그렇다고 하면 국가에서 구현된 객관적 정신 위에 서는 보다 높은 한 영역이 있다. 이 영역은 정신적인 따라서 고매한 힘이라 생각된다. 국가는 절대로 다른 정신적 에너지들을 억압하려고 해서는 안 되며, 도리어 이것들을 인정하고 자유롭게 해주어야 한다. "국가가 달성할 수 있는 최고 목표는, 예술과 학문이 장려되고 발달하여 그 국민의 정신에 대응하는 높이에 이르는 것이다. 이것이 국가의 주요 목적인데, 이 목적은 국가의 어떤 외부적인 업적으로 달성될 것이 아니라 국가 자체로부터 일어나지 않으면 안 되는 것이다."46)

헤겔은 국가의 힘뿐만 아니라 그 "진리"도 논하였으며, 도 "힘에 깃들인 진리"를 크게 예찬하였다. 그럼에도 불구하고 그는 이 힘을 한갓 물질적인 세력과 혼동하지 않았다. 그는 물질적인 부와 힘만 증가하는 것이 한 국가의 부강의 척도가 될 수 없다는 것을 잘 알고 있었다. ≪대논리학≫(*Wissenschaft der Logik*)의 한 구절에서 그는 이 견해를 강조하였다. 그가 지적한 바와 같이 한 국가의 영토 확장은 아주 가끔 그 국가형태를 약화하고 심지어는 해체시킬 수 있으며, 따라서 그 파멸의 시초가 될 수 있다.47)

심지어 ≪독일의 헌법≫(*Constitution of Germany*)에 관한 그의 논문에서도 헤겔은 한 나라의 힘이 주민과 군인들의 수나 그 나라의 크기에

---

45) *Encyclopedia*, § 483.

46) G. Lasson (ed.), *Vorlesungen über die Philosophie der Geschichte*, "Sämtliche Werke", VIII~IX (Leipzig : F. Meiner, 1919~1920), 628.

47) *Science of Logic*. English trans. W.H. Johnston and L.G. Struthers (London : George Allen & Unwin, 1929), Ⅰ, 354.

달려 있지 않다고 역설하였다. 헌법의 보증은 오히려 "그 헌법을 제정해 왔고 또 제정하고 있는 국민 속에 깃들여 있는 정신과 그 국민의 역사"에 있다.48) 내재되어 있는 이 정신을 어떤 정당이나 어떤 개인 지도자의 의지에 굴종시키는 것은 헤겔에게 불가능한 일이었다. 이 점에서 그는 현대의 여러 "전체주의" 국가관을 거부하고 증오했으리라고 볼 수 있다.

그리고 헤겔이 이러한 견해들을 절대로 옳다 할 수 없었던 또 하나의 다른 이유가 있다. 전체주의 국가의 주요 목적과 근본 조건의 하나는 획일화(Gleichschaltung)의 원리이다. 전체주의 국가가 존속하려면 그것은 다른 모든 형태의 사회적 및 문화적 생활을 배제하고 또 모든 차이를 말소하지 않으면 안 된다. 헤겔에 의하면 이와 같은 배제는 절대로 참된 유기적 통일에 이르게 할 수 없다. 그 결과는 그가 항상 언짢게 여긴 "추상적" 통일일 따름이겠다. 진정한 통일은 여러 가지 차이를 말소하거나 무시하지 않는다. 그것은 이 차이들을 보호하고 보존하지 않으면 안 된다. 비록 헤겔이 프랑스 혁명의 이상들에 강하게 반대하기는 했으나, 그럼에도 불구하고 그는 국가의 힘과 통일을 강화한다는 구실 아래 사회적 및 정치적 조직체 안에 있는 모든 차이를 폐지하는 것이 자유의 종말을 의미한다고 확신하였다. "자유를 깊고 진정한 것이 되게 하는 한 본질적 규범은 국가의 일반적 관심사에 속하는 모든 사업으로 하여금, 이것들이 본질적으로 판이한 곳에서는 어디서나 하나의 분리된 조직을 가질 수 있게 하는 것이다. 이와 같은 진정한 구분은 반드시 있어야 한다. 왜냐하면 자유는 오직 그것이 완전히 분화되어 있을 때에만, 그리고 이 분화가 실지로 존재할 때에만 깊이 있는 것이기 때문이다."49) 헤겔은 국가를 찬양하고 찬미할 수 있었으며, 심지어 신성화할 수조차 있었다. 그러나 그의 국가 권력의 이상화와 현대의 전체주의 체계의 특징인 우상화 사이에는 분명하고 틀림없는 차이가 있다.

---

48) *Encyclopedia*, § 540.
49) *Encyclopedia*, § 541.

제18장 현대의 정치적 신화의 수법

현대의 정치적 신화들을 그 요소들로 분해해 보면 우리는 그것들이 그렇게 새로운 특성을 내포하고 있지 않음을 발견한다. 모든 요소가 이미 잘 알려져 있었다. 칼라일의 영웅 숭배론과, 인종들이 그 도덕과 지성에 있어 근본적으로 다르다고 하는 고비노의 주장은 거듭 토론되었다. 그러나 이 모든 토론은 언제나 어떤 의미에서 단지 학술적인 것에 지나지 않았다. 낡은 관념들을 강하고 유력한 무기로 변화시키는 데는 이 이상의 어떤 것이 필요하였다. 그것은 전과 다른 청중이 알아들을 수 있도록 조정되지 않으면 안 되었다. 이 목적을 위해서는 하나의 새로운 도구가, 사고의 도구뿐 아니라 또한 행동의 도구가 필요하였다. 하나의 새로운 기술이 발명되지 않으면 안 되었다. 이것은 최후의 결정적인 요인이었다. 과학적 용어로 하면, 이 수법은 촉매 작용의 효과를 가지고 있다고 말할 수 있다. 그것은 모든 반동을 촉진하고 또 이 반동들로 하여금 충분한 효과를 가지게 했다. 20세기의 신화를 가꾸는 토양은 오래전에 준비되어 있었으나, 그것은 새로운 기술적 도구의 능란한 사용 없이는 그 열매를 맺을 수 없었다.

이 발전을 고무하고 그 최후의 승리에 기여한 일반적 조건들은 제 1차 세계 대전 후에 나타났다. 이때 세계 대전에 참전한 모든 나라는 동일한 근본적 난제에 부딪쳤다. 이 나라들은, 심지어 전승국에 있어서도, 그 전쟁이 어느 분야에서나 진정한 해결을 가져오지 못했다는 것을 깨닫기 시작했다. 모든 면에서 새로운 문제들이 생겼다. 국제적·사회적 및 인간적 알력은 더욱 격렬하게 되었으며, 어디서나 이 알력을 느낄 수 있었다. 그러나 영국과 프랑스와 북미에서는 그래도 언제나 이 알력을 정상적 수단으로 해결하는 어떤 전망이 남아 있었다. 그러나 독일에서는 사정이 달랐다. 날이 갈수록 문제는 더욱 다급하게 되고 더욱 복잡하게 되었다. 바이마르 공화국의 지도자들은 이 문제들을 외교적 교섭이나 입법 조치에 의하여 해결해 보려고 최선을 다하였다. 그러나 그들의 모든 노력은 수포로 돌아간 듯싶었다. 인플레이션과 실업의 시기에 독일의 사회적 및 경제적 제도 전체가 완전히 붕괴될 위기에 빠졌다. 정상적 수단은 이제 남아 있지 않은 것 같았다. 이러한 상황이야말로 정치적 신화들이 성장하고 거기서 충분한 영양분을 섭취할 수 있는 절호의 토양이었다.

신화가 인간의 사회적 감정과 사회 생활 전체에 침투하여 이를 지배하고 있는 원시 사회에서도 그것은 언제나 동일한 방식으로 작용하는 것은 아니며, 또 언제나 동일한 힘을 가지고 나타나지도 않는다. 그것은 인간이 비상하고 위험한 상황에 처했을 때 그 충만한 힘을 발휘하게 된다. 여러 해 동안 트로브리안드 섬의 토인들과 함께 생활했고 우리에게 이들의 신화적 개념들과 마법적 의식을 면밀하게 분석해 준 말리노프스키는 이 점을 거듭 강조하였다. 그가 지적하고 있는 바와 같이 원시 사회에 있어서도 마법의 사용은 특별한 활동 분야에 국한되어 있다. 비교적 단순한 기술적 수단으로 다룰 수 있는 모든 경우에 인간은 마법의 힘을 빌지 않는다. 마법은, 인간이 그 자연적 능력으로 해결할 수 없다고 생각하는 과제에 부딪쳤을 때에만 나타난다. 마법이나 신화의 영향을 받지 않는, 따라서 세속적 영역이라 기술될 수 있는 어떤 영역이 언제나 남아 있다. 이 영역에서 인간은 마법적 의식과 주문(呪文)의 힘 대신에 그 자신의 재능에 의지한다. 말리노프스키는 《신앙과 도덕의 기초》에서 다음과 같이 말한다.

토인이 어떤 도구를 만들어 내어야 할 때. 그는 마법에 의거하지 않는다. 그 재료의 선택에 있어서, 칼날을 가다듬고 자르고 닦는 방법에 있어서 그는 전적으로 경험적 즉 과학적이다. 그는 완전히 그의 숙련, 그의 이성 및 그의 인내에 의지한다. 지식에만 의존한다고 해도 과언은 아니다. …중앙 오스트레일리아 토인은 진정한 과학 내지 지식, 즉 경험과 이성에 의하여 완전히 통제되고 어떤 신비스러운 요소에 의해서는 전혀 영향을 받지 않는 전통을 소유하고 있다.

……

세대에서 세대로 전해지는 일군의 규칙이 있어, 사람들이 그 조그마한 오막살이에서 어떻게 지낼 것과, 마찰에 의해 불을 일으키는 법과, 식물을 모으고 요리하는 법가, 또 연애하고 싸우는 방법을 일러준다. … 이 세속적 저통이 가소적(可塑的), 선택적, 지능적인 것이고, 또 충분한 근거를 가지고 있는 것임은, 토인이 새롭고 적당한 재료가 있으면 무엇이나 이를 채택한다는 사실을 보아 알 수 있다.[1]

특별한 집중적 노력, 특별한 용기나 인내가 필요 없는 모든 과업에 있어서는 마법과 신화를 전혀 찾아볼 수 없다. 그러나 고도로 발달한 마법과 또 이것에 관련하여, 신화는 언제나 추구하는 일이 위협하고 그 결과가 불확실할 때 생긴다.

원시 사회에서의 마법과 신화의 역할에 대한 이 기술은, 인간의 정치 생활의 고도로 진보한 여러 단계에도 잘 들어맞는다. 절망적인 정세에서 인간은 수단에 호소한다. 그리고 현대의 정치적 신화들은 이와 같은 절망적 수단이었다. 만일 이성이 우리를 저버리면, 그때에는 언제나 최후의 의론(ultima ratio), 즉 기적적이고 신비스러운 힘이 남는다. 원시 사회는 성문법, 법규, 법령 혹은 헌법, 권리 장전이나 정치적 헌장 같은 것에 의해 다스려지지 않는다. 그럼에도 불구하고 사회생활의 가장 원시적

---

[1] B.Malinowski, *The Foundations of Faith and Morals* (London : Oxford Univ. Press, 1936), pp. 32 이하.

인 형태들도 매우 명료하고 매우 엄격한 조직을 우리에게 보여준다. 이 사회의 구성원들은 결코 무정부 상태나 혼란 상태에서 살고 있지 않다. 아마 우리가 알고 있는 가장 원시적인 사회는, 아메리카의 원주민과 북부 및 중앙 오스트레일리아의 토착 종족 가운데서 볼 수 있는 토템 숭배의 사회일 것인데, 이것들은 스펜서와 질렌의 저작에서 주의 깊게 연구되고 기술된 바 있다. 이러한 여러 토템 숭배 사회에서 우리는 그리스, 인도 혹은 이집트의 신화에 비길 만큼 복잡하고 교묘한 신화를 전혀 찾아볼 수 없다. 거기에는 인격신 숭배도 없고 자연의 위대한 힘들의 인격화도 없다. 그러나 그 사회들은 또 하나의 다른 그리고 더욱 강한 힘에 의하여 통일되어 있다. 이 힘은 무엇인가 하면 신화적인 생각들―즉 동물인 조상에 대한 신앙―에 기초를 둔 일정한 제의(祭儀)이다. 각 집단의 구성원들은 다 하나의 특별한 토템의 씨족에 속한다. 이로 인하여 그는 일정한 전통의 사슬에 매인다. 그는 어떤 종류의 음식을 삼가야 하며, 외혼(外婚)이나 동족결혼에 관한 매우 엄격한 규칙들을 지켜야 하며, 또 어떤 시기에는 정기적으로 또 엄격하고 옛날과 다름없는 순서로 토템 조상들의 생활의 극적 재현인 의식을 행하지 않으면 안 된다. 이 모든 것은 종족의 성원들에게, 힘에 의해서가 아니라 그들의 근본적인 신화적 상념들에 의해서 과해지며, 또 이 여러 상념들의 구속력은 거역할 수 없는 것이다. 그것은 절대로 의문시되지 않는다.

이윽고 다른 여러 정치적 및 사회적 세력이 나타난다. 신화적 사회 조직은 하나의 이성적 조직에 의하여 대체되는 성싶다. 안온하고 평화스러운 시대, 비교적 안정되고 안전한 시기에는 이 이성적 조직이 쉽게 유지된다. 그것은 어떠한 공격에 대해서도 안전한 듯싶다. 그러나 정치에 있어서는 평형이 완전히 수립된 적이 없다. 여기서 우리가 발견하는 것은 안정된 균형이 아니라 불안정한 균형이다. 정치에 있어서 우리는 언제나 화산성의 토양에서 살고 있다. 우리는 돌연한 격동과 폭발에 대해서 준비하고 있지 않으면 안 된다. 인간의 사회 생활의 모든 위급한 순간에,

낡은 신화적 상념들의 대두에 항거하는 이성적 세력들은 더 이상 자기 자신에 대해서 자신을 가질 수 없다. 이러한 순간에 신화가 나올 수 있는 때가 다시 찾아온 것이다. 왜냐하면 신화는 정말 정복되고 진압되지 않았기 때문이다. 그것은 항상 어둠 속에 웅크리고 숨어 있으면서 그 때와 기회를 노리고 있다. 인간의 사회 생활의 다른 여러 구속력이 이런저런 이유로 그 힘을 잃어버리고 다시는 악마적인 신화의 힘들과 싸울 수 없게 되자마자, 그 때는 온다.

프랑스의 학자 두떼는 ≪북아프리카의 마법과 종교≫(*Magie et religion dans l'Afrique du Nord*)란 매우 재미있는 책을 썼다. 이 책에서 그는 신화에 대해 간략하고 명확한 정의를 내리려 하고 있다. 두떼에 의하면 우리가 원시 사회에서 발견하는 신들과 귀신들은 집단적 소원의 인격화 의외의 다른 아무것도 아니다. 두떼는 말하기를, 신화는 "인격화된 집단적 욕망"(le désir collectif personifié)이라 한다. 이 정의는 약 35년 전에 내려진 것이다. 물론 저자는 근래의 정치 문제들을 알고 있지도 않았고 생각하지도 않았다. 그는 북아프리카의 몇몇 미개 종족의 종교 예식과 마법적 제의의 연구에 종사한 한 인류학자로서 말하였다. 한편 두떼의 이 공식은 지도력과 독재에 대한 현대적 개념의 가장 간결하고 분명한 표현으로 사용될 수 있었다. 지도력에 대한 요망은 오직 집단적 욕망이 압도적으로 커졌을 때, 그리고 한편 이 욕망을 정상적인 방법으로 충족시킬 모든 희망이 끊어졌을 때에만 나타난다. 이런 때가 오면 이 욕망은 절실해질 뿐만 아니라 또한 인격화된다. 그것은 인간의 눈앞에 구체적이고 가소적이고 개인적인 모습으로 우뚝 선다. 집단적 욕망의 강렬성은 지도자 속에 체현된다. 이미 있어 왔던 사회적 속박물들—법률, 정의 및 여러 가지 조직—은 아무 가치도 없다고 선언된다. 오직 남는 것이라고는 영도자의 신화적인 권력과 권위뿐이고, 영도자의 의지는 최고 절대의 율법이 된다.

하지만 집단적 소원의 인격화가 미개 종족에서와 동일한 방식으로 위대한 문명 국민에 의하여 이루어질 수 없다는 것은 명백한 일이다. 물론 문명인도 가장 격렬한 격정에 사로잡히기 쉬우며, 또 이러한 격정이 그 절정에 달했을 때 가장 비이성적인 충동에 사로잡히기 쉽다. 하지만 이런 경우에도 그는 합리성의 요구를 전적으로 잊어버리거나 거부할 수는 없다. 믿기 위해서는 그는 자기의 믿음에 대한 어떤 "이유"를 발견하지 않으면 안 된다. 즉 자신의 신조를 정당화할 수 있는 "이론"을 형성해야 한다. 그리고 적어도 이 이론은 원시적인 것이 아니고 도리어 극히 세련된 것이다.

우리는 인간의 모든 힘과 자연의 모든 힘이 어떤 개인적 인간 속에 응집되고 집중될 수 있다고 하는, 미개인의 생활에 있어서의 가정을 쉽게 이해할 수 있다. 마법사가 옳은 사람이고 마법의 주문들을 알고 있으며, 또 이 주문들을 옳은 시간에 옳은 순서로 사용할 줄 안다면 그는 만물의 주인이다. 그는 모든 재앙을 피할 수 있으며, 모든 적을 패퇴시킬 수 있으며, 또 모든 자연력을 지배한다. 이 모든 것은 현대인의 정신과는 아주 거리가 멀어서 전혀 이해할 수 없는 것인 듯싶다. 하지만 설사 현대인이 이제 다시는 자연적 마법을 믿지 않는다 하더라도, 그는 결코 일종의 "사회적 마법"에 대한 믿음을 버리지는 않았다. 만일 어떤 집단적 소원이 아주 강하고 격렬하게 느껴지면, 이 소원을 충족시키는 데는 오직 적당한 사람만 있으면 된다는 것을 사람들에게 쉽게 확신시킬 수 있다. 이 점에서 칼라일의 영웅 숭배론은 그 영향력을 발휘하였다. 이 이론은 그 기원과 경향에 있어서 이성적인 데가 전혀 없었던 몇몇 상념에 대하여 합리적 정당화를 약속하였다. 칼라일은 영웅 숭배가 인류 역사에 있어서 필수적인 요소임을 역설하였다. 그것은 인간 자신이 없어질 때까지는 없어질 수 없다. "세계 역사의 모든 시대에 있어서, 우리는 위대한 사람이 자기 시대에 없어서는 안 될 구세주였음을 발견한다. 곧 그는, 그것이 없으면 결코 연료가 타지 않았을 번갯불이다."[2] 위인의 말은 모든 사람이

---

2) Carlyle, *On Heroes*, Lect. 1, pp. 13이하. Centenary판, V, 13.

믿을 수 있는 현명한 치유의 말이다.

  그러나 칼라일은 자기의 이론을 하나의 명확한 정치적 강령으로 이해하지는 않았다. 그의 생각은 영웅주의에 대한 낭만적인 생각으로서, 현대의 정치적 "현실주의자들"의 생각과는 크게 다른 것이었다. 현대 정치가들은 훨씬 더 격렬한 수단을 쓰지 않으면 안 되었다. 그들은 마치 원을 네모지게 하는 것과 같은 도저히 풀 수 없는 문제를 해결하지 않으면 안 되었다. 인류 문명의 역사가들은 인류가 그 발달에 있어서 서로 다른 두 국면을 겪지 않으면 안 되었다고 우리에게 일러 준 바 있다. 인간은 마법인(homo magus)으로서 출발했다. 그러나 그는 마법의 시대로부터 기술의 시대로 넘어갔다. 옛날의 원시 문명의 마법인은 기술인(homo faber), 즉 기술자와 기능공이 되었다. 만일 우리가 이와 같은 역사적 구별을 인정한다고 하면, 현대의 정치적 신화들은 참으로 매우 이상하고 역설적인 것으로 보인다. 왜냐하면 우리가 이것들에서 발견하는 것이 서로 배제하는 두 가지 활동의 혼합이기 때문이다. 현대 정치가는 서로 아주 다르고 양립할 수도 없는 두 기능을 자기 자신 속에서 결합시키지 않으면 안 된다. 그는 동시에 마법인과 기술인으로서 행동하지 않으면 안 된다. 그는 전혀 비이성적이고 신비스러운 하나의 새로운 종교의 사제이다. 그러나 그가 이 종교를 옹호하고 선포할 때에는 매우 방법론적으로 일을 해나간다. 되는 대로 내버려 두는 것은 하나도 없다. 모든 조처는 잘 준비되고 또 미리 곰곰이 생각된다. 이 이상한 결합이야말로 현대의 정치적 신화들의 가장 두드러진 특성들 중의 하나다.

  신화는 언제나 무의식적 활동의 결과이자 상상의 자유로운 산물이라 기술되어 왔다. 그러나 여기서는 신화가 계획을 따라 만들어지고 있다. 새로운 정치적 신화들은 자유롭게 자라지 않는다. 그것들은 풍성한 상상의 야생적 결실이 아니다. 그것들은 매우 솜씨 있고 교묘한 기술자들이 만든 인공품이다. 신화의 새로운 수법을 발전시키는 일은, 우리들 자신의 위대한 기술적 시대인 20세기를 위해서 보류되어 왔다. 이때부터 신화는 기관총과 비행기 같은 무기와 다름없는 의미에서의 현대 무기로서 또 이런 것과 다름없는 방법을 따라서 제조될 수 있게 되었다. 이것은 하나의 새로운 일이요, 또 극히 중대한 일이다. 그것은 우리의 사회 생활의 형식 자체를 변화시켰다. 정치계가 독일의 재무장과 이것에 대해 있을 수 있는 국제적 반발에 관해 염려하기 시작한 것은 1933년의 일이었다. 사실은 이 재무장이 여러 해 전에 이미 시작되었으나 아무도 몰랐다. 진정한 재무장은 정치적 신화의 대두와 더불어 시작되었다. 이후의 군사적 재무장은 다만 사후종범(事後從犯)에 지나지 않았다. 범죄 행위는 이미 오래전에 저질러져 있었다. 군사적 재무장은 정치적 신화로 말미암아 초래된 정신적 재무장의 필연적 결과에 지나지 않았다.

맨 처음에 취해야 할 조처는 언어의 기능에 있어서의 변화였다. 인간의 언어 발전을 연구해 보면, 문명의 역사에 있어서 낱말이 서로 전혀 다른 두 가지 기능을 수행하고 있음을 알 수 있다. 간단히 말해서 이 두 기능을 낱말의 어의적 사용과 마법적 사용이라 할 수 있다. 이른바 원시적 언어에도 낱말의 어의적 기능이 전혀 없는 것은 아니다. 이것이 없으면 도대체 인간 언어란 있을 수 없다. 그러나 원시 사회에서는 마법어가 지배적이고 압도적인 영향력을 가지고 있다. 그것은 사물 혹은 사물의 관계를 기술하지 않는다. 그것은 여러 가지 효과를 산출하려 하며 또 자연의 진로를 변경시키려 한다. 이것은 기묘한 마법의 술수 없이는 할 수 없는 일이다. 마법사 혹은 요술쟁이만이 마법어를 지배할 수 있다. 그러나 그의 수중에서 그것은 가장 강력한 무기가 된다. 아무것도 그 힘에 항거할 수 없다. 오비디우스의 ≪변신보≫(*Metamorphoses*)에 나오는 여자 요술쟁이 메데아는, "마술의 노래로 하늘로부터 달도 끌어내릴 수 있다"(Carmina vel coelo possunt deducere lunam)고 말한다.

매우 이상하게도 이런 모든 일이 현대 세계에서 다시 일어나고 있다. 현대의 여러 정치적 신화와 이것을 이용한 용도를 연구해 보면, 우리는 이것들 속에서 우리의 모든 윤리적 가치의 전도만이 아니라 또한 인간 언어의 변질을 보고 크게 놀라지 않을 수 없다. 마법어는 어의적인 말보다 우위에 선다. 최근 10년 동안에 출판된 독일의 책, 정치적인 책만이 아니라 이론적인 책, 철학적·역사적 혹은 경제적 문제를 다루고 있는 책을 읽을 때, 놀랍게도 나는 이제 독일어를 알지 못함을 발견한다. 새로운 낱말들이 만들어졌고 또 이전에 있던 낱말들은 새로운 의미로 사용되고 있다. 이것들은 그 의미가 많이 변했다. 이 의미의 변화는 이전에는 기술적·논리적 내지 어의적 의미에서 사용되던 낱말들이 이제는 어떤 효과를 낳고 또 어떤 정동을 일으키는 마법어로 사용되고 있다는 사실에 의거한다. 우리가 일상적으로 쓰는 낱말들은 의미를 지니고 있다. 그러나 이 최신 유행의 낱말들은 여러 가지 감정과 격렬한 격정을 지니고 있다.

얼마 전에 ≪나치 독일어 : 현대 독일 관용어 소사전≫(*Nazi-Deutsch. A Glossary of Contemporary German Usage*)이라는 매우 재미있는 조그마한 책이 출판되었다. 이 책의 저자는 하인츠 페이터, 베르타 헬만, 헤트뷔히 페이터, 칼오 페텔이다. 이 책에는 나치 정권이 만들어 낸 모든 새로운 용어가 주의 깊게 수록되어 있는데, 그 어휘는 막대하다. 전면적 파괴에서 살아 남은 낱말은 몇 개 안 되는 것 같다. 저자들은 이 신어(新語)들을 영어로 번역하고자 했는데, 내 생각으로는 그들이 그 일에 성공하지 못했다. 그들은 독일어의 낱말과 어구를 옳게 번역하지 못하고 다만 그것들을 빙빙 돌려 설명할 수 있을 뿐이었다. 그것은, 불행인지 다행인지, 이 낱말들을 정확하게 영어로 옮기는 일이 불가능했기 때문이다. 이 낱말들의 특징을 이루는 것은 그 내용과 객관적 의미이기보다 오히려 그것들을 둘러싸고 감돌고 있는 정동적 분위기이다. 이 분위기는 느껴질 수 있을 따름이다. 그것은 번역될 수도 없고 또한 하나의 정신적 풍토에서 전혀 다른 정신적 풍토로 옮겨질 수도 없다. 이 점을 명시하기 위하여 나는 임의로 선택된 적절한 예를 하나 들어볼까 한다. ≪소사전≫에 보면 최근의 독일어 용법에서는 Siegfriede와 Siegerfriede란 두 용어 사이에 획연한 차이가 있었다고 한다. 독일 사람들 자신도 이 차이를 포착하는 것은 쉽지 않다. 이 두 낱말은 발음이 비슷하고, 또 같은 것을 의미하는 것으로 보인다. Sieg는 승리를 의미하는 말이고, Friede는 평화를 의미한다. 어떻게 이 두 낱말의 결합이 아주 다른 의미를 낳을 수 있는가? 그럼에도 불구하고 현대의 독일어의 용법에서는 이 두 용어가 전혀 다르다고들 말한다. 왜냐하면 Siegfriede는 독일의 승리를 통한 평화인데, Siegerfriede는 이와 정반대인 것을 의미하기 때문이다. 즉 후자는 연합국 정복자들의 지배에 의한 평화를 의미하는 데 쓰인다. 다른 용어들에서도 이와 마찬가지이다. 이 용어들을 새로 만든 사람들은 정치 선전술의 대가들이었다. 그들은 그들의 목적, 즉 가장 단순한 수단에 의하여 격렬한 정치적 격정을 일으키는 일을 성취하였다. 한 낱말, 혹은 심지어 한 낱말 속의 한 음절의 변화가 가끔 이 목적을 달성하는 데 충분하였다. 이 새로운 낱말들을 들으면, 우리는 그것들에서 인간의 정동의 전역(全域)-즉 증오, 분노, 오만, 멸시-을 온통 느낀다.

 그러나 마법어의 능란한 사용만이 전부는 아니다. 그 낱말이 그 충분한 효과를 가지려면 새로운 의식의 도입으로 보충되지 않으면 안 된다. 이 점에서도 역시 정치 지도자들은 매우 철저히, 조직적으로, 또 성공적으로 일을 해나갔다. 모든 정치적 행동은 각각 그 특별한 의식을 가지고 있다. 그런데 전체주의 국가에서는 정치 생활에서 독립한 사적영역이 전혀 없으므로, 인간의 생활 전체에 갑자기 새로운 의식들의 높은 물결이 범람한다. 이 의식들은 우리가 여러 원시 사회에서 볼 수 있는 의식들 못지 않게 규칙적이고 엄격하고 냉혹하다. 계급, 성, 연령에 상관없이 모든 사람은 각기 그 자신의 의식을 가진다. 정치적 의식을 수행하지 않고서는 그 누구도 거리를 걸어갈 수도 없었고 이웃 사람이나 친구에게 인사할 수도 없었다. 또 원시 사회에서와 꼭 마찬가지로, 규정된 의식들 가운데 하나를 소홀히 하면 곤궁과 죽음을 면치 못하였다. 심지어 어린 아이에게 있어서도 이것은 한갓 태만죄로 여겨지지 않는다. 그것은 영도자와 전체주의 국가의 존엄에 대한 범죄가 된다.

이 새로운 제의들의 효과는 자못 명백하다. 우리의 모든 활동력, 판단력과 비판적 식별력을 잠들게 하고, 인격과 개인적 책임에 대한 우리의 감정을 제거하는 데는, 동일한 의식을 꾸준히, 일제히, 또 언제나 한 가지 방식으로 행하는 것보다도 더 효과 있는 것은 없어 보인다. 사실, 제의에 의하여 지배되고 통치되는 모든 원시 사회에서는 개인적 책임이란 것이 무엇인가를 알지 못한다. 거기서 우리가 발견하는 것은 집단적 책임뿐이다. 진정한 "도덕적 주체"는 개인이 아니라 집단이다. 씨족, 가족 및 온 종족이 모든 성원들의 행동에 대해서 책임을 진다. 만일 어떤 범죄가 생기면 그것은 개인에게 돌려지지 않는다. 일종의 독기(毒氣) 혹은 사회적 전염에 의하여, 범죄는 그 온 집단에 퍼진다. 아무도 이 이 전염을 피할 수 없다. 복수와 벌도 역시 언제나 하나의 전체로서의 집단에 향한다. 피의 복수가 최고의 책무의 하나로 되어 있는 사회에서는 살인자 당사자에게 복수할 필요가 전혀 없다. 그 가족이나 종족의 일원을 죽이면 족하다. 어떤 경우에는, 가령 뉴기니에서 혹은 아프리카의 소말리족에서처럼, 가해자 자신보다 오히려 그 형을 죽인다.

지난 200년 동안에, 문명인의 생활과 비교했을 때의 미개인의 생활의 성격에 대한 우리의 생각은 완전히 변화하였다. 18세기에 루소는 미개인의 생활과 자연의 상태에 대한 유명한 기술을 하였다. 그는 이 속에서 소박함, 순진함, 행복의 진정한 낙원을 보았다. 미개인은 그가 태어난 삼림의 신선함 속에서 홀로, 그 본능을 따라 그 단순한 욕망을 만족시키면서 살았다. 그는 최고의 행복 즉 절대적 독립이라는 행복을 즐겼다. 불행히도 19세기에 이루어진 인류학적 연구의 진보는 이 철학적 전원을 완전히 파괴하여 버렸다. 루소의 기술은 그 정반대되는 것으로 전환되었다. 시드니 하틀란드는 ≪원시인의 법률≫에서 다음과 같이 말한다.

원시인은 결코 상상한 바와 같은 자유롭고 속박을 벗어난 피조물들이 아니다. 도리어 그는 가 방면에서 그 씨족의 관습들로 둘러싸여 있다. 그는 까마득한 옛날로부터 내려오는 전통의 쇠사슬에 매여 있다. …이 속박들을 그는 당연한 것으로 받아들인다. 그는 결코 이것을 깨뜨리려 하지 않는다. … 문명인에게서도 가끔 이와 같은 것을 볼 수 있다. 그러나 문명인은 가만히 있지 못하고 너무나 변화를 바라고, 너무나 열심히 자기의 환경을 문제 삼기 때문에 묵종(黙從)의 태도에 오래 머물러 있을 수 없다.3)

이 말은 20년 전에 씌어졌다. 그러나 그동안에 우리는 하나의 새로운 교훈을 배웠다. 이 교훈은 우리의 인간적 긍지에 대해서 매우 굴욕적인 것이다. 우리는 현대인이, 가만히 있지 못하는 그의 성격에도 불구하고 그리고 아마도 바로 이 성격 때문에 정말로 미개인의 생활 상태를 극복하지 못했음을 알게 되었다. 미개인과 마찬가지로 동일한 힘 앞에 서면, 현대인도 완전한 묵종의 상태로 쉽게 다시 던져질 수 있다. 그는 더 이상 자신의 환경을 문제 삼지 않고 당연한 것으로 받아들인다.

지난 12년 동안의 모든 슬픈 경험 가운데 아마도 이것이 가장 무서운 경험일 것이다. 그것은 키르케의 섬에서의 오디세우스의 경험에 비길 수 있다. 그러나 이보다 더 고약하다. 키르케는 오디세우스의 친구들과 동행들을 갖가지 동물의 형상으로 변형시켰다. 그러나 여기서는 교육받은 지성인들이, 정직하고 고결한 사람들이 갑자기 최고의 인간적 특권을 포기하고 있는 것이다. 그들은 자유로운 인격적 행위자이기를 그쳤다. 정해진 똑같은 의식을 행함으로써 그들은 똑같이 느끼고 생각하고 말하기 시작하였다. 그들의 몸가짐은 씩씩하고 기운차다. 하지만 그것은 인위적인 가짜 생활일 따름이다. 사실 그들은 외부 세력에 의하여 움직여지고 있다. 그들은 인형극의 꼭두각시처럼 행동하며, 또 이 연극 그리고 인간의 모든 개인적 및 사회적 생활을 조정하는 끈이 이때 이후로 정치적 지도자들에 의하여 당겨지고 있다는 것을 알지 못한다.

우리의 문제를 이해하는 데 있어 이것은 결정적으로 중요한 점이다. 강

---

3) E. Sidney Hartland, *Primitive Law* (London : Methuen & Co., 1924), p. 138.

제와 억압의 방법은 정치 생활에서 언제나 사용되어 왔다. 그러나 대부분의 경우 이 방법들은 물질적 결과를 노리는 것이었다. 가장 무서운 전제 정치의 자제들도 몇 가지 행동 법칙을 사람들에게 강요함으로써 만족하였다. 그것들은 사람들의 감정, 판단 및 사상에는 관심을 두지 않았다. 큰 종교 투쟁에서는 사람들의 행동만이 아니라 그 의식을 지배하기 위하여 가장 맹렬한 노력이 기울여졌던 것이 사실이다. 그러나 이 시도들은 실패할 수밖에 없었다. 그것들은 종교적 자유에 대한 감정을 강화했을 뿐이다. 그런데 현대의 정치적 신화들은 이와 전혀 다른 방식으로 일을 해나갔다. 이것들은 어떤 행동들을 명령하거나 금지하는 일에서부터 시작하지 않았다. 이것들은 사람들의 행위를 지배하고 조정할 수 있기 위하여, 먼저 사람들을 변화시키는 일부터 착수하였다. 이 정치적 신화들은 마치 뱀이 먹이를 공격하기 전에 그것을 마비시켜 굳어지게 하는 것처럼 행동하였다. 사람들은 아무런 진지한 반항도 하지 않고 그 먹이가 되었다. 그들은 실지로 일어난 것이 무엇인지를 깨닫기 전에 정복되고 억압되었다.

정치적 압박의 일반적 수단은 이러한 효과를 낳는 데 충분치 못하였다. 가장 혹독한 정치 압력 아래에서도 사람들은 그들 자신의 생활을 이어가는 일을 그치지 않았다. 언제나 이 압력에 반항하는 인격적 자유의 영역이 남아 있었다. 고대의 고전적인 윤리적 이념들은 고대 세계의 혼돈과 정치적 부패의 한가운데서 그 힘을 유지하고 강화하였다. 세네카는 네로의 시대에 그 궁정에서 살았다. 그러나 이것은, 그가 그의 논문들과 도덕적인 편지들 속에서 스토아 철학이 가장 고원한 이념들, 즉 의지의 자율과 현인의 독립이라는 이념의 대강을 논술하는 것을 막지 못하였다. 현대의 정치적 신화들은 그 일을 시작하기 전에 이 모든 이념과 이상을 파괴하였다. 그것들은 이 방면으로부터의 그 어떤 반대도 두려워할 필요가 없다. 앞서 고비노의 저서를 분석하는 데서 우리는 이 반대가 어떤 식으로 좌초되었는가를 연구한 바 있다. 인종의 신화는 강력한 부식제로 작용하여 다른 모든 가치를 해체시키고 붕괴시크는 데 성공하였다.

이 과정을 이해하려면 "자유"란 용어의 분석에서 출발하는 것이 필요하다. 자유는 철학적 언어뿐 아니라 또한 정치적 언어 가운데서도 가장 막연하고 애매한 용어의 하나이다. 우리가 의지의 자유에 관해서 사색하기 시작하자마자 우리는 우리 자신이 형이상학적 문제와 이율배반의 헤어나올 수 없는 미궁에 휩쓸려 들어가 있음을 발견한다. 정치적 자유에 관해서는 누구나 이것이 가장 많이 쓰이고 또 가장 남용된 구호의 하나임을 알고 있다. 모든 정당은 자기들이야말로 자유의 참된 대표요 수호자라고 확언하였다. 그러나 그들은 언제나 이 말을 그들의 의미에서 정의하고 또 자기네들만의 이익을 위하여 사용하였다. 윤리적 자유는 원래 훨씬 단순한 것이다. 그것은 형이상학과 정치학에서는 다같이 불가피하게 보이는 저러한 애매성들을 가지고 있지 않다. 사람들이 자유로운 행위자로서 행동함은 그들이 무관계자의 자유로운 판단(liberum arbitrium indifferentiae)을 하고 있기 때문이 아니다. 자유로운 행동의 특징은 동기의 결여가 아니라 동기들의 성격이다. 윤리적 의미에서 어떤 사람이 자유로운 행위자일 수 있는 것은, 이 동기가 무엇이 도덕적 의무인가 하는 데 대한 그 자신의 판단과 확신에 의거하고 있을 때이다. 칸트에 의하면 자유는 자율과 같다. 그것은 "비결정론"을 의미하지 않는다. 그것은 오히려 특별한 종류의 결정을 의미한다. 그것은 우리가 행동할 때 복종하는 법칙이 외부로부터 부과되는 것이 아니라 도리어 도덕적 주체가 이 법칙을 자기 자신에게 준다는 것을 의미한다.

칸트는 그 자신의 이론을 설명하면서 언제나 하나의 근본적 오해에 대하여 우리에게 경고한다. 윤리적 자유는 하나의 사실이 아니라 하나의 요청이라고 그는 선언한다. 그것은 주어진(gegeben) 것이 아니라 부과된(aufgegeben) 것이다. 그것은 인간 본성의 증여받은 선물이 아니라 오히려 하나의 과제, 인간이 스스로 설정할 수 있는 가장 힘 드는 과제이다. 그것은 소여 사실(所與事實)이 아니라 요구이자 윤리적 명법이다. 이

요구를 충족시키는 일은, 공공 생활 전체의 붕괴가 임박한 듯이 보이는 중대하고 심각한 사회적 위기의 시기에는 특별히 어렵게 된다. 이러한 때를 당하면 개인은 자기 자신의 힘에 대한 깊은 의혹을 느끼기 시작한다. 자유는 인간의 타고난 상속물이 아니다. 그것을 소유하려면 그것을 창조하지 않으면 안 된다. 만일 인간이 그저 자신의 자연적 본능들을 따르기만 한다면, 그는 자유를 위해서 분투하려 하지 않을 것이다. 그는 오히려 예속을 선택할 것이다. 분명히 남에게 의지하는 것이 스스로 생각하고 판단하고 결정하는 것보다 훨씬 쉽다. 이것이 개인의 생활에서나 정치 생활에서나 자유가 한 특권으로서보다 오히려 하나의 짐으로서 가끔 생각되고 있는 사실을 설명해 준다. 극히 어려운 상황 속에서 인간은 이 짐을 던져 버리려 한다. 이때 전체주의 국가와 정치적 신화가 개입한다. 새 정당들은 적어도 이 딜레마로부터의 회피책을 약속한다. 그들은 자유에 대한 감각 자체를 억압하고 파괴한다. 그러나 동시에 그들은 사람들을 모든 개인적 책임에서 벗어나게 한다.4)

이것은 우리를 우리의 문제의 또 다른 하나의 측면으로 이끈다. 현대의 정치적 신화에 대한 우리의 기술에는 아직 한 가지 특성이 빠져 있다. 앞서 지적한 바와 같이 전체주의 국가에서는 정치적 지도자들이 원시 사회에서 마법사가 수행한 모든 직무를 담당하지 않으면 안 되었다. 그들은 절대적 지배자였으며, 모든 사회악을 고칠 것을 약속한 의사였다. 그러나 이것만으로는 충분치 못했다. 미개 종족에서 마법사는 또 하나 다른 중요한 임무를 맡고 있다. 마법사는 동시에 예언자이다. 그는 신들의 뜻을 드러내며 앞날을 예언한다. 점장이는 원시적 사회 생활에 있어

---

4) 라우셴부쉬는 다음과 같은 이야기를 하고 있다. "미국 손님에게 세상 형편을 설명하는 것을 싫어하지 않는 독일인 식료품상에게, 나는 자유를 포기하면 극히 소중한 그 무엇을 버린 것이라고 하는 우리의 감정을 말하였다. 그의 대답은 이러했다. '그러나 당신은 도무지 알지 못하오, 이전에는 우리가 선거, 정당 투표 같은 것을 걱정해야 했소. 그러나 지금은 이런 걱정들을 도무지 안 하게 되었지요. 현재 우리는 자유롭습니다.'" Stephen Raushenbush, *The March of Fascism* (New Haven : Yale Univ. Press, 1939), p. 40참조.

서 확고한 지위와 불가결의 역할을 가지고 있다. 정치적 문화의 고도로 발달된 여러 단계에서도 그는 여전히 그의 옛날의 여러 가지 권리와 특전을 충분히 소유하고 있다. 예를 들어 로마에서는 새가 날아가는 것을 보고 점을 치는 조복자(鳥卜者)와 희생 동물의 장(腸)을 보고 점을 치는 장복자(腸卜者)의 충고 없이 중대한 정치적 결정을 내리거나 어려운 일에 착수한 적이 한 번도 없었으며, 또 전투를 한 적도 없었다. 로마 군대가 원정을 갈 때에는 언제나 장복자들이 종군하였다. 이들은 군 수뇌부의 불가결한 일부였다.

이 점에서도 현대 정치 생활은 완전히 잊혀진 듯싶은 형태들로 돌연히 되돌아갔다. 확실히 이제 다시는 제비를 뽑아 점치는 원시적인 점술이 행해지고 있지 않으며, 또 새들의 비행을 관찰하거나 도륙된 동물의 내장을 검사하는 일도 전혀 없다. 우리는 훨씬 더 세련되고 교묘한 점술, 과학적이고 철학적이라고 자부하는 방법을 발전시켰다. 그러나 우리의 방법은 바뀌었다 하더라도 사물 자체, 즉 점치는 일 자체는 없어지지 않았다. 현대 정치인들은, 대중은 한갓 물리적인 힘에 의해서보다 상상의 힘에 의해서 훨씬 더 쉽게 움직여진다는 것을 잘 알고 있다. 그리고 그들은 이 지식을 십분 이용하였다. 정치가는 일종의 공적(公的) 점장이가 되었다. 예언은 새로운 통치 기술의 본질적인 요소이다. 가장 있음직하지 않고 심지어는 불가능한 것이 약속된다. 천년왕국(千年王國)이 거듭 예언된다.

매우 이상한 일이지만 이 새로운 점치는 기술이 최초로 출현한 것은 독일의 정치에서가 아니라 독일의 철학에서였다. 1918년에 슈펭글러의 ≪서양의 몰락≫(*Der Untergang des Abendlandes*)이 나왔다. 아마 지금까지 이 책만큼 선풍적인 성공을 거둔 철학책은 하나도 없을 것이다. 이 책은 거의 모든 외국어로 번역되었고, 또 온갖 종류의 사람들-철학자와 과학자들, 역사가와 정치가들, 학생과 학자, 상인과 일반 대중-에게 읽혔다. 이 전무후무한 성공의 이유는 무엇인가? 이 책이 독자들에게 던진 마법적 주문은 무엇이었던가? 그것은 하나의 역설로 보인다. 그러나 내 생각엔 슈펭글러의 성공의 원인을 그 저서의 내용에서보다는 오히려 그 제목에서 찾아야 할 것이 아닌가 한다. ≪서양의 몰락≫이란 제목은 슈펭글러의 독자들의 상상력을 불붙게 한 전기 불꽃이었다. 이 책은 1918년 7월, 제1차 세계 대전이 끝날 무렵에 간행되었다. 이때에 대부분은 아니지만 많은 사람들은, 높이 찬양받고 있는 서양 문명의 상태 속에 그 무엇인가가 썩어가고 있음을 깨닫고 있었다. 슈펭글러의 저서는 이 일반적 불안을 날카롭고도 명확하게 표현하였다. 그것은 전혀 과학적인 책이 아니었다. 슈펭글러는 과학의 모든 방법을 경멸하고 공공연히 공격하였다. 그는 "자연은 과학적으로 다루어져야 하고, 역사는 시적으로 다루어져야 한다"고 선언하였다. 하지만 이것은 슈펭글러의 저서의 진정한 의미가 아니다. 시인은 그의 상상의 세계에서 산다. 그리고 위대한 종교적 시인도, 단테나 밀턴처럼 역시 예언자적 환상의 세계에서 살고 있다. 그러나 그는 이 환상을 실재라고 보지 않는다. 또한 이 환상들을 가지고 역사 철학을 만들지도 않는다. 그러나 바로 이와 같은 일을 한 사람이 슈펭글러였다. 그는 천문학자가 일식이나 월식을 예고하는 것과 똑같은 방식으로 또 그와 똑같은 정확성을 가지고 역사적 및 문화적 사건을 예고할 수 있는 새로운 방법을 발견했노라고 자랑하였다. "이 책에서 처음으로 역사를 예정하는 모험, 즉 하나의 문화, 특별히 우리들의 시대에 이 지구 위에서 막 완성의 단계에 있는 유일한 문화-서유럽-아메리카의 문화-의 운명 가운데 아직 해명되지 않은 여러 단계를 더듬는 모험이 시도되고 있다.

 이 말은 슈펭글러의 저서와 그 막대한 영향에 대한 열쇠를 우리에게 준다. 만일 인류 문명의 역사를 이야기할 수 있을 뿐 아니라 또한 그 장래의 진로를 예정할 수 있다면, 이것은 일대 전진이다. 명백히, 이와 같이 말한 사람은 과학자도 아니고 또 역사가나 철학자도 아니다. 슈펭글러에 의하면 문명의 발생, 쇠퇴 및 몰락은 이른바 자연 법칙들에 의거하는 것이 아니다. 그것들은 하나의 보다 높은 힘, 곧 운명의 힘에 의하여 결정된다. 인과율이 아니라 운명이 인류 역사의 추진력이다. 한 문화 세계의 탄생은 언제나 하나의 신비적 사건이자 운명의 명령이라고 슈펭글러는 말한다. 그러한 사건은 우리들의 빈약하고 추상적이고 과학적인 혹은 철학적인 개념들이 전혀 짐작할 수 없는 것이다.

> 한 문화는, 한 위대한 영혼이 언제까지나 어린애 같은 데가 있는 인류의 원시 정신성에서 깨어나, 무형한 것으로부터 하나의 형태를, 무제한적이고 영속적인 것으로부터 하나의 제한되고 가사적(可死的)인 것을 분리시키는 순간에 탄생한다. … 그것은, 이 영혼이 여러 민족, 언어, 교리, 예술, 국가, 과학의 모습으로 그 모든 가능성의 총체를 실현하고, 원시 영혼으로 되돌아갈 때 사멸한다.5)

여기서도 역시 가장 오래된 신화적 동기의 하나가 소생하고 있음을 볼 수 있다. 세계의 거의 모든 신화에는 피할 수 없고 움직일 수 없고 변경할 수 없는 운명의 관념이 있다. 숙명론은 신화적 사고로부터 분리할 수 없는 것 같다. 호메로스의 시에서는 신들도 운명의 여신에 순종하지 않으면 안 된다. 운명의 여신 모이라는 제우스로부터 독립하여 행동한다. 플라톤은 ≪국가≫의 제 10권에서 모든 전체가 그 축을 도는 "필연의 실감개"에 관한 유명한 기술을 전개하였다. 방추가 필연의 무릎 위에서 돌고 있는 한편에서는 필연의 딸들인 운명의 여신들, 곧 라케시스, 클로토, 아트로포스가 왕좌에 앉아, 라케시스는 과거를, 클로토는 현재를, 아트로포스는 미래를 노래한다.6) 이것은 플라톤의 신화인데, 플라톤은 언제나 신화적 사고와 철학적 사고를 획연히 구별하고 있다. 그러나 현대 철

---

5) O. Spengler, *Der Untergang des Abendlandes* (München : Beck, 1918). English trans. Charles F. Atkinson, *The Decline of the West* (London : G. Allen & Unwin, 1926), p.106. 4장 "The Destiny-Idea and the Causality Principle" 전부 참조.

6) Plato, *Republic*, 616 이하.

학자들 가운데 몇몇 사람에게 있어서는 이 구별이 완전히 사라진 듯싶다. 이들은 신화의 모든 특징적인 면을 보여주는 역사의 형이상학을 만들어 내고 있다. 내가 처음 슈펭글러의 《서양의 몰락》을 읽었을 때, 마침 나는 이탈리아의 르네상스 시대의 철학을 연구하는 데 열중하고 있었다. 이때 나를 가장 놀라게 한 것은, 슈펭글러의 저서와 그 바로 얼마 전에 내가 읽은 몇 개의 점성학의 소책자 사이의 큰 유사성이었다. 물론 슈펭글러는 문명의 미래를 별들에게서 알아 보려고는 하지 않았다. 그러나 그의 예지학은 점성술적 예지학과 꼭같은 유형의 것이다. 르네상스 시대의 점성가들은 개인들의 운명을 알아보는 데 만족하지 않았다. 그들은 그들의 방법을 또한 큰 역사적 및 문화적 현상에 적용하였다. 이 점성가들 가운데 한 사람은, 그리스도가 탄생할 때 별자리로 점을 치고 그리스도의 탄생으로부터 그리스도교의 몰락이 가까운 미래에 있을 것을 예언했기 때문에 교회로부터 책망을 받고 화형을 당하였다. 슈펭글러의 저서는 사실상 역사의 점성술, 즉 자신의 음침한 묵시록적 환상을 표명한 점장이의 저작이었다.

그러나 우리는 정말 슈펭글러의 저작과 나중에 일어난 여러 정치적 예언을 연결시킬 수 있는가? 이 두 현상을 동일한 수준에 둘 수 있는가? 언뜻 보면 이와 같은 비교는 매우 의심스러워 보인다. 슈펭글러는 재앙의 예언자였고, 새로 일어난 정치 지도자들은 그들의 신봉자들 속에 가장 엉뚱한 희망을 불러일으키려 하였다. 슈펭글러는 서양의 몰락을 말하였고 이들은 독일 민족에 의한 세계 정복을 말했다. 명백히 이것들은 동일한 것이 아니다. 또 슈펭글러는 개인적으로 나치 운동의 지지자가 아니었다. 그는 보수주의자인 동시에 프로이센의 낡은 이상의 흠모자요 찬미자였다. 새사람들의 계획은 그에게 아무런 호소력도 없었다. 그럼에도 불구하고 슈펭글러의 저서는 나치즘(국가 사회주의)의 선구적 저작의 하나가 되었다. 슈펭글러가 그의 일반적 주장에서 도출한 결론은 무엇인가? 그는 그의 철학이 비관론의 철학이라 규정되었을 때 맹렬히 항변하였다. 그는 자기 자신이 결코 비관론자가 아니라고 선언하였다. 서양 문명이 단숨에 파괴되리라는 것은 사실이다. 그러나 이 명백하고 불가피한 사실을 슬퍼해도 소용없다. 설령 우리의 문화가 소멸된다 하더라도 다른 많은 것이, 그리고 아마도 더 좋은 것이 현재의 세대에는 남아 있다.

> 위대한 회화나 위대한 음악에 관하여는, 서양 사람들에게 더 이상 아무런 문제도 있을 수 없다. … 그들에게는 오직 **외연적** 가능성만이 남아 있다. 하지만 무한한 희망으로 가득 찬 건전하고 활기 있는 세대가, 이 여러 희망의 몇 가지가 허무하게 되지 않을 수 없음을 일찌감치 발견하는 것은 조금이라도 손해가 된다고 나는 볼 수 없다. … 어떤 개인들이 그들의 결정적 시기에 건축, 연극, 회화의 영역에서 이룩할 아무것도 자기들에게 남지 않았다는 확신에 사로잡힌다면, 그 결과가 비극적인 것이 될 것은 사실이다. 그들이 몰락한들 어떠하리오! … 이제 마침내 여러 세기의 업적이, 서유럽인으로 하여금 일반적 문화 체계에 관련시켜 자기 자신의 생명의 성향을 볼 수 있게 하며, 또 자기 자신의 여러 가지 힘과 목적을 검사할 수 있게 한다. 그리고 오직 하나 내가 희망할 수 있는 것은 새로운 시대의 사람들이 이 책으로 말미암아 서정시 대신 기술에, 화필 대신 바다에, 인식론 대신 정치학에 헌신하게 될 수도 있다고 하는 것이다. 그들이 할 수 있는 일로 이보다 더 좋은 것은 있을 수 없다.[7]

서정시 대신에 기술, 인식론 대신에 정치학이라 하는 인류 문화의 철학자의 충고는 쉽게 이해될 수 있었다. 새사람들은 자기네가 슈펭글러의 예언을 성취했다고 확신하였다. 그들은 슈펭글러를 그들 자신의 의미에서 해석하였다. 만일 우리의 문화-과학, 철학, 시 및 예술-가 죽었다면 새출발을 하자. 우리의 막대한 가능성을 시험해 보자. 하나의 새로운 세계를 창조하고 이 신세계의 지배자가 되어 보자.
이와 동일한 사상 경향이, 언뜻 보면 슈펭글러와 공통되는 점이 거의

---

7) Spengler, 앞의 책, pp. 40 이하.

없어 보이는 그리고 이 이론들을 슈펭글러와 상관없이 독자적으로 발전시킨 현대의 한 독일 철학자의 저작에도 나타나 있다. 1927년에 마틴 하이데거는 그의 저서인 ≪존재와 시간≫(*Sein und Zeit*) 제1권을 출판하였다. 하이데거는 훗설의 제자였고 또 독일 현상학파의 뛰어난 대표자의 한 사람으로 꼽히는 사람이었다. 그의 저서는 훗설의 ≪철학 및 현상학 연구 연보≫(*Jahrbüchern für Philosophie und Phänomenologische Forschung*)에 발표되었다.8) 그러나 이 책의 태도는 훗설의 철학 정신에 정반대되는 것이었다. 훗설은 논리적 사고의 원리들을 분석하는 일에서 출발하였다. 그의 철학 전체는 이 분석의 결과에 의거하고 있다. 그의 최고의 목표는 철학을 "엄밀한 학문"이 되게 하는 것, 철학을 확실한 사실들과 이론(異論)의 여지가 없는 원리들 위에 그 기초를 두게 하는 것이었다. 이와 같은 경향은 하이데거에게서 전혀 볼 수 없다. 그는 "영원한" 진리, 플라톤적인 "이데아의 왕국", 혹은 철학적 사고의 엄밀한 논리적 방법 같은 것이 있다는 것을 인정하지 않는다. 이 모든 것은 포착하기 어려운 것이라 선언된다. 우리는 헛되이 논리적 철학을 건설하려 한다. 우리는 다만 실존 철학(Existenzphilosophie)을 내어놓을 수 있을 뿐이다. 이와 같은 실존 철학은 객관적이고 보편적으로 타당한 진리를 우리에게 준다고 주장하지 않는다. 어떤 사상가도 자기 자신의 실존의 진리 이상의 것을 내어놓을 수 없다. 그리고 이 실존은 역사적 성격을 지니고 있다. 그것은 개인이 그 아래서 살고 있는 특별한 조건들과 결부되어 있다. 이 조건들을 변화시키는 것은 불가능하다. 하이데거는 그의 사상을 표현하기 위하여 새로운 용어를 만들어 내지 않으면 안 되었다. 그는 인간의 피투성(被投性, Geworfenheit)을 말하였다. 시간의 흐름 속에 던져져 있다고 하는 것이 우리들 인간의 상황의 근본적이고 변경할 수 없는 특성이다. 우리는 이 흐름에서 빠져나올 수 없고 또 그 흐름을 변환시킬 수도 없다. 우리는 우리의 실존의 역사적 조건들을 받아들이지 않으면 안

---

8) 제8권, 제2판 (Halle : Niemeyer, 1929).

된다. 우리는 이 조건들을 이해하고 해석하려 할 수 있다. 그러나 이것들을 변화시킬 수는 없다.

나는 이 철학적 교설들이 독일에서의 정치 이념의 발전과 직접적 관련을 가지고 있었다고 말할 생각은 없다. 이 이념들의 대부분은 아주 다른 원천들로부터 생겨났다. 그것들은 매우 "실재적인" 의의를 지녔고 "사변적" 의의를 지니지 않았다. 그러나 이 새로운 철학은, 현대의 정치적 신화들에 항거할 수 있었던 세력들을 약화시키고 서서히 무너뜨렸다. 우리의 문명의 몰락과 불가피한 파멸을 침울하게 예언하는 역사 철학과 인간의 피투성을 인간의 주요 특징의 하나로 보는 이론은 인간의 문화 생활의 건설과 재건에 적극적으로 참여할 모든 희망을 단념하고 만 것이다. 이러한 철학은 그 스스로의 근본적인 이론적 및 윤리적 이상을 포기하고 있다. 이때 그것은 정치 지도자들의 수중에서 다루기 쉬운 도구로 이용될 수 있다.

현대 세계에서의 숙명론의 재기는 우리를 또 하나의 다른 일반적 문제로 이끈다. 우리는 우리의 자연 과학을 자랑한다. 그러나 우리는 자연 과학이 인간 정신의 매우 뒤늦은 성취임을 잊어서는 안 된다. 17세기, 곧 갈릴레오와 케플러, 데카르트와 뉴턴의 위대한 세기에도 그것은 결코 확고히 세워져 있지 않았다. 그것은 아직 확고한 자리를 차지하기 위해서 투쟁하지 않으면 안 되었다. 르네상스 시대를 통하여 이른바 신비학, 마법, 연금술 및 점성술이 아직 지배적이었으며, 심지어 이것들은 새로운 번영기를 맞았다. 케플러는 최초의 위대한 경험적 천문학자로서 유성들의 운행을 정밀한 수학적 술어로서 기술할 수 있었다. 하지만 이 결정적 일보를 내디디는 것은 극히 어려운 일이었다. 왜냐하면 케플러는 비단 그의 시대에 대해서뿐만 아니라 또한 자기 자신에 대해서도 싸우지 않으면 안 되었기 때문이다. 천문학과 점성술은 아직 분리될 수 없는 것이었다. 케플러 자신이 프라하의 궁정에서 점성가로 임명되었고, 또 그 만년에는 발렌슈타인의 점성가가 되었다. 그가 마침내 자기 자신을 해방시킨 방법은, 근대 과학사에 있어서 가장 중요하고 가장 신나는 대목의 하나다. 그는 결코 점성술적 개념들로부터 완전히 이탈하지는 못했다. 그는 천문학을 점성술의 딸이라 선언하였고, 또 어머니를 무시하고 경멸하는 것은 딸의 도리가 아니라고 말하였다. 근대의 17, 18세기 이전에는 경험적 사고와 신화적 사고 사이에 하나의 선을 긋는 것이 불가능하였다. 근대적 의미에서의 과학적 화학은 로버트 보일과 라브와지에의 시대까지는 존재하지 않았다.

어떻게 이 사태가 변할 수 있었는가? 어떻게 자연 과학이 무수한 헛수고 끝에, 마침내 마법의 주문을 깨뜨릴 수 있었는가? 이 위대한 지적 혁명의 원리는 근대의 경험적 사고의 선구자의 한 사람인 베이컨의 말, "우리가 먼저 순종하지 않으면 자연은 정복되지 않는다"(Natura non vincitur nisi parendo)로 가장 잘 기술될 수 있다. 베이컨의 목표는 인간으로 하여금 자연의 주인이 되게 하는 것이었다. 그러나 이 주인이 되어 지배한다는 것은 올바로 이해되지 않으면 안 된다. 인간은 자연을 예속시키거나 노예화할 수 없다. 자연을 지배하려면 인간은 자연을 존경하지 않으면 안 된다. 곧 인간은 자연의 근본적 법칙들에 복종하지 않으면 안 된다. 인간은 먼저 자기 자신을 해방시키는 일에서 출발하지 않으면 안 된다. 즉 그의 각 오류들과 착각들, 그의 인간적 괴벽과 망상에서 벗어나지 않으면 안 된다. 베이컨은 그의 ≪새로운 기관≫(*Novun Organon*) 제1권에서 이 여러 착각을 체계적으로 개관하려 하였다. 그는 여러 종류의 우상, 즉 종족의 우상(idola tribus), 동굴의 우상(idola specus), 시장의 우상(idola fori) 및 극장의 우상(idora theatri)을 논술하였고, 도 참된 경험 과학으로 인도할 길을 닦기 위해서 이것들을 어떻게 극복해야 할 것인가를 밝히려 하였다.

정치에서 우리는 아직 이 길을 발견하지 못하였다. 모든 인간적 우상 가운데 정치적 우상, 즉 시장의 우상이 가장 위험하고 영속적인 것이다. 플라톤 당시부터 모든 위대한 사상가들은 합리적인 정치 이론을 찾으려고 최대의 노력을 기울였다. 19세기는 마침내 올바른 길을 발견했다고 스스로 확신하였다. 1830년에 오귀스뜨 꽁뜨는 그의 ≪실증 철학 강의≫ (Cours de philosophie positive) 제1권을 간행하였다. 그는 자연 과학의 구조를 분석하는 일에서 출발하였다. 그는 천문학에서 물리학으로, 물리학에서 화학으로, 화학에서 생물학으로 나아갔다. 그러나 꽁뜨에 의하면 자연 과학은 제1보에 지나지 않는다. 그의 진정한 목표와 최고의 야심은 하나의 새로운 사회 과학의 창시자가 되는 것이요, 또 이 과학 속에 물리학이나 화학에서 볼 수 있는 것과 꼭 같은 정밀한 추리 방식, 귀납법 및 연역법을 도입하는 것이었다.

20세기에 있어서의 정치적 신화들의 돌연한 대두는 꽁뜨와 그 제자들 및 선봉자들의 이러한 여러 희망이 시기상조의 것이었음을 우리에게 보여주었다. 정치학은 정밀 과학이기는 고사하고 실증 과학이 되기에는 아직 거리가 멀다. 후대의 사람들이 마치 어떤 현대 천문학자가 점성술의 책을 연구하거나 혹은 어떤 현대 화학자가 연금술의 논문을 연구하는 것과 같은 감정을 가지고, 우리들의 정치학 체계의 많은 것을 돌이켜보리라는 것을 나는 의심치 않았다. 정치에서 우리는 아직 견고하고 믿을 만한 기초를 찾지 못하였다. 여기에는 분명하게 세워진 우주 질서가 없어 보인다. 우리는 항상 이전의 혼돈으로 돌연히 역행할 위험 속에 있다. 우리는 높고 자랑스러운 체계들을 세우고 있으나, 그 기초를 튼튼하게 다지는 것을 잊는다. 인간이 마법의 주문과 의식을 능숙하게 사용함으로써 자연의 진로를 변화시킬 수 있다고 하는 신념은 인류 역사를 수백 수천 년 동안 지배해 왔다. 불가피한 모든 좌절과 실망에도 불구하고 인류는 아직도 완고하고 힘차게 또 절망적으로 이 신념에 매달리고 있다. 그러므로 우리의 정치적 행동과 정치 사상 속에 마법이 아직도 든든하게 자리잡고 있다고 해서 놀랄 필요는 없다. 하지만 조그마한 집단들이 그들의 희구와 공상적 관념들을 강대국들과 국가 전체에 강요하려 할 때, 그들은 잠시 동안 성공할 것이고 또 심지어 큰 승리를 얻을 수도 있겠으나, 이 성공, 이 승리는 어디까지나 일시적인 것이 되고야 말 것이다. 이 것은 결국, 물리적 세계의 논리가 있듯이 사회적 세계의 논리가 있기 때문이다. 벌을 받지 않고는 어길 수 없는 몇몇 법칙이 있는 것이다. 이 영역에서는 우리는 베이컨의 충고를 듣지 않으면 안 된다. 우리는 사회적 세계를 지배하기로 기획할 수 있게 되기 전에 그 법칙들에 복종하는 법을 배우지 않으면 안 된다.

정치적 신화들에 대한 이 투쟁에 있어서 철학은 무엇으로 우리를 도와줄 수 있는가? 현대 철학자들은 오래전에 정치적 및 사회적 사건의 진로에 영향을 주려는 모든 희망을 포기한 듯하다. 헤겔은 철학의 가치와 존엄성을 최고로 보는 견해를 가지고 있었다. 그럼에도 불구하고 철학이 세계의 개혁에 있어서 언제나 너무 뒤늦게 등장한다고 선언한 것은 바로 그 자신이었다. 그러므로 그 어떤 철학이든 그 시대를 초월할 수 있다고 공상하는 것은, 어떤 개인이 자기 자신의 시대에서 뛰어나올 수 있다고 공상하는 것과 꼭 마찬가지로 어리석은 일이다. "철학이 그 회색을 회색으로 칠할 때 생명은 이미 늙었고, 또 회색으로 칠함으로써 생명은 다시 젊어질 수 없고 다만 인식될 수 있을 뿐이다. 미네르바의 올빼미는 밤의 그늘이 짙어져 갈 때에야 날기 시작한다."[9] 만일 헤겔의 이 말이 참이라면, 철학은 하나의 절대적 정적주의(靜寂主義), 즉 인간의 역사적 생활에 대한 전혀 수동적인 태도와 운동을 짊어지게 될 것이다. 그것은 그저 주어진 역사적 상황을 받아들이고 설명하지 않으면 안 되며, 또 이 상황 앞에 굴복하지 않으면 안 된다. 이 경우, 철학은 일종의 사변적 태만 이외의 다른 아무것도 아닌 것이 되고 말 것이다. 그러나 나는 이것이 철학의 일반적 성격에도 또 철학의 역사에도 모순이 되는 것이라고 생각한다. 플라톤의 고전적인 예 하나만이라도 이 견해를 논박하기에 충분하다. 과거의 위대한 사상가들은 그저 "사상 속에서 자기 자신의 시대를 파악하기"만 한 것은 아니다. 그들은 매우 자주 시대를 넘는 또 그들

---

[9] Hegel, *Philosophy of Right*, Dyde trans., 서문, p. xxx.

의 시대에 반대되는 생각을 하지 않으면 안 되었다. 이 지적 및 도덕적 용기 없이는 철학이 인간의 문화적 및 사회적 생활에서 그 임무를 완수할 수 없었다.

　정치적 신화들을 파괴하는 것은 철학의 힘이 미치지 못하는 일이다. 신화는 어떤 의미에서 불사신의 것이다. 그것은 합리적 논의에 무감각하고, 삼단 논법에 의해 논박될 수 엇다. 그러나 철학은 또 하나 다른 중요한 봉사를 할 수 있다. 그것은 우리로 하여금 적을 이해할 수 있게 한다. 적과 싸우려면 적을 알아야 한다. 이것은 올바른 전략의 제1원리의 하나다. 적을 안다는 것은 그의 결함과 약점을 아는 것을 의미한다. 우리는 누구나 이 힘을 깔보기 쉬웠다. 우리가 처음 정치적 신화들에 관해서 들었을 때, 우리는 그것들이 너무나 조리가 서지 않고 앞뒤가 맞지 않고 너무나 공상적이고 아리송해서 그것들을 진지하게 대해야 되겠다고는 도저히 생각할 수 없었다. 그러나 이제 와서 이것이 큰 과오였다는 것이 우리들 모두에게 명백하게 되었다. 우리는 이와 같은 잘못을 두 번 다시 저질러서는 안 된다. 우리는 정치적 신화들의 기원, 구조, 방법 및 수법을 주의 깊게 연구하지 않으면 안 된다. 적과 싸울 방법을 알려면 적을 직시하지 않으면 안 된다.

결 론

 현대 정치 생활의 거센 학교에서 우리가 배운 것은, 인간 문화가 한때 생각되었던 것처럼 확고하게 세워진 것이 결코 아니라는 사실이다. 서양 문명의 기초를 세운 위대한 사상가들, 과학자들, 시인들 및 예술가들은 자기들이 영원한 것을 세웠다고 가끔 확신하였다. 투키디데스는 자기 이전의 신화적인 역사 취급 방법에 대립시킨 그의 새로운 역사학의 방법을 논했을 때, 자신의 저작을 "영원한 보물"이라고 하였다. 호라티우스는 자신의 시를 "청동보다 영구한 기념비"(Monumentum aere perennius)라 불렀고, 무궁한 세월의 흐름으로도 멸할 수 없는 것으로 보았다. 그러나 우리는 인류 문화의 위대한 걸작들을 좀 더 겸손하게 보아야 할 것으로 생각한다. 그것들은 영원하지도 않고 논박의 여지가 없는 것도 아니다. 우리의 과학, 우리의 시, 우리의 예술, 그리고 우리의 종교는 굉장히 깊은 오랜 지층의 위층일 따름이다. 우리는 우리의 문화적 세계와 사회질서를 그 밑바닥까지 뒤흔들지 모를 격렬한 진동들에 대해서 항상 준비를 갖추고 있지 않으면 안 된다.
 신화와 신화 이외의 큰 문화적 세력들 사이의 관계를 명시하기 위하여 우리는 신화자체에서 빌어온 직유를 사용할 수 있다. 바빌로니아신화에는 세계 창조를 기술하고 있는 전설이 하나 있다. 그것에 의하면, 최고의 신 마르두크는 그의 일을 시작할 수 있기 전에 무서운 싸움을 해야만 했다. 그는 뱀 티아마트와 이 밖에 암흑의 용들을 정복하고 진압하지 않으면 안 되었다. 그는 티아마트를 찔러 죽이고 용들을 결박하였다. 괴물 티아마트의 사지를 가지고 그는 세계를 형성하였고 또 이것에 그 형상과 질서를 주었다. 그는 하늘과 땅, 성좌들과 유성들을 만들고, 이것들의 운행을 고정시켰다. 그의 마지막 일은 사람을 창조하는 것이었다. 이와 같이 해서 질서가 우주의 태초의 혼돈에서 솟아나왔고 그것은 영원토록 보존될 것이다. 창조를 노래하는 바빌로니아의 서사시는 다음과 같은 말을 적어놓고 잇다. "마르두크의 말은 영원하다. 그의 명령은 불변하고, 어떤 신도 그의 입에서 나오는 것을 변경할 수 없다."[1]

인간 문화의 세계는 바빌로니아의 전설의 말로 기술될 수 있다. 그것은 신화의 흑암을 싸워내고 극복하기까지는 일어날 수 없었다. 그러나 신화적 괴물들은 완전히 파멸되지 않았다. 그것들은 새 우주의 창조에 사용되었고 또 아직도 이 우주 속에 살아남아 있다. 신화의 여러 가지 힘은 우월한 세력들에 의하여 저지되고 진압되었다. 이 지적·윤리적 및 예술적 세력들이 충만한 힘을 가지고 있는 동안은 신화가 눌리고 진압된다. 그러나 일단 이것들이 그 힘을 잃기 시작하면 혼돈이 다시 온다. 이때 신화적 사고는 다시금 일어나 인간의 문화적 및 사회적 생활의 전면에 가득 차게 된다.

---

1) P. Jensen, *Die Kosmologie der Bodylonier* (Strassburg : Trübner, 1890), pp. 279 이하 참조.

이름찾기 색인

[ㄱ]

갈릴레오 G. Galileo 186, 195, 231
고비노 Gobineau 310이하
　거리의 격정 325이하
　-와 칼라일 330
　기독교 324
　니그로 333
　독일 신화학 328
　로마 332
　문체 286, 321
　불교 327
　셈족 331
　"아리안족" 326
　역사 312, 329~330
　《오따르-쟈알 및 후손의 역사》 337
　《인종 불평등론》 310
　인종 이론 313, 320, 334, 338
　참 프랑스인 317
　페르시아의 유태인 335
　⇨ 토크빌
괴테 J.W. Gorthe :
　문학의 정의 290
　《빌헬음 마이스터》 277이하, 284
　《서동시집》 303
　《시와 진실》 303, 304이하
　《잠언과 성찰》 283, 288
　종교 286
　파우스트, 마법사의 부엌 23
　⇨칼라일, 엑케르만
그레고리 대제 Gregry the great :

　국가의 개념 156
　인간의 본질 151
그로티우스 H. Ggotius 232, 242
그리어슨 F.C. Grierson 264
꽁뜨 A. Comte 401

[ㄴ]

노발리스 Novalis 256, 259
　국가 364
　시의 정의 24
뉴턴 L. Newton 319
니체 F.W. Nietzsche 325

[ㄷ]

다윈 C. Darwin 71
　문화 세계에 적용된 -의 원리들 37
다프네 Daphne 61
단테 Dante :
　국가의 개념 156
　⇨칼라일
데우칼리온 Deucalion 41
데이아네라 Deianira 61
데카르트 R. Descartes 49, 231, 237, 298
두떼 Douttés 47, 382
디오니소스 Dionysos 68, 69
디오니시우스 아레오파기타 Dionysius Areopagita 187
뗀느 H. Taine 220

[ㄹ]

라우셴부쉬 S. Raushenbush 392
라이프니쯔 C.W. Leibniz 238

408 이름찾기

랑게 C. Lange 50
레비-브륄 L. LevY-Bruhl 33
로데 E. Rohde 93
로버트슨스미스 W. Robertson-Smith 47
루소 J.J. Rousseau 154, 247, 388
루이 14세 Louis XIV 239
리만 B.H. Lehmann 263
리보 Th. Ribot 49
리히터 J.P.F. Richter 282, 295

[ㅁ]

마르투크 Marduk 358, 404
마르쿠스아우렐리우스 Marcus Aurelius 150
마이네케 F. Meinecke 176
마이어 E. Meyer 169
마키아벨리 Machiavelli :
　공화주의 206
　국가론 219 이하
　《군주론》 214이하, 218이하, 223
　근대의 폭군들 209
　기독교 197
　《논의》 174, 224
　덕의 개념 367
　도덕적 문제 201이하
　-와 메디치가 207이하
　역사론 179~180
　영향 152, 169
　운명 220이하
　《전쟁의 기술》 229
　⇨보르지아, 피히테, 말로우, 셰익스피어, 스피노자,
말로우, 몰타섬의 유태인 Marlowe 171
말리노프스키 B. Malinowski 78, 379~380

머콜리 Macaulay 168
메스트 J. de Maistre 252
몽떼스끼외 Montesquieu 316
무알라나 잘랄루딘 루미 (페르시아의 시인) Mualana Jalaluddin Rumi 69
뮐러 M. Müller 37, 53, 61
　-의 낭만주의적 요소 42

[ㅂ]

발렌티노 D. Valentino
　⇨보르지아
버드 L.A. Burd 178
베르나르두스 Bernardus Claravallensis 138
베이컨 F. Bacon 172, 400
보나벤투라 Bonaventura 125
보르지아 Cesare Borgia 191, 200, 206이하, 223
보아스 F. Boas 34
볼떼르 Voltaire 174, 305이하
불랭빌리에 Boulainvilliers 317, 330
브루노 G. Bruno 230

[ㅅ]

사비니 Savigny 255
세네카 Seneca 149
세이예르 Selliére 264이하
셰익스피어 Shakespeare, 《헨리 6세》 169
셸링 F.W. Schelling 23, 256
소크라테스 Socrates :
　기독교 사상가들의 태도와 르네상스 128
　무지 88, 127

소피스트와의 일치와 불일치 86~87, 90
솔론 Solon 102
쇼펜하우어 A. Schopenhauer :
  인간의 본성과 문화의 개념 57
수아레스 F. Suárez 193
슈펭글러 O. Spengler 393
슐라이어 F.E.D. Schleiermacher 259
슐레겔 A.W. von Schlegel 260
슐레겔 F. Schlegel 257, 259
스키피오 Scipio 148
스펜서 H. Spencer 43, 53, 75
스피노자 B. de Spinoza 49, 172, 355
실러 J.C.F. Schiller : 발렌슈타인 108
  ≪인간의 미적 교육에 관한 편지≫ 333

【ㅇ】

아낙시만드로스 Anaxiandros 84
아도니스 Adonis 67
아리스토텔레스 Aristoteles 133, 145
아벨라르 P. Abélard 138
아우구스티누스 Augustinus 356
  ≪교사론≫ 124
  국가의 개념 117, 158
  ≪신국론≫ 117
  −와 플라톤의 이데아설 117
  인식론 123
  조명설 124
아폴론 Apollon 61
안셀무스 Ansrlmus Cantaberius 138
알베르투스 마그누스 Albertus Magnus 162
알피에리 V. Alfieri 178
에우리피데스 Euripides : 노예와 자유인 146

디오니소스 숭배 69~70
죽음의 문제 79
엑케르만 Eckermann 287이하, 306
엔디미온 Endymion 61
엠페도클레스 Empedokles 83
여키스 R.M. Yerkes 71
예거 W. Jaegr 94
옐리넥 G. Jellinek 249
오딘 Odin 287, 301
오리게네스 Origenes 143
오시리스 Osiris 67
요엘 K. Joél 84
이레네우스 Irenaeus : 국가의 개념 156

【ㅈ】

자그레우스 Zagreus ⇨디오니소스
제임스 W. James 50
제퍼슨 T. Jefferson 235, 249

【ㅋ】

칸트 I. Kant : 과학적 해석의 방법 25, 31
  기술의 명법 218
  자유 325, 391이하
  프랑스 혁명 249
칼라일 T. Carlyle : 고비노와의 비교 336
  괴테 277, 283
  낭만주의 281
  단테 303
  볼떼르 305이하
  역사의 정의 265
  영도력의 개념 265이하
  영웅 숭배 384이하

영웅의 개념 265이하, 299
종교 286
-와 국가 사회주의 264
피히테의 영향 291
케플러 J. Kepler 353~354, 399~400
코페르니쿠스 Copernicus 190
쾰러 W. Köhler 72
　⇨내용찾기의 침팬지
크리스티나 여왕, 스웨덴의 Christina 235
크세노파네스 Xenophanes 85
클라이스트 H. von Kleist 260
키케로 Cicero : 인간의 본실 150
　정의 142
　호르텐시우스 151

[ㅌ]

타일러 E.B. Tylor 28, 37, 53, 78
탈레랑 Talleyrand 207
탈레스 Thales 83
토마스 아퀴나스 Thomas Aquinas 141, 152, 161, 164
토크빌 A.C.H.C. de Tocqueville 322
투키티데스 Thucydides 404
　역사의 개념 82

[ㅍ]

파스칼 B. Pascal 213, 240
파울 J. Paul ⇨리히터
페트루스 다미아누스 Petlrus Damianus 136
　⇨내용찾기의 문법
퓌라 Pyrrha 41
프레드릭 2세(프러시아의 왕) Frderick Ⅱ 174
프레드릭 2세(황제) Frderick Ⅱ 195
프레이저 J.G. Frazer 26, 53, 59
프로이트 S. Freud 53
프로타고라스 Protagoras 87
프리스 J.F. Fries 344
플라톤 Platon : 국가론 103
　국가의 개념 157
　그리스 철학에 대해 89
　기하학적 균형 개념 99
　노모스 99
　대화편 :
　《고르기아스》 99, 219
　《국가》 131, 395
　《메논》, 상기설 123
　《파이드로스》 78, 90, 109
　《프로타고라스》 89
　《필레보스》 114
　덕 99, 111
　데미우르고스(조물주) 131
　발전 94
　선 126, 131
　선의 이데아 100, 102, 143
　소크라테스에 대한 태도 93
　소크라테스적 대화편 93
　《테아이테토스》 87, 98
　《티마이오스》 129
　소피스트에 대한 공격 110
　시에 대한 공격 100
　신화 76, 107, 395이하
　신화와 신화적 사고 99, 114
　악 97
　영혼의 구분 144
　원인들 105
　이상 국가 116

전통에 대한 공격 110
정의 144
정의의 개념 103
질서 99
통치의 형태 105
─의 사유의 두 경향 97
형이상학적 심리학 144
플로티노스 Plotinos ⇨내용찾기의 신플라톤주의
피치누스 M. Ficinus 121, 224
피히테 J.G. Fichte：
 마키아벨리에 끼친 영향 176
 칼라일에 끼친 영향 291, 295

[ㅎ]

하이데거 M. Heidegger 397이하
하틀란드 E.S. Hartland 388
헤리슨 J.A. Harrison 48, 68
헤겔 G.W.F. Hegel：
 관념론 345 이하
 국가론 360 이하
 근대 정치 이데올로기에 대한 영향 342 이하
 독일의 정치적 생활 347이하
 마키아벨리 175

"범신론" 358
신성한 이기주의 개념 368
신정론 350, 362
역사 철학 353이하
인간의 본성과 문화의 개념 57
정치적 사유 344이하
정치적 삶의 조건으로서의 관습과 습관 109
종교 349이하
철학의 가치와 존엄성 402
칸트와 피히테에 대한 반대 370
프랑스 혁명 371~372
─과 전체주의 국가 376 이하
헤라클레스 Herakles 61
헤라클레이토스 Herakleitos 84
헤로도투스 Herodotus 101
헤르더 J.G. Herder 259
호라티우스 Horatius 404
호메로스 Homeros：
 플라톤의 영향 101
 ─적 신들에 대한 비판 86
홀본 H. Holborn 342
홉스 T. Hobbes 232, 243 이하
훗설 E. Husserl：
 논리적 사유의 원리 398

내용찾기 색인

[ㄱ]

개체와 공동체 64
개혁 102
계몽 24, 248
계시 122, 128
　⇨조명설
공감의 유대 65
공포 77
공화국 ⇨바이마르 공화국, 이름찾기의 플라톤
공화주의 ⇨이름찾기의 마키아벨리
교부들 143
국가 사회주의 ⇨독일
국가의 자연권 이론 200
그리스 자연 철학의 신화적 정신 83
　⇨이름찾기의 칼라일
그리스 종교 48, 68
　⇨이름찾기의 해리슨, 로데
그리스 철학 : 초기 —의 제문제 83
　⇨이름찾기의 아낙시만드로스, 아리스토텔레스, 엠페도클레스, 헤라클레이토스,
　플라톤, 플로티노스, 소크라테스, 크세노파네스, 내용찾기의 스토아 철학, 신플라톤주의, 주지주의
기독교 ⇨이름찾기의 고비노
기하학적 균형 ⇨이름찾기의 플라톤

[ㄴ]

나치 ⇨독일
낭만주의자 : 계몽주의에 대한 252이하
국가 200
신화 24
아이러니 282
　⇨이름찾기의 뮐러
낭만주의 철학과 시 ⇨낭만주의자, 이름찾기의 클라이스트, 노발리스, 셸링, 프리드리히 슐레겔
노모스, 플라톤에 있어서의 99
뉴기니아 388
니그로 ⇨이름찾기의 고비노

[ㄷ]

다야크족 65
독립 선언 236, 249이하
독일 : 《나치 독일어》 386
　나치 숭배 387이하
　신화학 328, 384~385
　예언 392~393
　재무장 385
　⇨이름찾기의 헤겔
동물의 행동 72
동음이의어(homonymous terms) 40
동일성, 자아의 우주의 64
동질성(homogeneity) 25
　⇨이름찾기의 칸드 항에 있는 과학적 해석의 방법

[ㄹ]

로고스 : 그리스와 기독교의- 117~118
  소크라테스의- 90
  플라톤의- 97
로마 ⇨이름찾기의 고비노
르네상스 167, 211, 187, 237
  점성술 395~396

[ㅁ]

마법(magic) 379
메디치가 ⇨이름찾기의 마키아벨리
무의식 56
무한(infinite) 42
무한자(aperion) 84
문법 : 페트루스 다미아누스에 의해 비판된- 136~137
  ⇨비교 언어학과 문법
물활론(animism) 28, 78
밀레토스 학파 ⇨소크라테스 이전의 철학자들

[ㅂ]

바이마르 공화국 379
백과 전서파(프랑스) 248, 284
범신론 ⇨이름찾기의 괴테, 헤겔
법률(법칙) : 모세적 개념 121
  불문율 120
  신경 해방의- 75
  중세 철학에 있어서의- 120~121, 143
북아프리카 382~383
  ⇨이름찾기의 두떼
불교 ⇨이름찾기의 고비노

비교 신화학 37
  ⇨이름찾기의 뮐러
비교 언어학과 문법 38

[ㅅ]

사회, 원시 380 이하
산스크리트 38
상술(specification) 25
상징적 표현 74
생철학 245이하, 254, 161, 272, 274이하, 284, 178, 305
선물활론(pre-animism) 64
성인식 67
셈족 ⇨이름찾기의 고비노
소말리족 388
소크라테스 이전의 철학자들 83
소피스트 : 백과 전서적 지식 89
  플라톤에 의한 공격 111
  ⇨신화, 이름찾기의 소크라테스
스콜라 철학 122
스토아 철학 48, 147, 154이하, 235이하
시 ⇨이름찾기의 노발리스, 플라톤, 프리드리히 슐레겔
신비가들(mystics) 138
신플라톤주의 158
  ⇨이름찾기의 디오니시우스 아레오파기타, 플로티노스
신화(myth) : 공포의 산물 77
  그리스인들의 논쟁 83
  기능 64
  소피스트 89
  -적 사고 20, 32, 65,
  요소와 기원 71
  20세기에 있어서의- 378
인류 최초의 교사 79

인류학적 및 심리학적 측면 46
　자연주의적 이론 61
　정신 분석적 이론 53, 59
　정의와 성격 21, 39, 46,
　현대의 승리 20이하
　⇨신화에 대한 비유적 해석, 이름찾기의 플라톤
신화에 대한 비유적 해석 87
신화에 대한 정신 분석적 이론 53, 59, 60
신화의 심리적 측면 46
신화의 인류학적 측면 47
신화학(mythology) : 바빌로니아의 404~405
　비교 문법의 발견에 영향받은— 38
실존 철학 273
　⇨이름찾기의 하이데거

[ㅇ]

아룬타(중앙아시아) 58, 65
아리안(Aryans) ⇨이름찾기의 고비노
아메리카 원주민 381
아티스(Attis) 67
언어 : 신화에 대한—적 접근 39
—상징론 75
—와 신화 39
—의 지능 385이하
원시— 33
엘레아의 사상가들 84
역사 ⇨역사에 대한 그리스적 개념, 이름찾기의 칼라일, 고비노, 투키디데스
역사에 대한 그리스적 개념 82
영도력(지도력) ⇨이름찾기의 칼라일
영웅 ⇨이름찾기의 칼라일
예언자들, 유태의 121, 135

　주의주의
오르페우스교 69
오스트레일리아 381
오이디푸스 59
외혼제(exogamy) 58
우주 ⇨동일성 (identity)
우주, 플라톤 96
우파니샤드 64
운명 ⇨이름찾기의 보르지아, 마키아벨리
원시 사회에 있어서의 전통 109, 379~380
원시인과 죽음의 문제 79
원시적 관습 44
원시적 사고 30, 34, 64,
이름들, 원시 사회에서의 44
이상 국가 ⇨이름찾기의 플라톤
이성(phronrsis) 111, 112
이성(reason), 페트루스 다미아누스에 의해 비난받은 102
　⇨이성(phroresis)
인간 소피스트와 소크라테스에 의해 해석된 67
⇨정동, 상징적 표현
인간의 원시적 암우 22
인간의 평등 147, 151
인권 및 시민권 선언 236, 249이하
인종 이론 ⇨이름찾기의 고비노
"인티시우마"의 의식 66
일신교, 유태와 기독교의 120

[ㅈ]

자아 (ego) ⇨동일성
자연 : 그리스적 개념 84
　그 생명과 죽음 67

원시인의 사유 42
자연병에 대한 중세의 이론 143
자유 391
　⇨이름찾기의 칸트
절제 또는 중용(sophrosyne) ⇨플라톤 항에 있는 덕
점성술 224, 396, 400,
정동(emotions) : 원시 종교적 의식의 —적 성격 47
　인간과 동물에 있어서의 —의 표현 71, 73~74
정의(justice), 중세 철학에 있어서의 152
　⇨이름찾기의 키케로, 플라톤
제의(rites) 63
　미개족의— 64
　주신제적— 67~68
조명설, 성 아우구스티누스 124
조물주(Demiurgos) 131
조상 숭배 44
종교의 기원 42
　⇨그리스 종교, 중세, 우파니샤드, 이름찾기의 칼라일, 괴테
주니족 66
주의주의, 유태 예언자들의 307이하
주지주의, 그리스 121
죽음 77
중세 : 문화 129

종교적 견해 187, 258~259
　—법 이론 143
　사상 120, 136, 140, 155
　⇨신비가들
질서(taxis), 플라톤에 있어서 99
춤 69
침팬지 71

[ㅌ]

터부—만나 공식 78
토테미즘 58, 65
　⇨이름찾기의 프레이저
통일(unity) ⇨동일성
트로브리안드 제도 379
　⇨이름찾기의 말리노프스키 티아마트(Tiamat)
페르시아의 유태인들 335
프랑스 혁명 ⇨이름찾기의 헤겔, 칸트
피투성(被投性) ⇨이름찾기의 하이데거

[ㅎ]

합리주의 42
행복 112
환생(reincarnation) 65